Jürgen Sehrig

Befremden, Anerkennung und Selbsterkundung

– Interviews zur Mitbeteiligung und Faszination im Nationalsozialismus

Hartung-Gorre Verlag Konstanz
2013

MenschenArbeit. Freiburger Studien **BAND 31**
Herausgegeben von Michael N. Ebertz, Werner Nickolai und Martin Becker

Bibliografische Information Der Deutschen Bibliothek
Die Deutsche Nationalbibliothek verzeichnet diese Publikation in der Deutschen Nationalbibliografie; detaillierte bibliografische Daten sind im Internet über http://dnb.d-nb.de abrufbar.

Umschlagbild: Jürgen Sehrig

Erste Auflage 2013
HARTUNG-GORRE VERLAG KONSTANZ
ISSN 1431 - 3553
ISBN-10: 3-86628-477-2
ISBN-13: 978-3-86628-477-7

„Ich bin die Summe
all dessen, was vor mir geschah,
all dessen, was unter meinen Augen getan wurde,
all dessen, was mir angetan wurde.
Ich bin jeder Mensch und jedes Ding,
dessen Dasein das meine beeinflusste
oder von meinem beeinflusst wurde.
Ich bin alles, was geschieht,
nachdem ich nicht mehr bin,
und was nicht geschähe,
wenn ich nicht gekommen wäre."

Salman Rushdie, *Mitternachtskinder*

Inhaltsverzeichnis

Vorwort

Diese Forschungsarbeit entstand als Dissertation an der Pädagogischen Hochschule Freiburg. Sie führt verschiedene, für mich wichtige innere, gesellschaftspolitische und fachliche Themen zusammen. Durch eine schwere hirnorganische Schädigung des Vaters als Folge russischer Kriegsgefangenschaft waren ich und meine Herkunftsfamilie früh mit der Thematik von Krieg, Vertreibung und Sprachlosigkeit über die Zeit des Nationalsozialismus konfrontiert. Für mich war das in späteren Jahren Ansporn zu Nachforschungen, wieweit mein Vater als Wehrmachtsangehöriger an der Verfolgungs- und Vernichtungspolitik des Nationalsozialismus mitwirkte. Außerdem begab ich mich immer wieder auf biografische Spurensuche insbesondere in Osteuropa.

Aufgewachsen im Nachkriegsdeutschland erlebte ich, wie sich die Gesellschaft der Bundesrepublik nur allzu zögerlich den Verbrechen des Nationalsozialismus stellte und sich gerne hinter Schlussstrichdebatten zurückzog. Tief beeindruckte mich im Jahre 2002 eine Woche in einer Dialoggruppe von Nachkommen von Beteiligten und von Opfern des Nationalsozialismus, die von der Gruppe One-by-One in Berlin gestaltet wurde. In einem Klima der Zugewandtheit konnten sich die Teilnehmenden ihre Geschichten und ihre Betroffenheiten gegenseitig mitteilen.

Meine familiäre Erfahrung mit Hinfälligkeit und Hilfsbedürftigkeit führte mich letztlich in die Soziale Arbeit. In meiner Berufstätigkeit als Sozialarbeiter entwickelte ich Verstehen, Einfühlung und Bereitschaft zur Hilfe auch für diejenigen, die gewalttätig und straffällig geworden waren. In der Konfliktarbeit als freiberuflicher Berater und Supervisor war eben diese Haltung unverzichtbar, wenn es darum ging, *allen* Konfliktbeteiligten eine Haltung von *Allparteilichkeit* entgegenzubringen. Im Interviewprojekt *Geschichte und Erinnerung* wurde ich in Interviews mit alten Menschen, die sich am

Nationalsozialismus in welcher Form auch immer beteiligt hatten, nun gleichzeitig in meiner biografisch geprägten Betroffenheit, in meinen politischen Überzeugungen und in meiner Haltung von verstehender Allparteilichkeit angesprochen und herausgefordert. Denn hier begegnete ich Menschen, die teilweise mit einem Leuchten in den Augen über die damalige Zeit berichteten oder ihre rassistischen Überzeugungen offen ansprachen. Dies war der Ausgangspunkt einer wissenschaftlichen Auseinandersetzung, die in die nun vorliegende Forschungsarbeit mündete.

In diesem Schaffensprozess schulde ich vielen unterstützenden Menschen Dank: In erster Linie danke ich Frau Prof.in Dr. Sylvia Buchen und Herrn Prof. Dr. Thomas Fuhr für die Betreuung und Begutachtung meiner Dissertation. Wichtige Denkimpulse zur Auseinandersetzung mit der Theorie der Anerkennung und dem transformativen Lernen habe ich hier in Besprechungen und im Dokorandenkolloquium aufnehmen können. Das ganze Vorhaben dieser wissenschaftlichen Arbeit wäre allerdings nicht möglich gewesen ohne das für mich wegweisende Projekt *Geschichte und Erinnerung*, das von Stephan Marks initiiert und konzipiert wurde. Dieses Projekt stellte für mich den entscheidenden Schub dar, um die innere Auseinandersetzung mit der deutschen Vergangenheit, mit der eigenen Beratungspraxis und dem Drang zur wissenschaftlichen Reflexion zu verbinden. Allerdings brauchte es nach Abschluss des Projektes noch einige weitere Jahre, um mich wirklich an das Projekt einer Dissertation heranzuwagen. Den entscheidenden und nachdrücklichen Impuls dazu verdanke ich meiner Frau, Monika Vaulont, die mich zu diesem Projekt beharrlich ermunterte und auch bei unweigerlichen Durststrecken immer wieder angeregt und unterstützt hat. Bei meiner biografischen Spurensuche wurde ich von Peter Hochgürtel, Uli Pfeifer-Schaupp und Bodo West unterstützt. Im Austausch eröffneten wir uns gegenseitig neue Horizonte unserer Familiengeschichten. Dass aus einer Promotionsidee ein konkretes Promotionsprojekt werden konnte, verdanke ich Cornelia Kricheldorff, die mir im entscheidenden Moment sehr umsichtig den Weg aufzeigte, um mich als Quereinsteiger aus der Praxis an diese Forschungsarbeit zu machen.

Auch bei den Mühen der Ebenen – der Ausarbeitung – wurde ich mit wohlwollenden aber auch kritischen Rückmeldungen begleitet. Hier seien insbesondere Jürgen Bengel, Werner Nickolai, Werner Rück, aber auch hier noch einmal Bodo West für das fachlich anregende Gegenlesen gedankt. Viele Gespräche mit interessierten Menschen – eine wichtige Person unter vielen war hier z.B. Andrew Bergerson – verhalfen mir dazu, den eigenen roten Faden zu finden und aufzunehmen. Meine Söhne, David und Manuel Vaulont, unterstützten mich nicht nur bei redaktionellen Tätigkeiten und bei der informationstechnischen Ausarbeitung dieses Werkes, sondern sie spornten mich mit ihren wachen und solidarischen Reflexionen immer wieder dazu an, eigenwillige Gedankengänge zu verfolgen. Beim Ausarbeiten der Transkripte konnte ich auf die Hilfe von Ann-Kathrin Landesvatter, Miriam Seeger und Simone Adams zählen. Wertvoll waren für mich ihre Sensibilität und Neugier für das Forschungsprojekt gepaart mit hoher Verlässlichkeit und Sorgfalt bei der Bewältigung der umfangreichen Transkriptionsarbeit. Schließlich konnte ich den fertigen Gesamttext dann Wolfgang Trenkle zum gründlichen Korrekturlesen anvertrauen.

Sehr viel profitierte ich von verschiedenen Textanalyseworkshops unter der Leitung von Gabriele Lucius-Hoene, Stephanie Bethmann und Hans-Werner Kuhn. Dankbar bin ich hier auch den Mitgliedern dieser Workshops – insbesondere Anna Laros, Nils Bernhardsson und Kerstin Botsch. Bei der konzentrierten gemeinsame Interpretation von fremden und eigenen Interviewtexten konnte ich auf Hellhörigkeit, Gespür und Unabhängigkeit im Blick zählen. Dies verhalf mir immer wieder zum in der Forschung so notwendigen Perspektivenwechsel und brachte mir den Forschereifer beim Interpretieren von Texten so nahe.

Freiburg, im Oktober 2013 Jürgen Sehrig

Kontaktadresse: Heinrich-Finke-Str. 6 a
D–79111 Freiburg
mail@jsehrig.de

1 Einleitung

Biografische Erzählungen zum Nationalsozialismus sind stets von einer besonderen Brisanz, insbesondere dann, wenn es um die Frage nach Faszination, Beteiligung und Täterschaft geht. Das Forschungsprojekt *Geschichte und Erinnerung* an der Pädagogischen Hochschule Freiburg ging genau dieser Thematik nach und befragte in leitfadengestützten, biografischen Interviews Zeitzeuginnen und Zeitzeugen, die sich damals aktiv am Nationalsozialismus beteiligt hatten. Nach den ersten Probeinterviews stellten die Interviewenden dann sehr schnell fest, dass sich in den Interviews die Geschichte einer schwierigen Aufarbeitung der nationalsozialistischen Vergangenheit abbildete. Auf der Seite der Befragten war die Generation derer vertreten, die sich durch Rechtfertigungen, Abschwächungen oder Schweigen dem Nachkriegsdiskurs über den Nationalsozialismus weitgehend entzogen hatte. Die Interviewenden wiederum gehörten der Generation der Nachkommen an, die sich mit dem Schweigen über die Erfahrungen im Nationalsozialismus nicht abfinden wollte, sich mit den präsentierten Erzählungen nicht zufrieden gab und dann z.B. in der Zeit der Studentenbewegung beharrlich nachfragte.

Kuntz stellt bei der älteren Generation angesichts der Verarbeitung eigener Erfahrungen im Nationalsozialismus ein ritualisiertes Erzählverhalten angesichts frustrierter Tradierbedürfnisse fest. Interviews öffnen dann sehr schnell Schleusen, denn in der Regel ist ein hoher Erzähl- und Leidensdruck festzustellen, so als hätten die Erzählenden jahrelang darauf gewartet, „einmal in aller Breite zu berichten, wie gut es in der HJ, in der SS, aber auch im amerikanischen Kriegsgefangenenlager gewesen war."[1] Die dabei verfassten Rechtfertigungsgeschichten bezeichnet Kuntz als *Entnazifizierungsgeschichten*.[2] Stellvertretend für die eigenen Nachkommen, die die Geschichten des

[1] Kuntz 1989, S. 100f.
[2] A. a. O.

Nationalsozialismus nur ungern hören wollten, stellten Historiker, Volkskundler, Biografieforscher und andere eine Erzähltradition für die Angehörigen der Generation, die am Nationalsozialismus beteiligt und mitgewirkt haben, wieder her.

In den Interviews des Projektverbunds *Geschichte und Erinnerung* sahen sich die Interviewenden dem Sog einer Interviewdynamik ausgesetzt, in der sie zu stellvertretenden Ansprechpartnern wurden und in der sie sich in Rollen gedrängt sahen, sei es als Ankläger, als Entlastungszeugen oder als Beschuldigte, die sich in ungerechtfertigter Weise ein Urteil anmaßten. Es stellte sich die Frage, wie mit diesen charakteristischen Erzählungen umzugehen sei: „Für das Erzählen von Entnazifizierungs-Geschichten würde das bedeuten, daß diese nicht mehr geglaubt, wohl aber erzählt werden dürfen, ja müssen."[3] Dabei müsse das Einbeziehen des widersprüchlichen Alltags den Versuch der Empathie wagen.[4] Dies erforderte ein Überdenken der Forschungshaltung der Interviewenden: Einerseits sollten sie sich diesen Erzählungen aufgeklärt, vorbereitet und offen stellen. Andererseits waren die Forschenden selbst Teil des Forschungskontextes, einer für beide Seiten schmerzhaften Geschichte der Nicht-Bearbeitung der Erfahrungen der älteren Generation mit dem Nationalsozialismus. Die Herausforderung lag darin, eine angemessene Balance zwischen Unvoreingenommenheit und innerer Betroffenheit zu finden. Die Mitarbeiterinnen und Mitarbeiter im Projekt waren hier z.B. mit folgenden Fragen und Dilemmata konfrontiert:

- Wie kann man als interviewende Person angemessen auf das Grauenhafte oder gar Widerwärtige reagieren, das sich offenbart, wenn ein Proband oder eine Probandin die eigenen Taten und Tatmotive schildert, Erklärungen anbringt und sich rechtfertigt? Wie reagiert man auf die Leugnung des Holocaust?
- Wie geht die Zuhörerin oder der Zuhörer mit den eigenen Gefühlsreaktionen, dem Verständnis für den Menschen, aber auch dem eigenen Misstrauen gegenüber Verharmlosungen und Bagatellisierungen in der Interviewsituation um?

[3] Kuntz 1989, S. 119
[4] A. a. O., S. 121

Bei hoher Betroffenheit der Interviewenden wurde die in den interpretativen Sozialwissenschaften geltende *Haltung von Offenheit und Fremdverstehen* hier auf die Probe gestellt. Auch die Grenzen des in der Führung sozialwissenschaftlicher Interviews geltenden Abstinenzgebots wurden deutlich: Obwohl alle Interviewenden durch fundierte methodische Ausbildung in Beratung und Psychotherapie qualifiziert waren und sie sich regelmäßiger Supervision unterzogen, konnten sie sich dem Sog nicht entziehen, auch als persönlich Angesprochene zu reagieren. Es galt, dieses Geschehen nicht einfach als Fehler in der Interviewsteuerung abzutun, sondern es genauer zu untersuchen, um neue Antworten für die Führung leitfadengestützter Interviews zu einem Thema zu finden, das mit ausgesprochenen und unausgesprochenen Vorbehalten und heftigen Gegenübertragungsreaktionen einhergeht.

In der vorliegenden Arbeit untersuche ich deshalb die Interaktion zwischen Interviewer und Erzähler im Forschungsinterview im Hinblick darauf, welche Vorgehensweisen und Haltungen der Interviewenden dem Erkenntnisinteresse dienen, wenn das zu erforschende Themenfeld von negativen Vorannahmen und Vorbehalten auf beiden Seiten geprägt ist. Da die verschiedenen Interviewbeteiligten mit dieser Herausforderung in unterschiedlicher Weise umgingen, können hier unterschiedliche Kommunikationsmuster und -haltungen untersucht und miteinander verglichen werden. In der Forschung über den Nationalsozialismus und in der Täterforschung allgemein kamen diese Fragen bisher zu kurz, obwohl sie sowohl unter forschungs- als auch beratungsmethodischen Gesichtspunkten von Bedeutung sind. In beiden Feldern wird die Zurückhaltung des Gesprächspartners im Interview- oder Beratungsprozess als unverzichtbar angesehen für eine Haltung des Fremdverstehens. Allerdings weist Straub einen Weg, wenn er wahres Fremdverstehen als eine Anverwandlung des anderen auffasst, „die das Eigene nicht unberührt lässt."[5] Damit wird der Beziehungsaspekt solcher Gesprächssituationen in den Blick gerückt.

Mein Forschungsinteresse richtet sich also darauf,

- die Dynamik dieser Interviews zu verstehen,

[5] Straub 1999, S. 18

- dabei die Wirkung von Begegnung und gegenseitiger Anerkennung bei beiden Interviewbeteiligten in den Blick zu nehmen,
- und daraus Haltungen und Interventionen zu entwickeln auch für diejenigen Situationen, in denen die Selbstthematisierung der Befragten durch die oben skizzierten Vorbehalte auf Seiten der Befragten wie auch auf Seiten der Befragenden eingeschränkt oder bedroht ist.

In einem ersten Schritt beschreibe ich die Faktoren, die auf biografische Interviews sowohl im Allgemeinen einwirken, als auch in der besonderen Situation von Interviews über den Nationalsozialismus. Da in ihnen die Identität des oder der Erzählenden zum Gegenstand der Betrachtung wird, umreiße ich im Kapitel 2 aufbauend auf der Sozialpsychologie Meads die Einflüsse gesellschaftlicher Wirklichkeit auf die Herausbildung einer eigenen Identität. Hierbei fließen die Anforderungen individueller Entwicklung und die Bedeutung, die die Phase des Alterns in unserer heutigen Gesellschaft hat, ein. Umgekehrt hat gerade im Alter der Rückbezug zur eigenen Lebensgeschichte identitätsstiftende Wirkung. Aufbauend auf dem Generationenbegriff Karl Mannheims untersuche ich in Kapitel 3 die Austauschprozesse, die ablaufen, wenn Angehörige verschiedener Generationen miteinander über lebensgeschichtliche Erfahrungen kommunizieren. Von besonderem Interesse sind hier Formen intuitiver Verständigung, *konjunktive Erfahrungsräume* in der Terminologie Mannheims.

In Kapitel 4 untersuche ich die Funktion des Erzählens dann eingehender. Jedes biografische Forschungsinterview bietet eine Gelegenheit für persönliche Sinnkonstruktion und Identitätsbildung. Der Erzählende teilt sich einem Gegenüber mit und reflektiert sich in seinem So-Sein. Damit stellt er für sich und für andere erzählend sinnhafte Bezüge über den eigenen Lebenslauf her, nach Lucius-Hoene und Deppermann entsteht eine *narrative Identität*. Diesen Prozess kann man darüber hinaus auch unter dem Gesichtspunkt des *biografischen Lernens* betrachten: das Individuum vergewissert sich erzählend seiner Lernerfahrungen und kommt im Prozess des Erzählens zu weiteren Einsichten. Möglicherweise reflektiert es Diskrepanzerfahrungen, die zum Überschreiten eigener Schemata führten und mit dem Konzept des *transformativen Lernens* nach Mezirow zu erfassen sind. Mit diesen Konzeptualisierungen wird betont, dass der oder die Erzählende im Erzählen prozesshaft aus sich heraus zu neuen Einsichten über sich selbst gelangen kann. Auch bei Forschungsinterviews mit Menschen, die sich aktiv am Nationalsozialismus beteiligten, geht es nicht darum, eine „Läuterung" von früherem Gedankengut erreichen zu wollen, sondern allein um die Frage, wie diese Menschen die Erfahrung des Nationalsozialismus in die eigene Biografie integriert haben und welche Diskrepanzerfahrungen für sie Anstoß zur inneren Weiterentwicklung waren und sind. Allein dies kann Kriterium dafür sein, ob ein Forschungsinterview fruchtbar ist.

Der zu fördernde innere Prozess der Befragten wird stark von der Präsenz der Zuhörenden beeinflusst. Mit Blick auf die gesellschaftliche Relevanz des Themas ist in Kapitel 5 der *Kampf um Anerkennung* im intergenerationellen Diskurs über den Nationalsozialismus im Lichte von Honneths Anerkennungstheorie zu untersuchen. Wenn sich dieser Kampf um Anerkennung in der individuellen Interviewsituation reinszeniert, dann ist nach angemessenen Haltungen und Interventionsformen zu suchen, die diesem Umstand Rechnung tragen. Hier zeige ich die Wesensverwandtschaften und Chancen auf, die das *personzentrierte Konzept* nach Rogers für eine anerkennende Selbstexploration auch über Fremdes und Befremdendes hinweg bietet. Dabei wird das Moment der Begegnung zwischen den Interviewbeteiligten betont.

Während die bisher entfalteten Aspekte unterschiedliche Gesprächssituationen betreffen, in denen biografische Erfahrung zum Thema wird, geht es im Kapitel 6 um den Kontext von Biografieforschung mit narrativen und teilnarrativen Interviews. Die Situation im Forschungsinterview ist genauer zu beleuchten, denn hier sind nach Fritz Schütze den Zugzwängen im Erzählen Raum zu geben. Die dabei geforderte Zurückhaltung der interviewenden Person diskutiere ich vor dem Hintergrund eher dialogisch orientierter Konzepte sozialwissenschaftlicher Interviewführung. Auch hier werden wieder Verbindungslinien zur Selbstexploration gemäß dem *personzentrierten Konzept* gezogen. In Kapitel 7 werden nun die verschiedenen Zugänge zur Untersuchung von Interviews mit Blick auf die Relevanz zusammengeführt, die sie für die Biografieforschung zur Thematik der Mitbeteiligung im Nationalsozialismus entfalten können. So können bestimmte typische, intergenerationelle Tradierungsformen identifiziert werden, die möglicherweise auch die zu untersuchenden Interviews auszeichnen.

In Kapitel 8 wird dann die Interviewarbeit im Projektverbund *Geschichte und Erinnerung* eingehender beschrieben einschließlich der interviewmethodischen Voruntersuchung im Teilprojekt *Mit alten Menschen über den Nationalsozialismus sprechen*. Da diese Vorarbeit einige Fragen offen ließ und auf der Ebene einfacher kausaler Verknüpfungen stehen blieb, geht es in den Kapiteln 9 und 10 um das für diese Untersuchung verwendete Forschungsdesign und die Darstellung der Untersuchungsinstrumentarien. Um das ungesagt Mitschwingende hinter dem Gesagten zu erfassen – dieser Schritt wurde in der Vorarbeit nicht systematisch genug geleistet – muss die Interviewdynamik rekonstruiert werden. Mithilfe der *dokumentarischen Methode* nach Bohnsack und anderer unterstützender, texthermeneutischer Analyseinstrumente können Typen von konjunktiven Orientierungsrahmen identifiziert werden, welche die Kommunikation zwischen den Interviewbeteiligten auszeichnen. Die in Kapitel 7 aus der bisherigen Forschung herausgearbeiteten Tradierungsformen greifen für diesen Zweck zu kurz, denn sie tragen der Wechselseitigkeit des Geschehens nicht genügend Rechnung. Deshalb geht meine Forschungsarbeit hier einen Schritt weiter und untersucht die Bedeutung und Ausdrucksformen *gegenseitiger* Anerkennung für den Prozess der Selbstexploration des Probanden.

Unter dem Fokus der so herausgearbeiteten, theoretischen Konzepte und Forschungsfragestellungen unterziehe ich im empirischen Teil meiner Arbeit in Kapitel 11 und 12 eine Auswahl von 14 Interviews des o.g. Projektverbunds einer eingehenden Analyse. Aufbauend auf den differenzierten Falldarstellungen und -analysen im separaten Materialband[6] werden in Kapitel 11 verschiedene Interviewverläufe im Hinblick auf bedeutsame, konjunktive Orientierungsrahmen miteinander verglichen. Denn bestimmte Themen kehren in den verschiedenen Interviews wieder und werden von unterschiedlichen Probanden und unterschiedlichen Interviewenden in charakteristischer Weise behandelt. In den Differenzen lassen sich Typen der Kommunikation deutlicher herausarbeiten. Einflüsse unterschiedlicher soziokultureller Erfahrungsräume auf diese Interaktionsmuster können aufgrund der eingeschränkten Variationsbreite der Interviews nur angedeutet werden. Im Vordergrund steht dabei, wie sich die Generationszugehörigkeit der Befragenden auswirkt auf

[6] Die PDF-Datei des Materialbandes ist erhältlich über die Bezugsadresse im Vorwort.

den Interviewprozess und wie sich die Dynamik möglicherweise verändert, wenn sich das Interview nicht um Mitbeteiligung, sondern um Bedrohung von Verfolgung dreht.

Durch diese Untersuchungsschritte sind nun die Voraussetzungen dafür geschaffen, Verbindungen herzustellen. Bezug nehmend auf die Forschungsfrage, welche Bedeutung die Dimension gegenseitiger Anerkennung in Forschungsinterviews für Selbstexploration und biografisches Lernen hat, sind nun in Kapitel 12 die zentralen Themen biografischen Lernens in den Interviews mit denjenigen Orientierungsrahmen zu verknüpfen, die sich in diesen Interviews eröffnen. So kann herausgearbeitet werden, ob bestimmte Orientierungsrahmen, die sich durch ein hohes Maß gegenseitiger Anerkennung auszeichnen, zur Selbstexploration beigetragen haben. In einem weiteren Schritt werden dann diejenigen Bedingungen, Haltungen und Faktoren aufgelistet, mit denen die interviewende Person produktiv Einfluss auf diesen Prozess nehmen kann. Es ist aufzuzeigen, welche neuen Erkenntnisse das rekonstruktive Vorgehen in meiner Untersuchung gegenüber der Vorarbeit erbracht hat. So beleuchte ich zusammenfassend in diesem Kapitel das untersuchte Material im Hinblick auf die eigentlichen Forschungsfragen.

Da ich an mehreren Stellen Parallelen zwischen Beratungsgesprächen und biografischen Forschungsinterviews hergestellt habe, ist in Kapitel 13 nun der Transfer der Erkenntnisse auf andere Arbeitsfelder zu leisten. Dabei nehme ich speziell die Herausforderungen der Gesprächsführung mit Beschuldigten, in Biografiearbeit und intergenerationeller Begegnung, in Entwicklungsberatung, in der Arbeit mit rechtsorientierten Jugendlichen und in der weiteren Vertiefung der Auseinandersetzung mit dem Holocaust in den Blick. So kann die Untersuchung der Interviewdynamiken fruchtbar gemacht werden für andere Felder von Sozialer Arbeit, Beratung und Psychotherapie, zumal das für die Interviewenden geltende Abstinenzparadigma im Forschungssetting wie auch in der psychosozialen Beratung immer wieder hinterfragt und die Persönlichkeit und Subjektivität der Forschenden bzw. Beratenden zunehmend als Erkenntnisinstrument genutzt wird.

Schließlich umreiße ich noch einmal abschließend in Kapitel 14 die Bedeutung, die ich meiner Forschungsarbeit auf einer eher grundsätzlichen Ebenen beimesse: In der Begegnung mit Fremden und Befremdendem geht es um die Anerkennung des Verbindenden *und* um die Anerkennung des Trennenden. Diese fruchtbare Spannung sollte in der Forschung, in der psychosozialen Praxis, aber auch im gesamtgesellschaftlichen Diskurs ihren Platz haben.

2 Entwicklung und Identität im Lebenslauf

In Lebenserzählungen sieht sich der oder die Erzählende der Frage ausgesetzt: „Wer bin ich?" und „Wie bin ich so geworden?" Obwohl er im Laufe seines Lebens sowohl körperlich als auch geistig vielfältigen Einflüssen, Krisen und Entwicklungssprüngen und damit ständigen Umbauprozessen unterworfen ist, entwickelt der Mensch ein stabiles Bild von sich selbst. Über größere Lebensspannen hinweg muss er Wirkungen von Veränderungen mit Bezug auf eine innerlich erlebte Einheit beschreiben. Der Erfahrung eines einheitlichen Ichs stehen lebenslange Entwicklungen und Wandlungen, aber auch tiefgreifende Umbrüche gegenüber. Entwicklungspsychologie und Biografieforschung beschäftigen sich mit diesen Prozessen in unterschiedlicher Weise. Je nach Perspektive und theoretischem Hintergrund wird die Erfahrung einer stabilen, beständigen inneren Einheit in unterschiedlicher Weise begrifflich gefasst, z.T. werden identische Begriffe uneinheitlich verwendet. Mit den im Folgenden erläuterten Konzeptualisierungen schließe mich einem Verständnis von Selbst und Identität als sich stetig wandelnde, innerere Prozesse an.

Für Maaßen ist das *Selbst* „das bewußte, sich selbst reflektierende und das durch die Zeit Identische."[1] Greve fasst das *Selbst* als ein dynamisches System auf, „das einerseits auf die jeweilige Person bezogene Überzeugungs- und Erinnerungsinhalte und andererseits die mit diesen Inhalten operierenden Prozesse und Mechanismen umfasst." Es gehe dabei „zum einen um die Frage, wie wir uns selbst sehen, beschreiben, bewerten und verstehen, wie wir uns im sozialen Kontext einordnen, wie wir uns retrospektiv rekonstruieren und was wir in Bezug auf uns erwarten und erhoffen oder befürchten. Zum anderen geht es um die Mechanismen und Prozesse, die – überwiegend ohne unser Zutun, meist ohne unser Wissen – unser Selbstverständnis und unser Selbst-

[1] Maaßen 1996, S. 26

wertempfinden aufrechterhalten und entwickeln."[2] So macht also gerade der ständige Wandel das Wesen des Selbst aus. Es geht um die Integration der vielfältigen Einflüsse, die auf das Individuum einwirken. Diese entwicklungspsychologische Auffassung des Selbst wird im *personzentrierten Ansatz* von Carl Rogers weiter differenziert. Auch für ihn ist das Selbst oder *Selbstkonzept* eine Wahrnehmungs- und Erfahrungsgestalt, in der sich das Individuum selbst in den Blick nimmt.[3] Im Rahmen dieser prozesshaften Auffassung beschäftigte sich Rogers mit der Frage, in welcher Form das Selbst neue Erfahrungen in sich aufnimmt oder abwehrt und wie die Auseinandersetzung zwischen Selbst und Erfahrung in der Kommunikation mit einem Gegenüber beeinflusst werden kann (s. Abschnitt 5.2).

Die Prozesse und Strukturen des Selbst bauen auf dem auf, was aus der Innensicht als *Identität* und aus der Außensicht als *Persönlichkeit* erscheint.[4] *Identität* als Erleben einer inneren Einheit entsteht aus der Erfahrung eines lebenslangen, inneren Wachstums- und Entwicklungsprozesses, aber auch aus der aktiven Auseinandersetzung mit der sozialen Umgebung und all ihren Rollenerwartungen und -anforderungen.[5] Damit wird Identität zu einem Teilaspekt des Selbst. Der Eindruck eines beständigen Wesenskerns besteht nicht von vorne herein. Erst im Gesamtbild, das das Individuum von sich selbst entwickelt, werden die vielfältigen Erfahrungen verarbeitet, und erst dadurch kann das Erleben einer inneren Einheit überhaupt entstehen. Für Theodor Schulze sind Persönlichkeit und Selbstkonzept nicht die Voraussetzungen, sondern eher das Ergebnis oder die Begleiterscheinung einer Biografie. Schulze verwahrt sich aber gegen den Versuch, Biografie als zielgerichteten Prozess hin zum schon angelegten Selbst zu betrachten.[6] Lebenserfahrungen prägen die Persönlichkeit und verändern diese. In welcher Weise ein Wechselspiel zwischen Umwelt und Individuum die Identität des Menschen beeinflusst und formt, dies untersuchte der amerikanische Sozialpsychologe George Herbert Mead. Mit seiner Theorie des *symbolischen Interaktionismus* beeinflusste er

[2] Greve 2007, S. 305f.
[3] Rogers 1991, S. 26
[4] Greve 2007, S. 320
[5] Lucius-Hoene/Deppermann 2002, S. 47 ff.
[6] Schulze 2006, S. 44 f.

viele Handlungs- und Sozialisationstheorien.[7] Wesentliche Konzepte, die auch für diese Arbeit Verwendung finden, schließen an Vorstellungen Meads an.

2.1 Identitätsentwicklung im gesellschaftlichen Kontext

Menschliche Identität kann sich selbst zum Gegenstand der Betrachtung machen. Dies ist für George Herbert Mead ein Merkmal, das den Menschen grundlegend vom Tier unterscheidet. Der Einzelne kann sich selbst gegenüber eine objektive, unpersönliche Haltung einnehmen.[8] In der Sozialpsychologie Meads[9] vollzieht sich der Prozess der Herausbildung einer eigenen Identität immer in Bezug auf und in Wechselwirkung mit der gesellschaftlichen Umwelt. Die Fähigkeit zur Identifikation mit anderen begründet die Ich-Identität des Menschen.[10] Er entwickelt Vorstellungen davon, welche Erwartungen und Rollen die Gesellschaft an ihn heranträgt. Diejenige Instanz, die sich im Verlauf der Identitätsbildung solchermaßen herausbildet, nennt Mead das *Me*. „Wenn die Reaktion des anderen ein entscheidender Aspekt in der Erfahrung oder im Verhalten des Einzelnen wird, wenn die Übernahme der Haltung des anderen zum entscheidenden Aspekt seines Verhaltens wird – dann erscheint der Einzelne in seiner eigenen Erfahrung als Identität. Vorher ist das nicht der Fall."[11] So entsteht ein inneres Bild davon, wie das Individuum von den anderen gesehen wird. Das *Symbolsystem*[12] der Sprache hat hier für Mead eine zentrale Vermittlungsfunktion. Wörter übertragen gemeinsam geteilte Bedeutungen, als Symbole dieser Bedeutungen lösen sie bei Sprecher wie Hörer ähnliche Vorstellungen und Reaktionen aus. Aufgabe von Kommunikation ist es, Haltungen, Perspektiven und Rollenerwartungen zu übertragen bzw. zu übernehmen.[13]

Neben der Fähigkeit, sich mit anderen zu identifizieren und deren Verhalten zu antizipieren, stellt die Fähigkeit zur Reflexion den zweiten wichtigen

[7] Baumgart 2008, S. 119
[8] Mead 1973, S. 177ff.
[9] Baumgart 2008, S. 120 ff.
[10] Buchen 1993, S. 228
[11] Mead 1973, S. 239
[12] Baumgart 2008, S. 120
[13] Mead 1973, S. 177ff.

Aspekt in der Ausbildung einer Ich-Identität beim Menschen dar.[14] Von der Instanz des *Me* hebt Mead das *I* als derjenigen Instanz ab, die für die kreative Beantwortung von Handlungsproblemen verantwortlich ist.[15] Erwartungen der Umgebung können übernommen, zurückgewiesen oder abgewandelt werden. Das *I* bleibt diffus und unsichtbar, zeigt sich aber in seinen kreativen Abweichungen in der Umsetzung sozialer Verpflichtungen. Es bringt Ansprüche nach Individuierung zu Gehör, die möglicherweise in Konflikt zum internalisierten Gesamtwillen stehen – repräsentiert durch das *Me*. Damit wird das *I* zu einer wichtigen Quelle von Veränderung und Neuerung. Das *Me* und das *I* sind gleichberechtigte Teilaspekte – Mead spricht hier von *Phasen* menschlicher Identität. „Gäbe es diese beiden Phasen nicht, so gäbe es keine bewußte Verantwortung und auch keine neuen Erfahrungen."[16] Das Individuum findet im Zusammenspiel zwischen Identifikation und Reflexion ständig neu zu einer eigenen Persönlichkeit.

Wenn Mead betont, dass Identitätsbildung immer einer Auseinandersetzung mit gesellschaftlichen Bedingungen unterworfen sei, dann hat dies zentrale Auswirkungen auf jeden Prozess, in dem sich die Identität eines Individuums formt, zeigt und mitteilt:

Identität im Dialog: Mead betont den eher kognitiven Prozess des Erkennens und Antizipierens von Haltungen der anderen. Mit seinem *Konzept eines Kampfes um Anerkennung* baut Honneth auf Meads Sicht auf, geht aber noch einen Schritt weiter. Denn für ihn benötigt Identitätsbildung die Erfahrung sozialer *An*-Erkennung und geschieht im Ringen um Anerkennung (s. Kapitel 5). Nur wenn ich mich in den Anderen einfühlen und hineinversetzen kann – Honneth spricht hier von „existentieller, ja affektiver Anteilnahme am Anderen"[17] –, kann ich mir dessen Normen und Einstellungen zu eigen und so zu einem Teil meiner Identität machen. Die Fähigkeit zur Übernahme von Haltungen und Werten des Anderen setzt also voraus, dass das Individuum die Fähigkeit zur Einfühlung in die Perspektive des Anderen erworben hat.

[14] Buchen 1993, S. 228
[15] Honneth 1994, S. 120
[16] Mead 1973, S. 221
[17] Honneth 2010, 50 f.

Nach Meuter ist Empathie „konstitutiv für jegliches moralisches Verhalten".[18] Damit kommt der Fähigkeit zur Empathie, wie sie Carl Rogers in seinem *personzentrierten Ansatz* zum Gegenstand seiner Betrachtungen gemacht hat (s. Abschnitt 5.2), der Stellenwert einer zentralen kommunikativen Grundhaltung zu.

Identität im Erzählprozess: Aus der Perspektive des *Me* – des internalisierten Bildes, das andere vom Individuum haben – kann sich das Individuum erzählend anhand der eigenen vergangenen Erfahrungen selbst betrachten.[19] Im Akt des Erzählens entfalten lebensgeschichtliche Erzählungen ihre eigene Kraft. Nach Mead löst Sprache auch beim Sprecher tendenziell dieselben Reaktionen aus, die er beim Gesprächspartner hervorrufen will.[20] Indem der Erzähler den eigenen Erfahrungen Sprache verleiht, wird er von den eigenen Worten berührt. Der Sprechende wird sich selbst zum Zuhörer. Dieses Geschehen wird im Konzept der narrativen Identität nach Lucius-Hoene und Deppermann vertieft (s. Abschnitt 4.4).

Identität und Lernerfahrung: Reflexionen finden „zumeist erst statt, wenn die Orientierungsmuster den gewohnten Erfolg versagen."[21] Das *I* ist vom Wesen her eher unbestimmt und reagiert kreativ auf die Anforderungen einer Situation, wie sie das *Me* durch Vorannahmen strukturiert. Erfahrungen, die aus Irritationen und Herausforderungen erwachsen, führen zu inneren Neustrukturierungen. Hier sind die Ansatzpunkte für biografisches Lernen. Nach Mezirow sind gerade die Diskrepanzerfahrungen entscheidende Ausgangspunkte für *transformatives Lernen* (s. Abschnitt 4.3).

In offenen Interviews über Erfahrungen im Nationalsozialismus ist damit zu rechnen, dass sich gesellschaftliche Normen und Einstellungen im Selbstbild des Erzählenden niederschlagen. Das Wechselspiel zwischen den Instanzen des *Me* und *I* nach Mead wird möglicherweise noch durch Reaktionen oder Nicht-Reaktionen der Interviewenden beeinflusst. Dies wird noch in Kapitel 5 und Kapitel 6 genauer zu untersuchen sein. Im Bisherigen wurde der Prozess

[18] Meuter 2007, 51, s. a. Abschnitt 5
[19] Buchen 1993, S. 228
[20] Baumgart 2008, S. 121
[21] Buchen 1993, S. 229

der Identitätsbildung im Lichte aktuell wirkender Kräfte betrachtet. Das Bewusstsein über das eigene So-Sein wächst im Laufe des eigenen Lebens. Die eigene Entwicklung ist Bestandteil der eigenen Identität, in lebensgeschichtlichen Erzählungen präsentiert sich der Erzählende nicht nur mit der Momentaufnahme seiner jetzigen Identität, sondern auch mit seiner Geschichte, die ihn an diesen Punkt des eigenen Lebens geführt hat. Um den Gehalt lebensgeschichtlicher Erzählungen (s. Abschnitt 4.2) erfassen zu können, braucht es ein Verständnis für Entwicklung über die Lebensspanne und für die Verarbeitung von Erfahrungen im Laufe des Lebens.

2.2 Entwicklung

Die Erfahrung innerer Einheit und Kontinuität, dieser Zustand wird hier nicht als statisch und unverrückbar begriffen, sondern als dynamischer Prozess. Die Erfahrung von Identität durchläuft Krisen, Wandlungen und Entwicklungen. Im Modell der Entwicklungsstufen nach Erik H. Erikson[22] ist das Durchlaufen bestimmter Entwicklungsstufen sogar bestimmend für die Entwicklung einer individuellen Identität über die gesamte Lebensspanne. Erikson versteht die Entwicklung des Menschen als ein Durchlaufen psychosexueller Krisen, deren positive Lösung Voraussetzung für die weitere angemessene Entwicklung ist. Das Konzept von krisenhaften Entwicklungsphasen wird im Entwurf von Robert J. Havighurst[23] überwunden. Er sieht die menschliche Entwicklung als eine Auseinandersetzung mit Entwicklungsaufgaben. Bei den Lösungsversuchen eigne sich der Mensch jene Kompetenzen an, die er für die Bewältigung kommender Aufgaben benötige. Gerade in der Jugendzeit spielen Zugehörigkeit zu verschiedenen sozialen Gruppen, Einschätzungen von außen und Zuschreibungen von Entwicklungsmöglichkeiten eine große Rolle beim Aufbau einer eigenen Identität. Erikson postuliert gerade in der Reifungsphase der Adoleszenz eine zentrale Identitätskrise. Der Selbstwert des jungen Menschen ist in hohem Maße durch soziale Bewertungen beeinflussbar und von ihnen abhängig. Mehr als in anderen Entwicklungsphasen ist der Mensch hier von sozialen Prozessen bestimmt, allerdings beginnt der junge Mensch nun, seine weitere Entwicklung aktiv in die Hand zu nehmen.

[22] Erikson 1992
[23] Havighurst 1953

„Das Selbst wird in zunehmendem Maße nicht nur Produkt, sondern auch Produzent seiner eigenen Entwicklung.“[24]

Die hier zu untersuchenden biografischen Interviews nehmen bei den Erzählenden genau diese Umbruchzeit in der persönlichen Entwicklung, der Adoleszenz und des beginnenden Erwachsenenalters, in den Blick (s. Kapitel 8). Die befragten Personen waren 1933 mindestens acht Jahre alt und wurden während der Zeit des Nationalsozialismus erwachsen. So ist davon auszugehen, dass bei den Erzählungen die Herausbildung von inneren Grundkonzeptionen, die möglicherweise leitend für das weitere Leben der Zeitzeugen waren, zum Thema werden. Alte Menschen, die über ihre Beteiligung am Nationalsozialismus befragt werden, waren aber nicht nur entwicklungspsychologisch in den Jahren 1933 bis 1945 mit ihren individuellen Umbrüchen beschäftigt. Je nach innerer Einstellung und Erfahrung hatten sie darüber hinaus während der Zeit des Nationalsozialismus und spätestens mit dem Kriegsende zentrale politisch-gesellschaftliche Umbrüche zu verkraften. Auch dies erforderte Anpassungsleistungen, die in den Interviews gezielt erfragt wurden (s. Anhang C).

Zwar vollzieht sich Entwicklung über die gesamte Lebensspanne, dennoch präsentiert sich das Selbst bei hoher Flexibilität und Veränderbarkeit des Selbstbildes im Erwachsenenalter als relativ stabil.[25] Greve untersucht hier einen Grundwiderspruch: „Wie also kann ein dynamisches, situativ adaptives und sich permanent entwickelndes Selbst so konsistente Verhaltenstendenzen produzieren, dass der empirische Eindruck einer stabilen Persönlichkeit im Erwachsenenalter so stark (und reliabel) ist?“[26] Letztlich entsteht ein stabiles Selbstgefühl im Menschen dadurch, dass er die notwendigen Anpassungen im Laufe des eigenen Lebens selbst leistet. Er erfährt sich in seinen Anpassungsentscheidungen und -handlungen als eigene Person. In einem Wechselwirkungsprozess zwischen Anforderungen von außen, inneren Neubewertungen von Situationen und entsprechenden Anpassungsleistungen nimmt der Mensch seine Entwicklung selbst in die Hand. Dieser selbstgesteuerte Vorgang ist abhängig von den Möglichkeiten der Person und den ihr zur Ver-

[24] Greve 2007, S. 311
[25] A. a. O., S. 315
[26] A. a. O., S. 318

fügung stehenden Verhaltensmöglichkeiten.[27] Entwicklung geschieht in der Abfolge einer Fülle von Lernprozessen, die darauf abzielen, neuen Situationen und Herausforderungen zu begegnen. Wenn für das Selbst bedrohliche Situationen und „kritische Lebensereignisse"[28] zu verarbeiten sind, wird Kontinuität durch die verschiedenen Anpassungsleistungen hergestellt. Dies kann durch defensiv angelegte psychodynamische Stabilisierungsprozesse geschehen: bedrohliche Informationen werden zurückgewiesen oder eine bedrohliche Situation wird neu bewertet. Die bedrohliche Situation kann aber auch offensiv durch Anpassung des eigenen persönlichen Werte- und Präferenzsystems, durch Sinn stiftende Umdeutungen und Perspektivveränderungen aufgefangen werden.[29] Um einen Menschen und seine Entwicklung zu verstehen, ist es wichtig, die Art seiner Regulationshandlungen nachzuvollziehen und diese zu verstehen

- im Hinblick auf bestimmte Reaktionsmuster bei neuen und möglicherweise als bedrohlich erlebten Situationen,
- im Hinblick auf das erste Auftreten bestimmter Anpassungsstrategien im Entwicklungsverlauf und
- im Hinblick auf Einflüsse durch politisch-soziale Veränderungen.

In der Art der Regulationshandlungen, die ein Mensch einsetzt, zeigt er, welche Lebensereignisse er als Herausforderungen, Krisen oder Wendepunkte begreift und mit welchen Strategien er diese bewältigt. Als Bestandteil eigener Lebenserfahrung und -entwicklung gehen sie in die eigene Identität ein. Der Mensch entwickelt im Laufe seines Lebens ein Repertoire bestimmter Anpassungsstrategien, die für ihn einen ganz persönlichen Sinn haben.

Lehr kritisiert das Konzept der *kritischen Lebensereignisse* auch in der Erweiterung der Ausrichtung auf *bedeutsame Lebensereignisse* als zu mechanistisch und zu krisenorientiert, denn vergleichbare Ereignisse werden von Individuen höchst unterschiedlich erlebt. Ihr geht es nicht so sehr um die Relevanz bestimmter Ereignisse für die individuelle Entwicklung, sondern darum, wie sich diese Ereignisse im Erleben niederschlagen und auf welche

[27] Greve 2007, S. 322
[28] Filipp 2007
[29] Greve 2007, S. 327

inneren Verarbeitungs- und Bewältigungsmuster diese treffen.[30] Hier liegt der Fokus also eher auf der inneren Bewertung und Verarbeitung von inneren und äußeren Herausforderungen. Wenn man dies allerdings berücksichtig, dann bekommen meiner Ansicht nach auch weiterhin diejenigen Lebensereignisse im Lebenslauf Bedeutung, die das Individuum zu Anpassung und Neuorientierung herausforderten. Dies können kritische und begeisternde Ereignisse sein, das müssen nicht unbedingt die zeitgeschichtlichen Umwälzungen sein – auch ein Wohnortwechsel in derselben Stadt kann zentrale innere Veränderungen auslösen. Auf jeden Fall können Erzählende im Rahmen ihres Lebensrückblicks derartige, für ihre weitere Entwicklung bedeutsame Prozesse und Stationen benennen. Sie werden im Weiteren darauf eingehen, wie sie diese Herausforderungen bewältigt und in ihre Identität integriert haben.

Grundsätzlich stehen dem Menschen zwei Bewältigungsformen zur Verfügung, um auf Herausforderungen und Widerfahrnisse des Lebens zu reagieren, in assimilativer oder akkomodativer Form. Im *assimilativen Modus* unternimmt der Mensch Anstrengungen dahingehend, bisherige Vorstellungen von der eigenen Lebensgestaltung aufrechtzuerhalten und auch in neuen Situationen zu sichern. Möglicherweise muss er dazu zusätzliche Energie und weitere Ressourcen einsetzen. Im *akkomodativen Modus* der Entwicklungsregulation werden individuelle Ziele und Ansprüche an veränderte Umstände angepasst. Irreversible Verluste werden hingenommen und anerkannt. Hier geht es um das Haushalten mit den eigenen Ressourcen. Angesichts einer neuen Lage werden die bisherigen Ziele deshalb einer Prüfung unterzogen und neue, erreichbare Ziele entwickelt.[31] Gerade im höheren Alter, wenn Handlungsmöglichkeiten zunehmend eingeschränkt sind, steht die akkomodative Bewältigung im Vordergrund. „Die Stabilisierung der individuellen Selbstwertschätzung und Identität und damit des Wohlbefindens und der psychischen Gesundheit durch adaptive Regulation des alternden Selbst wird damit zu einer zentralen Voraussetzung erfolgreichen Alterns."[32] Hier wird umrissen, worauf ein „erfolgreicher" Entwicklungsprozess im Alter hinsteuern könnte: In der rückschauenden Bilanzierung des eigenen Lebens ginge

[30] Lehr 1999, S. 313 ff. und S. 327
[31] Brandstädter 2007
[32] Greve 2007, S. 329

es nicht nur um die wirksame und energische Verfolgung und Einlösung von Lebenszielen, sondern um die Frage nach der Wertigkeit von Zielen angesichts von Begrenzungen und Unwägbarkeiten im Laufe des eigenen Lebens.[33] Gelingende Entwicklung bestünde dann darin, die individuelle Beweglichkeit und Anpassungsfähigkeit zu erhalten, zu sichern und möglicherweise sogar noch zu vergrößern. Hinter der Zielbestimmung erfolgreicher Entwicklung bis ins hohe Lebensalter steht auch die Vorstellung von *Weisheit im Alter*. Es wird deutlich, dass gerade die Phase des Alterns den Menschen noch einmal vor besondere Lernherausforderungen stellt, dies sei im folgenden Abschnitt vertieft.

Nach Petzold ist es eine Voraussetzung für eine prägnante Identität, sich selbst in seinem Lebensganzen zu verstehen.[34] Dazu gehören all die Bewältigungsleistungen, mit denen der alte Mensch auf die Herausforderungen in seinem bisherigen Leben reagierte. In biografischen Gesprächen werden so die Entwicklungsanforderungen, die inneren Verarbeitungen und die getroffenen Anpassungsleistungen zum Gegenstand. Im Erzählen präsentiert sich der Mensch mit der in seiner Entwicklung gewachsenen Identität, er offenbart die Geschichte seines Lernens durch Erfahrung. Insofern sind biografische Erzählungen ein Fenster zum Verständnis desjenigen, der die eigene Geschichte erzählt. Die Art, wie jemand erzählt, gibt Auskunft darüber, welche Prozesse und Ereignissen für den Erzählenden bedeutungsvoll waren. Der Erzählende zeigt auf, mit welchen Strategien er sich auf neue Situationen einstellte und zu welchen inneren Schlussfolgerungen er für das weitere Leben kam. Insofern sind die später noch vorzustellenden Konzepte biografischen Lernens im Rahmen der Herstellung *narrativer Identität* (s. Abschnitt 4) Werkzeuge, um tiefere Aussagen über die eigene Entwicklung in Lebenserzählungen erschließen zu können.

2.3 Altern

Die in den vorliegenden Interviews befragten Personen waren zum Zeitpunkt der Interviews zwischen 76 und 94 Jahre alt (s. Abschnitt 8). In ihren Erzählungen schlagen sich Erfahrungen auf verschiedenen Zeitebenen nieder, denn

[33] Brandstädter 2007, S. 436
[34] Petzold 1985b, S. 96

sie sind mit ihren Erlebnissen im Nationalsozialismus beschäftigt, mit der Verarbeitung ihrer Erfahrungen in der Nachkriegszeit, und präsentieren dies in der Gegenwart des Interviewzeitpunkts als Teil ihrer gewachsenen Identität. Gerade wenn in den Interviews Angehörige verschiedener Generationen zusammenkommen (s. Abschnitt 3), erhält das Lebensalter der Befragten besondere Bedeutung. Bei der Untersuchung dieser Interviews sind typische Verarbeitungsprozesse und Bewältigungsleistungen zu berücksichtigen. Dies führt zu einem Verständnis von biografischen Lernen im Alter und und Identitätsbildung im Prozess des Erzählens, das im Abschnitt 4.1 und 4.4 noch weiter entfaltet wird.

In der Reifungsphase des Alterns ist der alternde Mensch mit seiner Vergänglichkeit konfrontiert, seine Identität ist durch Verluste in verschiedener Hinsicht geprägt. Dem Lebensabschnitt des höheren (60 – 75/80 Lebensjahre) und des hohen Erwachsenenalters (75/80 Lebensjahre – Lebensende)[35] begegnet die Gesellschaft mit Vorurteilen und defizitären Zuschreibungen. Während in der alltagspsychologischen Charakterisierung der Entwicklung von Kindern und Jugendlichen der Zuwachs, der Gewinn an Leistungsfähigkeit und sozialen Bezügen betont und im Erwachsenenalter auf Erfolge in Familie und Beruf gebaut wird, verweisen die Beschreibungen und Erwartungen bezüglich des hohen Alters vorwiegend auf Abbau, Vereinsamung und Unselbstständigkeit. Diese Defizittheorie des Alters wird allgemein als überholt angesehen.[36]

Schweppe bezeichnet die Phase des Alterns als „soziales Konstrukt der Moderne“,[37] die an verschiedene Dimensionen der Gesellschaftsstruktur gekoppelt ist. Altsein ist eine Kategorie, die fortwährenden, gesellschaftlichen Wandlungs- und Aushandlungsprozessen unterworfen ist. Lebensformen und Lebensentwürfe sind nicht mehr von vorne herein festgelegt und vorhersehbar. Der Prozess des Alterns legt eine hohe Dynamik an den Tag, ist er doch gleichzeitig von entwicklungsbedingten Gewinnen und Verlusten, Kontinuität und Diskontinuität geprägt.[38] Krisen und Entwicklungsaufgaben können immer

[35] Radebold 2005, S. 101

[36] Filipp/Mayer 1999, S. 30 f.; Steinebach 2000, S. 163 f.; Kipp/Jüngling 2000, S. 17 f.; Heuft/Kruse/Radebold 2000, S. 59 f.

[37] Schweppe 2006, S. 342

[38] Zenk/Peters/Wilz 2010, S. 17 ff.

als Bedrohungen für eine positive Identität verstanden werden, insbesondere dann, wenn frühere Krisen oder Aufgaben nicht angemessen bewältigt oder gelöst wurden. Alte Menschen entwickeln ihre subjektiven Theorien, mit denen sie die eigene Entwicklung im Hinblick auf wahrgenommene Veränderungen feststellen und ins Verhältnis zu dem setzen, was sie in bestimmten Lebensaltern und in den selbst durchlaufenen früheren Entwicklungsabschnitten als „normal" ansehen. Dabei werden die eigenen Erfahrungen im Hinblick darauf bewertet, ob sie als Gewinne oder Verluste im Sinnzusammenhang der eigenen Lebensrückschau zu verbuchen sind.

Subjektive Entwicklungstheorien sind außerdem von den wahrgenommenen Einflussmöglichkeiten abhängig.[39] Wird der geistige Abbau im Alter als schicksalhaftes Geschehen interpretiert, wird der betroffene alte Mensch kaum Anstrengungen in der Suche nach geistiger Anregung unternehmen. Insofern werden mit den eigenen Kontrollüberzeugungen Handlungsspielräume definiert. Filipp und Mayer stellen in ihrer Zusammenschau relevanter Forschungen fest, dass auch alte Menschen selbst in ihren allgemeinen Vorstellungen von Alter dem gesellschaftlich verbreiteten Defizitmodell des Alters verpflichtet sind. Dem eigenen Altern aber stehen sie mit positiven Erwartungen und Erfahrungen im Rahmen eines Kompetenzmodells gegenüber.[40]

Baltes betont, dass Menschen über die besondere Fähigkeit verfügen, Realität zu transformieren. Sie können sich veränderten Realitäten anpassen, Lebensziele und das eigene Selbstbild ändern und durch Transformationsleistungen ihr Selbstgefühl schützen. Ältere Erwachsene behalten oder steigern sogar ihre Fähigkeit, sich flexibel auf neue Lebensumstände einzustellen. Sie nutzen häufiger den akkomodativ-flexiblen Bewältigungsstil. Ihre Flexibilität besteht darin, sich mit ihren Lebensziele den veränderten Lebensumständen anzupassen, anstatt an früher gefassten Zielen krampfhaft festzuhalten, wie es der assimilativ-persistente Stil nahelegen würde.[41]

[39] Filipp/Mayer 1999, S. 32 f.
[40] A. a. O., S. 39
[41] Baltes 1996, S. 40 ff.

Heuft, Kruse und Radebold unterziehen Eriksons Modell einer aufsteigenden Entwicklung über die Lebensspanne einer kritischen Würdigung.[42] Sie gestehen zwar zu, dass sich die Hypothek früher ungelöster Entwicklungsaufgaben im Alter in Form von zusätzlichen Belastungen auswirken kann, allerdings stellen sie sich gegen den von Erikson unterstellten Sog zu einer aufsteigenden Entwicklung. Altern ist kein homogener Prozess, die Verläufe sind in hohem Maße unterschiedlich.[43] Heuft, Kruse und Radebold gehen von einer stetigen Neuordnung bisheriger Systeme unter den je neu gestellten Entwicklungsanforderungen aus.[44] Nach Baltes werden anstehende Herausforderungen im Alter mit der Strategie der *Selektiven Optimierung mit Kompensation* bewältigt: Lebensziele und Lebensaktivitäten müssen bewusst eingeschränkt werden oder werden durch äußere Einflüsse – z.B. durch Verluste, Krankheit, Behinderung – begrenzt (Selektion). Gleichzeitig werden bestimmte Fähigkeiten und Ressourcen besonders gepflegt, ausgeschöpft und verbessert (Optimierung). Verluste von bisher vorhandenen Fähigkeiten werden durch Hilfsmittel und durch alternative Strategien der Zielerreichung ausgeglichen (Kompensation).[45] Radebold hebt für die Phase des hohen Erwachsenenalters speziell folgende Entwicklungsaufgaben hervor:[46]

- Durchleben eines ständigen Trauer- und Befreiungsprozesses aufgrund vielfältiger Verluste,
- Akzeptanz des bisherigen Lebens, möglicherweise auch eine Versöhnung damit,
- möglichst lange Erhaltung der eigenen Autonomie,
- Anpassung an die eigene Alternssituation mit zunehmender Akzeptanz möglicher Abhängigkeit und Hilfebedürftigkeit
- Akzeptanz der nur noch begrenzten Lebenszeit.

Nach Schweppe besteht dabei für alte Menschen die Gefahr, in alten Wissensbeständen und Verhaltensmustern zu verharren. Die Notwendigkeit, sich an neue Gegebenheiten anzupassen, erfordere ein dynamisches Verhältnis,

[42] Heuft/Kruse/Radebold 2000, S. 51 ff.
[43] Filipp/Mayer 1999, S. 31
[44] Heuft/Kruse/Radebold 2000, S. 68
[45] Baltes 1996, S. 62 f.
[46] Radebold 2005, S. 101

einen ständigen reflektierenden Rückbezug zur eigenen Lebensgeschichte. So wird die Auseinandersetzung mit der eigenen Biografie für den älteren Menschen immer zentraler. Die Auseinandersetzung mit der eigenen Biografie eröffnet soziale Räume und identitätsstiftenden Zusammenhalt.[47] Die Verlusterfahrungen in der Gegenwart und das Reduzieren eigener früher noch erreichbarer Ziele lenkt den Blick auf die eigene Biografie: auf das früher noch Mögliche, auf damalige Einschränkungen und aber auch auf damals erworbene und erfolgreich angewandte Anpassungstrategien. Die Lebensgeschichte erscheint im Wechselspiel mit den Herausforderungen, die die Gegenwart des Alters mit sich bringen. So kann die eigene Situation als alternder Mensch als Resultat der eigenen Lebensgeschichte gesehen werden, die eigene Lebensgeschichte kann aber auch im Lichte der eigenen Lage im Alter neu interpretiert werden. Der Prozess des Erinnerns hat eine kompensatorische Funktion angesichts erlittener Einbußen: Es wird eine Kontinuität im Leben durch die Aneignung der eigenen Identität und Biografie hergestellt.[48] Darüber hinaus gibt die Auseinandersetzung mit der eigenen Biografie Anstöße zu einem identitätsstiftenden Lernprozess. War das eine eine tröstende Rückschau, ist das andere ein Fortschreiben der eigenen Identität, die das Ich für die bevorstehenden altersspezifischen Entwicklungsaufgaben stärkt und unterstützt. Was in jungen Jahren eine Krise oder einen schmerzlichen Verlust darstellte, kann so in der Rückschau und im Vergleich zu weiteren Lebenskrisen zu einer zentralen Lebenschance werden. Der im Alter vorherrschende akkomodative Bewältigungsstil leistet dieser integrierenden Interpretation des eigenen Lebens Vorschub. So wie der alte Menschen mit sich im Alter umzugehen lernt, so tritt er auch seiner Lebensgeschichte entgegen.

Hier kann das, was als *Weisheit* bezeichnet wird, entstehen. Reiches Faktenund Strategiewissen über grundlegende Fragen des Lebens, Wissen um Einbettung und Auswirkungen zeitlicher und lebensweltlicher Konzepte, Wissen um die Relativität von Werten und Zielen und die Fähigkeit zu Erkenntnis und zum Umgang mit den Ungewissheiten des Lebens sind nach Staudinger Voraussetzung für das Erreichen von Weisheit im Alter.[49] Bestimmte Charakteristika sind hier für die Entwicklung von Weisheit förderlich: seien es

[47] Schweppe 2006, S. 352 f.
[48] Skiba 1997, S. 21 ff.
[49] Staudinger 1996, S. 360 ff.

Merkmale persönlicher Reife wie Offenheit für Erfahrung, Persönlichkeitswachstum und Ich-Entwicklung, aber auch Merkmale einer sozialen Reife wie Lebenszufriedenheit, Anpassungsfähigkeit an die Umwelt und die Fähigkeit zum Aufbau von positiven, sozialen Beziehungen.[50] In einem Wechselwirkungsprozess verstärkt Weisheit wiederum diese Merkmale persönlicher und sozialer Reife, denn Bewältigungen werden lernend in die eigene Identität integriert.

Mit dem Konzept von Weisheit wird in der Alternsforschung ein Idealzustand von Identitätsbildung und Lernen im Alter umrissen. Es gilt, die Prozesse zu untersuchen, die in Richtung einer inneren Weiterentwicklung weisen. Wenn im Alter die Auseinandersetzung mit der eigenen Biografie zentral ist, dann müssten sich gerade im Erinnern und Erzählen der eigenen Lebensgeschichte Prozesse einer inneren Entwicklung aufzeigen lassen. Für Forschungsinterviews können nur diejenigen Selbstthematisierungsprozesse von Belang sein, die im Erzählen aus sich heraus entstehen. Der Frage, unter welchen Bedingungen eine selbstgesteuerte Reflexion im Erzählen entstehen kann, nähern sich im Bereich der Biografieforschung die Konzepte von *narrativer Identität* und *biografischem Lernen*, wie sie in Abschnitt 4.3 und 4.4 beschrieben werden, und im Bereich von Beratung und Psychotherapie das Konzept von Selbstaktualisierung innerhalb des *personzentrierten Ansatzes* (s. Abschnitt 5.2). Allen Konzepten liegt die Auffassung zugrunde, dass Weiterentwicklung – z.B. im Sinne einer inneren Weisheit – unter bestimmten Bedingungen im Prozess des Erzählens selbst ausgelöst wird.

Wenn es um die Bewältigung des Nationalsozialismus geht, dann stellt sich die Frage, wie der alternde Mensch seine Erfahrungen damals in sein Selbstbild integriert hat. Die o.g. Entwicklungsaufgaben in der Rückschau auf die Zeit des Nationalsozialismus können gerade hier für jeden Einzelnen brisant sein, z.B. dadurch, dass Faszination und Begeisterung, aber auch bestimmte Verlusterfahrungen, bisher nicht erzählt werden konnten. So wird die innere Auseinandersetzung und Versöhnung mit einschneidenden Erlebnissen möglicherweise erschwert. Beispielsweise sind die Erlebnisse deutscher

[50] Staudinger/Dörner 2007, S. 675

Vertriebener erst in den letzten Jahren Gegenstand des öffentlichen Diskurses geworden.[51]

2.4 Zusammenfassung

Im Hinblick auf meine Forschungsarbeit sind nun folgende zusammenfassende Thesen zu formulieren:

- Ein wesentliches Moment menschlicher Identität ist es, dass sich der Mensch selbst zum Gegenstand seiner Betrachtung machen und dabei die Perspektiven von anderen übernehmen kann. Nach Mead werden gesellschaftliche Einstellungen über das Symbolsystem der Sprache internalisiert und integraler Bestandteil der eigenen Identität als *Me*.

- Identitätsbildung baut nicht nur auf kognitiven Austauschprozessen auf. Sie benötigt vielmehr die Erfahrung sozialer Anerkennung und geschieht im *Ringen um Anerkennung*. Insofern geht es nach Honneth um eine affektive Anteilnahme am Anderen (s. Abschnitt 5). Dies verweist auf die Bedeutung von Empathie als zentraler kommunikativer Grundhaltung im Rahmen des *personzentrierten Ansatzes* nach Rogers.

- Sprache als Ausdrucksmittel verleiht den eigenen Erfahrungen eine neue Wirkung. So entfaltet das biografische Erzählen für den Erzählenden selbst insbesondere dann eine eigene Kraft, wenn es in der Rückschau um Diskrepanzerfahrungen geht. Bei der Frage nach der kreativen Handlungsantwort auf diese Erfahrungen wird die zweite, nach Mead wichtige Phase der menschlichen Identitätsbildung hier aktiviert: Das *I*. Die Mitteilung des Erfahrenen bekommt im Alter zunehmende Bedeutung.

- Zur Aufrechterhaltung eines konsistenten Selbstbilds nimmt das Individuum bei gravierenden Veränderungen Regulationshandlungen vor. In der Geschichte der Bewältigung einschneidender Lebensereignisse er-

[51] So spricht die ehemalige DDR-Bürgerrechtlerin Freya Klier in ihrem Geleitwort zu einer Publikation des Volksbundes Deutsche Kriegsgräberfürsorge: „Es sind Traumata von Menschen, die von unserer Gesellschaft kaum angenommen wurden. Der Zustand des Beschweigens, er dauerte viel zu lange – viele Vertriebene starben über der Kälte des Nicht-Wissen-Wollens einer jüngeren Generation weg.“ Volksbund Deutsche Kriegsgräberfürsorge e.V. 2008, S. 8

fährt sich der Mensch in seiner Unverwechselbarkeit. So entsteht eine subjektive Theorie der eigenen Entwicklung.

- Gerade im hohen Alter, wenn Handlungsmöglichkeiten zunehmend eingeschränkt sind, gewinnen akkomodative gegenüber assimilativen Regulationshandlungen an Bedeutung. Umso mehr sieht sich der alte Mensch vor die Herausforderung gestellt, aktuelle Verlusterfahrungen in den Kontext früherer Erlebnisse zu stellen. Er beschäftigt sich so, stärker als in jüngeren Jahren, mit seiner Biografie.

- Insofern hat der erzählende Rückbezug zur eigenen Lebensgeschichte gerade im Alter eine identitätsstiftende und -stabilisierende Funktion. Der in dieser Lebensphase vorherrschende akkomodative Bewältigungsstil leistet dieser integrierenden Interpretation des eigenen Lebens Vorschub.

- In der Gegenwart der Erzählsituation spannen die Erzählenden einen Bogen zwischen vergangenen Erfahrungen, Umbrüchen und Bewältigungsleistungen und der eigenen Bewertung des Damals in der Gegenwart. Sie machen ihr damaliges Selbst zum Gegenstand der Betrachtung aus der Warte des gegenwärtigen Selbst.

- Erzählungen über eigene Erfahrungen im Nationalsozialismus können in mehrfacher Hinsicht für den oder die Erzählende bedeutsam sein: Bei Interviews über Erfahrungen im Nationalsozialismus berichten Zeitzeugen aus der Warte ihres hohen Alters – sie gehören der Generation des hohen Erwachsenenalters an – über ihre Erlebnisse in der Aufbauphase des Jugend- und frühen Erwachsenenalters. Damals hatten sie möglicherweise dramatische politische, soziale und gesellschaftliche Umwälzungen zu verarbeiten.

- Wenn es um Beteiligung im Nationalsozialismus geht, dann wirken in diesen Prozess aber auch aktuelle, internalisierte gesellschaftliche Einflüsse hinein, z.B. in Form von Vorannahmen über die Einstellungen des oder der Zuhörenden. Diese sind zum Teil von allgemeinen, negativen Altersstereotypen und zum Teil von denjenigen intergenerationellen Tradierungsformen (s. Abschnitt 7.2) bestimmt, die im gesellschaftlichen Nachkriegsdiskurs über den Nationalsozialismus entstanden sind.

- Erzählungen zu bedeutsamen Lebenseinschnitten in der Zeit des Nationalsozialismus sind eine Herausforderung für alle Beteiligten insofern, dass konflikthaft erlebte und problematische Lebenserfahrungen, die mit Etiketten wie „Täterschaft“ und „Schuld“ belegt sind, einer gemeinsamen Verarbeitung zugänglich gemacht werden. Die Erzählperson will und muss die eigenen Erfahrungen in ihr Selbstbild integrieren, der oder die Zuhörende muss diesen Prozess begleiten in Offenheit und Toleranz jenseits eigener möglicher Vorbehalte. Umso mehr gewinnt die oben postulierte soziale Anerkennung für den Erzählprozess an Bedeutung.

Gerade wenn es um den Nationalsozialismus geht, wirkt sich hier neben dem Gefälle an Lebenserfahrung – ältere Erzählende treffen auf jüngere Interviewende – auch die mögliche Differenz in Haltungen und gesellschaftlich-kulturellen Einflüssen in der Interviewsituation aus. In der Identitätsdarstellung im Erzählen wirken – darauf verweist ja der o.g. Ansatz von Mead – die inneren Abbildungen gesellschaftlicher Normen und Erwartungen hinein. Dieser Prozess wird möglicherweise aktualisiert durch die anwesende Interviewperson, die gleichsam eine Projektionsfläche für diese Repräsentationen des *Me* darstellen kann. Deshalb ist der kommunikativen Raum, in dem sich die Begegnung zwischen Interviewpartnern zum Thema des Nationalsozialismus abspielt, genauer zu beschreiben, bevor er dann im empirischen Teil über die *dokumentarische Methode* (s. Abschnitt 10) der Interviewanalyse zugänglich gemacht werden kann.

3 Generation und konjunktiver Erfahrungsraum

Durch lebensgeschichtliche Erzählungen und in der Erörterung zeitgeschichtlicher Themen begegnen sich Jüngere und Ältere mit ihren Werten, Einstellungen und Haltungen. Was gemeinhin als Austausch zwischen den „Generationen" verstanden wird, muss begrifflich aber präziser gefasst werden: Aus einer pädagogischen Sicht heraus sieht Sünkel *Generation als Funktion* in der gesellschaftlichen Tätigkeit Erziehung. Losgelöst von Alterszuordnungen oder anderen Zuordnungen lassen sich zwei Formen von Generation unterscheiden, der vermittelnden und der aneignenden. Diese funktionale Auffassung von Generation ist nach Sünkel Grundlage für eine weitere Ausdifferenzierung dessen, was unter Generation im Speziellen verstanden werden kann.[1] Filipp und Mayer unterscheiden hier z.B. drei Betrachtungsebenen:[2]

- im Sinne einer *Generationenabfolge* innerhalb von Familien – eine Generation umfasst dann diejenigen Mitglieder, die innerhalb einer Familie gleiche Rollen z.B. als Großeltern, Eltern oder Kinder einnehmen.

- im Sinne *vergleichbarer Stellung im Lebenslauf* – eine Generation umfasst diejenigen Mitglieder, die aufgrund ihres Alters und/oder ihrer Stellung im Lebenslauf einander ähnlich sind, z.B. die Generation der aus dem Erwerbsleben Ausgeschiedenen.

- im Sinne des *gemeinsamen Erlebens* bestimmter historischer Ereignisse zu vergleichbaren Alterszeitpunkten – eine Generation umfasst diejenigen Geburtsjahrgänge, die durch bestimmte Zeitepochen und Strukturen geprägt wurden, so z.B. die „68er"-Generation.

---

[1] Sünkel 1997, S. 199 f.
[2] Filipp/Mayer 1999, S. 17 ff.

Gerade diese letztgenannte kollektiv-historische Betrachtungsebene von Generation wird vom Soziologen Karl Mannheim aufgegriffen. Für ihn beruht ein *Generationenzusammenhang* „auf einer verwandten Lagerung der einer Generation zurechenbaren Individuen im sozialen Raum.“[3] Hier wird nicht nur die Zugehörigkeit zu einer bestimmten Altersgruppe in einer bestimmten Zivilisation beschrieben. In einem bestimmten Zeitabschnitt ergeben sich zu einem zeitgeschichtlichen Thema oder Problem für die Angehörigen einer Generation unterschiedliche Perspektiven und Anforderungen. Innerhalb eines Generationenzusammenhangs identifiziert Mannheim unterschiedliche *Generationseinheiten*, die einzelnen Strömungen – nach Mannheim „Formierungs- und Gestaltungsintentionen“[4] – in der gemeinsam verbindenden Epoche unterworfen sind. Generationseinheiten werden dann zu Trägern gesellschaftlicher Wandlungen, wenn sie durch ihr Aktivwerden dem Potenzial gesellschaftlicher Dynamik Ausdruck verleihen.

Schäffer erweitert nun Mannheims Auffassung von Generation. Für ihn ist *Generation* zu verstehen „als dynamisches Geflecht von Einheiten, Lagerungen und Zusammenhängen, das seinerseits jedoch mit anderen konjunktiven Erfahrungsräumen in Wechselwirkung steht.“[5] Damit schließt er sich einem differenzierteren Generationenbegriff von Wimmer an, der die Vorstellung zurückweist, dass allein die Zugehörigkeit zu einer Generation eine soziale Identität begründen kann. Für Wimmer stellen die Zugehörigkeitsmerkmale Geschlecht, Generation und Gattung (als übergreifender Begriff für eine Gesamtheit von menschlichen Individuen) ein Geflecht aus Differenzen dar, aus dem ein neuer Generationsbegriff erwachsen könnte. Die Einflüsse aus diesen Zugehörigkeitsmerkmalen lassen in ihrer Gesamtheit einen Erfahrungsraum erst entstehen.[6] So waren z.B. nicht alle Personen, die von ihrem Alter her der sogenannten „68er“-Generation zuzurechnen wären, direkt in die damaligen Umwälzungen einbezogen. Allein diejenigen Mitglieder innerhalb der entsprechenden Alterskohorte, die sich in der damaligen Studentenbewegung und der Außerparlamentarischen Opposition engagierten oder mit ihr sympathisierten, würden zur *Generationseinheit* der „68er“ gehören. Denn nur

[3] Mannheim 1964b, S.526 f.
[4] A. a. O., S. 546
[5] Schäffer 2003, S. 86
[6] Wimmer 1998, S. 96 f.

diese Mitglieder waren in einem gemeinsamen Erfahrungsraum von Politisierung und antiautoritärer Rebellion miteinander verbunden. Viele Bereiche der bundesrepublikanischen Gesellschaft wurden von den damaligen gesellschaftlichen Prozessen wiederum gar nicht oder nur am Rande erfasst.

Konjunktive Erfahrungsräume im Sinne Mannheims[7] – also verbindende Erfahrungsräume innerhalb einer sozialen Gruppierung – bezeichnen ein selbstverständliches Wissen, das nur von Angehörigen dieser Erfahrungsräume, hier spricht Schäffer von *Milieus*[8], gemeinsam geteilt und biografisch kollektiv erfahren wurde. Aus diesen konjunktiven Erfahrungen erwachsen für die Angehörigen dieser Erfahrungsräume kollektive Orientierungen, Haltungen und Dispositionen, die ihre Wahrnehmung, ihr gegenseitiges Verstehen und ihr praktisches Handeln jenseits von Reflexion und Bewusstheit bestimmen. Bestimmte Gesten und Körperhaltungen, bestimmte Stichworte und Metaphern oder andere Ausdrucksformen können dieses vorsprachliche bzw. *atheoretische*[9] Erleben ansprechen und mobilisieren. So ist beispielsweise die Gottesdienstliturgie den Angehörigen einer Glaubensgemeinschaft vertraut und bedarf keiner weiteren Verständigung, während die Erklärung dieser Liturgie für Außenstehende nur in unvollkommener Weise möglich ist.[10]

Zweifellos teilen Angehörige der Generation derer, die die Zeit des Nationalsozialismus und den Zweiten Weltkrieg erlebt haben, einen konjunktiven Erfahrungsraum. Probealarme mit Sirenen in der Gegenwart lösen bei alten Menschen spezifische Erinnerungen an die Vergangenheit, innere Alarmzustände und entsprechende Verhaltensimpulse aus. Dieser für die Kriegsgenerationen typische Erfahrungsraum lässt sich jenseits einer Alterszugehörigkeit weiter differenzieren je nach Geschlechtszugehörigkeit, sozialer Zugehörigkeit, Verwobenheit im System des Nationalsozialismus, Verfolgungserfahrung u.a.m. Das z.T. vorbewusste und nichtsprachliche Wissen ist für Angehörige jüngerer Generationen oft nicht nachvollziehbar.

---

[7] Mannheim 1980, S. 214

[8] Schäffer 2003, S. 27

[9] Mannheim 1980, S. 73

[10] Das Beispiel stammt von Nohl 2009, S. 11

3.1 Intergenerationeller Austausch

Erfahrungsräume werden aber auch zwischen den Generationen geteilt. „Das Wesentlichste an jedem Tradieren ist das Hineinwachsenlassen der neuen Generation in die ererbten Lebenshaltungen, Gefühlsgehalte, Einstellungen. Das bewusst Gelehrte ist demgegenüber quantitativ und der Bedeutung nach von beschränkterem Umfange.“[11] Danach kommt präreflexiven Lern- und Aneignungsprozessen, die zwischen den Generationen ablaufen, eine große Bedeutung zu. Hier wird intuitives Wissen weitergegeben, ein generationeller Erfahrungsraum wird auf die nachfolgenden Generationen ausgedehnt, so dass sich auch bei diesen das erworbene atheoretische Wissen entfalten kann. Es werden familiäre Traditionen und milieuspezifische Verhaltensweisen übermittelt.

In Austauschprozesse zwischen den Generationen fließen auch wechselseitige Stereotypen ein. Wenn es um den außerfamiliären Raum geht, so ist festzustellen, dass sich Menschen in allen Lebensabschnitten vorwiegend innerhalb der eigenen Altersgruppe bewegen. Filipp und Mayer verweisen hier auf entsprechende Studien.[12] Bei ihrer umfangreichen Recherche zum Zusammenhang zwischen Altersstereotypen und den Beziehungen zwischen den Generationen in unserer Gesellschaft sehen sie das Vorherrschen eines negativen, aus einem Defizitmodell von Altern (s. Abschnitt 2.3) gespeisten, Altersstereotyps. Die Begegnung mit der älteren Generation konfrontiert Angehörige jüngerer Generationen mit negativen Erwartungen an das eigene Altwerden und Altsein. Dies schlägt sich auch im Kommunikationsverhalten zwischen den Generationen nieder. Die Zuschreibung mangelnder Kommunikationskompetenzen bei den Älteren führt z.B. zu sprachlichen Überanpassungen auf Seiten der Jüngeren in Sprechstil und Sprechtempo. Gerade hier lässt sich die Entstehung und Wirkung innerer Repräsentationen von gesellschaftlichen Bildern und Einstellungen, wie sie Mead mit der Phase des *Me* aufzeigt (s. Abschnitt 2.1), festmachen: Das Interaktionsverhalten der Jüngeren zieht bei den Älteren negative Selbststereotypisierungen nach sich.[13] Wenn sich

[11] Mannheim 1964b, S. 538

[12] Filipp/Mayer 1999, S. 20

[13] Filipp und Mayer stellen hier Tendenzen in entsprechenden Untersuchungen fest, bemängeln aber die noch dürftige empirische Grundlage. A. a. O., S. 273 ff.

unterschiedliche Generationen bzw. Generationseinheiten begegnen, dann ist also mit der Wirkung von Stereotypen zu rechnen. Sie können den erweiterten gemeinsamen Erfahrungsraum in der Art der gemeinsamen Kommunikation, aber auch in stillschweigenden Vorannahmen und in der Filterung von Inhalten bestimmen.

Es stellt sich nun aber die Frage, wie Erfahrungsräume sich verändern und Neues aufnehmen können. Wenn bisher gewohnte Haltungen und Wissensbestände in Frage gestellt werden, dann ist ein „Weiter so" nicht mehr oder nur mit Einschränkungen möglich.[14] Schäffer rückt bei intergenerationellen, kollektiven Lern- und Bildungsprozessen nicht die argumentierende Auseinandersetzung, sondern das Moment des Miteinanderseins und der Begegnung in den Mittelpunkt.[15] So erweitert er Millers Auffassung von einem dialogischen Lernen als kollektivem Prozess.[16] Generationseinheiten können zu neuen Erfahrungen durch leiblich-seelische Begegnung mit anderen Generationseinheiten gelangen. In einem intuitiven Mitteilen atheoretischen Wissens entstehen und erweitern sich im günstigsten Fall gemeinsame Erfahrungsräume, möglicherweise führt dies aber auch zu Verengungen und Abgrenzungen. Aber nicht allein auf einer präreflexiven Ebene werden konjunktive Erfahrungsräume erweitert. Zumindest zum Teil sind diese dem Verstehen durch Außenstehende auch mit den Mitteln der Sprache zugänglich.[17] In der Begegnung der Generationen wird die Reflexion der eigenen generationellen Erfahrungen in der Differenz zu den Erfahrungen anderer Generationseinheiten angestoßen. Im intergenerationellen Dialog über die Zeit des Nationalsozialismus sind diese Verständigungsprozesse ebenfalls zu beobachten: So musste sich die Generation derer, die im Führerkult des Nationalsozialismus groß geworden waren, mit vollkommen neuen gesellschaftlichen Gepflogenheiten im Umgang mit Autoritäten in der Nachkriegszeit auseinandersetzen.

Möglicherweise schwingen derartige kollektive Austauschprozesse auch in Forschungsinterviews über Erfahrungen im Nationalsozialismus mit, so dass sich generationelle Erfahrungsräume in der Interviewsituation begegnen.

[14] Schäffer 2003, S. 224
[15] A. a. O., S. 221
[16] Miller 1986, S. 19 ff.
[17] Mannheim 1980, S. 215 ff.

Dies ist jedenfalls eine zentrale Annahme in meiner Untersuchung. Beim Blick auf gemeinsame intergenerationelle Erfahrungsräume sind Prozesse der Mitteilung, des Miteinanderseins und der Begegnung der Generationen einzubeziehen, aber auch Prozesse des Schweigens, der Abgrenzung und der Stereotypisierung. Das Erzählen zwischen den Generationen vermittelt Erfahrungen und Sinn, es ist ein Beitrag zur Ausbildung eines kollektiven Gedächtnisses. „Im Spannungsverhältnis zwischen erzählter und nicht-erzählter Geschichte, zwischen um- und neu-erzählter Geschichte, zwischen Erinnern und Vergessen, Schweigen und Beredsamkeit erfolgt die sich wandelnde Aneignung einer gemeinsamen Geschichte und die sich wandelnde Konturierung des Generationenverhältnisses.“[18]

Die Erfahrung des Nationalsozialismus prägt in Deutschland nach wie vor den Diskurs zwischen den Generationen. Die sehr unterschiedlichen Erfahrungsräume der Generation derer, die im Nationalsozialismus in unterschiedlicher Form beteiligt waren, und derer, die im demokratischen Deutschland der Nachkriegszeit aufwuchsen, begegnen sich hier. Im gegenseitigen Austausch um das Thema der Beteiligung im Nationalsozialismus, aber auch in der Abgrenzung voneinander, entstand und entsteht ein erweiterter, intergenerationeller Erfahrungsraum. Hier fließen Erfahrungen von Tabuisierungen, gefilterten Erzählungen, nachdrücklichen oder gar inquisitorischen Fragen, Anfeindungen, Diffamierungen, gegenseitigen Vorwürfen, Appellen um Verständnis und Beschwichtigungen ein. Analysiert man Interviews zur Mitwirkung am System des Nationalsozialismus, dann ist das Augenmerk darauf zu richten, welche intergenerationellen Erfahrungen implizit in den Interviews sowohl bei den Probanden als auch bei den Interviewenden mitschwingen. Wenn in Forschungsinterviews die Mitwirkung am Nationalsozialismus thematisiert wird, sprechen bestimmte Indikatoren dafür, dass die hier beschriebenen intergenerationellen, konjunktiven Erfahrungsräume wiederaufleben: so z.B. in der Art der gegenseitigen Ansprache, in der Reaktion auf angedeutete Erfahrungsräume, in Anklängen und Erinnerungen an frühere intergenerationelle Begegnungen über die Thematik des Nationalsozialismus, in der Reaktion auf Differenzen zwischen den Erfahrungen der Interviewbeteilgiten.

[18] von Engelhardt 1997, S. 63

Bei der Erforschung von Erfahrungsräumen geht es um das interpretative Verstehen von Gesamtprozessen.[19] Da die *dokumentarische Methode* nach Bohnsack[20] den Zugang dazu in besonderer Weise gewährleistet, findet sie in meiner Forschungsarbeit Anwendung bei der Analyse der Interviews (s. Kapitel 10).

3.2 Zusammenfassung

Mannheims Konzept des konjunktiven Erfahrungsraums strahlt in unterschiedlicher Weise in die vorliegende Untersuchung hinein. Hervorzuheben sind folgende Grundsätze und Thesen:

- Eine soziale Identität entsteht nach Wimmer aus einem Geflecht von Zugehörigkeitsmerkmalen wie Geschlecht, Generation und Gattung. Mannheim differenziert hier innerhalb der Einheit der *Generation* nach *Generationenzusammenhang* und *Generationseinheiten.*
- Generation, solcherart differenziert, wird zum Feld wichtiger Lern- und Aneignungsprozesse, die im Wesentlichen auf der Ebene des Ungesagten vermittelt werden. Mannheim spricht hier vom *konjunktiven Erfahrungsraum.*
- In den intergenerationellen Austausch fließen auch gegenseitige Stereotypen ein.
- Veränderungen von konjunktiven Erfahrungsräumen werden dadurch angestoßen, dass Differenzen zu den Erfahrungen anderer Generationseinheiten erlebt und so bisher gewohnte Haltungen und Wissensbestände in Frage gestellt werden.
- In begrenztem Maße ist der konjunktive Erfahrungsraum zwar dem reflexiven, bewussten Austausch über das Medium der Sprache zugänglich. Eine Erweiterung des eigenen konjunktiven Erfahrungsraums einer Generationseinheit geschieht aber im Wesentlichen im Wege eines präreflexiven Tradierens, im leiblich-seelischen Miteinandersein mit anderen Generationseinheiten. Für Schäffer ist die Begegnung zentrales Medium intergenerationeller, kollektiver Lern- und Bildungsprozesse.

[19] Mannheim 1980, S. 219
[20] Bohnsack 2008

- Beim gesellschaftlichen Diskurs über Mitwirkung und Mittäterschaft im Nationalsozialismus entstand in der Auseinandersetzung zwischen den Generationen in der Nachkriegszeit ein *erweiterter konjunktiver Erfahrungsraum*. Das Paradoxe liegt darin, dass dieser gemeinsame Erfahrungsraum der älteren und jüngeren Generationen häufig von widerstreitenden oder gar trennenden Erfahrungen geprägt ist.
- In Forschungsinterviews zum Nationalsozialismus lebt dieser erweiterte konjunktive Erfahrungsraum in verschiedenen Facetten möglicherweise wieder auf, zumal sich hier Vertreter unterschiedlicher Generationen begegnen. Interviews werden so zu Orten von Differenzerfahrungen, in denen erneut die eigenen Wirklichkeitskonstruktionen sowohl beim Zeitzeugen als auch beim Interviewer in Frage gestellt werden.
- Das Wirken dieser Prozesse muss in die Interviewanalyse einbezogen werden, um den Gehalt des Gesagten in vollem Umfange verstehen zu können. Dazu bietet die *dokumentarische Methode* nach Bohnsack einen entscheidenden Zugang.

Wenn in der Begegnung der Generationen der Anreiz zur Weiterentwicklung eigener Einstellungen steht und sich dieser Prozess beim Thema des Nationalsozialismus in der Begegnung der am Interview Beteiligten abbildet, dann stellt sich die Frage, wie dieser Austausch im Mikroklima eines biografieorientierten Gesprächs oder einer lebensgeschichtlichen Erzählung vonstatten geht und wie hier Differenzerfahrungen Selbstreflexionen anstoßen können. Dies ist Gegenstand des folgenden Kapitels. Der Untersuchungsgegenstand ist allerdings noch weiter einzugrenzen: Auch in Forschungsinterviews zu einem Thema, das für Interviewer wie Interviewtem mit hohen eigenen Bewertungen versehen ist, liegt die Blickrichtung des Forschenden auf der Welt des Biografieträgers. Hier ist ein methodisch kontrollierter Umgang mit Wirkungen gemeinsamer, konjunktiver Erfahrungsräume zu sichern. Dieser Frage widmen sich Kapitel 6 und 7.

4 Biografie als intersubjektives Geschehen

Wie ich in Abschnitt 2.3 dargelegt habe, erhält die Auseinandersetzung mit der eigenen Biografie im Alter eine immer größere Bedeutung. Der Zwang, sich auf zunehmende Einschränkungen und Verlusterfahrungen *akkomodativ* mit der Anpassung eigener Lebensziele einstellen zu müssen, lenkt den Blick auf die eigene Lebensgeschichte. Biografie wird im Lichte der eigenen im Laufe des Lebens erworbenen Anpassungs- und Regulationshandlungen gesehen. In lebensgeschichtlichen Betrachtungen und Erzählungen wird die eigene Identität dargestellt und weiter geformt, die Sinnhaftigkeit eines roten Fadens im Verlaufe des Lebens wird dabei herausgearbeitet. Dies erfordert ein Verständnis dessen, was beim Individuum in der Auseinandersetzung mit der eigenen Lebensgeschichte geschieht. In meiner Forschungsarbeit verknüpfe ich zwei sich ergänzende Konzepte, die einerseits den Prozess der Verarbeitung von Lebenserfahrung unter einer Theorie von *biografischem Lernen* und andererseits als Identitätsherstellung im Erzählen als *narrativer Identität* sehen. Durch die Verbindung beider Konzepte wird die kognitive, emotionale und soziale Dimension der Selbsterkundung in biografischen Interviews wesentlich vollständiger erfasst, als es jedes Konzept für sich genommen leisten kann.

4.1 Lernen als Prozess

In der entwicklungspsychologischen Forschung hat die Auseinandersetzung mit Biografie eine lange Tradition. In seiner ausführlichen Beschreibung der Entwicklung der Biografieforschung verweist Fuchs-Heinritz insbesondere auf die Arbeiten von Charlotte Bühler.[1] Die Verbindung von erziehungswissenschaftlichen und biografischen Ansätzen spielte allerdings erst ab den späten 1970er Jahren eine Rolle.[2] Loch verstand die Entwicklung von Identität

[1] Zum Abriss der Biografieforschung s. Fuchs-Heinritz 2005, S. 111
[2] Ecarius 2006, S. 92

als Bildungsprozess in einer Wechselwirkung von Wachstums- und Lernprozessen.[3] Damit wird die enge Verbindung zwischen Lernen und Identität hervorgehoben. Mit der 1979 erstmalig erschienen Schrift von Baacke und Schulze[4] entstand eine erziehungswissenschaftliche Biografieforschung, die im Weiteren das biografische Lernen in Lebenserzählungen zum Gegenstand ihrer Untersuchungen machte. Vogt[5], Maaßen[6] und von Felden[7] setzten sich im Rahmen erziehungswissenschaftlicher Biografieforschung mit der Frage auseinander, wie Lernen über die Lebenszeit funktioniert und empirisch zu erfassen ist. Von Feldens Auffassung von Lernen „betont den Prozesscharakter des Lernens, fokussiert Weltaneignung durch Sinnzuschreibung, definiert Lernen als erfahrungsgestützte und leibbedingte Reflexion und betont den sozialen und dialogischen Charakter des Lernens.“[8] Damit wird unterstrichen, dass Lernen nicht ohne Gegenüber zu denken ist. Die Umgebung gibt Impulse und Anregungen, sie ist in vielen Fällen auch Auslöser und Motivation für Lernen. In einem Suchprozess, in der Verarbeitung und Veränderung von Erfahrungen und Einstellungen findet ein *Umlernen* statt.[9]

Der Prozesscharakter des Lernens wird bei Holzkamp noch weiter vertieft, wenn er danach fragt, wie sich der Lernende in Lernsituationen Lernanforderungen zu eigen macht. „Lern*anforderungen* sind nicht eo ipso schon Lern*handlungen*, sondern werden nur dann zu solchen, wenn ich sie bewußt als Lernproblematiken übernehmen kann, was wiederum mindestens voraussetzt, daß ich einsehe, wo es hier für mich etwas zu lernen gibt.“[10] Eine soziale Problematik, ein Dilemma, eine Krise werden nicht aus sich heraus zu einer Lernsituation. Es braucht von der Seite des lernenden Subjekts erst einen Schritt, um sich diese Schwierigkeiten als Herausforderungen zum Lernen zu eigen zu machen. Hier unterscheidet Holzkamp unwillkürliches Mitlernen, das jedem Handlungsvollzug innewohnt, vom intentionalen Lernen. *Intentionales Lernen* als Lernen im engeren Sinne liegt dann vor, „wenn in der Lernintention

[3] Loch 1979, S. 18
[4] Baacke/Schulze 1993
[5] Vogt 1996
[6] Maaßen 1996
[7] von Felden 2008
[8] A. a. O., S. 119
[9] A. a. O., S. 119, dabei trifft von Felden keine Unterscheidung zwischen Lern- und Bildungsbegriff.
[10] Holzkamp 1995, S. 185, Hervorhebungen im Originaltext

die Gewinnung einer die jeweilige Situation überschreitenden Permanenz und Kumulation des Gelernten mitintendiert ist, d.h. das Erworbene nicht sofort wieder verlorengeht, sondern transsituational derart erhalten geblieben ist, daß nun im weiteren an diesem neuen Niveau angesetzt werden kann."[11] Es geht in diesem Prozess also darum, bisher erworbene Erfahrungen zu überschreiten und auf andere Situationen zu übertragen. Ähnlich wie von Felden (s.o.) betont Holzkamp mit der Auffassung von Lernen als einer Erweiterung von Perspektiven und Handlungsmöglichkeiten eine eigene Sicht auf Lernen im Erwachsenenalter. Umlernen und Transformation von Erfahrung stehen im Mittelpunkt des Lernprozesses. In der Integration neuer Wissensstrukturen in die vorhandenen wird der bisherige Wissens- und Erfahrungsbestand neu strukturiert und differenziert. Es entsteht ein immer reicheres und differenzierteres Zusammenhangswissen um die eigenen, biografisch gewachsenen Weltbezüge.[12]

Lernen wird von Holzkamp nicht als zwangsläufiges Geschehen betrachtet. Erst die innere Aneignung einer Lernproblematik löst den Prozess des Lernens aus, nicht die Lernanforderung als solche. Damit grenzt er sich auch von Auffassungen der Entwicklungspsychologie – z.B. den Entwicklungsstufen nach Erikson (s. Abschnitt 2.2) – ab, die in ihren Konzepten von Reifungsstufen dem Lernen des Subjekts eine normierende Richtungsbestimmung geben.[13] Holzkamps Auffassung von Lernen kommen eher diejenigen Konzepte der Entwicklungspsychologie entgegen, die von Entwicklungsaufgaben über die Lebensspanne ausgehen, *ohne* daraus aufeinander aufbauende Reifungsstufen abzuleiten (s. Abschnitt 2.3). Der Mensch sieht sich bestimmten Aufgaben ausgesetzt, die er als persönliche Lernsituation begreift und dementsprechend ausgestaltet, oder mit den ihm zu Gebote stehenden Möglichkeiten bewältigt. In der Erfahrung von Diskrepanz zwischen Lernanforderungen und eigenen Handlungsmöglichkeiten, in der Einnahme einer reflektierenden Distanz zur Lernsituation, im Wechsel innerer Standpunkte offenbart der Lernende seine Haltung als Lernender. Motivation zum Lernen entsteht nur dann, wenn „ich in einer Weise Aufschluß über reale Bedeutungszusammenhänge gewinnen und damit Handlungsmöglichkeiten erreichen kann, durch welche gleichzeitig eine Entfaltung meiner subjektiven Lebensqualität zu erwarten ist."[14]

[11] Holzkamp 1995, S. 183
[12] A. a. O., S. 310
[13] A. a. O., S. 237
[14] A. a. O., S. 190

Nicht nur in der Auffassung von Lernen als Transformation von Erfahrung, sondern auch in der sozialen Bedingtheit von Lernen sind Verbindungen zwischen von Felden und Holzkamp herzustellen. Erst in der Auseinandersetzung mit der Situation anderer kann der Einzelne zu eigener Welterfahrung und zu einem eigenen subjektiven Standpunkt in der Welt kommen. Nur in der Anerkennung der anderen als Subjekte mit prinzipiell verständlichen Handlungsbegründungen ist dem einzelnen Subjekt der eigene individuelle Standpunkt in der Welt zugänglich.[15] Lernen in und von der Welt setzt also den Akt einer grundlegenden Anerkennung gegenüber den anderen Menschen voraus. Holzkamps Subjektorientierung verweist auf die intersubjektive Dimension der Anerkennung in Beziehungen, wie sie bei Honneth in differenzierter Form dargelegt wird (s. Abschnitt 5).

Wenn im Alter Sinnfragen an Gewicht gewinnen,[16] dann sind biografische Erzählungen Orte der Auseinandersetzung mit der Sinnhaftigkeit des eigenen Lebens. Hier reflektiert der ältere Mensch seine Stellung in der Welt und sein Gewordensein in den gesellschaftlich-sozialen Zusammenhängen. Hier kommt er mit den eigenen erfahrenen Grenzen und Beschränkungen in Berührung. Diese Themen erhalten hier Raum auch im Rückblick auf vergangene Lebensphasen. Sie werden erst dann zu Lernsituationen, wenn der ältere Mensch die Motivation dazu aufbringt, daraus eine Lernaufgabe zu entwickeln. Lernen im Alter unterscheidet sich für Brinkmann[17] in besonderer Weise vom Lernen in anderen Lebensphasen, denn

- Lernen im Alter geschieht im Horizont einer Lebenserfahrung,
- Lernen bedeutet hier Irritation und Scheitern in der Konfrontation von Altem mit Neuem und
- Lernen bedeutet die „bewusste, anstrengende und schmerzhafte Auseinandersetzung mit schon Gelerntem und Gekonntem.“[18]

Unter dem Druck innerer Veränderungen und der Veränderung in Gesellschaft und öffentlichem Leben muss erworbene Erfahrung ständig verlernt,

[15] Holzkamp 1995, S. 264
[16] Buchen 2008, S. 110
[17] Brinkmann 2008
[18] A. a. O., S. 120

vergessen und revidiert werden. In der Abwendung von Vertrautem kann sich der Blick auf neue Erfahrungen richten. Für das hohe Erwachsenenalter sind Entwicklungs- und Lernanforderungen formuliert worden (s. Abschnitt 2.3). Lernen im Alter ist ein diskontinuierlicher Prozess, „als Durchbruch und Übergang zu einem neuen Erfahrungs- und Verstehenshorizont durch Konfrontation und Enttäuschung.“[19] Reflexives Umlernen „erfasst die ganze Person, ihre Erfahrungsstruktur und ihr Welt- und Selbstverhältnis.“[20]

Die Erweiterung von Perspektiven bedeutet für ältere Menschen Irritation und Konfrontation mit den eigenen Lebenserfahrungen. Holzkamps Auffassung von Lernen zeichnet sich dadurch aus, dass Lernen eine Bereitschaft zum Lernen erfordert und dass Lernen ein anerkennendes Gegenüber braucht. Erzählte Erinnerungen können für den Erzählenden einen Anreiz darstellen, sich selbst im Beisein eines Gesprächspartners zu reflektieren, zu sich selbst Abstand einzunehmen und neue Perspektiven auf das eigene Leben zu entwickeln. Der Aufschluss der im Gedächtnis gespeicherten Erfahrungen erhöht die Fähigkeit des Subjekts, sich inneren Schlüsselfragen zu stellen und die eigenen Erfahrungen mit der Fülle des inneren Wissens zu verknüpfen. Damit wird das Gelernte dauerhaft gesichert.[21] Wenn die Motivation für die Ausgestaltung einer biografischen Erzählung als Lernsituation entscheidend ist, dann kommt dem Gesprächspartner eine besondere Bedeutung zu: Durch die Art seiner Anwesenheit, seiner Aufmerksamkeit, durch die Art zuzuhören, zu reagieren und zu fragen – oder auch nicht zu fragen – kann er Diskrepanzerfahrungen, Perspektivenwechsel und Selbstreflexion beim Erzählenden anregen. Die Motivation beim Erzählenden wird damit gestärkt, den Lebensrückblick als Lernsituation zur Erweiterung eigener Sichten und Handlungsmöglichkeiten zu begreifen. Dies gibt dem oder der Zuhörenden eine große Bedeutung und Verantwortung. Lernen im Prozess des Erzählens bedeutet aber auch, dem subjektiven inneren Prozess der Erfahrungsverarbeitung zu folgen und die Autonomie des erzählenden Subjektes zu respektieren. Diesen Aspekt gilt es gerade auch beim Lebensrückblick im Forschungskontext und beim Lebensrückblick zur brisanten Frage einer Mitbeteiligung im Nationalsozialismus (s. Kapitel 7) zu beleuchten. Zuvor soll aber die Bedeutung des Erzählaktes als solchem genauer untersucht werden.

[19] Brinkmann 2008, S. 127
[20] A. a. O., S. 121
[21] Holzkamp 1995, S. 312

4.2 Erzählungen als Konstruktion von Erinnerung und Erfahrung

In lebensgeschichtlichen Erzählungen werden Erinnerungen in unterschiedlich plastischer Form reproduziert. „Erinnerungen halten Erlebnisse fest, unverbunden und umgedeutet als besondere Lebensmomente. Erfahrungen verarbeiten Erlebnisse, suchen sie zu integrieren und zu deuten, ihnen eine allgemeinere, über den einzelnen Lebensmoment hinausreichende Bedeutung zu verleihen.“[22] Aus Erlebnissen werden Erfahrungen.

Lebensgeschichtliche Erzählungen präsentieren eine Auswahl von Erinnerungen, die in einen individuell hergestellten Zusammenhang gebracht werden. Sie sind nicht reine Abbildungen, sondern Konstruktionen von Realitäten, in denen sich das Selbst des Erzählenden konstituiert.[23] Erinnerungen werden miteinander temporal und sinnhaft verknüpft; so werden Wirklichkeiten geschaffen und Kontinuitäten hergestellt. Der Erzähler gibt seiner erinnerten Lebensgeschichte einen inneren Zusammenhang, eine eigene Gestalt. Erlebte Brüche und Einschnitte werden in die Verlaufsgestalt der eigenen Lebensgeschichte integriert. „Eine Biographie oder Lebensgeschichte kann damit als (situations- und kontextabhängiges) Produkt einer retrospektiven und reflexiven Selbstkonstitution von Subjekten betrachtet werden, die im Laufe ihrer Sozialisation gelernt haben, ihr eigenes Selbst *als gewordenes* und *temporal strukturiertes* aufzufassen.“[24] Wichtig ist dabei aber, dass dieser Prozess der Sinnstiftung nicht in vorgeformten Bahnen verläuft, sondern ein Eigenleben entfaltet. Mitunter entzieht er sich der Kontrolle durch den Biografieträger.[25] Erzählungen sind als Forschungsgegenstand so besonders interessant hinsichtlich der Frage, wie der Erzählende seinen Erfahrungen Sinn verleiht, welche Erinnerungen er besonders plastisch präsentiert, welche Bedeutungen er ihnen gibt und welche Erinnerungen und Bedeutungen für ihn in den Hintergrund treten (s. Abschnitt 4.4). Die Wechselwirkung zwischen Erfahrung stiftenden Lebensereignissen und ihrem Niederschlag in autobiografischen Erzählungen offenbart die individuelle Verarbeitung des oder der Erzählenden. Wichtige Stationen und Lebenseinschnitte können als *Zeitknoten* aufgefasst werden.

---

[22] Schulze 2006, S. 42 f.
[23] Bruner 1997, S. 120 ff.; Cammillieri 1997, S. 259
[24] Straub 2000, S. 138, Hervorhebungen im Originaltext
[25] Meuter 2007, S. 50

Erinnerungen sind nicht gleichmäßig auf einer Zeitachse angesiedelt, sondern gruppieren sich um zentrale Lebensereignisse. Folglich erschließt sich die Bedeutung von Erinnerung im hohen Maße in der Analyse der individuell erlebten Zeit im Verhältnis zur gesellschaftlich strukturierten Zeit, wie sie sich in der autobiografischen Erzählung ausdrückt.[26]

Der Prozess des Erinnerns dient der inneren Bewältigung von Lebensereignissen. Im Erzählen wird Erfahrung erst organisiert.[27] Gerade in der Phase des Alters und in kritischen Lebenssituationen dient Erinnern nach Petzold der Gegenwartsbewältigung durch Rückgriff auf alte Verhaltensstrategien. Es dient der Identitätsbewahrung durch Rekurs auf vergangenes Identitätserleben, der Identitätssicherung durch Konstitution von persönlicher Sinnerfahrung und dem Ausfüllen von Leerräumen. Die Erinnerung bietet so die Möglichkeit der Aneignung von Leben im Sinne eines Verstehens und Begreifens.[28] Dabei bietet eine Lebensbilanz auch die Chance, „sich das eigene Leben zumindest aber bestimmte Lebensabschnitte, von denen man sich entfremdet hat, wieder anzueignen oder überhaupt erst aufzufinden – bevor man das Leben abgibt.“[29] *Erfahrung* ist auf der individuellen Ebene ein Akt der Bewertung, der Umwertung und der Konstruktion von Lebenssicht,[30] die auch den gesellschaftlich-politischen Einflüssen von außen unterliegt.[31]

Skiba betont die fundamentale Bedeutung rückschauender Erinnerung im Sinne eines gestaltenden Akts: „Wer sich seiner Vergangenheit nicht bewußt wird, der ist entweder gar nicht in der Lage, die Zukunft zu gestalten oder er verstrickt sich auch in der Zukunft in denselben Unzulänglichkeiten, die schon seine vergangene Erfahrung geprägt haben. Eine echte Gestaltungskraft in Gegenwart und Zukunft ergibt sich nur durch die Auseinandersetzung mit der Geschichte.“[32] Der Prozess des Erinnerns erhält im Alter eine kompensatorische und identitätsstiftende Funktion. Überstandene Krisen, erlebte Verluste, überraschende Wendungen und genutzte Chancen geben den Rah-

[26] Heuft/Kruse/Radebold 2000, S. 89 ff.
[27] Bruner 1990, S. 79
[28] Petzold 1985b, S. 469
[29] A. a. O., S. 482
[30] Alheit/Hoerning 1989, S. 11; Petzold 1985b, S. 486
[31] Alheit/Hoerning 1989, S. 12
[32] Skiba 1997, S. 18

men ab, in dem sich der Biografieträger für Gegenwart und Zukunft auch auf weitere, absehbare und unentrinnbare Einschränkungen einstellen kann. Gerade im Alter wird Erzählen somit zum Bestandteil einer eher akkomodativ ausgeprägten Entwicklungsregulation (s. Abschnitt 2.2). Die Aneignung der eigenen Identität bietet die Gelegenheit zur Stärkung des Individuums und hat nach Skiba sogar eine mögliche Heilwirkung. Mit Blick auf diverse Untersuchungen hebt er die positiven, aber unspezifischen Wirkungen gezielter Erinnerungsarbeit auf depressive Verstimmungen, allgemeines psychisches Wohlbefinden, Lebenszufriedenheit und soziale Aktivität hervor.[33]

Erzählte Erfahrung hat neben der Aufgabe der Selbstvergewisserung auch eine dialogische Funktion. In Geschichten werden Bedeutungen sozial ausgehandelt.[34] Die erzählende Person will sich einem real anwesenden oder fiktiven Zuhörer gegenüber verständlich machen und setzt sich damit auch der Anerkennung oder Ablehnung durch diesen Zuhörer aus. Dies wird im Konzept der *narrativen Identität* in Abschnitt 4.4 noch genauer zu untersuchen sein. Von Engelhardt stellt für das 20. Jahrhundert verschiedene Funktionen lebensgeschichtlicher Erzählungen fest, die zugleich für jeweils unterschiedliche Generationenbeziehungen stehen:[35]

- Das Erzählen als Weitergabe von Erfahrung und als Einbindung in Traditionen
- Das Erzählen von Aufbruchs- und Fortschrittsgeschichten
- Das Erzählen nach dem Zerfall von Aufbruchs- und Fortschrittsgeschichten

Zwar bestehen diese Erzählkonstellationen nebeneinander, jedoch wurde die traditionelle Erzählkonstellation der Weitergabe von Erfahrung und Traditionen bis zum Ersten Weltkrieg durch das Erzählen von Aufbruchs- und Fortschrittsgeschichten immer stärker überlagert. Mit dem Ersten Weltkrieg und später umso mehr mit der Erfahrung von Nationalsozialismus und Zweitem Weltkrieg wurde auch diese Erzählkonstellation erschüttert. Von Engelhardt stellt bei Erzählungen über diese Zeit die größten Probleme bei der in-

[33] Skiba 1997, S. 49 ff., s. hierzu aber die Einschränkungen von Straub 1998, S. 140 f.
[34] Bruner 1997, S. 70 und 75
[35] von Engelhardt 1997, S. 64 ff.

tergenerationellen Verarbeitung und Weitergabe von historischen Erfahrungen im Verhältnis zu anderen Generationen fest: In „halbierten Geschichten" werde die Opfererfahrung der Deutschen in den Vordergrund gestellt, die Opfer der Deutschen werden allenfalls am Rande erwähnt. Das eigene Nicht-Wissen werde legitimiert und begründet und gleichzeitig werde auf die positiven Seiten des Nationalsozialismus verwiesen. Soweit es um die Frage von Mittäterschaft gehe, finde man „verleugnende Umerzählungen"[36] vor. Von Engelhardt differenzierte hier vier problematische Muster bei der intergenerationellen Vergegenwärtigung erlebter Geschichte:[37]

- Die Belehrungssituation, in der die Älteren den Jüngeren Vorgaben für deren Leben machen wollen.
- Die Verstrickungs- und Missbrauchssituation, in der die Jüngeren ohne Rücksicht auf die eigenen Verarbeitungsmöglichkeiten mit den problematischen Erfahrungen der Älteren konfrontiert werden.
- Die Verweigerungssituation, in der sich entweder die Jüngeren ihrer Zuhörerschaft entziehen oder die Älteren gar nicht oder nur unvollkommen dem Bedürfnis der Jüngeren nach Aufklärung nachkommen.
- Die Tribunalsituation, in der die Fragenden und Zuhörenden in die Rolle von Anklägern oder Richtern geraten.

Erzählungen können also neben der Funktion einer Selbstvergewisserung der eigenen Erfahrungen auch eine Funktion in der Beziehung zwischen erzählender und zuhörender Person erhalten, und diese kann bei Erzählungen im Kontext des Nationalsozialismus sogar problematische Züge nach den hier aufgeführten vier Mustern tragen. Damit wird das Erzählen von Erfahrungen über Formen der Beteiligung im Nationalsozialismus zu einem komplexen Geschehen, denn hier offenbart sich ein Bearbeitungsprozess, in dem sich die Erzählperson selbst reflektiert und dies gleichzeitig für einen oder eine Zuhörende aufbereitet. Erzählungen über diese Zeit stehen hier häufig im Dienste der Erweiterung des konjunktiven Erfahrungsraumes der Generation derer, die den Nationalsozialismus erlebt haben, auf die nachfolgenden Generationen. Bei Erzählungen über Mitwirkung im Nationalsozialismus waren diese

[36] von Engelhardt 1997, S. 67
[37] A. a. O., S. 72

Adressaten in der Vergangenheit keine unbefangenen Zuhörer, sondern stellten bohrende Fragen und äußerten Zweifel oder gar Vorwürfe. Das Resultat dieses Diskurses waren Umerzählungen, die die eigene Mitwirkung verbrämten, verleugneten oder abschwächten. Die Auslassungen in den Erzählungen führten zu noch mehr Distanz und Kritik.

Aufgabe meiner Forschungsarbeit ist zu untersuchen, inwieweit diese postulierten Prozesse auch in Forschungsinterviews zur Thematik des Nationalsozialismus wirken. Die dialogische Ebene des Erzählgeschehens wird mit dem Konzept von Anerkennung (s. Kapitel 5) noch genauer zu erfassen sein. Sie ist aber nicht vollständig von der Ebene der Selbsterkundung und Identitätsherstellung im Erzählen zu trennen. Denn auch im selbstbezüglichen Erzählen befindet sich das Individuum in einem Dialog mit sich. Um mit Mead (s. Abschnitt 2.1) zu sprechen, steht das kreativ handlungsbereite *I* in einem Dialog mit dem *Me*, in dem die antizipierten und internalisierten Bilder und Erwartungen der gesellschaftlichen Umwelt repräsentiert sind. Deshalb soll nun die selbstreflexive und identitätsstiftende Funktion von Erzählungen ausgeleuchtet werden.

4.3 Biografisches Lernen als selbstreflexives Lernen

Theodor Schulze sieht *Biografie* als „sich selbst organisierender Lernprozess."[38] Das Individuum muss sich seine individuellen Anlagen und Ressourcen, Umfeldeinflüsse, gesellschaftlich-politische Gegebenheiten, Katastrophen, Krisen und Umbrüche lernend zu eigen machen. Das *biografische Subjekt* liefert mit seinen autobiografischen Materialien einen direkten Zugang zur eigenen Lebenswelt, zu seinen Gefühlen und Lernprozessen. Lebensgeschichtliche Erzählungen werden damit zu Geschichten des eigenen Lernens, der Aufschichtung von situativen Erfahrungen, Welt- und Selbsterkenntnissen, welche von eigenen Erlebnissen gespeist sind.[39] *Biografisches Lernen* „basiert auf der Hervorbringung und Thematisierung von Lebensgeschichte und Lebensgeschichten und zielt auf die Selbstvergewisserung durch die kritische Auseinandersetzung und reflexive Aneignung der Lebensgeschichte".[40] Für

[38] Schulze 2006, S. 39
[39] A. a. O., S. 40
[40] Schweppe 1999, S. 266

Loch stellen Erleben und Verstehen nicht allein die entscheidenden Faktoren für die Selbstverwirklichung des Individuums im Lebenslauf dar. Als dritter entscheidender Faktor sieht er die Notwendigkeit, diesem inneren Erleben vergegenständlichenden Ausdruck zu verleihen, um auf die umgebende Kultur, in die das Individuum eingebettet ist, einzuwirken.[41] Er betont damit, dass die Auseinandersetzung mit der eigenen Biografie nicht nur ein individuelles Geschehen, sondern eine Kultur schaffende Aufgabe sei – wie auch immer sie zu verwirklichen ist. Auch hier wird der Beschäftigung mit der eigenen Lebensgeschichte eine Außenwirkung zuerkannt.

Die eigenen früheren Erfahrungen sind Ausgangspunkt für neues Handeln und neue Entscheidungen, welche weitere Erfahrungen nach sich ziehen. Es schälen sich biografische Themen heraus, die das Individuum im Laufe des eigenen Lebens immer wieder neu beschäftigen. Lebensgeschichten verfügen über „die prinzipielle Fähigkeit, Anstöße von außen auf eigensinnige Weise zur Selbstentfaltung zu nutzen, also (in einem ganz und gar ‚unpädagogischen' Sinn) zu *lernen*."[42] Lebensgeschichtliches Lernen richtet sich folglich nicht auf einzelne Lernsituationen, sondern bezieht sich auf die „Gesamtheit des erfahrenen Lebens und des biographischen Selbstkonzepts."[43] Der Mensch lernt etwas über sich selbst mithilfe seiner Biografie,[44] er entwickelt biografische Kompetenz im Umgang mit dem eigenen Leben. Dies kann in unterschiedlichen Ausprägungsformen sichtbar werden:[45]

- *Aus-dem-eigenen-Leben-lernen*: der Erzählende beschreibt den eigenen Lebens- und Lernweg. In der Rückschau gibt er Umbrüchen, Krisen und Wendungen eine sinnhafte Ordnung für das eigene Leben.
- *Das-eigene-bisherige-Leben-erinnern*: Im Erzählen begibt sich der Erzählende in die Welt seiner Erinnerungen. Im sich aktuell entfaltenden Prozess kann es zu neuen, spontanen Erkenntnissen über das eigene Leben kommen. Unterstützend wirken hier u. U. erinnerungsfördernde Medien und Gegenstände, Hinführungen zu Szenen oder Rückfragen von Seiten des Gesprächspartners.

[41] Loch 1979, S. 105
[42] Alheit/Dausien 2000, S. 277, Hervorhebungen im Originaltext
[43] Ecarius 2006, S. 103
[44] Maaßen 1996, S. 24
[45] Schulze 1996, S. 16

- *Sein-Leben-gestalten*: Der Erzählende nutzt seine Erkenntnisse aus seinem eigenen Leben für Gegenwart und Zukunft. Er zieht Schlüsse, gibt seinem Leben Wendungen und vermittelt anderen das, was er erkannt hat.

Damit wird deutlich, dass biografisches Lernen auf unterschiedlichen Zeitebenen geschieht: Rückblickend in der Vergangenheit, in der Gegenwart des Erzählens der eigenen Lebensgeschichte und vorausschauend im Nutzbarmachen gewonnener Erkenntnisse für die Zukunft weiterer wichtiger Lebensetappen und -entscheidungen. Aus der Deutung seiner Vergangenheit entwickelt der Mensch Erwartungen an seine weitere Zukunft.[46] Im vorigen Abschnitt habe ich ein Verständnis von Lernen als Transformation von Erfahrung skizziert. Im Erzählen geschieht biografisches Lernen im Wesentlichen selbstgesteuert als ein Lernen, in dem Menschen die Wirklichkeit interpretieren und ihren Erfahrungen Bedeutungen zuschreiben. Es hat keine feste Struktur, keine logisch zwingende Abfolge, kein inhaltlich umrissenes Ziel und es muss nach Ecarius auch nicht unbedingt bewusst und reflexiv vonstatten gehen.[47] Biografisches Lernen geschieht im Prozess des Erzählens aus sich selbst heraus.

In diesem Zusammenhang muss allerdings der Lernaspekt lebensgeschichtlicher Erzählungen von einem veränderungsorientierten Arbeiten an der Biografie unterschieden werden. Für eine Biografiearbeit, die Veränderungen einleiten will, legt Sprinkart Wert auf die Vergegenwärtigung des Erzählten als Basis für eine Umdeutung der eigenen Lebensgeschichte vor dem Hintergrund der damaligen allgemeinen Verhältnisse. „Nur wo diese beiden Momente zusammenkommen, entfaltet sich ein individueller Bildungsprozess als emanzipatorisch interessierte Selbstreflexion. Und nur dort kann es gelingen, den Zwang zur Vergangenheit, die ewige Widerkehr des Immergleichen außer Kraft zu setzen."[48] Diese Zielsetzung würde aber dem Setting eines offenen Erzählgesprächs oder gar dem eines narrativen Interviews zuwiderlaufen. Insofern interessieren mich speziell diejenigen Prozesse, die selbstinduziert beim Erzählen in Gang kommen.

[46] Heuft/Kruse/Radebold 2000, S. 90 f.
[47] Ecarius 2006, S. 106
[48] Sprinkart 1987, S. 23

Handelt es sich bei der Verarbeitung der eigenen Lebensgeschichte um Akte bewusster Reflexion und Umgestaltung bisher erworbenen Sichten, dann spricht Ecarius unter Bezugnahme auf Marotzki von Transformationsprozessen, „in denen sich das Selbst- und Weltbild grundlegend ändert."[49] Hier kommt sie Holzkamps Verständnis von intentionalem Lernen sehr nahe (s. Abschnitt 4.1). Wenn Perspektiven aufgrund der eigenen Erfahrungen verändert werden, dann ist das Ausdruck dessen, dass sich der Biografieträger bestimmte Lebensereignisse als Herausforderung zum Lernen und Umlernen zu eigen macht. Das Erleben von Irritationen und inneren Diskrepanzen angesichts von krisenhaften Erfahrungen ist bei Holzkamp Ausgangspunkt eines intentionalen Lernens. Auch in der Sicht auf Entwicklung über die Lebensspanne spielen solche Wendepunkte im Sinne kritischer oder bedeutsamer Lebensereignisse eine wichtige Rolle (s. Abschnitt 2.2). Mezirows Konzept eines *transformativen Lernens* betrachtet desorientierende Dilemmata in differenzierter Weise als Ausgangspunkt innerer Lernprozesse in der Erwachsenenbildung.

Mezirow vertritt den Standpunkt, dass Erwachsene ihre Fähigkeit ständig verbessern, früher Gelerntes zu reflektieren und nach tieferen, gewonnenen Einsichten zu handeln. Dabei seien gewohnheitsmäßige Perspektiven und Schemata zur Wahrnehmung und Interpretation der eigenen Erfahrungen zu reflektieren. Das In-Frage-Stellen und Transformieren der eigenen Perspektiven, Vorannahmen, Überzeugungen, Urteile und Handlungsmuster ist damit zentrale Aufgabe des Lernens im Erwachsenenalter.[50] „Lernen kann als ein Prozeß verstanden werden, bei dem eine früher von einem Individuum vorgenommene Interpretation der Bedeutung einer Erfahrung dazu verwendet wird, um zu einer neuen oder revidierten Interpretation als Orientierungshilfe für künftiges Handeln zu gelangen."[51] In einem Stufenmodell von 10 Schritten differenziert Mezirow, ob und in welchem Ausmaß Bedeutungsschemata oder Bedeutungsperspektiven im Prozess des Lernens verändert werden:[52]

1. Auftreten eines desorientierenden Dilemmas

2. Selbstprüfung mit Schuldgefühlen und Scham

[49] Ecarius 2006, S. 105
[50] Mezirow 1997, S. 4 ff.
[51] A. a. O., S. 10
[52] A. a. O., S. 142 und Fuhr 2009, S. 1131

3. Kritische Prüfung der eigenen Annahmen
4. Anerkennung, dass andere ähnliche Unzufriedenheiten kennen und ähnliche Wandlungsprozesse durchlaufen haben
5. Erkundung von Optionen für neue Rollen, Beziehungen und Handlungen
6. Planung einer Vorgehensweise
7. Erwerb von Wissen und Fähigkeiten, um neue Vorgehensweisen umzusetzen
8. Ausprobieren neuer Rollen
9. Entwicklung von Fähigkeiten und Selbstvertrauen für neue Rollen und Beziehungen
10. Wiederaufnahme des eigenen Lebens auf der Basis der neuen Perspektive

In diesem Prozess einer bewussten Reflexion erhält die Erinnerung eine wichtige Funktion, denn nur die im Gedächtnis erhaltenen früheren, revidierten und neuen Interpretationen von Erfahrungen können zu neuen Verallgemeinerungen und Beurteilungen führen. Das Überschreiten früherer Perspektiven, die „Begegnung mit dem Unbekannten"[53], geschieht im Austausch mit anderen und kann dadurch in unterschiedlichen Abstufungen durch Interventionen von außen beeinflusst werden. Verschiedene Formen des Dialogs kennzeichnen die Art der Auseinandersetzung mit der eigenen Lebenswelt: sei es dadurch, dass die bestehende Wirklichkeit und die Berechtigung des eigenen Handelns bekräftigt wird; sei es dadurch, dass die eigenen Dilemmata im Zusammenhang mit einer Lebensveränderung erörtert werden oder dass eigene Probleme und Konflikte im Rahmen übergreifender Strukturen gemeinsam bewusst reflektiert werden.[54] Festzuhalten ist, dass auch das *Konzept des transformativen Lernens* ein Lernen betrachtet, das sich durch die Erfahrung von Irritationen selbst auslösen kann. In der Orientierung auf andere und in der Abhängigkeit von anderen kann dieser Prozess unterstützt,

[53] Mezirow 1997, S. 68
[54] A. a. O., S. 137

beeinflusst und sogar gesteuert werden. Die pädagogische Fachkraft ist jedenfalls vorrangig in der Rolle einer Impulsgeberin, einer kritisch Fragenden und Katalysatorin für einen kritischen Diskurs.[55]

In Verbindung mit den von Schulze aufgeführten Ebenen des biografischen Lernens eignet sich Mezirows Stufenmodell zur Herausarbeitung von Prozessen biografischen Lernens in Interviews. Tiefel untersuchte biografische Lernprozesse mit der *Grounded Theory* und richtete ihren Blick auf subjektive Sinnkonstruktionen und Orientierungsrahmen, soziale Strukturen bzw. Kontexte der Biografien und Handlungsweisen der Akteure.[56] Mir geht es aber darum, die motivationale und interaktive Bedingtheit von Lernen und Bewältigung und das Moment des Überschreitens gewohnter Schemata zu untersuchen. Mezirows *Konzept des transformativen Lernens* gibt differenzierter Anhaltspunkte dafür, wo in Erzählungen lernende Verarbeitung von Erfahrung geschah oder aktuell geschieht. So kann der Biografieträger wichtige Wendepunkte für das eigene Leben in der Vergangenheit benennen und auch im Prozess des Erzählens selbst auf desorientierende Dilemmata stoßen. Umso mehr ist die Rolle dessen, der diesen Prozess begleitet, zu reflektieren. Für meine Untersuchung von Forschungsinterviews sei in diesem Zusammenhang auf die entsprechenden Rollenzuweisungen für die Interviewenden in Abschnitt 6.2 und 6.4 verwiesen. Festzuhalten ist allerdings, dass es auch in einer Bandbreite von Gestaltungsmöglichkeiten in jedem Falle für den Interviewer darum geht, dem inneren Prozess des Probanden zu folgen und diesem Raum zu geben.

Die Interviews dieser Forschungsarbeit sollen also daraufhin untersucht werden, ob der Zeitzeuge Lernprozesse anhand eigener Erfahrungen im Nationalsozialismus markiert und wie weitreichend sich diese in einem transformierenden Umlernen im Sinne der Überschreitung bisheriger Bedeutungsschemata und Bedeutungsperspektiven niederschlugen oder aktuell niederschlagen. Mit Blick auf die von Schulze genannten zeitlichen Ebenen biografischen Lernens dürften besonders diejenigen Passagen in Interviews interessant sein, in denen neue Sichten oder gar Spontaneinsichten im Interview

[55] Mezirow 1997, S. 191 ff.
[56] Tiefel 2005, S. 65, S. 75

selbst entstehen und so in aller Deutlichkeit eingefahrene Pfade des Diskurses über den Nationalsozialismus verlassen werden. Auf diese Dimension gehe ich in meiner Analyse speziell in Abschnitt 12.1.6 ein.

Biografisches Lernen ist Bestandteil eines inneren Identitätsbildungsprozesses. Wie ich an verschiedenen Stellen schon aufgezeigt habe, hat dieses Geschehen ein reales Gegenüber, z.B. im Zeitzeugengespräch, oder einen fiktiven Zuhörer, z.B. im Tagebuch. Die Feststellung, dass Lernen und Identitätsbildung immer an ein Gegenüber gerichtet sind, wird im nun folgenden Abschnitt vertieft.

4.4 Narrative Identität und Bewältigung

Lebensgeschichtlichen Erzählungen wohnt eine innere Dynamik inne, die sich in unterschiedlichen Situationen entfaltet, sei es im biografischen Forschungsinterview, sei es in der Lebensrückschau im Verwandtenkreis oder im Erzählcafé einer Begegnungsstätte: In jeder Situation kommt ein Prozess der Selbstvergewisserung über das eigene Leben in Gang. Die Verarbeitung der eigenen Geschichte mit ihren Krisen, Umwälzungen und Katastrophen, das Lernen aus der eigenen Geschichte, wird zum Thema. Dieser Prozess geschieht nicht losgelöst von Zeit und Raum, denn Erzählungen sind Konstrukte, die in einer konkreten Situation an Zuhörende gerichtet sind. Lebensgeschichtliche Erzählungen sind damit immer im Hinblick auf den Kontext, in dem sie entstanden sind, zu analysieren. Hier spielen Rahmenbedingungen wie Ort und Zeit eine Rolle, aber auch Alter, Geschlecht, Zugewandtheit und Gesprächsinterventionen der Interviewenden. Unterschiedliche Rahmenbedingungen und unterschiedliche Zuhörer bringen unterschiedliche Erzählungen hervor. Individuelle Lerngeschichten können somit zum Gegenstand einer analysierenden und nachvollziehenden Forschung werden. Lerngeschichten können aber auch zum Ausgangspunkt von vertiefendem biografischen Arbeiten werden (s. Kapitel 13).

Mit dem Konzept einer narrativen Identität wird der prozesshafte *und* intersubjektive Charakter der Identitätsarbeit in lebensgeschichtlichen Erzählungen in den Vordergrund gestellt. Neben dem Erzähler rückt die Person des

Interviewers in den Blick der Interviewforschung.[57] Das besondere Verdienst dieses Konzeptes ist es, dass der Prozess der Identitätsherstellung im biografischen Interview mit einem differenzierten Instrumentarium untersucht und so der sozialwissenschaftlichen Forschung zugänglich gemacht wurde. Somit stellt dieses Konzept eine ideale Ergänzung zur Betrachtung biografischer Lernprozesse, wie sie im vorangegangenen Abschnitt ausgeführt wurden, dar. Hier geht es in umfassender Weise darum, wie Identität im Erzählen hergestellt wird. Biografisches Lernen, das sehr eng mit dem Transformieren von Erfahrungen im eigenen Leben verknüpft ist, stellt einen wichtigen und sehr aufschlussreichen Teilaspekt der Identität der Erzählenden dar.

Der Begriff der *narrativen Identität* geht auf Ricœur zurück.[58] Im Erzählen erkennt sich der oder die Erzählende als ein mit Fähigkeiten ausgestattetes Subjekt. Der Akt des Sich-Erkennens als zentralem Moment der Auseinandersetzung mit der eigenen Identität setzt ein reflexives Selbstbewusstsein voraus. In seinem Portrait des fähigen Menschen kommt für Ricœur neben der *Fähigkeit zu sprechen*, der *Fähigkeit zu handeln* auch der *Fähigkeit zu erzählen* große Bedeutung zu. „In der reflexiven Form des ‚Sich-Erzählens' entwirft sich die personale Identität als narrative Identität."[59] Damit hat das Erzählen für Ricœur eine zentrale Stellung für die Selbsterkenntnis und Selbstverwirklichung des Menschen. Für ihn ist gerade der Akt des Sich-Entwerfens, des Sich-Bewertens, des Versprechens die zentrale Kraft, um die ständig bedrohte Dauerhaftigkeit im Leben in eine Selbstbewahrung zu überführen.[60] Dies ist eine der wichtigen Aufbauleistungen für die Identität des Menschen. Das Sprechen über sich geschieht aber immer in Bezug zu einem Zuhörenden. Gerade dem Aussprechen, dem Erzählen an sich, wird eine besondere Wirkung im Unterschied zum Nachdenken zugeschrieben; diesen Gedanken hat auch Mead formuliert (s. Abschnitt 2.1).

Das Aussprechen heißt auch, das Gesprochene bezeugbar zu machen. „Das, was einer aussspricht, ist an einen anderen gerichtet."[61] Sich-Erkennen und

[57] Lucius-Hoene 2010
[58] Ricœur 2006, S. 136 ff.
[59] A. a. O., S. 132
[60] A. a. O., S. 137
[61] A. a. O., S. 128

Sich-Bezeugen stehen für Ricœur damit in enger – im Französischen mit dem Wort „reconnaître" auch semantischer – Verwandtschaft.[62] Erzählen hat nicht nur einen Bezug zum Anderen, zum zuhörenden Individuum. Narrative Identität wird auch von kollektiver Identität geprägt. Auf dem Weg des Sich-Erkennens kommt man zum Verlangen nach wechselseitiger Anerkennung,[63] als einer dritten Bedeutungsschicht von „reconnaître". Auch Behauptungen, die scheinbar nur zur Bekräftigung ausgesprochen wurden, enthalten die unausgesprochene Bitte um Billigung durch einen Zuhörer. Anerkennung als Schlüsselbegriff für das soziale Angewiesensein des Menschen werde ich mit Honneths Anerkennungtheorie im folgenden Kapitel vertiefen, denn wie Honneth so hat sich auch Ricœur mit dem von Hegel postulierten Kampf des Menschen um Anerkennung befasst (s. Kapitel 5). Die erzählende Person präsentiert sich in ihrem Lebenszusammenhang als Teil einer Gemeinschaft und sucht im Erzählen, im Sich-Erkennen und Sich-Bezeugen die Anerkennung der anderen.

Lucius-Hoene und Deppermann machten den interaktiven und sozialen Aspekt der Erzählsituation zu ihrem Forschungsgegenstand. *Narrative Identität* ist demnach „die Art und Weise, wie ein Mensch in konkreten Interaktionen Identitätsarbeit als narrative Darstellung und Herstellung von jeweils situativ relevanten Aspekten seiner Identität leistet."[64] Im Erzählen findet sowohl Identitäts*darstellung* wie auch Identitäts*herstellung* statt. Erzählen ist ein Sinn stiftender Prozess, der in der Interaktion zwischen Erzähler und Zuhörer im Hier und Jetzt der Erzählsituation geschieht. Krisen, Umbrüche, Erschütterungen, Verluste und Krankheiten werden im Erzählen für ein Gegenüber in einen sinnvollen Kontext integriert. In der Herstellung biografischer Kontinuität erhalten solche gravierenden Einschnitte möglicherweise wieder eine produktive Funktion[65] für weitere innere Reifungsschritte und Lebensentscheidungen. Es wird nicht allein eine vorhandene Aufschichtung von Erfahrung reproduziert, Identität wird vielmehr ständig neu konstruiert, präsentiert und verhandelt.[66] Mit dieser Sicht wird einem ständigen Wirken verschiedener innerer und äu-

[62] Ricœur 2006, S. 122 f.
[63] A. a. O., S. 125
[64] Lucius-Hoene/Deppermann 2002, S. 55
[65] Lucius-Hoene 2008, S. 210 f.
[66] Lucius-Hoene 2010, S. 152

ßerer Kräfte bei der Darstellung des Erlebten Rechnung getragen. In diesem Fließgleichgewicht weist Straub in seiner Abhandlung „Geschichten erzählen, Geschichte bilden“ dem Erzählen folgende psychische Funktionen zu:[67]

- Selbstrechtfertigung und Selbstschutz, z.B. in Form einer Zurückweisung von schuldhafter Verstrickung und Verantwortung
- Entlastung des Gewissens, z.B. durch geständnisartige Bekenntnisse
- Selbsterhöhung, zum Teil in Verbindung mit Anklagen oder Erniedrigungen anderer, aber auch Selbstbezichtigung und kritischer Selbstreflexion
- Abfuhr von Aggressionen
- Angstverarbeitung bzw. Angstreduktion, z.B. durch tröstliche Rückbesinnung auf Vergangenes
- Reorganisierung und Bewältigung
- Wunscherfüllung durch Modellierung des Gewesenen
- Vermittlung von Hoffnung, Interesse und Motivation mit Blick auf eine bevorstehende Zukunft
- Kognitive Bearbeitung von Kontingenz durch Wissens-, Urteils- und Orientierungsbildung

Beim Erzählen geht es nach Straub also um eine Stabilisierung des Selbst und um eine Selbstbewahrung angesichts vielfältiger Erfahrungen und Lebenseinschnitte. Dies kann durchaus bedeuten, bekannte Muster zu überschreiten, so wie es auch in Mezirows *Konzept eines transformativen Lernens* angelegt ist. Der gestalterische Akt der Identitätsarbeit im Erzählen kann eine hilfreiche und im weitesten Sinne heilsame Funktion i.S. einer *narrativen Bewältigung* erhalten.[68] Straub grenzt eine mögliche heilende Funktion von lebensgeschichtlichen Erzählungen allerdings sehr stark ein, denn es besteht bei Erzählungen traumatischer Erlebnisse auch die Gefahr einer Retraumatisierung. Erzählen ersetzt Psychotherapie besonders in denjenigen Fällen nicht, in denen es um die Verarbeitung traumatischer Erlebnisse geht.

[67] Straub 1998, S. 138–142
[68] Lucius-Hoene/Deppermann 2002, S. 55–61

Das sozialpsychologische *Konzept der narrativen Identität* schließt die eigene Lerngeschichte, wie sie sich aus der persönlichen Biografie ergibt, als Teil der gewachsenen Identität ein. Es bildet eine Brücke zwischen den unterschiedlichen Funktionen des Erzählens: Einerseits ist das Erzählen Ausgangspunkt für die eigene Selbstvergewisserung und andererseits schlägt sich im Erzählen die eigene Lerngeschichte, das Lernen anhand der eigenen Erfahrungen im Leben nieder. *Biografisches Lernen* zeigt sich darin, wie der Erzähler seine Lebenserfahrungen in seine Deutungen integriert hat, wo innere Überzeugungen gefestigt wurden und wo grundlegende Irritationen zu neuen Weichenstellungen im Leben geführt haben. Der Erzähler konfrontiert sich im Erzählen mit der Frage, welche Lebensereignisse ohnmächtig zu ertragen, welche Lebensereignisse mit den vorhandenen Fähigkeiten zu bewältigen waren und welche Lebensereignisse einen qualitativen Sprung zur Erarbeitung neuer Sichten, Einstellungen und Handlungsmöglichkeiten erforderlich machten. Es geht hier sowohl um eine Geschichte des Lernens als auch um eine Geschichte des Erleidens, des Nicht-Lernen-Könnens und des Nicht-Lernen-Wollens aus den selbst erlebten Ereignissen und Erfahrungen. So sind im Konzept der narrativen Identität Aspekte biografischen Lernens zwar implizit enthalten, explizit aber allenfalls gestreift und in anderen Begrifflichkeiten gefasst. Hier geht es hauptsächlich um die Frage, wie die Erzählperson den eigenen Prozess der Identitätsdarstellung gestaltet und sich gegenüber der Welt allgemein und dem Zuhörer im Besonderen positioniert. Hierzu haben Lucius-Hoene und Deppermann differenzierte Instrumentarien zur Analyse narrativer und leitfadengestützter Forschungsinterviews entwickelt (s. Abschnitt 10.4.3), welche z.T. auch in dieser Arbeit zur Anwendung kommen.

4.5 Zusammenfassung

In diesem Kapitel habe ich mich mit dem Prozess des Erzählens aus unterschiedlichen Blickrichtungen und aus der Warte unterschiedlicher Konzepte beschäftigt. Es geht nun um eine Zusammenschau der Leitgedanken, die diese Konzepte miteinander verbinden:

- Im Erzählen findet nach Lucius-Hoene und Deppermann sowohl Darstellung als auch Herstellung einer *narrativen Identität* statt. Dies schließt auch die Dimension des Lernens aus der eigenen Geschichte ein.

- In Erzählungen finden persönliche Erfahrungen und deren innere Verarbeitung ihren Ausdruck. Dementsprechend sind lebensgeschichtliche Erzählungen von denjenigen Inhalten bestimmt und strukturiert, die für das erzählende Subjekt bedeutsam sind.
- Lernen anhand der eigenen Biografie ist Bestandteil der individuellen Identitätsentwicklung. Im Erwachsenenalter bedeutet Lernen Umlernen und Transformation von Erfahrung.
- *Biografisches Lernen* bedeutet nach Schweppe einen Prozess der Selbstvergewisserung durch kritische Auseinandersetzung und reflexive Aneignung der Lebensgeschichte.
- Irrationen, Dilemmata und biografische Wendepunkte können Auslöser für das Überschreiten und Verändern von Perspektiven, Vorannahmen, Überzeugungen, Urteilen und Handlungsmustern sein. Dieser Prozess der inneren Auseinandersetzung mit der eigenen Biografie wird durch Mezirows Stufenmodell eines *transformativen Lernens* beschreibbar und im Erzählprozess ablesbar.
- Lernsituationen werden nach Holzkamp allerdings erst durch eine autonome Entscheidung des Individuums zur Lernherausforderung. Diese innere Bereitschaft entsteht in der Interaktion zwischen den Beteiligten.
- Unabhängig von Ansätzen einer veränderungsorientierten Biografiearbeit geht es in Forschungsinterviews für die Interviewenden darum, den Selbsterkundungsprozessen der Probandinnen und Probanden Raum zu geben.
- Biografisches Lernen geschieht spontan, ungesteuert und auf unterschiedlichen Zeitebenen, sei es in der Rückschau, in der Gegenwart des Erzählprozesses und im Blick auf Folgerungen für die Zukunft.
- Erzählungen stellen identitätsstiftende Bewältigungshandlungen dar, die in Anwesenheit und für ein Gegenüber formuliert werden.
- Der Erzähler präsentiert sich in seinem Lebenszusammenhang als Teil einer Gemeinschaft und sucht nach Ricœur im Erzählen, im Sich-

Erkennen und Sich-Bezeugen die Anerkennung der anderen. Damit sind Erzählungen allein schon durch den Akt des Sprechens immer an Zuhörerende adressiert.

- In einer Wechselbeziehung mit einem Gegenüber und in Resonanz mit gesellschaftlichen Umgebungseinflüssen, die durch Mannheims *Konzept des konjunktiven Erfahrungsraumes* und Honneths *Theorie der Anerkennung* zu beschreiben sind, lernt der Mensch erzählend etwas über sich selbst.
- In biografischen Erzählungen über Mitbeteiligung im Nationalsozialismus steht die intersubjektive Dimension des Erzählens im Vordergrund. So geht es hier nicht allein um einen Prozess von Selbstvergewisserung, sondern nur allzu schnell um problematische Tradierungsmuster gerade dann, wenn diese Erzählungen über die Zeit des Nationalsozialismus an Vertreter nachkommender Generationen gerichtet sind.

Das Konzept der narrativen Identität untersucht in umfassender Weise die psychischen und interaktiven Funktionen des Erzählens und kann auf ein weit entwickeltes Forschungsinstrumentarium gerade bei der Untersuchung sozialwissenschaftlicher Interviews verweisen. Hinweise in Erzählungen über bedeutsame Wendepunkte im Lebenslauf, die in der Vergangenheit eine innere Umorientierung nötig machten und ermöglichten, sind als besondere Momente für das Selbstverständnis des Zeitzeugen zu werten. Auf diese Auslöser von Perspektivenwechsel und Transformation richtet das Konzept des biografischen Lernens seinen Blick, präzisiert durch das Stufenmodell des *transformativen Lernens*. Ecarius meldet Bedarf an methodologischer und empirischer Präzisierung des Konzeptes von biografischem Lernen an.[69]

Meine Forschungsarbeit greift diesen Bedarf an Forschung auf, verknüpft die Konzepte der narrativen Identität und des biografischen Lernens und vertieft mit den Untersuchungsergebnissen im empirischen Teil (s. Kapitel 11 ff.) das Verständnis von Selbsterkundungsprozessen in lebensgeschichtlichen Erzählungen. Die Bedeutung der intersubjektiven Dimension des Erzählens wurde mehrfach hervorgehoben und verbindet die Konzepte der narrativen Identität und des biografischen Lernens. Mit Blick auf mögliche Resonanzen

[69] Ecarius 2006, S. 106

und Wechselwirkungen wäre es sicher ein lohnendes Unterfangen gewesen, auch die Prozesse biografischen Lernens bei der *interviewenden* Person selbst zu untersuchen. Wahrscheinlich brachte gerade die Konfrontation mit dem Nationalsozialismus aus der „Innensicht" der Zeitzeugen eigene Vorstellungen ins Wanken. Allerdings wurden diese Effekte bei der Führung der Interviews nicht systematisch erfasst.

Die Auffassung der Interviewsituation als intergenerationellem Erfahrungsraum, wie ich sie in Kapitel 3 dargelegt habe, betont die Wechselwirkungen des Geschehens zwischen beiden Interviewbeteiligten. Diese Blickrichtung auf den Erzählprozess vertiefe ich im nun folgenden Kapitel, in dem ich die Anerkennungstheorie von Honneth darstelle und ihre Bedeutung für Interviews über die Zeit des Nationalsozialismus aufzeige (s. Abschnitt 5.1). Erzählungen über den Nationalsozialismus können über die im Abschnitt 7.2 dargestellten problematische Tradierungsmuster hemmend in den Prozess der Selbstthematisierung hineinwirken und die zu wünschende Offenheit im Erzählprozess verhindern. Möglicherweise ist in derartigen Gesprächen die gegenseitige Anerkennung zwischen Erzähler und Zuhörer in Frage gestellt. Die Anerkennungstheorie hat aber auch Konsequenzen für eine angemessene Haltung des Begleitens im Prozess des Erzählens. Hier sind Verbindungslinien zwischen der Anerkennungstheorie nach Honneth und dem personzentrierten Konzept nach Rogers herzustellen.

5 Anerkennung

Bei Erzählungen über das Mitwirken im Nationalsozialismus ist eine Haltung gegenseitiger Anerkennung für Erzählende wie auch Zuhörende eine große Herausforderung. Gerade hier strahlen die Erfahrungen des Diskurses über den Nationalsozialismus, wie er während der Nachkriegszeit zwischen den Generationen vonstatten ging, in entsprechende Gesprächssituationen hinein. Zum Einen löste die Verstrickung weiter Teile der älteren Generation im Nationalsozialismus bei den Angehörigen der nachfolgenden Generationen Befremden, Vorwürfe, Beschuldigungen oder gar Abscheu aus. Umgekehrt wurden die Fragen der Jüngeren von den Zeitzeugen abgeblockt, Themenbereiche wurden tabuisiert und mit Schweigen belegt. So entstanden in Deutschland bestimmte intergenerationelle Tradierungsformen über Erfahrungen im Nationalsozialismus (s. Abschnitt 7.2), die aber nur allzu oft dazu angetan waren, kritische Inhalte und kritische Fragen zu umgehen und ein Schweigen über den Nationalsozialismus zu zementieren. Die heftigen Auseinandersetzungen in der Zeit der Studentenbewegung waren Ausdruck des Aufbegehrens der jüngeren Generation gegen das stillschweigende Weiterbestehen von faschistischen Strukturen und Denkweisen.[1]

So entsteht ein konjunktiver Erfahrungsraum (s. Abschnitt 3), der vom Ringen der Generationen um Gehör und Anerkennung zur Thematik des Nationalsozialismus bestimmt ist. Die gesellschaftlichen Erfahrungen mit dem Diskurs über den Nationalsozialismus wirken dann in persönliche Erfahrungsberichte im Zwiegespräch oder im Forschungsinterview hinein. Wenn das Thema gegenseitiger Anerkennung bei dieser Thematik gesellschaftlich so stark mit Bedeutung aufgeladen ist, dann müssen die Mechanismen eines

[1] Bude 1992, S. 15, diese Einschätzung wird allerdings kontrovers diskutiert. Zum Stand der Diskussion hat die Bundeszentrale für Politische Bildung einen Überblick zusammengestellt auf: www.bpb.de/geschichte/deutsche-geschichte-nach-1945/68er-bewegung/51791/wider-den-muff-von-1000-jahren [25.6.2012].

Ringens um Anerkennung genauer untersucht werden. Nur so lassen sich Äußerungen und Interaktionen der Beteiligten umfassender verstehen und in den Kontext ungesagter, aber wirkungsvoller Erwartungen und Vorannahmen einordnen. Der Sozialphilosoph Axel Honneth setzt sich in seinem grundlegenden Werk „Kampf um Anerkennung" aufbauend auf Hegel mit dem Kampf des Menschen um Anerkennung auseinander und verbindet gesellschaftliche Prozesse mit der Identitätsbildung im Individuum. Für eine Forschung zur Wirkung von gegenseitiger Anerkennung oder Missachtung in biografischen Interviews über Mitbeteiligung im Nationalsozialismus braucht es eine Theorie zum Verständnis der sozialen und individuellen Bedingtheit von Anerkennung. Aus diesen Gründen sei Honneths Anerkennungstheorie hier nun ausführlicher dargestellt.

In seiner Entwicklung ist das Individuum auf Anerkennung angewiesen. Damit wird Anerkennung zu einem sozialen Grundbedürfnis des Menschen. Dies geschieht nach Honneth nicht nur in einem Akt des Wahrnehmens und Würdigens, sondern vielmehr in einem Akt des Sich-Erkennens-im-Anderen.[2] Anerkennung stellt einen expressiven Akt dar, „durch den jener Erkenntnis die positive Bedeutung einer Befürwortung verliehen wird. Die Anerkennung ist im Unterschied zum Erkennen, das ein nicht-öffentlicher, kognitiver Akt ist, auf Medien angewiesen, in denen zum Ausdruck kommt, daß die andere Person ‚Geltung' besitzen soll."[3] Damit beschränkt sich dieses Geschehen nicht nur auf eine kognitive Erkenntnis des Anderen, sondern es geht vielmehr um Wertschätzung, Bestätigung und Befürwortung des Anderen. „Wir geben durch die entsprechenden Gesten und Gebärden öffentlich zu erkennen, daß wir jener anderen Person aufgrund ihres Wertes eine moralische Autorität über uns einräumen, an der sich die Realisierung unserer spontanen Impulse und Neigungen begrenzt." [4]

Jedes menschliche Zusammenleben setzt eine elementare gegenseitige Bejahung voraus. Gelingende Ich-Entwicklung setzt Formen gegenseitiger Anerkennung voraus.[5] Die Entwicklung einer persönlichen Identität wird da-

[2] Honneth 1994
[3] Honneth 2003, S. 15
[4] A. a. O., S. 27
[5] Honneth 1994, S. 112

mit zu einem intersubjektiven Prozess. Sie ist an Anerkennung durch andere geknüpft und zwar nicht nur im Wege des Aufnehmens, sondern auch im Wege des Gebens von Anerkennung. Wer anderen keine Anerkennung zollt, kann sich auch selbst nicht in vollem Umfang erkennen und würdigen. Denn, „um zu einer geglückten Selbstbeziehung zu gelangen, ist er [der Mensch, J. S.] auf die intersubjektive Anerkennung seiner Fähigkeiten und Leistungen angewiesen".[6] Anerkennungsbeziehungen unterliegen geradezu einem Zwang zur Gegenseitigkeit – zur Reziprozität.[7] Dieses Verwiesensein auf den Anderen in der Herausbildung einer eigenen Identität spielt auch im Prozess des Erzählens eine Rolle. Ricœur macht diese Grunderkenntnis zum Angelpunkt seines Konzeptes einer *narrativen Identität*, wie es im Abschnitt 4.4 dargelegt wurde.

Am Beispiel der frühkindlichen Entwicklung zeigt Honneth auf, dass das Anerkennen den Vorrang vor dem kognitiven Erkennen einer anderen Person hat – dies gilt auch für die soziale Interaktion unter Erwachsenen: Die Wahrnehmung richtet sich vorrangig auf die werthaften Eigenschaften anderer Personen.[8] Dies hat Folgen für den weiteren Verlauf meiner Untersuchung:

- Wenn Personen sich in einer Gesprächssituation zuerst unter dem Gesichtspunkt betrachten, welche Geltung, welchen Wert sie füreinander haben, dann ist die Dimension der gegenseitigen Anerkennung auch in Forschungsinterviews von grundsätzlicher Bedeutung. Entsprechende Forschungsansätze werden in Abschnitt 6.4 vertieft. Die Dimension der Anerkennung entscheidet möglicherweise über Fortgang, Intensität und Qualität eines Forschungsinterviews, so wie sie offensichtlich jede Kommunikation bestimmt. Aus diesen Gründen werden in Abschnitt 11.1 Typen von Kommunikationsmustern in intergenerationellen Interviews zu Mitbeteiligung im Nationalsozialismus herausgearbeitet, die in unterschiedlichen Ausprägungen gegenseitiger Anerkennung Raum geben, und anhand signifikanter Interviewpassagen in den folgenden Abschnitten erläutert.

- Wenn gegenseitige Anerkennung ein Grundpfeiler für die Entwicklung einer eigenen Identität darstellt, dann muss man davon ausgehen, dass

[6] Honneth 1994, S. 220
[7] A. a. O., S. 64 f.
[8] Honneth 2003, S. 27

Personen in Kommunikationssituationen besonders dann sensibel auf Zeichen von Anerkennung und Missachtung reagieren, wenn die Grundlage gegenseitiger Wertschätzung in Frage gestellt ist. Wie ich zu Beginn dieses Kapitels ausgeführt habe, ist gerade bei der Frage nach Mitbeteiligung im Nationalsozialismus die gegenseitige Anerkennung in Frage gestellt. Diese Frage wird im empirischen Teil anhand des Datenmaterials in Kapitel 12 beleuchtet.

In dem Maße, wie das Individuum sich nicht in vollem Umfange von seiner Umgebung erkannt und anerkannt oder gar missachtet fühlt, ringt es um Anerkennung. Der ständige Kampf um Anerkennung ist für Honneth unter Berufung auf Hegel ein zentraler Motor gesellschaftlicher Entwicklung. Anerkennung erfährt der Mensch in drei verschiedenen Sphären:

1. In der frühkindlichen Entwicklung grundgelegt und später in familiären Beziehungen, in Partnerschaften und Freundschaftsbeziehungen vertieft, erfährt der Mensch *emotionale Bindung und Liebe*. Menschen erfahren sich gegenseitig als bedürftige Wesen, sie brauchen Zuwendung und Fürsorge. Wenn der Mensch sich in seiner Bedürftigkeit bejaht und geliebt weiß, dann kann er selbst zu einem elementaren Vertrauen zu sich selbst gelangen. Die ersten Lebensmonate eines Kindes sind von einem symbiotischen Einssein zwischen Mutter und Säugling geprägt. Die Auflösung dieser Verschmelzung stellt sowohl für das Kind, als auch für die Mutter eine Entwicklungsaufgabe dar: Es gilt, eine produktive Balance zwischen Abgrenzung und Entgrenzung zu entwickeln. Liebe als tiefe emotionale Anerkennung bedeutet hier einerseits Freigabe der geliebten Person und andererseits emotionale Bindung zur geliebten Person.[9] In der Bedeutung dieser Dimension sieht sich Honneth durch Erfahrungen der Bindungsforschung bestätigt. Die Ausbildung der Fähigkeit zur *Empathie*, der Fähigkeit zur Einfühlung in die Welt einer anderen Person, geht mit der Entwicklung einer eigenen Identität Hand in Hand. Die engste Bezugsperson eines Kleinkindes ist der wichtigste Ausgangspunkt seiner Selbstrelativierung. Zentrale Entwicklungsaufgabe des Kleinkindes ist es, sich aus dem symbiotischen Einssein mit der

[9] Honneth 1994, S. 173

Bezugsperson zu lösen. Die eigene Perspektive wird von der Perspektive eines Anderen unterschieden. Nur wer eine eigene Identität entwickelt hat, kann den Anderen in dessen Identität erfassen. Damit wird die andere Person mit ihren Perspektiven zum Wert und erhält Bedeutung für das eigene Handeln. Dies bedeutet allerdings nicht, sich dem Standpunkten des Anderen bedingungslos zu unterwerfen. Die Anerkennung des Standpunktes eines Anderen erfordert die eigene Positionierung[10] und fordert diese Positionierung auch geradezu heraus. Dies dürfte für die Betrachtung der Verständigungsprozesse in biografischen Erzählungen wichtig sein. Denn hier ist der Erzählende ständig neu dazu aufgerufen, seine Identität darzulegen und zu entfalten. Aber er hat ein Gegenüber, dessen Anerkennung und Empathie er sich versichern und dessen Außenperspektive er in seine Darstellung einbeziehen möchte.

2. Die zweite Sphäre der Anerkennung ist von *rechtlicher Natur*. Menschen in einer Gesellschaft sind gemeinsam den für sie geltenden Gesetzen unterworfen. In der modernen Gesellschaft ist jeder Mensch Subjekt von unveräußerlichen Grundrechten. Allen Menschen wird in modernen Grundrechtskatalogen ein rechtlicher Schutz ihres gesellschaftlichen Ansehens garantiert. Jedem Menschen kommen als freiem Wesen individuelle Rechte zu. In früheren, traditionsverbundenen Gesellschaftsformen war diese Sphäre der Anerkennung viel stärker an Erwartungen der Gesellschaft bezüglich der Wahrnehmung bestimmter Rollen gekoppelt. Individuell schlägt sich die Erfahrung von rechtlicher Anerkennung beim Einzelnen in Form von Selbstachtung nieder. Der Mensch, der sich als Rechtssubjekt autonom zu geltenden moralischen Normen positionieren kann, wird als grundsätzlich moralisch zurechnungsfähig geachtet. Weil er die Achtung aller anderen verdient, kann sich der Mensch zunehmend selbst achten.[11]

3. Hat die Anerkennung in der rechtlichen Sphäre im Laufe der Entwicklung von Gesellschaftsformen schon einige Wandlungen erfahren, so gilt dies umso mehr für die dritte Sphäre, der *sozialen Wertschätzung*. Honneth führt hier den Begriff der *Solidarität* ein. Die Eigenschaften des jeweils Anderen werden als bedeutsam für die gemeinsame gesell-

[10] Meuter 2007, S. 50 f.
[11] Honneth 1994, S. 192

schaftliche Praxis erkannt. Hier geht es nicht nur um eine passive Toleranz gegenüber dem Anderen, sondern um eine affektive Anteilnahme am individuell Besonderen der anderen Person. Diese Form von Wertschätzung ist symmetrisch in dem Sinne, dass jedes Subjekt die Chance erhält, sich in seinen eigenen Leistungen als wertvoll für die Gesellschaft zu erfahren.[12] Die soziale Wertschätzung war z.B. im Ständestaat noch mit der rechtlichen Anerkennung gekoppelt: Ein bestimmter Status hatte Rechte und Pflichten zur Folge, zog aber gleichzeitig auch ein bestimmtes Maß an Prestige nach sich. In der modernen Gesellschaft gilt soziale Wertschätzung den besonderen Eigenschaften und persönlichen Unterschieden der Menschen. Das Selbstverständnis einer Gesellschaft gibt diejenigen Kriterien vor, an denen sich soziale Wertschätzung von Personen orientiert. Menschen werden danach beurteilt, in welchem Maße sie an der Umsetzung kulturell definierter Werte mitwirken können.[13] In der modernen Gesellschaft richtet sich soziale Wertschätzung auf die lebensgeschichtlich entwickelten Fähigkeiten des Einzelnen. Allerdings gibt es in unserem Wertepluralismus keinen vorgegebenen Wertekatalog, der dem Einzelnen Orientierung geben könnte. Honneth sieht hier einen grundlegenden Konflikt in unserer gesellschaftlichen Organisationsform: Es braucht kulturelle Zusatzdeutungen, um zu definieren, mit welchen Handlungen und Haltungen der Einzelne der Gesellschaft und ihren Zielsetzungen in welchem Maße dient. Dies führt dazu, dass die verschiedenen gesellschaftlichen Gruppierungen um öffentliche Aufmerksamkeit für ihre Deutung von Nützlichkeit für die Gesellschaft ringen müssen.

Bei seiner Theorie der Anerkennung stützt sich Honneth nicht nur auf Hegel, sondern auch auf die Sozialpsychologie Meads (s. Abschnitt 2.1). Wenn sich die Identität eines Subjekts in der Wechselwirkung zwischen einem internalisierten Gesamtwillen – repräsentiert durch das *Me* – und einem kreativen, reflektierenden, eigene Ansprüche einbringenden *I* herausbildet, dann bekommt soziale Anerkennung eine Schlüsselstellung in diesem Modell von Entwicklung. Stellt das Ringen um Anerkennung schon einen Motor für die Übernahme von Erwartungen, Normen und Rollen dar, so muss sich das

[12] Honneth 1994, S. 209 f.
[13] A. a. O., S. 198

Subjekt auch bei der Auseinandersetzung mit diesen Erwartungen für neue Formen der sozialen Anerkennung einsetzen.[14] Auch bei der individuellen Abwandlung und Veränderung des internalisierten und antizipierten Gesamtwillens muss sich das Individuum die soziale Anerkennung der Umgebung erwerben und sichern. Allerdings setzt Honneth bei Mead hier auch eine zentrale Kritik an, denn Mead ignoriere im Prozess der Perspektivenübernahme zu sehr die emotionale Seite der Beziehung zwischen Kind und Bezugsperson.[15] Für Honneth geht dem Erkennen eine grundlegende Form des Anerkennens voraus. Identifikation bestehe eben nicht allein aus dem kognitiven Erkennen der Haltungen und Einstellungen der Umgebung, vielmehr muss der Boden zu dieser Erkenntnisleistung erst bereitet sein durch die Erfahrung einer existenziellen „Anteilnahme am Anderen, die es überhaupt erst ermöglicht, dessen Perspektive auf die Welt bedeutsam zu erfahren."[16] Hier hebt Honneth erneut die Bedeutung von Empathie hervor.

Anerkennung in Bindungen und in sozialen Gruppierungen findet seine Entsprechung in der Beziehung des Subjektes zu sich selbst. Selbstsorge schlägt sich darin nieder, dass die eigenen Wünsche und Empfindungen vom Subjekt selbst für wertvoll angesehen werden. In einem ständigen Prozess der Selbsterkundung werden die eigenen Wünsche und Absichten identifiziert und bejaht.[17] Eine anerkennende Selbstbeziehung ist Voraussetzung dafür, dass ein Individuum den Anderen als Subjekt erkennen kann. Gleichzeitig benötigt das einzelne Subjekt die tiefe Bejahung des oder der Anderen, um sich zu einem autonomen Wesen entwickeln zu können. Angesichts dieser tiefen Abhängigkeit des Menschen von Anerkennung hält Honneth eine grundlegende, anerkennende Haltung zum Anderen für moralisch bzw. ethisch geradezu geboten.[18] Ohne Anerkennung kann der Mensch keine Beziehung zu sich und zu seiner Umgebung aufbauen. Umso gravierender wirkt sich das Versagen von Anerkennung oder gar Missachtung aus:[19]

---

[14] Honneth 1994, S. 132
[15] Honneth 2010, S. 48
[16] A. a. O., S. 51
[17] A. a. O., S. 89 f.
[18] Honneth 1994, S. 338
[19] A. a. O., S. 214 ff.

- Im Bereich der *emotionalen und liebevollen Anerkennung* ist die physische Integrität des Einzelnen bedroht. Die Misshandlung eines Menschen durch Folter oder Vergewaltigung – Honneth betont hier die physische Misshandlung – schädigt das durch Liebe erlernte Vertrauen, dass die eigenen Körpergrenzen selbstverständlich respektiert werden und man über den eigenen Körper selbst verfügen kann. Der Einbruch in dieses Vertrauen hat einen Verlust an Selbst- und Weltvertrauen zur Folge.

- Auf der Ebene der *rechtlichen Anerkennung* drückt sich Missachtung durch Ausschluss von bestimmten Rechten aus. Der Ausgeschlossene erfährt sich damit nicht mehr als gleichberechtigter Interaktionspartner. Er wird nicht mehr in vollem Umfang als Träger von Rechten und Pflichten in der Gemeinschaft gesehen. Dies zieht einen Verlust an Selbstachtung nach sich.

- Auf der Ebene der *sozialen Wertschätzung* drückt sich Missachtung in Form von Herabwürdigung von individuellen oder kollektiven Lebensweisen aus. Dem Einzelnen wird somit eine soziale Zustimmung, eine Ermutigung zu seiner Form von Selbstverwirklichung entzogen. Außerdem wird ihm das Zutrauen abgesprochen, mit seiner Lebensweise einen produktiven Beitrag zum Gemeinschaftsleben zu leisten. Der Herabgewürdigte sieht sich nicht mehr als ein in seinen charakteristischen Eigenschaften und Fähigkeiten geschätztes Wesen.

In einer von 1996 bis 2000 durchgeführten Untersuchung beleuchtete Sutterlüty[20] die Gewaltkarrieren Jugendlicher. Dabei ging es ihm hauptsächlich um den Zusammenhang zwischen der Erfahrung von Missachtung und familiärer Gewalt in der eigenen Kindheit und der eigenen Gewaltausübung. Er kommt zum Ergebnis, dass die untersuchten jugendlichen Gewalttäter selbst fast ausnahmslos über einen längeren Zeitraum hinweg in frühen Phasen in ihrer Herkunftsfamilie Opfer von Gewalt bzw. hilflose Zeugen familiärer Gewalt waren. Noch in den Schilderungen der eigenen Gewaltakte offenbaren die Jugendlichen die eigene Opfererfahrung und damalige Hilflosigkeit dadurch, dass sie die Unterlegenheit des Opfers und sein Eingeständnis der Unterlegen-

[20] Sutterlüty 2002

heit in vollen Zügen auskosten.[21] Das Versagen von sozialer Anerkennung, die Missachtung, Demütigung oder Erniedrigung des Anderen, gefährden den Menschen in seiner Identitätsentwicklung. Derjenige, der Missachtung empfindet, ist Opfer eines Ausschließungsprozesses. Warnzeichen dafür sind, wenn der von der Missachtung Betroffene soziale Scham empfindet. Honneth sieht im Empfinden von sozialer Scham einen ähnlichen Signalwert für soziale Ausschließungsprozesse wie der körperliche Schmerz ein Signal für Krankheitsprozesse im Körper darstellt.[22]

Zur Dynamik von Missachtung, Exklusion, Scham und Schambewältigung bietet die Zeitepoche des Nationalsozialismus vielfältige Ansatzpunkte für vertiefende Untersuchungen. Marks hat sich in seinen Veröffentlichungen eingehend damit beschäftigt.[23] Mir selbst geht es hier aber nicht um ein Verständnis der Dynamik von Anerkennung und Missachtung im Damals, in der Zeit des Nationalsozialismus. Mich beschäftigt die Frage, wie sich die Dimensionen der Anerkennung in Interviews mit potenziellen „Mitläufern" oder „Mittätern" im Heute auswirken. Es besteht die Gefahr, dass die Interviewenden solche Täterkategorien im Hinterkopf haben, wenn sie alte Menschen über deren Engagement im Nationalsozialismus befragen. Wenn es um die Straffälligenhilfe geht, so greift Nickolai Honneths ethisch-moralische Aufforderung zu einer anerkennenden Haltung direkt auf. Er plädiert für Verständnis und Anerkennung, denn auch der schlimmste Gewalttäter sei als ein menschliches Wesen wahrzunehmen, das dem Mitmenschen auch in seinen schlimmsten Verfehlungen im Grunde ähnlich sei.[24] Dieser Appell gilt umso mehr, wenn Fragen nach Faszination, Mitwirkung und Mitbeteiligung jenseits der Kategorien von Täterschaft ausgelotet werden sollen.

Genau hier entfaltet der Nachkriegsdiskurs über den Nationalsozialismus seine Brisanz, denn es besteht die Gefahr, dass die Interviewenden den Zeitzeugen mit entsprechenden Vorbehalten begegnen oder die Zeitzeugen selbst solche Vorbehalte in die Interviewenden hineininterpretieren. Damit wäre der Prozess der Selbstthematisierung in Erzählungen empfindlich beeinträchtigt.

[21] Sutterlüty/Gnisa 2008, S. 207 ff
[22] Honneth 1994, S. 218 ff.
[23] s. z.B. Marks 2007b; Marks 2007a
[24] Nickolai 2010, S. 212

Wenn aber der gesellschaftliche Nachkriegsdiskurs zum Nationalsozialismus über gegenseitige Vorbehalte in der Interviewsituation hineinstrahlt, dann ist es mit Appellen und Handlungsanweisungen an die Adresse der Interviewenden allein nicht getan. Notwendig ist hier vielmehr, Prozesse von Vorbehaltsbildung und Missachtung zu analysieren und zu verstehen, da sie einen Zugang zum Verständnis genau jener gesellschaftlichen Wirklichkeit bieten, die ja erforscht werden soll: Wenn die Zeitzeuginnen und Zeitzeugen nach ihrer Verarbeitung der Zeit des Nationalsozialismus gefragt werden, dann werden Aspekte der gesellschaftlichen Verarbeitung in der Nachkriegszeit nicht nur thematisch behandelt, sondern auf der Ebene der gemeinsamen, konjunktiven Erfahrung angeregt. Ist die gegenseitige Anerkennung in Frage gestellt, dann ist das für die Analyse eine wertvolle Information über das mögliche Wirken von übergreifenden Prozessen (s. Abschnitt 12.4). Dies bietet auf der Ebene der Interviewgestaltung die Chance, in der Offenheit einer Interviewsituation außerhalb vorgeprägter Diskursbahnen den Horizont gegenseitiger Anerkennung zu erweitern und die für ein Forschungsinterview unerlässliche methodische Unvoreingenommenheit (s. Abschnitte 6.1 und 12.3) wiederherzustellen.

5.1 Verarbeitung des Nationalsozialismus und Kampf um Anerkennung

Wenn die Wechselseitigkeit von Anerkennung eine Grundvoraussetzung für den Aufbau von Identität darstellt, so gilt dies umso mehr für die Würdigung von erzählter Lebensgeschichte als zentralem Akt einer Herstellung von Sinnhaftigkeit für das eigene Leben. Im Sechsten Bericht zur Lage der älteren Generation in der Bundesrepublik Deutschland werden die Formen der Anerkennung auf die Möglichkeiten des Umgangs mit Alter und alten Menschen projiziert. Emotionale Zuwendung, kognitive Achtung und soziale Wertschätzung sollten die Grundlage für symmetrische Kommunikationsstrukturen zwischen den Generationen, Offenheit für die Individualität jedes einzelnen Menschen mit seiner Geschichte innerhalb seiner Kultur bilden.[25] Gerade die Forderung nach symmetrischer Kommunikation zwischen den Generationen entspringt aus dem von Honneth postulierten Zwang zur Ge-

[25] Bundesministerium für Familie, Senioren, Frauen und Jugend 2010, S. 110 ff.

genseitigkeit in der Anerkennungsbeziehung. Ein offener, von Anerkennung getragener Dialog wäre „ein wirkliches Gespräch zwischen Personen, die einander widersprechen und dem Fremdverstehen des anderen solange auf die Sprünge helfen können, bis ein Einverständnis zwischen beiden geschaffen ist.“[26]

Alte Menschen erfahren Anerkennung allerdings nur in eingeschränktem Maße. Durch den Verlust von Partnerschaft und Beruf, durch Einschränkung der sozialen Beziehungen, durch zunehmende körperliche Einschränkungen und durch die Erfahrung von gesellschaftlicher Abwertung des Alters reduziert sich der soziale Austausch und damit die Erfahrung sozialer und emotionaler Anerkennung.[27] Die Interaktion zwischen den Generationen ist häufig von negativen Bildern des Alterns und Altwerdens geprägt. Altern wird als Phase von Verlust, Krankheit, Abbau und Behinderung, Vereinsamung, Sterben und Tod gesehen. Junge Menschen wiederum werden im Kontakt mit älteren Generationen mit bisher vermiedenen oder verdrängten Fragen an die eigene Lebensperspektive konfrontiert. Heuft, Radebold und Kruse verweisen auf Forschungsarbeiten über Wirkungen in der intergenerationellen Kommunikation: Ein Interaktionsstil von Jüngeren, der von negativen Altersstereotypen geleitet ist und auf vermeintliche Defizite Rücksicht nimmt, trage auf Dauer zu sozialen, körperlichen und emotionalen Abbauprozessen bei älteren Menschen bei und konstituiere damit vorhandene negative Altersstereotypen.[28] Dies wäre Ausdruck eines falschen Verständnisses von Anerkennung, nämlich eines distanzierenden, aber gleichzeitig entmündigenden Respekts, der aber nicht von einer Anerkennung von Subjekt zu Subjekt getragen ist (s. Abschnitt 5.2). Wahre Anerkennung hieße vielmehr, den alten Menschen in seiner Lebensgeschichte wahrzunehmen und eine Achtung zu erweisen, die sich in Neugier, Offenheit und Interesse zeigt.[29] Dies wäre Ausdruck einer biografischen Haltung, wie sie sich Angehörigen, Professionellen u.a. zu eigen machen sollten. Anerkennung, die einen vordergründigen Respekt überschreitet, könnte sich aber noch darüber hinaus in der Art des Nachfragens, des Vertiefens, des Aufgreifens von Widersprüchen und auch im Stellen von

[26] Straub 1999, S. 78 f.
[27] Zenk/Peters/Wilz 2010, S. 107
[28] Heuft/Kruse/Radebold 2000, S. 84 u. 232
[29] Schäfer-Hohmann 2005, S. 184

scheinbar unhöflichen Fragen zeigen.[30] Erst hier wird der ältere Mensch zum Dialogpartner, der Achtung und Anerkennung erfährt, indem man ihm von Person zu Person begegnet.

Blimlinger u.a. sehen allgemein bei alten Menschen in unserer Gesellschaft eine problematische Gegenseitigkeit in der Nicht-Anerkennung, wenn sie eine Wechselbeziehung zwischen dem Desinteresse von Angehörigen und Pflegenden und den Standardgeschichten feststellen, die alte Menschen oft mit Penetranz erzählen. Diese Standardgeschichten enthalten oder verstecken oft das, was die Menschen in Wirklichkeit umtreibt. Es fehle das Bemühen, hinter die ewig gleichen Geschichten zu blicken. Damit wird der Dialog leblos.[31] „Es braucht eine kontinuierliche Beziehung, ein wachsendes Vertrauen und vor allem viel Zeit und Geduld, den Umwegen und Erzählschleifen zu folgen und dem eigentlichen Anliegen zum Durchbruch zu verhelfen."[32]

Eine *biografische Haltung* einzunehmen hätte für Angehörige, Ehrenamtliche und Professionelle auch die Konsequenz, sich mit den eigenen, inneren Reaktionen auf das Erzählte und mit dem eigenen Leben neu zu beschäftigen: Welche Reaktionen, welche eigenen Erfahrungen lösen die Erzählungen aus? Wie erginge es mir selbst in der Situation, die der alte Mensch beschreibt? – Diese Haltung gilt es, im alltäglichen Umgang mit Älteren, in der Biografiearbeit, aber auch im Forschungszusammenhang zu verwirklichen. Zentrales Signal, um Interesse, Offenheit und Würdigung im narrativen Forschungsinterview auszudrücken, ist das aufmerksame und unterstützende Zuhören der Interviewperson. Sie drückt damit ihre Bereitschaft aus, sich auf alle Erzählinhalte einzulassen und dem Zugzwang der Erzählung bedingungslos zu folgen.[33]

Im Rahmen von Interviews mit alten Menschen über deren Mitwirkung und Mittäterschaft im Nationalsozialismus ergeben sich im Hinblick auf Anerkennung folgende Herausforderungen: Die Generationen begegnen sich mit spezifischen Altersstereotypen und es entwickeln sich vordergründig be-

[30] Blimlinger et al. 1996, S. 80
[31] A. a. O., S. 78
[32] A. a. O.
[33] Schütze 1984, S. 79 f.; Lucius-Hoene/Deppermann 2002, S. 77 f.; Rosenthal 2005, S. 138 f.

schwichtigende („jaja, die Zeit vergeht“) oder polarisierende Umgangsformen der Generationen („die heutige Jugend“) miteinander. Dies verstärkt sich um ein Vielfaches beim Thema der Faszination und Mitbeteiligung im Nationalsozialismus. Die Frage der Anerkennung für alte Menschen, die sich im Nationalsozialismus engagiert haben, stellt sich auf allen drei Ebenen der Anerkennung:

Auf der *emotionalen Ebene* haben insbesondere die direkten Angehörigen von Tätern schmerzliche Auseinandersetzungen auszutragen, wie sie sich in einigen literarischen Verarbeitungen der Kinder von Tätern niederschlagen. Die emotionale Beziehung zum Partner, Vater oder Mutter, Großvater oder Großmutter wird durch die Täterschaft grundlegend in Frage gestellt. So leitet Niklas Frank beispielsweise seine Abrechnung mit dem Vater Hans Frank, der als Kriegsverbrecher im Rahmen der Nürnberger Prozesse zum Tode verurteilt wurde, folgendermaßen ein: „Kein Zweifel, Du verlierst auch den zweiten Nürnberger Prozeß in der kleinen Besetzung, da ist nur Dein Sohn Kläger, Richter, Henker zugleich“.[34] Dörte von Westernhagen wiederum plädiert für Annäherung an die Elterngeneration: „Mein Eindruck ist, daß die unheilvolle Abfolge von Schuldzuschreibung und projektiver Verzerrung, die die Generationen trennt und aneinanderkettet, wenigstens ansatzweise außer Kraft gesetzt werden kann, wenn wir uns, ohne das Bewußtsein für die Leiden der Opfer zu verlieren, dem Schmerz über das Versagen der Eltern, ihrer Schwäche und Armseligkeit, soweit wir es vermögen, liebevoll aussetzen, in dem wir uns in ihnen entdecken“.[35]

Auf der *Ebene des mündigen Rechtssubjekts*: Bei Gesprächen über den Nationalsozialismus geht es in dieser Sphäre um die Anerkennung des „Mitläufers“ oder „Täters“[36] als autonomem Subjekt, das eigene Entscheidungen damals getroffen hat und heute noch Konsequenzen daraus zieht. Kernthema dieser Sphäre ist das Zuerkennen des Menschseins auch angesichts grausamer Taten. Die Erfahrung vollständiger Entrechtung und Demütigung im Konzentrationslager Auschwitz führte Primo Levi zur Frage, was den Menschen

[34] Frank o. J., S. 19
[35] von Westernhagen 1988, S. 185
[36] Diese plakativen Kategorien gehen z.T. auf die Entnazifizierungsgesetze des Alliierten Kontrollrats zurück.

ausmache: „Mensch ist, wer tötet, Mensch ist, wer Unrecht zufügt oder leidet; kein Mensch ist, wer jede Zurückhaltung verloren hat und sein Bett mit einem Leichnam teilt. Und wer darauf gewartet hat, bis sein Nachbar mit Sterben zu Ende ist, damit er ihm ein Viertel Brot abnehmen kann, der ist, wenngleich ohne Schuld, vom Vorbild des denkenden Menschen weiter entfernt als der roheste Pygmäe und der grausamste Sadist.“[37] Im Zugeständnis von und in der Zuspitzung auf die eigene Verantwortung, sich so oder so im Nationalsozialismus zu verhalten, schlägt sich Anerkennung auf der rechtlichen Ebene nieder. Die vorschnelle und pauschale Eröffnung von Täter- und Schuldkategorien ist ebenso ein Ausdruck unangemessener Verweigerung von Anerkennung wie ein pauschal beschwichtigendes Verweisen auf die anderen Zeiten damals oder die Unbeweglichkeit heute im hohen Alter.

Auf der *sozialen Ebene*: Es ist eine gesamtgesellschaftliche Aufgabe zu verstehen, wie sich der Nationalsozialismus entwickelte und solch eine breite Unterstützung in der Bevölkerung für den Nationalsozialismus finden konnte. Im Interesse der nachfolgenden Generationen sind diese Erfahrungen in die eigene historisch-soziale Identität unserer Gesellschaft hineinzunehmen und im Sinne eines tieferen Verstehens zu integrieren. Allerdings herrscht die Tendenz vor, die Erfahrung des Nationalsozialismus wie ein Krebsgeschwür aus dem gesellschaftlichen Bewusstsein eliminieren zu wollen. Für ein tieferes Verständnis und eine Integration dieser Erfahrungen leistete das Forschungsprojekt *Geschichte und Erinnerung* einen wichtigen Beitrag (s. Abschnitt 8).[38]

Gespräche über Erfahrungen im Nationalsozialismus werden so sehr schnell zu einem Ort, an dem sich ein Kampf um Anerkennung reinszeniert: Die Generation der am Nationalsozialismus Beteiligten kämpft um Verständnis für das eigene Handeln und um Rehabilitation, die Generation der im demokratischen Nachkriegsdeutschland Aufgewachsenen kämpft um das Recht, kritisch zu fragen und auch das bisher Verschwiegene erfahren zu wollen. Wenn es darum geht, lebensgeschichtliche Erzählungen über diese Zeit zu erhalten, dann muss sich der oder die Zuhörende auch in diesem Feld eine offene, anerkennende und selbst reflektierende, biografische Haltung zu eigen machen. Hier

[37] Levi 2001, S. 206
[38] Marks 2007b

braucht die Theorie der Anerkennung eine gesprächs- und interviewmethodische Konzeptualisierung, wie sie der *personzentrierte Ansatz* nach Rogers m.E. in optimaler Weise darstellt. Aus diesem Grund stehen im Folgenden die Verbindungslinien zwischen Anerkennungstheorie und personzentriertem Ansatz im Vordergrund.

5.2 Anerkennung und personzentrierte Haltung

Die Bedeutung von Anerkennung, die Überzeugung der Reziprozität von Anerkennungsbeziehungen als Grundbewegungen im sozialen Miteinander führt zur Frage, wie sich dies in professionellen Kommunikationssituationen umsetzen lässt. Wie kann Anerkennung in jenen Formen sozialer Begegnung genutzt werden, die durch institutionellen Rahmen, Aufträge und Erkenntnisinteressen strukturiert sind? Für den Bereich von Beratung und Psychotherapie entwickelte Carl R. Rogers eine Form von Interaktion, die er als *klientzentrierte* und später als *personzentrierte* Gesprächspsychotherapie bezeichnete.[39] Die zentrale Hypothese dieses Ansatzes ist, dass jeder Einzelne in sich die Quelle und die Hilfsmittel zum Verständnis seiner selbst besitzt, und damit grundsätzlich auch über die Fähigkeit verfügt, seine Selbstsicht, seine Einstellungen und sein Verhalten zu ändern. Als Vertreter der Richtung der *humanistischen Psychologie* geht Rogers von der Überzeugung aus, dass jedem Menschen und jedem Wesen überhaupt die Tendenz dazu innewohnt, die eigenen Kräfte sozial konstruktiv zu Wachstum und Entwicklung zu entfalten. Diese Kraft nennt er *Aktualisierungstendenz*.

Das innere Erleben der eigenen Wachstumskräfte steht allerdings häufig in Konflikt mit dem Konzept eines bewussten Selbst. In Anlehnung an eine entwicklungspsychologische Sicht (s. Abschnitt 2.2) verwendet Rogers die Begriffe *Selbst* oder *Selbstkonzept* dann, „wenn von der Person oder der Sichtweise ihrer selbst gesprochen wird“.[40] Das Selbst hat einerseits eine organisierte und in sich geschlossene, andererseits auch eine fließende und wechselnde Gestalt, die „die Wahrnehmungscharakteristiken des Ich, die Wahrnehmungen der Beziehungen zwischen dem Ich und anderen und ver-

[39] Rogers 1998
[40] Rogers 1991, S. 26

schiedenen Lebensaspekten, einschließlich der mit diesen Erfahrungen verbundenen Werte“[41] umfasst. Das Selbst ist sowohl Prozess, als auch Wesenheit zu jedem beliebigen Zeitpunkt. In ihm schlagen sich Erziehung, Erwartungen und Erfahrungen nieder. Das wahrnehmende, bewusste Ich entwickelt daraus ein Konzept von sich selbst,[42] das ständig an neue Gegebenheiten angepasst werden muss. Werden bestimmte Erfahrungen ausgeblendet und ignoriert, weil sie das Selbstkonzept bedrohen könnten, dann kommt es zu psychischen Fehlanpassungen.[43] Während die innere Tendenz zur Selbstaktualisierung nach Weiterentwicklung strebt, wirkt hier eine Tendenz zur Aufrechterhaltung der gegenwärtigen Struktur. Die *Inkongruenz* zwischen Selbst und Erfahrung ist nach Rogers die Quelle von Konflikten, sozialen Spannungen und innerpsychischen Problemen.

Um das Selbstkonzept mit dem inneren Erleben und der eigenen Aktualisierungstendenz in Einklang zu bringen, braucht der Klient Zugang zu seinem inneren Erleben.[44] Hilfreich sind in Beratung und Therapie – Rogers erweitert seinen Ansatz darüber hinaus auf jede Form von Beziehung, die die Entwicklung der Persönlichkeit zum Ziel hat[45] – drei förderliche Grundhaltungen in der Begegnung:[46]

- *Akzeptanz, Anteilnahme* oder *Wertschätzung*: Der Berater bzw. Therapeut bringt dem Klienten ein uneingeschränktes, grundsätzliches Wohlwollen entgegen. Er nimmt wahr, ohne zu urteilen. Akzeptieren einer Person heißt dabei aber nicht uneingeschränkte Zustimmung zu allen Handlungen des Klienten.
- *Empathie* oder *einfühlendes Verstehen*: Der Berater tritt in die innere Welt des Klienten mit einer Haltung des nicht wertenden, aufmerksamen und sensiblen Zuhörens ein. In seinen Kommentierungen und Paraphrasierungen bezieht sich der Berater nicht nur auf das, was dem Klienten bewusst ist, sondern auch auf „die neblige Zone am Rande der Gewahr-

[41] Rogers 1991, S. 26
[42] Schmid 1998b, S. 127
[43] Rogers 1991, S. 29 f.
[44] Rogers 1997, S. 41 ff.
[45] A. a. O., S. 19
[46] Rogers 1998

werdung."[47] Verstehen steht hier im Dienste eines gemeinsamen Suchprozesses zwischen der beratenden und der Rat suchenden Person. Dies ist nicht mit dem Deuten von Sachverhalten zu verwechseln, wie es z.B. in der psychoanalytischen Therapie durch den Therapeuten erfolgt.

- *Aufrichtigkeit, Echtheit* oder *Kongruenz*: Die Person des Beraters versteckt sich nicht hinter einer professionellen Fassade, sondern zeigt sich als offene Persönlichkeit mit eigenen Gefühlen und Einstellungen. Die Art, wie sich der Berater zeigt, stimmt mit seinem inneren Erleben überein. Der Berater bringt eigene Wahrnehmungen als Informationen in das Geschehen ein. Für Rogers erhielt diese Grundhaltung im Laufe seiner Arbeit die höchste Priorität.[48]

Im Unterschied zu anderen psychotherapeutischen Richtungen geht es Rogers darum, das innere Bezugssystem *mit* dem Klienten zu verstehen, statt *von* ihm.[49] Der Berater bzw. Psychotherapeut zollt der inneren Weltsicht des Anderen seine Anerkennung, indem er dieser Welt sein aufrichtiges Interesse, seine Wertschätzung und seine Einfühlung entgegenbringt und mit seinem Mitschwingen Raum zur Entfaltung verleiht. Die Entwicklung hin zu einer *fully functioning person*[50] bedeutet für Rogers, offen für Erfahrung zu sein, existenzielle Fragen zuzulassen, dem eigenen Organismus Vertrauen zu schenken, Gefühle offen auszudrücken, sich unabhängig zu verhalten, kreativ tätig zu sein und ein reiches Leben zu leben. Für die Phase des Alterns lassen sich hier Bezüge zu Konzepten von Weisheit herstellen, wie sie z.B. Staudinger[51] entwickelt hat (s. Abschnitt 2.3).

Im *personzentrierten Ansatz* wird das dialogische Geschehen im Gesprächsprozess in einer besonderen Weise betont.[52] Einerseits soll sich der Zuhörer als Person in den Dialog mit einbringen, andererseits soll er seine Aufmerksamkeit auf das Erleben des Erzählenden richten. Die Selbstexploration – der Prozess des „Sich-selbst-immer-besser-Verstehens"[53] geschieht in

[47] Rogers 1997, S. 24
[48] Rogers 1998, S. 201
[49] Emme 1999, S. 127
[50] Rogers 1997, S. 39
[51] Staudinger 1996
[52] Rogers 1991
[53] Schmid 1995, S. 53

der Beratung in einer intensiven Beziehung von Person zu Person, zwischen Hilfesuchendem und Berater. „Die Kunst der Begegnung ist ein dialektischer Prozess: durch ständige Offenheit auf das Gegenüber seine Identität zu wahren."[54] Damit bietet sich der personzentrierte Berater als Kommunikationspartner mit all seiner Anteilnahme an. Der Klient wird durch Nachfragen, Paraphrasierungen, Spiegelungen von eigenen Eindrücken u.a.m. zum Ausdruck seiner Gefühle und zum vertieften Verständnis seiner selbst angeregt. Dabei werden beide Seiten zu Beteiligten am Geschehen. Klient und Berater setzen sich neuen Erfahrungen in der Begegnung miteinander aus und lassen sich darauf ein, dass das jeweilige Selbstkonzept in Frage gestellt wird.

Aus dieser Grundhaltung wurden im Weiteren Fähigkeiten, Techniken und Modelle entwickelt, die für verschiedene Kommunikationssituationen im Alltag, in Schule und Beruf, in Interaktionstrainings und in der Konfliktarbeit nutzbar gemacht wurden.[55] Rogers selbst engagierte sich mit seinem Ansatz in politisch-kulturellen und religiösen Spannungsgebieten, beispielsweise in Nordirland[56] (s.a. Abschnitt 13).

Anerkennung im Sinne Honneths kann aber nicht nur auf ein wohlwollendes Bestätigungshandeln reduziert werden. Es geht um eine grundsätzliche Bejahung des Anderen auch in Momenten, in denen wir ihn möglicherweise verfluchen oder hassen.[57] Die Anerkennung des Anderen vollzieht sich durchaus auch in Kritik, Versagung und Rückzug, denn Subjekte haben füreinander Bedeutung in ihrer Unterschiedlichkeit und Unabhängigkeit. Anerkennung als paradoxes Geschehen[58] vollzieht sich zum Einen in der voraussetzungslosen Bestätigung des Anderen. Anerkennung bringt wiederum den Anderen erst als Subjekt hervor. Schließlich wird dem Anderen in der Wahrnehmung als eigenständigem Menschen die Qualität eines eigenständig denkenden und handelnden Subjektes zugestanden.[59] Insofern ist die wohlwollende Wahrnehmung und Hervorhebung von Differenz in der Kommunikation mit dem Anderen ein wichtiges Moment der Anerkennung. Wenn der *personzentrierte*

[54] Schmid 1995, S. 117
[55] so z.B. von Thun 2011; Rosenberg 2007
[56] Rogers 1997, S. 58
[57] Honneth 2010, S. 59 f.
[58] Ricken 2009, S. 123 ff.
[59] Straub 1999, S. 74

Ansatz häufig auf eine Haltung von freundlich-wohlwollender Zugewandtheit reduziert wird, so betont Schmid gerade den engen Bezug von Rogers Spätwerk zur Begegnungsphilosophie Martin Bubers und Emanuel Lévinas: Der Helfer stellt sich dem Klienten in einer unmittelbaren Begegnungserfahrung von Person zu Person.[60]

In Gesprächen über die Zeit des Nationalsozialismus stehen Zeitzeugen vor der Herausforderung, ihre Erfahrungen damals mit ihrem Selbstkonzept heute in Einklang zu bringen. Möglicherweise werden Erfahrungen von Mitbeteiligung abgewehrt, verzerrt oder umgedeutet. Die erpresste Denunziantin beispielsweise sieht sich vorrangig als Opfer eines Systems und wird aber gleichzeitig zu einer Mittäterin, indem sie andere der Verfolgung preisgibt. Das Erleben von *Inkongruenz* zwischen Erfahrung und Selbstkonzept muss bewältigt werden. Häufig stellt sich hier Scham ein: „Scham folgt aus der Tatsache, dass Millionen nicht-jüdischer deutscher Männer und Frauen Hitler und die NSDAP gewählt und sich für das ‚Dritte Reich' begeistert und engagiert hatten. ... Spätestens seit 1945 ist das Bild der Deutschen in der Welt für Jahrzehnte, vielleicht für immer, untrennbar mit dem größten Verbrechen in der Menschheitsgeschichte verknüpft."[61] Gespräche über diese Zeit irritieren ständig neu das mühsam stabilisierte Selbstkonzept, insbesondere dann, wenn der Gesprächspartner ein anderes Selbstkonzept repräsentiert. In Anwesenheit einer jüngeren Interviewerin z.B., die in einem demokratischen Gemeinwesen mit einer selbstbewussten, politischen Streitkultur aufgewachsen ist, kann der Zeitzeuge die eigenen biografischen Brüche nur schwer begründen (s. z.B. Interview e1 in Kapitel 11 f.). Aufkommende Scham muss abgewehrt werden. Umgekehrt sind aber auch beim Zuhörer Abwehrreaktionen zu erwarten, weil er in diesen Gesprächen mit Erfahrungen konfrontiert wird, die er möglicherweise nicht in sein Selbstbild integrieren kann.

So treffen in intergenerationellen Gesprächen über Mitbeteiligung im und Faszination vom Nationalsozialismus unterschiedliche Selbstkonzepte aufeinander; die Kollision der Selbstkonzepte der Beteiligten ist im Forschungsthema geradezu angelegt: Auf Seiten der Erzählenden ist mit Scham als Ausdruck

[60] Schmid 1995, S. 117, Schmid 1998a, S. 298 f.

[61] Marks 2010, S. 75

eines irritierten Selbstkonzeptes, auf Seiten der Zuhörenden ist mit Reaktionen von Ablehnung, Aufbegehren und Verurteilung zu rechnen. Letzteres wäre in einer psychoanalytischen Sicht als Gegenübertragungsreaktion zu sehen und wurde im Forschungsprojekt *Geschichte und Erinnerung* entsprechend reflektiert (s. Abschnitt 8.2). Im *personzentrierten Ansatz* geht es darum, diese Irritationen der Selbstkonzepte akzeptierend und anerkennend der *Begegnung* zugänglich zu machen. In der Begegnung wird die oder der Andere zum Ausgangspunkt des eigenen Selbstverständnisses und Handelns.[62] Rogers entdeckte im Laufe seiner Arbeit, dass es für den wechselseitigen Kontakt sogar förderlich sein kann, wenn der Helfer den Klienten mit einer eigenen abweichenden Position konfrontiert. Konfrontation kann das Bei-Sich-Sein des Klienten aber nur dann unterstützen, wenn sie aus einer Haltung von Wohlwollen und Transparenz heraus formuliert wird.[63] Der Boden von Begegnung und gegenseitigen Kontakt ist unerlässlich. Im Mitteilen einer Differenz, einer abweichenden Einsicht oder gar Weltsicht wird dem Anderen das Angebot einer gemeinsamen Auseinandersetzung gemacht. Der Andere wird in seinem Anderssein gesehen und anerkannt und kann seine Identität entfalten.

Wie schon in Kapitel 5 erwähnt, hebt Honneth in Abgrenzung zu Mead die emotionale Seite bei der Übernahme der Perspektiven des Anderen hervor. In der Interaktion geht es um ein emotionales und umfassendes Erkennen des Gegenübers. Anerkennung und Einfühlung bedingen einander und prägen eine bejahende Haltung zu sich selbst und zum oder zur Anderen. In Rogers Konzept wird die Wirkung einer anerkennenden, offenen und einfühlenden Begegnung zwischen Individuen eingehend beleuchtet. Honneth nähert sich dem Geschehen des Einander-Gegenübertretens dadurch, dass er die Wechselwirkungen zwischen Gesellschaft und Individuum mehr in den Blick nimmt. Beide Zugänge eint das Moment der Begegnung und Anerkennung: So verbindet nicht nur die Betonung von Anerkennung und Akzeptanz, sondern auch die Betonung von Empathie Honneths Anerkennungstheorie mit dem personzentrierten Konzept nach Rogers.

Rogers Postulat einer Selbstaktualisierungstendenz entspricht in hohem Maße den Konzepten, die ich im Kapitel 4 beschrieben habe. Auch das *Lernen*

---

[62] Schmid 1995, S. 387 f.

[63] von Balen 1992, S. 175 f.

als Transformation von Erfahrung und das Konzept einer *narrativen Identität* gehen von inneren Prozessen der Selbstentfaltung und Selbsterkundung beim Erzählenden aus. Aufgabe des Gesprächspartners wäre es, diesen inneren Prozess in geeigneter Weise zu unterstützen. Was für den Austausch und die Gespräche über lebensgeschichtliche Erfahrungen und Sichtweisen allgemein gelten kann, muss aber noch im Hinblick darauf hinterfragt werden, ob und wie die Dimension einer anerkennenden Begegnung im sozialwissenschaftlichen Interview als einem Sonderfall einer Kommunikationssituation eine Rolle spielt. Diese Frage wird in den Abschnitten 6.2 bis 6.4 vertieft. Auch im narrativen und leitfadengestützen Interview kommt dem emotionalen Wiedererleben des Erinnerten im Prozess des Erzählens eine besondere Bedeutung zu.[64] Dies schlägt sich z.B. in der Unterscheidung von Textsorten nieder (s. Abschnitt 10.1).

5.3 Zusammenfassung

In Interviews über Mitbeteiligung im Nationalsozialismus ist ein Verständnis der Prozesse von Anerkennung und Missachtung wichtig, um ihre Dynamik erfassen zu können. Aus den Ausführungen und Belegen in diesem Kapitel ergeben sich nun folgende Thesen:

- Jeder Mensch ist als Subjekt auf Anerkennung angewiesen. In der Anerkennungstheorie von Honneth wird deutlich, dass dieser Prozess auf drei Ebenen vonstatten geht: Auf der Ebene der engsten emotionalen Beziehungen, auf der Ebene der Achtung als Rechtssubjekt und auf der Ebene der sozialen Wertschätzung. Wenn sich der Mensch ohne Bejahung nicht entfalten kann, dann ist die Bezeugung von Anerkennung nach Honneth ethisch und moralisch geboten.

- Die Erfahrung von Anerkennung macht die Herausbildung einer individuellen Identität erst möglich. Es braucht dabei den anerkennenden Austausch zwischen Individuum und Gesellschaft. In der Wechselwirkung zwischen den individuellen Bedürfnissen und den Erwartungen und Anforderungen der Gesellschaft entwickelt sich ein autonomes Subjekt mit eigenen Perspektiven und eigener Kreativität. Es geht hier nicht nur um

[64] Lucius-Hoene/Deppermann 2002, S. 38 ff.

reine Bestätigung, sondern auch um die achtungsvolle Reibung an den Perspektiven der oder des Anderen. Anerkennung heißt damit auch Achtung des Anders-Seins des Subjekts, nicht nur als kognitives, sondern auch als emotionales Geschehen.

- In Gesprächen über Erfahrungen im Nationalsozialismus reinszeniert sich sehr schnell ein Kampf um Anerkennung. Um dieser Situation gerecht zu werden, sollte der Verschiedenheit der Perspektiven Rechnung getragen werden, ohne in gegenseitige Beschämung und Diffamierung zu verfallen und ohne begangenes Unrecht zu verschleiern. Die Generation der Zeitzeugen könnte einen wichtigen Beitrag für die Gesellschaft leisten, wenn sie sich selbst in ihrer Verstrickung im Nationalsozialismus reflektierte. Die Generation der Nachfolgenden könnte eine wichtigen Beitrag in diesem Diskurs leisten, wenn sie sich in Offenheit unter Zurückstellung vorschneller Verurteilungen auf diesen Prozess einließe.

- Die Würdigung erzählter Lebensgeschichte erfordert eine symmetrische Kommunikation zwischen den Generationen. Wenn es um einen achtungsvollen Dialog zum Nationalsozialismus geht, so wird dieser dadurch erschwert, dass sich die verschiedenen Generationen mit Altersstereotypen und gegenseitiger Nicht-Anerkennung begegnen. Wahre Anerkennung hieße vielmehr, alten Menschen in ihrer Lebensgeschichte mit Neugier, Offenheit und Interesse zu begegnen. Dies wäre Ausdruck einer *biografischen Haltung*.

- Nur über einen anerkennenden Zugang können die Mechanismen des Nationalsozialismus verstanden werden. Deshalb muss die Dynamik, die die Kommunikation über Mitbeteiligung oder Mitschuld im Nationalsozialismus beeinflusst, beleuchtet werden. Sie ist ein Schlüssel zum Verständnis der Faktoren, die Anerkennung zwischen der Generation der am Nationalsozialismus Beteiligten und den Generationen der Nachkommenden möglich machen oder verhindern.

- Für ein sensibles Eingehen auf Fremdes und Befremdendes bietet sich meiner Ansicht nach das *personzentrierte Konzept* nach Rogers, das für Beratung und Psychotherapie entwickelt wurde, in besonderer Weise an. Der Berater begegnet dem Klienten in einer Haltung von Anerkennung,

Empathie und Transparenz und ermöglicht damit beim Klienten den Prozess einer offen suchenden und forschenden Selbstreflexion und Selbstentwicklung. Der Kampf um Anerkennung in Gesprächen zur Mitbeteiligung im Nationalsozialismus schlägt sich darin nieder, dass sich *beide* Seiten einer tiefen Irritation der eigenen Selbstkonzepte über Einstellungen zum Nationalsozialismus aussetzen. Wenn sich Angehörige verschiedener Generationen zu dieser Thematik austauschen, ist die Kollision der Selbstkonzepte geradezu angelegt und es muss mit Reaktionen von Scham und Abwehr gerechnet werden. Entsprechend dem personzentrierten Ansatz ist dieses Geschehen in der Begegnung, im gegenseitigen Kontakt mit einer Haltung von Transparenz aufzunehmen.

Im folgenden Kapitel soll es nun darum gehen, welche Forschungssettings die Biografieforschung bietet, um sich dem hier beschriebenen intergenerationellen Diskurs über den Nationalsozialismus zu nähern. Wenn es hier um einen Kampf der Generationen um Anerkennung geht, dann wäre bei den Interviewenden eine offene, biografische Haltung zu entwickeln. In Übertragung der Grundthesen von Anerkennungstheorie und personzentriertem Ansatz ist die Dimension der Begegnung zwischen Erzählenden und Interviewenden für die Situation narrativer oder teilnarrativer Forschungsinterviews zu untersuchen (s. hierzu insbesondere Abschnitt 6.4). Letztlich führen gerade diese Fragen zum Thema meiner Forschung: Bei der Untersuchung von Kommunikationsmustern geht es mir darum herauszuarbeiten, welche Bedingungen hilfreich sind, damit Interviewende auch bei hoher eigener Betroffenheit und Aufgewühltheit den Prozess der Verarbeitung von Erfahrung zum Nationalsozialismus bei den Erzählenden begleiten können.

6 Erziehungswissenschaftliche Biografieforschung

Biografieforschung als Teildisziplin der Humanwissenschaften hat ihre Bedeutung in Soziologie, Psychologie, Literaturwissenschaft, Geschichtswissenschaft, Volkskunde, Ethnologie und Erziehungswissenschaft.[1] Wie oben schon ausgeführt (s. Abschnitt 4.1), gehen die Anfänge einer erziehungswissenschaftlichen Biografieforschung bis in die siebziger Jahre des vergangenen Jahrhunderts zurück. In der daraufhin einsetzenden Forschung müssen zwei Richtungen unterschieden werden: Einerseits wird biografisches Material neben anderen Zugängen – z.B. quantitativ gewonnenem Datenmaterial – und Quellen eingesetzt, um beispielsweise historische Zusammenhänge zu untermauern und zu illustrieren. Hierzu ist die historische Forschung der *Oral History* zu zählen. Biografien stehen dabei nachrangig im Dienste eines äußeren Erkenntnisinteresses.[2] Eine andere Richtung – und um diese soll es im Weiteren gehen – macht die Lebensgeschichten selbst zum Forschungsgegenstand und erzeugt, untersucht und rekonstruiert diese.[3] Im Fokus der Erforschung von Biografien im Rahmen erziehungswissenschaftlicher Biografieforschung steht die Frage nach dem Lernen über die eigene Lebenszeit. Von Felden unterscheidet hier drei Untersuchungsebenen,[4] die eine Klammer für mein Untersuchungskonzept von Selbsterkundung, biografischem Lernen und Anerkennung einschließlich der bisher erörterten Theorien und Konzepte von Identität, Entwicklung, Altern und Erfahrungsraum abgeben:

- *Die Subjektebene*: Lernen auf der Subjektebene wird von der Frage bestimmt, wie das Bewusstsein der eigenen Identität entsteht bzw. im Erzählen hergestellt wird. Es geht um die psychologische Dimensi-

[1] Schulze 2006, S. 49, unter Verweis auf Jüttemann/Thomae 1999
[2] Fuchs-Heinritz 2005, S. 134 ff.
[3] Schulze 2006, S. 20 f.
[4] von Felden 2008, S. 110 ff.

on von Biografie, denn das biografische Subjekt nimmt Wirklichkeit wahr, deutet und konstruiert diese. „Es ist das Ich, das sein Leben lebt und erlebt, das sein Leben tut und erleidet, das erwartet und entscheidet, das sich erinnert und aus seinem Leben erzählt und es zu deuten versucht.“.[5] In der psychologischen Biografieforschung geben hier Konzepte der Entwicklungspsychologie Antwort (s. Abschnitt 2). Hervorzuheben sind hier Brandstädters *Modell assimilativer und akkomodativer Prozesse*,[6] das *Konzept der kritischen Lebensereignisse* als Anstoß zu Identitätsbildung und Weiterentwicklung[7] und Baltes *Modell der selektiven Optimierung mit Kompensation*.[8] Die Bewältigungsfunktion von Erzählungen steht hier im Mittelpunkt der Forschung. Alheit sieht eine große Gefahr darin, dass Lern- und Bildungsprozesse mit einer zu ausschließlichen Subjektorientierung zu sehr einem therapeutischen Paradigma unterworfen würden. Dies unterstütze die Tendenz, Erwachsenenbildung zur „Heilungs- und Normalisierungsinstanz“[9] in unübersichtlichen gesellschaftlichen Strukturen zu machen. Dem Individuum als autonomem Subjekt werde hier die Aufgabe zugewiesen, über Lern- und Bildungsprozesse definierte Entwicklungsaufgaben besser zu bewältigen.

Bei der Analyse von Lernprozessen auf der Subjektebene geht es darum, wie die Person ihre Weltsicht entfaltet und welchen Erfahrungen sie den Charakter einer Herausforderung zum Lernen zuschreibt. Forschungen zum *Konzept der narrativen Identität* (s. Abschnitt 4.4) bieten hier differenzierte Untersuchungsinstrumentarien an, wie z.B. die Analyse von Positionierungen und sich wiederholenden Erzählungen.

- *Die Ebene der sozialen und kulturellen Einflüsse*: In der soziologisch orientierten Biografieforschung wird Biografie als soziales Konstrukt aufgefasst. Gesellschaftliche Faktoren bestimmen zu einem wesentli-

[5] Schulze 2006, S. 41
[6] Brandstädter 2007
[7] Filipp 2007, hier sei aber noch einmal auf den Einwand von Lehr gegen die Fixierung auf *kritische* Lebensereignisse verwiesen (s. Abschnitt 2.2).
[8] Baltes 1996
[9] Alheit 1996, S. 287

chen Teil die Herstellung von Biografie.[10] Der Mensch handelt nicht als autonomes Subjekt, denn viele lebensgeschichtlich bedeutsame Entscheidungen fallen unter dem Druck äußerer Ereignisse.[11] Der Blickwinkel liegt hier auf den sozialen Einflüssen, Mechanismen und sozialen Institutionen, die Lebensgeschichten und die zu ihnen gehörenden Lernprozesse prägen. Hintergrund ist u.a. auch der *symbolische Interaktionismus* Meads (s. Abschnitt 4.2), nach dem sich die Herausbildung einer eigenen sozialen Identität in Bezug auf und in Wechselwirkung mit einer gesellschaftlichen Gruppe und deren Mitgliedern vollzieht.[12] Im Austausch von sprachlich vermittelten Symbolen, die für allseits bekannte Deutungen stehen, werden gesellschaftliche Orientierungen vermittelt. In der Interaktion kann das Individuum das Handeln anderer einschätzen und die eigenen Entscheidungen darauf ausrichten.[13] Alheit plädiert für ein Zusammendenken der subjektiven und sozialen Ebene von Lernen in und mit der Biografie: „Biographische Lernprozesse sind häufig sensible Synchronisationsversuche des Außen- und Innenaspekts. Sie finden gleichsam am ‚Schnittpunkt' zwischen Subjekt und Struktur statt."[14]

Auf der Ebene des Sozialen bietet das *Konzept des konjunktiven Erfahrungsraumes* der Wissenssoziologie Karl Mannheims (s. Abschnitt 3) Ansatzpunkte für die Erforschung der sozialen Einflüsse, denen der Biografieträger verbunden oder ausgesetzt war und auch in der Gegenwart des Erzählens noch verbunden ist. Die *dokumentarische Methode* bietet den forschenden Zugang zu bestehenden Erfahrungsräumen.

- Die *Prozessebene des Lernens*: Hier geht es um die Frage, wie neue Erfahrung entsteht. Umlernen heißt, Vorwissen zu verändern, neue Einstellungen und neue Lösungen zu entwickeln.[15] Hier sei noch einmal auf Holzkamps Auffassung verwiesen, Lernen als Erweiterung von Perspektiven und Handlungsmöglichkeiten setze den Akt der Einsicht

[10] Alheit/Hoerning 1989; Schilder 2007
[11] Schulze 2006, S. 44 f.
[12] Mead 1973, S. 177ff.
[13] von Felden 2008, S. 115
[14] Alheit 1996, S. 293
[15] von Felden 2008, S. 116 ff.

in eine Lernherausforderung voraus (s. Abschnitt 4.1). Alheit verweist dabei auf die Möglichkeit *transitorischer Bildungsprozesse*: Mit einem intuitiven, biografischen Hintergrundwissen über die prinzipiellen Gestaltungsmöglichkeiten im sozialen Raum bestehe die Möglichkeit der Überschreitung und Veränderung von Strukturen, zu einem neuen Selbst- und Weltbezug.[16] Während auf den vorgenannten zwei Ebenen die Wirkungen individueller und sozialer Einflüsse und Bedingungen auf erzählte Lebensgeschichte untersucht werden, geht es auf dieser Ebene um das Geschehen im Prozess des Erzählens selbst.

Die Herausforderung, die eigene Biografie im Erzählen ständig neu zu konstruieren, gibt der Erzählperson die Möglichkeit, jeweils neu etwas über sich selbst zu erfahren und zu lernen. Diese Prozessdimension wird durch das *Konzept der narrativen Identität* nach Lucius-Hoene und Deppermann und Mezirows *Konzept des transformativen Lernens* aufgegriffen (s. Abschnitt 4.3). Mit der Annahme einer allgemeinen Tendenz zur Selbstaktualisierung bietet Rogers in seinem *personzentrierten Konzept* eine Einordnung des Geschehens aus der Beratungstheorie an (s. Abschnitt 5.2). Beim Lernen aus den eigenen biografischen Erfahrungen hat Schulze verschiedene zeitbezogene Verarbeitungsformen differenziert: das unmittelbare Lernen aus dem eigenen Leben in der Gegenwart des Erzählens, das rückblickende Erinnern früherer Lernerfahrungen und das Übertragen eigener Lernerfahrungen auf die zukünftige Lebensgestaltung (s. Abschnitt 4.3).

Im Rahmen des Settings eines biografischen Interviews können Prozesse der Selbsterkundung und des Lernens im Erzählen anhand der sprachlichen Struktur des Erzählten erforscht werden. Zugzwänge des Erzählten und Abweichungen davon geben Hinweise auf die innere Verarbeitung von Erfahrungen. Die Interviewperson muss dazu eine unabhängige Forschungshaltung einnehmen und gleichzeitig aber auch in angemessener Weise der dialogischen Qualität des Erzählprozesses Rechnung tragen. Hierzu sind die entsprechenden Forschungsansätze in den folgenden Abschnitten darzustellen.

[16] Alheit 1996, S. 298 ff.

6.1 Forschungshaltung

Forschungsinterviews über biografisches Lernen sprechen – dies wurde im vorangegangene Abschnitt deutlich – verschiedene Ebenen des Lernens an. Selbsterkundung ist von der kommunikativen Dimension der Forschungssituation abhängig. Will man eine für den Forschungsprozess förderliche Forschungshaltung definieren, dann muss der Tatsache Rechnung getragen werden, dass die Person des oder der Forschenden immer eine mehr oder weniger starke Wirkung in der Interviewsituation entfaltet. Diese Bedingungen müssen einer methodischen Kontrolle unterzogen werden.

In der erziehungswissenschaftlichen Biografieforschung wird der fremde Blick auf die eigene Kultur systematisch genutzt.[17] Hier profitiert die Forschung von ethnografischen Ansätzen. Fritz Schütze spricht von einer *ethnografischen Unschärferelation*: Der Forscher ist Teil des sozialen Feldes, das er beobachten und verstehen will.[18] Beim Betreten des zu untersuchenden Feldes hat es der oder die Forschende zuerst mit Fremdheit und Befremden zu tun. „Der Ethnograph ist gleichsam ein Einwanderer, der sich in einer neuen und ihm fremden Welt zurechtfinden muß. ... Er muß sie sich vertraut machen, um den Aufbau dieser fremden Welt und deren Abläufe zu verstehen. Andererseits darf er nicht zu sehr vertraut werden, denn er benötigt die kulturelle Distanz, um jene Gehalte in den Blick nehmen zu können, die die Mitglieder des Feldes selbst nicht mehr sehen können“.[19] Bei der Beobachtung der eigenen Kultur muss eine Distanz zum Beobachtungsgegenstand erst hergestellt werden, denn sie ist notwendige Voraussetzung, um einen möglichst unbefangenen Blick auf das Feld zu bekommen. Straub untersucht sehr kritisch die Gefahr eines Fremdverstehens, das zu unreflektiert von verallgemeinerten Voraussetzungen ausgeht. Eigene Sicht- und Denkweisen müssen ständig berücksichtigt und in Frage gestellt werden. *Fremdverstehen* wird damit immer auch zu einer Herausforderung für das Selbstverstehen.[20] Offenheit im forschenden Blick und die Haltung des Fremdverstehens bedingen einander gegenseitig und sind zentrale Prinzipien der rekonstruktiven Sozialforschung

[17] Marotzki 1999, s. Aufzählung S. 45
[18] Schütze 1994, S. 233
[19] Marotzki 1999, S. 48
[20] Straub 1999, S. 18

(s. Abschnitt 10). Hier geht es um eine bestimmte Haltung, ohne dass damit eine bestimmte Form der Datenerhebung oder -auswertung vorgezeichnet wäre. Diese *ethnografische Haltung* drückt sich allein schon in der Art aus, wie Forschungsinterviews geführt werden. Dies soll im Folgenden an zwei Formen biografischer Interviews, dem narrativen und dem leitfadengestützten Interview, aufgezeigt werden. Eine ethnografische Haltung wird aber auch dann relevant, wenn es darum geht, Erkenntnisse aus den Forschungsinterviews für die beraterisch-sozialarbeiterische Praxis fruchtbar zu machen (s. Abschnitt 13). Auch hier ist eine ständige Balance zwischen Vertrautheit und Fremdheit vonnöten.

6.2 Das narrative Interview

Bei biografischen Interviews werden mehrere Formen der Interviewführung unterschieden.[21] Die Reinform einer offenen, forschenden Annäherung an biografische Erfahrungen stellt das narrative Interview nach Fritz Schütze dar.[22] In den Interviews, die Gegenstand meiner Forschungsarbeit sind (s. Kapitel 9 ff.)), kam die Form des leitfadengestützten Interviews als strukturiertere Variante des narrativen Interviews zum Zuge. Bevor ich diese Interviewform in Abschnitt 6.3 erläutere, zeige ich zunächst die grundlegenden Prozesse im weitgehend offenen Rahmen narrativer Interviews auf.

Die große Chance offener, narrativer Interviews besteht darin, dass eine Person – der oder die Interviewende – einer anderen Person nach der Formulierung eines erzählanstoßenden Stimulus oder unter Verwendung offen formulierter Leitfragen mit ungerichteter Aufmerksamkeit zuhört und sich der entfaltenden Lebenserzählung unvoreingenommen und mit fremdem Blick widmet. Hier wird dem Interviewten ein Raum größtmöglicher Offenheit geboten. Ähnlich wie im psychoanalytischen Setting, in dem der Patient zur freien Assoziation ermuntert wird,[23] erhält hier die Erzählperson Raum zum freien, selbstgesteuerten Erzählen.

[21] s. hierzu z.B. Helfferich 2005
[22] Schütze 1977
[23] Fuchs-Heinritz 2005, S. 178

Im narrativen Interview werden drei Abschnitte unterschieden: Mit einer auf die Lebensgeschichte der Erzählperson ausgerichteten, allgemeinen Erzählaufforderung wird eine häufig sehr ausführliche, autobiografische Eingangserzählung ausgelöst, die vom Zuhörer in der Regel nicht unterbrochen wird. Im narrativen Nachfrageteil werden bereits angesprochene Themen durch Nachfragen der interviewenden Person vertieft. Erst zum Ende des Interviews hin werden Beschreibungen von Orten und sich wiederholenden Handlungsabläufen, aber auch Gründe und Motive für das eigene Handeln in einem argumentativ-beschreibenden Frageteil erhoben.[24]

Die Art und Weise, wie jemand seine Biografie erzählt, welche Inhalte er hervorhebt und emotional illustriert, sagt etwas über die Bedeutung aus, die diese Erlebnisse für den Erzähler haben. Erzählungen folgen dabei drei *Zugwängen*:[25]

- *Zugzwang der Gestaltschließung*: Die Erzählperson stellt in der Regel den gesamten Geschehensablauf eines Ereignisses dar und ordnet ihn in einen größeren Sinnzusammenhang ein. Abbrüche von Schilderungen deuten auf Erfahrungen hin, die der Erzähler lieber nicht preisgeben möchte, welche er selbst nicht einordnen kann oder für die er keine Sprache findet. Dort, wo die Gestalt des eigenen Lebensverlaufes nicht geschlossen werden kann, schlägt sich dies in Brüchen im Erzählen nieder.

- *Zugzwang der Kondensierung*: Die Erzählperson wählt aus dem Gesamtverlauf der Lebensgeschichte bedeutungsvolle Erfahrungen aus. Diese erhalten auch in der Lebenserzählung selbst durch die Art ihrer Schilderung eine hervorgehobene Stellung. Insofern ist in der Narration eine Verdichtungsleistung abzulesen.

- *Zugzwang der Detaillierung*: Bedeutungsvolles wird ausführlich und emotional geschildert. Erinnerungen leben wieder auf, vergangene Szenen werden wieder plastisch. Gleichzeitig ist die zuhörende Person präsent. Alle für den Geschehensablauf relevanten Gesichtspunkte werden vorgestellt, um Plausibilität beim Zuhörer herzustellen. Unter Umstän-

[24] Nohl 2009, S. 23 ff.

[25] Kallmeyer/Schütze 1977, S. 162; Fuchs-Heinritz 2005, S. 196 f.

den kann sich der oder die Erzählende dazu aufgefordert fühlen, die Bedeutung des Erfahrenen argumentativ zu untermauern.

Um diesen Zugwängen im Erzählen Raum zu geben, braucht es ein methodisch kontrolliertes Verhalten auf Seiten der Interviewenden. Rosenthal z.B. postuliert für sozialwissenschaftliche Interviews weitestgehende Abstinenz und eine Haltung des aktiven Zuhörens auf Seiten des Interviewers, um die Zugzwänge des Erzählens beim Erzählenden in Kraft zu setzen.[26] Durch die ganzheitliche Reproduktion vergangener Erfahrungen und Erlebnisgestalten kommt eine innere Bewältigung in Gang.[27] Diese Bewältigungsvorgänge gelte es, quasi unverfälscht, herauszuarbeiten.

Die intersubjektive Dimension biografischer Interviews wird in der Biografieforschung zwar konstatiert, aber häufig als „Störeinfluss“ behandelt. Der Forscher hält eigene Stellungnahmen zurück und bleibt als Person vage und unbestimmt, er bietet sich als Projektionsfläche an.[28] Hintergrund dieser Kommunikationsgestaltung ist die Annahme, dass die Erzählperson in der Art ihres freien Erzählens ihren lebensgeschichtlichen Erfahrungen folgt und diese durch entsprechende Analyseschritte erschlossen werden können. Nach Schütze bildet sich durch die Offenheit der Situation in der Strukturierung des Erzählten die innere Verarbeitung von Erlebnissen und Erfahrungen ab: „Der lebensgeschichtliche Erfahrungsstrom wird in erster Linie ‚analog‘ durch Homologien des aktuellen Erzählstroms mit dem Strom der ehemaligen Erfahrungen im Lebenslauf wiedergegeben“.[29]

Allerdings wird die o.g. Schützesche Homologiethese auch in Zweifel gezogen. Die Annahme, dass eine Lebenserzählung ein Abbild der inneren Verarbeitung eigener Erfahrung darstelle, wird nicht immer geteilt.[30] Damit wird aber gleichzeitig auch die Abstinenz der Interviewenden in biografischen Interviews in Frage gestellt: Wenn sich inneres Erleben und Verarbeiten nicht direkt in der Art des Erzählens abbildet, dann ist auch die Bemühung nicht mehr einsichtig, durch geeignete Interviewstrategien unter Ausschluss äußerer

[26] Rosenthal 1995; Rosenthal 2002
[27] Rosenthal 2005, S. 141
[28] Lucius-Hoene/Deppermann 2002, S. 85
[29] Schütze 1984, S. 78
[30] Griese 2010

Einflüsse Lebenserzählungen in Reinform herausarbeiten zu wollen. Vielmehr müsste der Fokus der Forschung auf die Wechselwirkungen zwischen Umgebung, Befindlichkeit des Erzählers wie auch des Interviewers und deren Form von gegenseitigem Kontakt gerichtet werden. Lucius-Hoene[31] hebt den interaktiven und sozialen Aspekt der Erzählsituation deshalb stärker hervor. Die erzählende Person wählt aus, strukturiert und bewertet ihre Erlebnisse und macht damit das Erlebte für sich und für den oder die Zuhörende überschaubar und fassbar. Im Prozess des Erzählens bildet sich also nicht allein die subjektive Wirklichkeit der erzählenden Person ab, sondern auch die intersubjektive Wirklichkeit beider Beteiligter.

Die Herausforderung für die qualitative Forschung mit narrativen, aber auch mit anderen Formen biografisch angelegter Interviews besteht also darin, eine Haltung von Offenheit und Fremdheit zu ermöglichen und dennoch der Tatsache gerecht zu werden, dass sich in der Interviewsituation zwei Menschen mit unterschiedlichen Gestimmtheiten, Haltungen und Motiven begegnen. Hier werden an die Interviewenden besondere Anforderungen gestellt je nach Forschungsfrage und Kommunikationssituation. Helfferich gibt einen differenzierten Überblick über die unterschiedliche Interviewformen[32] und unterscheidet diese z.B. je nach Grad an Vorstrukturierung und Intervieweraktivität in monologische Muster, teilmonologische Muster und Muster offener Gespräche. Sie selbst plädiert für eine Mischform, die mit erzählgenerierenden Aufforderungen arbeitet und situationsflexibel mit Nachfragen operiert.[33] Dies wird in den nachfolgenden Abschnitten zu vertiefen sein.

6.3 Das leitfadengestützte Interview

Wenn „subjektive Theorien und Formen des Alltagswissens zu rekonstruieren sind ... und wenn andererseits von den Interviewenden Themen eingeführt werden sollen",[34] dann ist es sinnvoll, strukturierende Elemente mit der gewünschten Offenheit der Interviewsituation zu verbinden. Im offen ge-

[31] Lucius-Hoene 2002
[32] Helfferich 2005, S. 24 ff.
[33] A. a. O., S. 30 ff.
[34] A. a. O., S. 159

führten *leitfadengestützten* bzw. *teilnarrativen Interview* wird ein annähernd natürlicher Gesprächsverlauf angestrebt, auch in Sprache und Wortwahl der Interviewenden.[35] Ähnlich wie im narrativen Interview geht es um die Generierung von Erzählungen[36], auf die sowohl mit Vertiefungsfragen zu bereits genannten Aspekten – *immanenten Fragen* –, als auch mit Fragen zur Einführung neuer Themen und Aspekte – *exmanenten Fragen* – eingewirkt werden kann.[37] Um die Selbstläufigkeit und Autonomie der Interviewperson zu wahren, sollte der Fragenkatalog nicht starr „abgearbeitet" werden. Wichtiger ist vielmehr das elastische Einflechten der zu eruierenden Themen des Leitfadens in den Gesprächsfluss. Der Interviewer sollte klare, einfache und eindeutige Fragen stellen, ohne dass Antworten vorgegeben werden. Der Proband wiederum braucht den Raum für die eigene Auslegung des Fragehorizontes.[38] Im Erzählen wird er verbal gestützt und thematisch geleitet. Unter Umständen zeigt sich die interviewende Person auch mit eigenen Inhalten: So kann es in bestimmten Situationen nach Helfferich vertrauensbildend wirken, wenn der oder die Interviewende das eigene Vorverständnis oder eigene Deutungen skizziert.[39] Dies kann für die Erzählperson ein Anreiz darstellen, sich selbst zu positionieren anstatt sich zurückzuhalten. Das Leitfadeninterview trägt zwar alltagskommunikative Züge, es bleibt aber dennoch eine methodisch kontrollierte und damit künstliche Situation.[40]

Innerhalb der verschiedenen Möglichkeiten, biografische Interviews zu führen, büßt das leitfadengestützte Interview gegenüber dem narrativen Interview einen Teil der Offenheit der Situation ein. Die Situation ist durch Fragebereiche strukturiert,[41] der Forschende ist mit eigenen Erkenntnisinteressen Mitwirkender, ja er nimmt sogar behutsam steuernd Einfluss. Damit können sich die Zugzwänge des Erzählens nur innerhalb der im Idealfall offen formulierten Leitfragen entfalten. Der zugrunde liegende Leitfaden muss deshalb im Hinblick auf Offenheit und die Reflexion von Vorannahmen überprüft werden. Das Interview selbst ist noch mehr als das narrativen Interview als in-

[35] Schirmer 2009, S. 186
[36] Nohl 2009, S. 22
[37] Helfferich 2005, S. 92
[38] Schirmer 2009, S. 187 ff.
[39] Helfferich 2005, S. 30
[40] Przyborski/Wohlrab-Sahr 2010, S. 144
[41] A. a. O.

tersubjektives Geschehen aufzufassen, denn hier werden lebensgeschichtliche Erfahrungen im Hinblick auf ihre Bedeutung für eine Forschungsfrage von beiden Beteiligten gewichtet. Der Interviewer nimmt darauf Einfluss, indem er bei bestimmten Inhalten verweilt und diesen Raum gibt, bei anderen aber vielleicht zu weiteren Fragebereichen überleitet. Die befragte Person wird sich auf diese Situation einstellen und manche Inhalte argumentativ einbinden. Um dem intersubjektiven Charakter leitfadengestützter Interviews gerecht zu werden, sind hier Interventionsformen notwendig, wie sie in Beratung und Therapie praktiziert werden.

Helfferich sieht unter Berufung auf Maindok[42] eine enge Verwandtschaften zwischen sozialwissenschaftlichem Interview und Beratungsgespräch. In beiden Situationen wird der Befragte zum freien Ausdruck ermutigt, der professionelle Gesprächspartner beurteilt und kritisiert nicht. Er bewegt sich im Horizont des Gegenübers und greift dementsprechend die Äußerungen der Erzählperson auf. Es geht hier jeweils darum, die subjektive Wirklichkeit des Probanden bzw. Klienten prozesshaft zu entfalten. Allerdings sieht Helfferich auch gravierende Unterschiede: Im Forschungsinterview geht es nicht um Hilfe, Heilung oder Selbstklärung. Es erfolgen keine Deutungen und es geht auch nicht vorrangig um das Verstehen des Anderen auf einer affektiven Ebene. Vielmehr steht das Erzeugen von Text im Mittelpunkt des Forschungsinteresses. Das Setting ist oft auf eine Sitzung begrenzt, und die Motivation des Probanden besteht nicht in einem konkreten Leidensdruck, sondern in der Selbstthematisierung im Dienste der Wissenschaft.[43] Diesen Unterschieden ist von Seiten der Interviewenden dadurch Rechnung zu tragen, dass sie vertiefende Interventionen verantwortlich einsetzen und begrenzen. Rosenthal beschreibt diesen Balanceakt bei Erzählungen über traumatisierende Erfahrungen: Einerseits kann durch behutsames Nachfragen bisher noch nicht Erzähltes in einer geschützten Situation nun erzählt werden, andererseits besteht die Gefahr einer Retraumatisierung. So plädiert sie in solchen Situationen für ein aktiveres Eingehen auf die Interviewten, z.B. durch Anbieten von Unterstützung, und hebt gleichzeitig hervor, dass Interviewführung eine fundierte Ausbildung erfordere.[44]

[42] Maindok 2003, S.166
[43] Helfferich 2005, S. 36 ff.
[44] Rosenthal 2002, S. 226

6.4 Begegnung und Dialog in der sozialwissenschaftlichen Forschung

Der Soziologe Roland Girtler nennt im Rahmen seiner zehn Gebote zur Feldforschung, die er sich im Rahmen seiner Forschungen zu gesellschaftlichen Randgruppen zu eigen gemacht hat, unter anderem folgendes Gebot: „Du sollst die Muße zum ‚*ero-epischen* (freien) *Gespräch*' aufbringen. Das heißt, die Menschen dürfen nicht als bloße Datenlieferanten gesehen werden. Mit ihnen ist so zu sprechen, daß sie sich geachtet fühlen. Man muß sich selbst als Mensch einbringen und darf sich nicht aufzwingen."[45] Girtler erteilt der Forderung nach Abstinenz des Forschenden in der Interviewforschung eine Absage. Umso radikaler trägt er hier dem Umstand Rechnung, dass der Forscher Teil des zu erforschenden Feldes sei (s. Abschnitt 6.1), indem er den Austausch im von ihm so bezeichneten ero-epischen Gespräch in den Mittelpunkt stellt, so als würde jede andere Gesprächsform den Menschen zu einem Datenlieferanten abqualifizieren. Trotz dieses argumentativen Kurzschlusses bleibt festzuhalten, dass Girtler bei seiner so postulierten Forschungshaltung die Dimension des zwischenmenschlichen Kontakts und damit der Anerkennung energisch in den Blick rückt.

Sommer geht noch einen Schritt weiter, wenn er nicht nur dialogische Prozesse in Interviews untersucht und positiv bewertet, sondern den Dialog selbst zu einem Forschungsinstrument erhebt. Ein Dialog wird dann zum Forschungsinstrument, „wenn er als Erkenntnis*methode* verwendet wird, also zu neuen Einsichten führt, alte bestätigt oder in Frage stellt."[46] Der Dialog ist danach ein Gespräch unter gleichberechtigten Partnern über ein wichtiges Thema, in dem jeder den anderen ernst nimmt und in dem jeder auf den anderen eingeht. Der Dialogpartner soll als Mitforscher gewonnen, in seiner Selbstreflexion gestärkt und zur Beschreibung und Mitteilung seiner Bewusstseinsinhalte angeregt werden.[47] Am Beispiel des Interviewthemas des Rassismus zeigt Kaufmann auf, dass der Interviewer nur dann Zugang zur Welt der befragten Person gewinnen wird, wenn er versucht, den Rassismus der Befragten mit Interesse, Aufmerksamkeit und Sympathie zu verstehen. Denn die Befragung enthüllt dann einen wesentlich größeren Rassismus und

[45] Girtler, Hervorhebungen im Original
[46] Sommer 1987, S. 92, Hervorhebung im Original
[47] A. a. O., S. 95

erlaubt somit, zu den Entstehungsursachen dieser Einstellung vorzudringen. Kaufmann plädiert für die Aufgabe der Zurückhaltung der Forschenden zu Gunsten einer starken persönlichen Präsenz.[48] Er sieht sich in der Tradition der *verstehenden Soziologie* Max Webers, wenn er das Erkunden gesellschaftlichen Wissens aus der Innenperspektive des Individuums in den Mittelpunkt seiner Forschungen stellt.[49] Forschung führt zu einer radikalen Auseinandersetzung der Forschenden mit sich selbst. In diesen Zusammenhang sind auch die Forschungen des amerikanischen Historikers Andrew S. Bergersons[50] einzuordnen. Denn dieser hebt nicht nur den kommunikativen Charakter von Forschungsinterviews hervor, sondern er bringt seine eigene Betroffenheit als Interviewer in seinen Forschungen zur Alltagskultur in Deutschland während der Zeit des Nationalsozialismus aktiv ein (s. Abschnitt 7).

Biografische Interviews können einerseits im oben dargestellten Sinne narrativ angelegt sein, sie können aber auch in strukturierterer Form einzelne Lebensphasen und Lebensthemen ins Zentrum rücken. Maindok beleuchtet sehr differenziert die kommunikative Arbeit, die die interviewende Person im Interview zu verrichten hat, und kritisiert die pauschalen und vagen Anforderungsprofile, die bisher an forschende Interviewer angelegt werden.[51] Sie entfaltet vier Bereiche, in denen Interviewer über Kompetenzen verfügen sollten:[52]

- Fachkompetenz im Hinblick auf theoretische und methodologische Voraussetzungen zur Gestaltung des Forschungssettings
- Thematische Kompetenz im Hinblick auf Kenntnisse über die zu befragenden Sachverhalte
- Alltagskommunikative Kompetenz im Hinblick auf die Fähigkeit, den Raum für alltägliche Prozesse des Verstehens und Verständigens zu öffnen
- Gesprächstechnik im Hinblick auf Fähigkeiten zum strategischen Einsatz von Wissen über Kommunikation

[48] Kaufmann 1999, S. 77 f.
[49] A. a. O., S. 34
[50] Bergerson 2004; Bergerson et al. 2011
[51] Maindok 2003, S.117 f.
[52] A. a. O., S.11 f.

Wenn im Forschungsinterview alltägliche Kommunikationsmuster methodisch kontrolliert eingesetzt werden, können sie sehr wohl eine produktive Wirkung entfalten.[53] Allein schon der Beginn eines Interviews ist von alltagssprachlichen Elementen geprägt und dient dem Aufbau gegenseitigen Kontakts.[54] Interviewende sind nach Maindok als Experten für Gesprächsführung zu verstehen, die die Aufgabe haben, „die Orientierung des Befragten über die Orientierung an der aktuellen Interaktion im Interview hinweg, zu Erlebnissen, Sachverhalten oder Entscheidungssituationen zu lenken."[55] Das, was Carl Rogers von einem Therapeuten oder Berater fordert und im *personzentrierten Konzept* ausformuliert hat (s. Abschnitt 5.2), entspricht nach Maindok weitgehend dem, was von einem Interviewer zu erwarten ist: „Er kann erzählungs- und verständnisgenerierend in das Gespräch eingreifen, ohne mit seinen eigenen Äußerungen die Beiträge des Befragten zu präformieren."[56]

Die Grundhaltungen seines Ansatzes hält Rogers für hilfreich und notwendig in jeder Form von Gespräch, sie werden deshalb auch auf das sozialwissenschaftliche Forschungsinterview hin reflektiert. Die Gesprächs- und Interviewsituation selbst ist von entscheidender Bedeutung für das, was im biografischen Gestaltungsprozess entsteht. Ausgehend vom personzentrierten Ansatz formulieren verschiedene Sozialwissenschaftler weitreichende Thesen zu einem dialogischen Verständnis von qualitativer Forschung.[57] Langer beschreibt eine Haltung *verstehender Resonanz*[58], die nicht nur im persönlichen Gespräch, sondern auch im wissenschaftlichen Interview vonnöten sei. Es geht dabei um ein Mitschwingen der interviewenden Person. Das wache Aufnehmen und Verbinden des Gehörten mit der eigenen Erfahrung des Zuhörenden ermuntert den Such- und Aktualisierungsprozess der erzählenden Person. Die Aufmerksamkeit liegt aber bei der Welt des oder der Erzählenden.

Im therapeutischen Gespräch wie auch im biografisch-narrativen Interview geht es nach Maindok darum, „Erfahrungen und/oder Wissensbestände zu verbalisieren, die bislang von den Befragten noch nicht soweit reflektiert

[53] Maindok 2003, S. 13
[54] Przyborski/Wohlrab-Sahr 2010, S. 80
[55] Maindok 2003, S. 135
[56] A. a. O., S.166
[57] Kaufmann 1999; Langer 2000; Woelfer 2000
[58] Langer 2000, S. 46 f.

wurden, daß sie unmittelbar abrufbar wären."[59] Dabei zielt das therapeutische Gespräch auf Heilung ab, das sozialwissenschaftliche auf Informationsgewinn. Im Rahmen der Herausforderung, diesen Prozess behutsam zu steuern, stehen dem geschulten Interviewer bewährte Techniken und Haltungen aus der personzentrierten bzw. klientenzentrierten Beratung zu Gebote: Mit verschiedenen Interventionen, wie Zusammenfassen, Aufgreifen von Gefühlen und Bewertungen, differenzierenden Fragen, Hinweisen auf Körperreaktionen, Verständnis- oder Initiativfragen[60] wird der Erzählfluss in einer aktiveren Form begleitet, als es das klassische Setting eines narrativen oder teilnarrativen, bzw. leitfadengestützten Interview vorsieht. Dem Paraphrasieren und Spiegeln von Inhalten und Emotionen fügt Maindok ergänzend auch das Verstärken und Zuspitzen als geeigneten Interventionsmöglichkeiten hinzu.[61] Dies ist sicher umstritten, so problematisiert Nohl gerade die konfrontativen Formen des Zurückspiegelns und Nachfragens, da der Erzählende dann zu sehr zur argumentativen Begründung seiner Sichtweisen und damit zu sehr auf die Ebene des theoretisch-expliziten Wissens gedrängt werde.[62]

Maindok plädiert für einen stärker dialogischen Charakter von Forschungsinterviews und argumentiert, dass Berater und Therapeuten im Rahmen des personzentrierten Konzepts genau o.g. Interventionsformen entwickelt hätten, um der Balance zwischen prozessoffener Hinwendung zum Gegenüber und Steuerung im Hinblick auf ein Erkenntnis- oder Bearbeitungsziel gerecht zu werden. So könnten auch die eigenen Emotionen des Interviewers in extremen Situationen bewusst zum Ausdruck gebracht und im Hinblick auf den Befragten nutzbar gemacht werden.[63] Durch Mitschwingen, sondierendes Fragen und differenzierendes Vertiefen wird der Begleitende zu einem Resonanzboden für das noch nicht Formulierte. Auch Abbrüche von Schilderungen können Anzeichen für wichtige Stationen im Prozess der Selbsterkundung sein. Möglicherweise tastet sich die Erzählperson an bedeutsame Erfahrungsinhalte heran, die sie noch nicht in ihr Selbstkonzept integriert hat. Der von Schütze postulierte Zugzwang zur Gestaltschließung ist somit blockiert

[59] Maindok 2003, S. 168
[60] s. hierzu Woelfer 2000, S. 8 f.
[61] Maindok 2003, S. 172
[62] Nohl 2009, S. 23
[63] Maindok 2003, S. 172

(s. Abschnitt 6.2) und braucht unterstützende Interventionen, die weitere selbstläufige Schilderungen anregen. So kann der Prozess der Verarbeitung lebensgeschichtlicher Erfahrung auf einer neuen Ebene vertieft werden und bleibt damit nicht an bisherigen Bruchstellen stehen.

Wenn ein biografisches Interview, ob narrativ oder leitfadengestützt geführt, als interaktive Situation aufzufassen ist, dann hat dies aber noch weitere, viel unmittelbarere Konsequenzen für die Interviewenden. Wo es um Fremdverstehen der Welt der Interviewpartner geht, steht auch das eigene Selbstverständnis der Forschenden zur Disposition. Nicht nur die Erzählenden stellen im Erzählen Sinnzusammenhänge neu her, auch die Interviewenden sind dazu gezwungen, ihre Einstellungen, Bewertungen und Vorannahmen ständig neu zu hinterfragen. Das ist einerseits Ausdruck der gebotenen Haltung des Fremdverstehens und wird andererseits umso unverzichtbarer, wenn die Interviewenden Teil des Prozesses sind. Bei intergenerationellen Interviews über die Mitbeteiligung im Nationalsozialismus ist aber genau dies in Frage gestellt, da die Selbstkonzepte der an den Interviews Beteiligten häufig miteinander kollidieren (s. Abschnitt 5.2).

Respekt und Wohlwollen den Interviewten gegenüber sind die Grundlage für Unvoreingenommenheit und Selbstprüfung auf Seiten der Interviewenden. So fordert Straub eine Haltung von Achtung und Anerkennung auch im wissenschaftlichen Umgang mit Texten.[64] Die Erzählenden haben die absolute Freiheit und die Verantwortung für die eigenen Erzählinhalte und sollten sich in der Regel der ungeteilten Aufmerksamkeit der Interviewenden versichert sein. Beim Umgang mit alten Menschen, die im Nationalsozialismus mitgewirkt haben, ist genau diese Würdigung nur in unzureichendem Maße gegeben. Die angemessene Distanz der Forschenden zu den eigenen Überzeugungen und Vorannahmen muss deshalb immer wieder neu erarbeitet werden. Wenn bei diesen Interviews aber gegenseitige, kritische Vorannahmen oder gar ein Kampf um Anerkennung (s. Abschnitt 5.1) am Wirken sind, dann reicht der Rückzug der Interviewenden auf eine Form von Anerkennung, die sich in Zurückhaltung, Offenheit und Abstinenz erschöpft, wahrscheinlich nicht aus. Hier ist die Rolle der Forschenden neu zu definieren: Auch in sozialwis-

[64] Straub 1999, S. 78 ff.

senschaftlichen Interviews ereignet sich Dialog und Begegnung zwischen den Beteiligten. Haltungen und Zugehensweisen aus der Beratungstheorie zeigen, wie ein Berater reflektierend und transparent mit eigenen Wirklichkeitskonstruktionen im Dienste der Selbsterkundung des Klienten umgehen kann. Diese Erkenntnis gilt es für die sozialwissenschaftliche Forschung zu nutzen.

6.5 Zusammenfassung

- Erziehungswissenschaftliche Biografieforschung untersucht Biografien im Hinblick auf die Dimension des Lernens über die Lebenszeit. Sie macht die Lebensgeschichten selbst zum Forschungsgegenstand und erzeugt, untersucht und rekonstruiert diese auf der Ebene des Subjektiven, Sozialen und auf der Prozessebene.

- Narrative und leitfadengestützte Interviews bilden diese Wirkfaktoren ab. Gemäß Schützes *Homologiethese*, dass eine Lebenserzählung die innere Verarbeitung der Erfahrung des Erzählers abbilde, können Erzählungen dahingehend interpretiert werden, welche Inhalte in welcher Form hervorgehoben, illustriert oder weggelassen werden. Die *Zugzwänge* im Erzählen sind von den dahinterstehenden lebensgeschichtlichen Erfahrungen geprägt.

- Im biografischen Interview ist die interviewende Person dazu aufgefordert, den Zugzwängen im Erzählen Raum zu geben. Die Interviewsituation ist deshalb methodisch zu kontrollieren. Es braucht beim Interviewer gleichzeitig Offenheit im forschenden Blick und eine Haltung des Fremdverstehens. Dies macht eine *ethnografische Haltung* aus. Wo es um Fremdverstehen der Welt der Interviewpartner geht, steht auch das eigene Selbstverständnis der Forschenden zur Disposition.

- Während vom Interviewer häufig Zurückhaltung und Abstinenz im Umgang mit dem Biografieträger gefordert wird, betonen Lucius-Hoene und Deppermann und andere den interaktiven und sozialen Aspekt der Erzählsituation. Mehr noch als im narrativen Interview ist im leitfadengestützten Interview der Forschende mit eigenen Erkenntnisinteressen

Mitwirkender im Prozess, denn er nimmt behutsam steuernd Einfluss auf den Prozess.

- Respekt und Wohlwollen den Interviewten gegenüber sind die Grundlage für Unvoreingenommenheit und Selbstprüfung auf Seiten der Interviewenden. Intergenerationelle Interviews zur Mitbeteiligung im Nationalsozialismus stellen die Interviewenden hinsichtlich der so betonten Grundhaltungen vor große Herausforderungen.
- Wenn bei diesen Interviews aber gegenseitige, kritische Vorannahmen oder gar ein Kampf um Anerkennung wirken, dann reicht der Rückzug der Interviewenden auf eine Form von Anerkennung, die sich in methodisch kontrollierter Zurückhaltung, Offenheit und Abstinenz erschöpft, nicht aus. Die Rolle der Forschenden ist neu zu definieren.
- Bei intergenerationellen Interviews über Faszination und Mitbeteiligung im Nationalsozialismus muss das Geschehen *zwischen* den Beteiligten erforscht und gestaltet werden, denn es bestimmt sehr wesentlich den Prozess der Selbstvergewisserung des oder der Erzählenden.
- Dialogische Ansätze in der Sozialforschung heben den kommunikativen Charakter von Forschungsinterviews hervor und nutzen diesen aktiv, anstatt ihn als Störeinfluss eliminieren zu wollen. Damit kann eine Brücke zum *personzentrierten Konzept* nach Rogers geschlagen werden: Nicht nur im persönlichen Gespräch, sondern auch im wissenschaftlichen Interview ist nach Langer eine Haltung *verstehender Resonanz* vonnöten. Das wache Aufnehmen und Verbinden des Gehörten mit der eigenen Erfahrung des Zuhörenden ermuntert den Such- und Aktualisierungsprozess der erzählenden Person.
- Nach Maindok haben die Vertreter des personzentrierten Konzepts nach Rogers genau diejenigen Interventionsformen entwickelt, die der notwendigen Balance zwischen prozessoffener Hinwendung zum Gegenüber und Steuerung im Hinblick auf ein Erkenntnis- oder Bearbeitungsziel gerecht werden. In der Übertragung dieses beratungstheoretischen und -praktischen Wissens auf die sozialwissenschaftliche Forschung muss den Unterschieden zwischen diesen Bereichen Rechnung getragen werden, denn bei Forschungsinterviews geht es nicht um Heilung, sondern um Informationsgewinn.

- Gerade auf der Prozessebene der Biografieforschung werden Selbstvergewisserungsprozesse im Erzählen untersucht. Die intersubjektive Dimension in biografischen Interviews weist den Interviewenden hier eine besondere Verantwortung zu, denn sie können diese Prozesse fördern oder behindern. Durch Mitschwingen, tastendes Fragen und differenzierendes Vertiefen werden sie zu einem Resonanzboden für das noch nicht Formulierte. Die Verarbeitung lebensgeschichtlicher Erfahrung kann so auf einer neuen Ebene sogar vertieft werden und bleibt damit nicht an den Bruchstellen des bisher Erzählten stehen. Dies ist die Begegnungsdimension im biografischen Interview.

Die Frage bleibt aber, wieweit sich Interviewende mit ihrer eigenen Person in den Interviewprozess einbringen können. Die dargestellten Konzepte reklamieren Fingerspitzengefühl und Schulungsbedarf bei den Interviewenden.[65] Die Feinanalyse der in Kapitel 11 ff. untersuchten Interviews bietet die Gelegenheit, in sozialwissenschaftlichen Interviews die Chancen und Grenzen von Anerkennung und Begegnung bei denjenigen Themen auszuloten, die Betroffenheit und negative Bewertungen auslösen können. Beim Thema des Nationalsozialismus besteht bei den Interviewenden ja die Gefahr, dass *Be-Fremden* die notwendige Haltung von *Fremdheit* im Interview verhindert. Im Folgenden werden nun Forschungsansätze genauer beleuchtet, die sich mit dem Nationalsozialismus und der Anerkennung zwischen den Generationen beschäftigen, und damit das intersubjektive Geschehen in biografischen Interviews in den Vordergrund stellen.

[65] so z.B. Rosenthal 2002, S. 226 u. Maindok 2003, S. 172

7 Biografieforschung über die Zeit des Nationalsozialismus

Bisherige Forschungsarbeiten über Motive und Einstellungen von Deutschen in der Zeit des Nationalsozialismus gehen mit der Methode des narrativen Interviews nach Schütze vor (s. Abschnitt 6.2), so insbesondere Rosenthal.[1] Rosenthal benennt unabhängig von Opfer- und Täterthematik der Interviewten Grenzen und Modifikationen dieser von ihr für die Forschung zum Nationalsozialismus weiterentwickelten Ansatzes einer biografisch-narrativen Gesprächsführung: Befindet sich die Erzählperson in einer akuten Lebenskrise, bedarf es einer besonders hohen Sensibilität und Zurückhaltung, aber auch aktiven Stützung auf Seiten der Forschenden. Bei Opfern des Holocaust kann das Erzählen von Leid und Verfolgung einerseits entlasten, andererseits birgt dies aber auch die Gefahr einer Retraumatisierung.[2] Hier braucht es die im vorangegangenen Abschnitt geforderten Sensibilität der Interviewenden, es muss aber auch das Interviewsetting angepasst werden, z.B. dadurch, dass mehrere Interviewtermine anberaumt werden. Während in solchen Interviews den Erzählenden stützende Solidarität entgegengebracht wird, ist die Interaktion mit Menschen, die sich am Nationalsozialismus beteiligt haben, möglicherweise eher von Kritik, Anklage und Abwehr bestimmt – und sei es auch nur in der Phantasie der Zeitzeuginnen und Zeitzeugen. Hier wird der Aspekt der Identitätsdarstellung für eine zuhörende Person von verschiedenen Forschern unterstrichen.

Schütze merkt allgemein an, dass Menschen zu Beginn ihrer Beschäftigung mit den eigenen biografischen Hintergründen häufig zu globalen Identitätstheorien Zuflucht nehmen, „die in ihrer Suggestivität die eigentlichen

[1] Rosenthal 1995
[2] Rosenthal 2002

biographischen Prozesse verschleiern".[3] Insofern muss man in Interviews zur Mitbeteiligung im Nationalsozialismus damit rechnen, dass die zu Interviewenden von vorne herein Anpassungen ihrer Erfahrungsgeschichten mit Blick auf die Zuhörenden vornehmen. Zur Herstellung von Identität angesichts eigener Verantwortung und Schuld im Nationalsozialismus forschten insbesondere Rosenthal,[4] Welzer u.a.[5] und Marks[6] anhand von biografischen Interviews mit alten Menschen. In diesen Forschungsarbeiten konnte aufgezeigt werden, dass die Probanden und Probandinnen sich in einer bestimmten Weise darstellen und von der Frage nach eigener Mitverantwortung entlasten. Diese Muster bestimmen auch die Weitergabe biografischer Erfahrungen an die eigenen Kinder und Enkel und werden im Abschnitt 7.2 noch genauer untersucht. Das von Stephan Marks initiierte und geleitete Forschungsprojektverbund *Geschichte und Erinnerung* wird im folgenden Kapitel 8 noch ausführlicher dargestellt werden, zumal ich als Mitglied eines assoziierten Teilprojekts (s. Abschnitt 8.8) einen Teil der damals erhobenen Interviews selbst führte und eine Auswahl von Interviews aus dem Gesamtbestand einer gesonderten Analyse unterzog. Diese Auswahl von Interviews, die im Rahmen des Projektverbunds von unterschiedlichen Interviewerinnen und Interviewern geführt wurden, sind nun Kern der hier vorliegenden Untersuchung (s. Kapitel 9 ff.). Dabei geht es um die Frage, mit welchen Instrumentarien Kommunikationsmuster zwischen den Interviewbeteiligten in solchen Interviews erfasst werden können und welche Gestaltungsmöglichkeiten den Prozess der Selbsterkundung auf Seiten der Befragten unterstützen können.

Für meine Forschungsarbeit greife ich auf weitere Untersuchungen zur intersubjektiven Dimension von Interviews über den Nationalsozialismus zurück. Wenn die Herstellung von Identität gesellschaftlich bedingt ist (s. Abschnitt 2.1) und wenn sich im Erzählen charakteristische Zugzwänge einstellen (s. Abschnitt 6.2), dann müssen Lebenserzählungen über die Zeit des Nationalsozialismus auf zwei Ebenen als Konstrukte betrachtet werden: Einerseits bildet sich die Vergangenheit – die damalige psychosoziale Dynamik des Nationalsozialismus – im Jetzt der Erzählsituation ab, z.B. in Erzählmodus

[3] Schütze 1994, S. 220
[4] Rosenthal 1995; Rosenthal 1997
[5] Welzer/Montau/Plaß 1997a; Welzer 2009
[6] Marks 2007b

und -haltung.[7] Andererseits wirken die soziokulturellen Faktoren der Gegenwart in die Erzählsituation mit hinein. Gespräche zwischen alten und jungen Menschen über die Zeit des Nationalsozialismus lassen die Erfahrungen mit dem bisherigen Schweigen über den Nationalsozialismus[8] (s. Abschnitt 7.2) wieder aufleben.

Die Wechselwirkung zwischen sozialer Wirklichkeit in Vergangenheit und Gegenwart und der subjektiv erlebten und erschaffenen Biografie wurde in verschiedenen Arbeiten erforscht und bei der Bewertung des Erzählten einbezogen.[9] Hinrich Paul untersuchte anhand von Gruppengesprächen die Bedingungen, die ein Gespräch zwischen den Generationen über den Nationalsozialismus fördern können. Dazu braucht es auf der Seite der Zeitzeuginnen und Zeitzeugen die Bereitschaft, Gefühle zuzulassen, Fehler zuzugeben und die Bereitschaft zu Selbsterforschung und zur Aufdeckung des „Bösen". Auf der Seite der Nachgeborenen führt Paul als fördernde Bedingungen die Bereitschaft zuzuhören, die Bereitschaft zur Selbstwahrnehmung, den Verzicht auf Urteil und moralische Überhebung und die Haltung verständnisvollen Fragens an. Vom Faszinosum des Nationalsozialismus, das im intergenerationellen Austausch im Verborgenen mitschwinge, könnten sich die Zeitzeugen nur dann lösen, wenn unterdrückte Erinnerungen zugelassen und sich beide Seiten zu einem Dialog hinwenden würden. Letztlich könne dies zu einer Läuterung früherer Begeisterung und zum Annehmen des eigenen Anteils am Nationalsozialismus führen.[10] Hier formuliert Paul einerseits eine Zielbestimmung für Gespräche über Faszination im Nationalsozialismus – es geht hier letztlich um eine „Läuterung" – andererseits hebt er die Verantwortung der Gesprächspartner hervor: Ohne Annahme, Offenheit, Verständnis und Dialogbereitschaft kommt eine Selbstreflexion nicht in Gang. Es geht Paul nicht um absichtsvolles Eingreifen und Gestalten der Gesprächssituation, sondern um die Bereitschaft, etwas geschehen zu lassen. Nur so könne man über verschwiegene und unterdrückte Inhalte miteinander ins Gespräch zu kommen. Paul führt hier die Metapher der „Hebammenkunst" ein.[11] Die Untersuchun-

[7] Marks 2007b
[8] von Arnim 1989
[9] so z.B. Welzer/Montau/Plaß 1997a; Paul 1999; Marks 2007b
[10] Paul 2002, S. 13 ff.
[11] Paul 1999, S. 102

gen von Hinrich Paul sind für meine Forschungsarbeit insoweit relevant, als dass hier in anderer Terminologie die Bedingungen umschrieben werden, welche überhaupt erst Selbstvergewisserung, Selbstreflexion und biografisches Lernen ermöglichen: Anerkennung und Begegnung.

Auch der amerikanische Historiker Andrew S. Bergerson widmet sich in seinen Forschungen über das Alltagsleben von Deutschen während der Zeit des Nationalsozialismus der Frage, wie sich die Erfahrung des Nationalsozialismus in der sozialen Situation des Interviews niederschlägt: „The interview process ... does not offer an objective window into the past. It represents an intersubjective, ethnographic encounter between a researcher and a cohort of witnesses. Therein lies its strengths, not its weaknesses.“[12] Bergerson hebt den intersubjektiven, kommunikativen Charakter der Interviewsituation im Rahmen seiner Oral-History-Forschungen hervor und sieht dies als Stärke seiner Herangehensweise. In der gemeinsamen Vertiefung dieses Forschungsansatzes gehen Bergerson und seine Autorenkollegen noch weiter, indem sie das biografische Interview selbst als Ort zur Selbstreflexion und damit als Ort biografischen Lernens sehen. „The work of memory that we are espousing here allows the past to continue to challenge us to ask questions about our responsibility in order that we can better remember our ability to respond.“[13] Auch der dialogische und identitätstiftende Charakter dieses Geschehens wird betont: „In order to understand myself as a subject, I must make myself understood as a subject to another. Yet I cannot merely insist that what I am is what I am between the two of us in conversation or interaction.“[14] Anhand verschiedener Interviewbeispiele mit Hildesheimer Bürgern, die im Laufe der Jahre z.T. mehrmals interviewt wurden, zeigen die Autoren, wie über den Aufbau eines vertrauensvollen Kontakts ein Prozess in Gang kommt, in dem die Zeitzeugen zunehmend ihre Rolle in der Zeit des Nationalsozialismus in Frage stellen. Gleichzeitig beschreibt Bergerson, wie sich sein Interviewstil im Laufe der Interviews veränderte. Um Vertrauen aufzubauen und Interesse zu signalisieren, machte er in seinen Interviews das Angebot, zum Schluss auf Fragen zu seiner Person einzugehen. Dosierte er zuerst das Ausmaß seiner Offenheit, so ließ er zunehmend die eigenen Hintergründe seines For-

[12] Bergerson 2004, S. 245 f.
[13] Bergerson et al. 2011, S. 30
[14] A. a. O., S. 197

schungsinteresses durchblicken. Auf die Frage einer Interviewpartnerin nach der Bedeutung der von ihr so bezeichneten „freundschaftlichen Beziehung" zum Interviewer entschließt sich der Historiker zu einer offenen Antwort und verweist auf seine Ambivalenz: die Konfrontation mit dem Verlust der eigenen jüdischen Vorfahren einerseits und andererseits die Wertschätzung der Beziehung zur Zeitzeugin.[15] Hier wird also beschrieben, wie ein Mehr an Begegnung in Interviews zu einem Mehr an – in diesem Falle historischen – Forschungsergebnissen führt.

Dass die Prozessdimension bei biografischen Interviews zum Nationalsozialismus auch eine Dynamik entfaltet, die ein Forschungsvorhaben gefährden kann, zeigt z.B. die Arbeit von Irmgard Hölscher u.a. Die Forscherinnen reflektierten die Dynamik und die Zerreißkräfte, die in Forschungsprojekten zum Frauenalltag im Nationalsozialismus auf die Gruppe der Forschenden selbst wirken können. Die in den Interviews zurückgehaltenen Emotionen führten zu heftigen Kontroversen und zum Bruch in der Forscherinnengruppe. „Sprachlosigkeit, die verdeckt, was sie erforschen will, ist ein Phänomen, das sich immer wieder gerade in der Alltagsforschung zum NS feststellen läßt."[16] Dieses Ergebnis verweist auf die Gefahren, denen Interviewprojekte ausgeliefert sind, wenn das im Verborgenen Wirkende nicht aktiv genug in das Forschungssetting einbezogen wird. So sind hier Sicherungsmaßnahmen für die Forschenden in Form von ständiger Supervision, Begleitung und Reflexion der jeweiligen Forschungsschritte meiner Ansicht nach unverzichtbar. Wie aber die bisher referierten Untersuchungen zeigen, gibt es auch Ansätze, das Verborgene in den Interviews selbst aktiver zum Thema zu machen. Dies kann in narrativen und leitfadengestützten Interviews nur dann legitim sein, wenn das Ansprechen von Verborgenem und Verschwiegenem und das Einbringen der Person des oder der Interviewenden im Dienste der Selbsterkundung der erzählenden Person steht. Insofern stellt sich die Frage, welche Forschungsarbeiten zum Nationalsozialismus sich mit der Dimension der Identitätsherstellung und der Dimension biografischen Lernens beschäftigt haben.

[15] Bergerson et al. 2011, S. 226 ff.
[16] Hölscher et al. 1992, S. 69

7.1 Biografisches Lernen und Nationalsozialismus

Holzkamps Auffassung von Lernen (s. Abschnitt 4.1) verweist auf die Motivation als entscheidendem Antrieb für das eigene Lernen. Reaktionen und Interventionen des Gesprächspartners können den Erzählenden dazu ermuntern oder ihn darin hemmen, den Lebensrückblick als selbstgesteuerte Lernsituation zur Erweiterung eigener Sichten und Handlungsmöglichkeiten auszugestalten. Durch die Art der Anwesenheit und Aufmerksamkeit eines Zuhörers können Diskrepanzerfahrungen, Perspektivenwechsel und Selbstreflexion beim Erzählenden angestoßen werden. Was beispielsweise bei der Betrachtung individueller Aufbauleistungen in der Zeit des Wirtschaftswunders ohne Weiteres vorstellbar ist, kann bei Gesprächen über Mitverantwortung im Nationalsozialismus problematisch werden. Der Zeitzeuge wird aufgrund früherer Erfahrungen nicht mit unbefangenen, offen interessierten Gesprächspartnern rechnen, die zuhörende Person wiederum wird ihre Aufmerksamkeit vielleicht gerade auf Lücken und Ungesagtes richten oder möchte Wendepunkte „herausfragen". Hier ist sowohl die Motivation zur Selbstreflexion, als auch die Offenheit im Prozess eines reflexiven Umlernens in Frage gestellt. Der Boden gegenseitiger Anerkennung als Voraussetzung für den Prozess eines Lernens aus den eigenen Lebenserfahrungen ist nicht tragfähig genug und es besteht die Gefahr, dass sich die am Interview Beteiligten im Gespräch über den Nationalsozialismus lediglich in einem rituellen Austausch von Fragen, Inhalten und Erkenntnissen begegnen. Diese Faktoren beeinflussen auch biografische Interviews im Forschungskontext. Sie sind Gegenstand der erziehungswissenschaftlichen Biografieforschung (s. Kapitel 6). Allerdings stellt sich die Frage speziell bei Interviews zur Mitwirkung im Nationalsozialismus, in welcher Form sich hier eine selbstgesteuerte Lernsituation konstelliert und welche Forschungsarbeiten diesen Prozess zum Gegenstand haben.

Radebold[17] umreißt die Erfahrungen, die für unterschiedliche Geburtsjahrgänge prägend waren. Die Geburtsjahrgänge 1915–1919 wuchsen häufig in Hunger und Unterernährung während und nach dem Ersten Weltkrieg auf. Traumatisierungen, Verwundungen und Tod der Väter sind vorherrschend. In der Zwischenkriegszeit erlebt diese Generation Armut und Arbeitslosigkeit.

[17] Radebold 2005

Beim Ausbruch des Zweiten Weltkrieges erfahren die jungen Erwachsenen die politische und weltanschauliche Prägung durch den Nationalsozialismus, sie stehen während des Krieges in militärischer Verantwortung oder nehmen eigenverantwortlich Aufgaben im Rahmen der Kriegseinsätze wahr. In den sechziger Jahren repräsentieren sie die Aufbaugeneration nach dem Krieg. Die Geburtsjahrgänge 1920–1924 wurden in die Weltwirtschaftskrise und in die anschließende Notzeit hineingeboren. Angehörige dieser Generation sind 1933 der nationalsozialistischen Erziehungspolitik in vollem Umfang ausgesetzt. Bei Kriegsende sind sie im Alter zwischen 20 und 25 Jahren – die Männer dieser Jahrgänge weisen die höchsten Todesraten aller eingezogenen Jahrgänge auf. Nach Beendigung oder Abbruch der beruflichen Ausbildung ist die Nachkriegszeit durch Wiederaufnahme der beruflichen Ausbildung, Abschluss eines Hochschulstudiums und Familiengründung bestimmt. Für die Männer ist der Wiedereintritt in den Arbeitsmarkt in beiden Kohorten mit beruflichem Abstieg verbunden, während Frauen in jungen Erwachsenenjahren während und unmittelbar nach dem Zweiten Weltkrieg eine hohe Berufstätigkeitsrate aufzuweisen haben.[18] Die Generation der bis 1925 Geborenen machte nach Kriegsende gemeinsam die Erfahrung einer tiefgreifenden Erschütterung und endgültigen Entzauberung ihrer bis dahin aufgebauten Ideale, Hoffnungen und Werte.[19] Damit wird untermauert, wie sehr gerade die Generation der vor 1925 Geborenen – die Interviews mit Probandinnen und Probanden aus diesen Jahrgängen sind Grundlage meiner Forschungsarbeit – von grundlegenden historisch-politisch-sozialen Umwälzungen betroffen war.

Vor dem Hintergrund dieser Einflüsse sind Erfahrungen von Aufbruch, Begeisterung, Gemeinschaftsgefühl und Macht, aber auch von Gewalt, Willkür, Krieg, Gefangenschaft und Vertreibung während der Zeit des Nationalsozialismus zu sehen. Die Erfahrung von Nationalsozialismus, Krieg und Neubeginn nach dem Kriege sind zentrale *Zeitknoten*[20] (s. Abschnitt 4.2) im Leben von Angehörigen dieser Generation. Im Erzählen über diese Zeit stehen die Erzählenden vor der Aufgabe, Brüche im Leben, die mit der Erfahrung von Scham und Verzweiflung einher gehen können, in das eigene Selbstbild positiv zu

[18] Radebold 2005, S. 30–33
[19] Bude 1992, S. 85
[20] Heuft/Kruse/Radebold 2000, S. 89 f.

integrieren. Gleichzeitig müssen sie diese Integrationsleistung auch der Umgebung verständlich machen:

- „Das eigene Verhalten im Nationalsozialismus wird als Handlung verstanden, als selbstbestimmt und zielgerichtet mit Blick auf die damals gegebenen Möglichkeiten und Begrenzungen. In dem Maße, in dem das eigene damalige Handeln als frei gewählt erlebt wurde, oder im Nachhinein als frei eingeschätzt wird, wird heute Schuld oder Scham erlebt. Dabei lassen sich die verschiedenen Handlungen immer auch als Versuche deuten, die eigene Entwicklung zu beeinflussen.
- „In der heutigen Situation kann die Reflexion, der Austausch im Dialog über die Erlebnisse und Ereignisse von damals als Versuch gesehen werden, die eigene Entwicklung zu deuten, Erfahrungen in die eigene Identität in der Gegenwart einzuarbeiten, evtl. auch Widersprüche zu glätten."[21]

So wirkt der von Honneth postulierte Kampf um Anerkennung (s. Kapitel 5) auch in entsprechende Forschungsinterviews hinein. Harald Welzer stellt bei seinen Forschungen zur intergenerationellen Verständigung über den Nationalsozialismus fest: „Bei Gesprächen über den Nationalsozialismus ist die soziale und intersubjektive Konstitution der biographischen Erzählung offensichtlich."[22] Forschungsinterviews wurden hier als intergenerationelle Texte, als „Miniaturen eines intergenerationellen Sprechens"[23] aufgefasst und untersucht. Dabei arbeitete die Forschungsgruppe um Harald Welzer bestimmte typische Tradierungsformen heraus (s. folgender Abschnitt). Für den Prozess des biografischen Lernens wird mit diesen Forschungen die Annahme untermauert, dass nicht nur die Erfahrungen der Biografieträger zu ihrer Mitwirkung im Nationalsozialismus zum Thema werden. Interviewte wie Interviewende sind in Gesprächen zur Mitwirkung im Nationalsozialismus mit ihren eigenen gesellschaftlichen Haltungen und individuellen Verhaltensmöglichkeiten herausgefordert. Bisherige Erfahrungen mit intergenerationellen Gesprächen über den Nationalsozialismus werden auf beiden Seiten aktiviert und benötigen möglicherweise ausdrückliche Signale von Respekt und

[21] Steinebach/Sehrig 2002, S. 11
[22] Welzer/Montau/Plaß 1997b, S. 35
[23] A. a. O., S.14

Anerkennung, um die für die Gesprächssituation notwendige Offenheit herzustellen. Interviews mit alten Menschen über die Zeit des Nationalsozialismus können für jüngere Interviewende unmittelbare Fragen zur eigenen Familiengeschichte wachrufen.[24] Mitunter werden Gespräche zu dieser Thematik so zur Herausforderung für das biografische Lernen *beider* Gesprächsparter. Hier sei noch einmal (s. vorangegangenen Abschnitt) auch auf die Untersuchungen von Hinrich Paul verwiesen, der aus der Gegenseitigkeit des Prozesses die Forderung ableitet, Erinnerungsarbeit, „die eine Erweiterung der Identität, der Verständigung und der anamnetischen Verantwortung ermöglicht (Erwachen)“[25], müsse dialogisch strukturiert sein.

Auch wenn das Moment von Austausch, Begegnung und Anerkennung im Forschungsinterview nahelegt, dass nicht nur die Zeitzeugen im Erzählen eine Lernerfahrung machen, sondern auch die Interviewenden, so ist für meine Untersuchung hauptsächlich die Dimension des biografischen Lernens bei den Interviewten im Vordergrund. Der Prozess des biografischen Lernens auf Seiten der Interviewenden wirkt sich eher indirekt darin aus, dass in einer Haltung von Offenheit für die eigenen Prozesse und Anerkennung für die Erfahrungen der Erzählenden ein Verständigungsraum entsteht, indem bei den Zeitzeugen die Erkundung der eigenen Erfahrungen möglich gemacht wird. Gerade wenn es um den Nationalsozialismus geht, ist aber zu fragen, welche Arten impliziter gemeinsamer Erfahrungsräume sich zwischen den Beteiligten konstellieren und in welcher Weise diese die Selbstthematisierung der Zeitzeugen unterstützen oder behindern. In der Forschung wurden hier bestimmte, problematische Tradierungsformen aufgezeigt, die ich im Folgenden erläutern werde. Im weiteren Verlauf meiner Untersuchung werde ich diese anhand des vorliegenden Interviewmaterials überprüfen, ausdifferenzieren und um mögliche hilfreiche Tradierungsformen ergänzen.

7.2 Intergenerationelle Tradierungsformen

Wie aus dem vorangegangenen Abschnitt ersichtlich, waren Nationalsozialismus, Krieg und Nachkriegszeit für die Mehrzahl der älteren Menschen wohl

[24] Heuft/Kruse/Radebold 2000, S. 235
[25] Paul 1999, S. 91

eine der einschneidensten Erfahrung in ihrem Leben. Biografische Interviews über den Nationalsozialismus machen einen gesellschaftlichen Kontext zum Gegenstand, der die Adressaten, für die sie erzählt werden, unmittelbar berührt. Im Erzählen wird der Erfahrungsraum der Erzählenden aktualisiert und für die Interviewenden verständlich gemacht. Im Aneignen, Erfahren und Reflektieren der Geschichte entsteht so ein *erweiterter konjunktiver Erfahrungsraum*, der beide am Interview Beteiligte umschließt (s. Abschnitt 3).

Der Dialog zwischen den Generationen über die Zeit des Nationalsozialismus und die damit verbundenen Erfahrungen und Überzeugungen ist und war von Sprachlosigkeit, Vorsicht, aber auch von Schuld, Schuldgefühlen und Vorwürfen, Rechtfertigungsversuchen u.v.a. geprägt.[26] Ein offener oder gar unbefangener Austausch war kaum möglich. Bude entwirft hier eine „Phänomenologie des Schweigens".[27] So gehört auch die Erfahrung des Schweigens über den Nationalsozialismus zum konjunktiven Erfahrungsraum der Generationen in Deutschland. Schon direkt in der Nachkriegszeit wurden erzählte Lebensgeschichten in vielen Fällen bearbeitet und mit Blick auf die kritisch nachfragende und in weiten Teilen anklagende, jüngere Generation fortentwickelt. Der Nationalsozialismus wird zum „Aushandlungsprozess intergenerationellen Sprechens".[28] Wenn es um Faszination, Mitbeteiligung und Mitschuld geht, dann treffen die Forscher in der Regel auf verschiedene Typen von Erzählungen, die sich in ihrer Struktur an die Adresse nachfolgender Generationen richten. Welzer, Montau und Plaß nennen hier fünf Typen von Erzählungen, mit denen Zeitzeugen ihre Erfahrungen im Nationalsozialismus an die jüngere Generation weitergeben:[29]

- *Rechtfertigungsgeschichten*: Hier handelt es sich um Rechtfertigungen und Selbstentlastungen, zum großen Teil auch um Verharmlosungen des eigenen Anteils am Geschehen. Die Erzählungen wirken stereotyp und durchkonstruiert. Ein Schuldvorwurf wird von den Zeitzeugen prinzipiell vorausgesetzt. Ihre Erzählungen dienen der Selbstentlastung, z.B. indem geschildert wird, was man *nicht* wusste und wo man *nicht* war. Die jüngeren Gesprächspartner wiederum übernehmen dabei die Rolle

[26] von Arnim 1989
[27] Bude 1992, S. 35
[28] Welzer/Montau/Plaß 1997b, S. 15
[29] A. a. O.

eines Anklägers oder Verteidigers. Aus den Erfahrungen der Umerziehungspolitik der Alliierten heraus nennt Kuntz diesen Typus *Entnazifizierungsgeschichten*.[30]

- *Opferschaft*: In diesem Tradierungstyp sieht sich die ältere Generation als Opfer einer harten Zeit. Teilweise werden Strukturelemente aus Erzählungen von Holocaustopfern direkt übernommen. Das Leiden erhält dabei den „exklusiven Erfahrungsraum des Schreckens",[31] denn den Nachkommen wird die Möglichkeit abgesprochen, diese Erlebnisse nachzuempfinden. Im Gegenteil wird den jüngeren Zuhörern eine Naivität unterstellt, da sie ihre Jugend ja ausleben konnten.

- *Distanzierung*: Die Zeitzeugen betonen in diesem Typus ihre Distanz zum Nationalsozialismus. Sie präsentieren sich als kritische Zeugen des Systems, welche schon damals immun gegen Propaganda und Führerkult waren. Durch banalisierende und häufig auch ironische Vergleiche mit dem Star-Kult heute wird jungen Gesprächspartnern zum einen ein Solidarisierungsangebot gemacht, zum anderen dient dies der Botschaft, dass auch die heutige junge Generation anfällig für unkritische Huldigung sei.

- *Faszination*: Ausgangspunkt sind hier die scheinbaren Errungenschaften des Nationalsozialismus. Es wird ein Bild der Vergangenheit entworfen, das von Aufbruch, Gemeinschaftsgeist und Innovation geprägt ist. Die idealisierte Vergangenheit wird in Kontrast zu einer kritisch bewerteten Gegenwart gestellt. Mit dem Bündnisangebot einer gemeinsamen Skepsis gegenüber der Gegenwart wird der Nationalsozialismus als verheißungsvoller Gegenentwurf idealisiert.

- *Überwältigung*: Dieser Tradierungstypus ist dadurch gekennzeichnet, dass die biografische Vergangenheit wirkungsmächtig reinszeniert wird, um die nachgeborenen Zuhörer in die Geschichten hineinzuziehen. Die Identifikation der Interviewer führt mitunter dazu, dass sie „ihre wissenschaftlich oder moralisch geprägte Distanz zum Erzählgegenstand kaum aufrecht erhalten können, ihren thematischen Zugang ganz der Perspektive des Erzählers unterwerfen und von den Geschichten gleichsam über-

[30] Kuntz 1989
[31] Welzer/Montau/Plaß 1997b, S. 146

wältigt werden.“[32] Dadurch, dass solche Erzählungen einen Sog zur Identifikation mit dem Erzähler ausüben, erfüllen sie eine argumentative Funktion, denn es geht um die Parteinahme für den Erzähler.

Den genannten Tradierungsformen fügt Leitner einen weiteren Typus hinzu:

- *Konversion*: Hier geht es um Erzählungen über Bekehrungen und zentrale Wandlungen. „Die Konversionserzählung ist nichts anderes als ein Akt der Selbstbeschreibung, in dem der Sprecher erzählend seine Identität als Bekehrter konstruiert, sich als Bekehrter *darstellt*. ... Wer seine Bekehrungsgeschichte erzählt, blickt dabei so wenig zurück, wie seine Erzählung etwas rekonstruiert, weil das, was in dieser Erzählung als Vergangenheit erscheint: der Zustand des noch nicht Bekehrten, erst als die *gegenwärtige* Vergangenheit des (nunmehr) Bekehrten überhaupt konstituiert wird.“[33]

Über diese Tradierungsformen geben Zeitzeugen ihre Erlebnisse und Erfahrungen zur Zeit des Nationalsozialismus an die jüngere Generation weiter. Von Engelhardt[34] wiederum zeigt problematische Muster bei der intergenerationellen Vergegenwärtigung erlebter Geschichte auf (s. Abschnitt 4.2). Dabei schlagen sich Belehrungs-, Verstrickungs-, Missbrauchs- und Tribunalsituationen in Varianten in den gefundenen Tradierungsmustern zwar nieder, allerdings kommt bei von Engelhardt ein problematisches Muster hinzu: *die Verweigerung der Tradierung*.

Wenn Angehörige verschiedener Generationen miteinander über den Nationalsozialismus sprechen, wird die Geschichte der nicht genügend geleisteten Aufarbeitung des Nationalsozialismus lebendig.[35] Es lebt geradezu zwangsläufig die Nachkriegsgeschichte eines nie oder zu wenig geführten Dialogs über die Motive des Mitmachens, Wegschauens, des Verharmlosens und über das Faszinierende im Nationalsozialismus wieder auf. In Gesprächen zwischen Angehörigen verschiedener Generationen über den Nationalsozialismus wird die „gefrorene Geschichte“[36] des Schweigens zwischen den Generationen zum

[32] Welzer/Montau/Plaß 1997b, S. 198
[33] Leitner 2000, S. 65, Hervorhebungen im Original
[34] von Engelhardt 1997, S. 72
[35] so auch Jensen 2000
[36] Horn 1991, S. 233

Thema. Weder ist es den Zeitzeugen möglich, „unabhängig von gesellschaftlicher Bewertung und Entwicklung über ihr Leben im Nationalsozialismus zu berichten, noch ist es den Interviewern situativ möglich, nicht-normativ mit solchen Erzählungen umzugehen.“[37] In Interview- und Gesprächssituationen setzen die erzählenden Zeitzeugen stillschweigend eine kritische oder geradezu anklägerische Haltung auf Seiten der Interviewer voraus und reagieren in ihren Begründungsfiguren darauf. Im Monologisieren reagieren sie auf den vermuteten Ankläger. Möglicherweise tauchen dabei Versatzstücke der faschistischen Ideologie, die von den jüngeren Gesprächspartnern abgelehnt werden, in den Gesprächen auf. Marks fasst die Erfahrungen der Interviewenden aus dem Forschungsprojekt *Geschichte und Erinnerung* (s. Kapitel 8) wie folgt zusammen: „Oft fühlten wir, die Interviewer, uns im Laufe eines Gespräches wie totgeredet, überrollt oder mundtot gemacht. Verwirrt, müde, passiv, dumm, unklar, wie hypnotisiert oder ‚besoffen‘ geredet.“[38] Jensen sieht hier jeden Versuch, diese Phänomene mit speziellen Interviewtechniken und einem wie immer auch gearteten „neutralen“ Verhalten kontrollieren zu wollen, als zum Scheitern verurteilt an.[39]

Die hier referierten Untersuchungen stellen die problematische Interaktion in Interviews zum Nationalsozialismus zwar fest und systematisieren sie in Form problematischer Tradierungsmuster, allerdings offenbaren sich in der Forschung gewisse Lücken, wenn es um die Frage geht, *wie* diesem Tatbestand angemessen Rechnung getragen werden könne und *wie* sich Angehörige beider Generationen im gemeinsamen Gespräch über den Nationalsozialismus aufeinander einschwingen könnten. Entweder wird die Frage, wie die Erfahrung des Nationalsozialismus vergegenwärtigt wird, nur mit dem Blick auf die Aktivitäten des Zeitzeugen oder der Zeitzeugin untersucht, oder es werden in der Kommunikation ausschließlich die problematischen Kommunikationsformen erhoben. Die Forschung scheint sich bis auf wenige Ausnahmen damit zufrieden zu geben, dass derartige Interviews von vorne herein nur problematisch und konfliktträchtig seien. Letztlich könnten die Interviewenden allein durch ihre methodische Zurückhaltung dazu beitragen, die Problematik der Verständigung über den Nationalsozialismus im Interview in Reinform abzubilden und so der Forschung zugänglich zu machen.

[37] Jensen 2000, Kap. 7
[38] Marks 2007b, S. 182
[39] Jensen 2000, Kap. 8

Es bräuchte eine offen angelegte Zusammenschau von Kommunikationsmustern über den Nationalsozialismus, die der wechselseitigen Abhängigkeit von gelingender oder misslingender Tradierung Rechnung trägt. Meine Forschungsarbeit setzt bei dieser Fragestellung an. Dadurch, dass hemmende und fördernde Formen der Interaktion zwischen Erzählenden und Interviewenden herausgearbeitet (s. Kapitel 11) und mit möglichen Interviewerinterventionen in Beziehung gesetzt werden (s. Kapitel 12), wird die Biografieforschung im Kontext negativ aufgeladener Vorannahmen weiterentwickelt.

7.3 Mittäterschaft und Schuld als Gegenstand biografischer Forschung

In Abschnitt 6.1 wurde herausgearbeitet, dass der Forschende in der sozialwissenschaftlichen Forschung seine Balance zwischen Fremdheit und Nähe zum Forschungsfeld ständig neu austarieren muss und in Abschnitt 6.4 wurden Gestaltungsmöglichkeiten aufgezeigt, die der intersubjektiven Dimension von biografischer Forschung eher gerecht werden. Gerade in der Forschung über Mittäterschaft und Schuld – sei es zum Nationalsozialismus oder zu anderen Kontexten – sind diejenigen Forschungsansätze von Interesse, die sich mit einer angemessenen Forschungshaltung beschäftigen, die nicht bei einer sterilen Abstinenz auf Seiten der Interviewenden stehen bleibt.

Martina Emme beleuchtet die Frage, ob Empathie für „Täter“ – hier greift sie auf publizierte Interviews mit Tätern aus der Zeit des Nationalsozialismus zurück – möglich ist, und verbindet dies mit verschiedenen Konzepten zum Thema der Empathie.[40] Neben der *themenzentrierten Interaktion* nach Ruth Cohn nimmt der *personzentrierte Ansatz* nach Carl Rogers eine hervorgehobene Stellung ein. Es geht um die Annäherung an fremde Sichten, ja sogar um eine Annäherung an Feindseligkeit und Grausamkeit mit einer verstehenden Grundhaltung. Darunter versteht sie, „sich mutig und ohne das eigene Ich für *immun* zu halten, in den Dschungel menschlicher Verhaltensweisen hineinzubegeben und sich auch auf das Unschöne, das grausame Extrem, einzulassen – und trotzdem, ja: gerade *deswegen* unbeirrbar klar zu bleiben in der Unterscheidung zwischen Recht und Unrecht.“[41] Dies darf nicht als ein

[40] Emme 1999
[41] A. a. O., S. 219, Hervorhebungen im Original

vorschnelles, beschwichtigendes Suchen nach Konsens und Übereinstimmung missverstanden werden. Vor diesem Hintergrund untersuchte sie u.a. Gespräche, die die Journalistin Gitta Sereny mit Franz Stangl, dem Kommandanten des Konzentrationslagers Treblinka, 1971 führte. Empathie heißt für sie am Schluss ihrer Untersuchung, „die fremde Sicht kennenlernen zu wollen, auch wenn sie konträr der eigenen entgegensteht. Empathie und Klarheit, die den Mut zur Konfrontation einschließt, sind keine Gegensätze, sondern gehören untrennbar zusammen."[42] Hier lotet Emme nicht nur die Tragweite von Empathie als eine der personzentrierten Grundhaltungen angesichts des Äußersten aus. In dem, was sie als verstehende Haltung beschreibt, steckt darüber hinaus die Frage nach der Anerkennung des anderen auch in der Abgrenzung oder Konfrontation: Anerkennen heißt auch Erkennen des Anderen als eigenständigem Subjekt (s. Abschnitt 5.2).

Dan Bar-On kommt in seinen Studien zur deutsch-israelischen und israelisch-palästinensischen Versöhnungsarbeit zu dem Schluss, dass im biografischen Prozess die verschiedenen Komponenten der Identität in ihrer Verschiedenheit wahrgenommen werden und in einen Dialog miteinander gebracht werden müssen. Die Kategorien des absolut Bösen und des absolut Guten verschwimmen.[43] Mit den Forschungsarbeiten von Emme und Bar-On wird die Bereitschaft zur *Empathie für das fremde Andere*[44] anhand von Einzel- und Gruppengesprächen untersucht und vertieft. Das Moment der Begegnung angesichts des Fremden und Nicht-Verstehbaren wird in seiner ethischen und pädagogischen Tragweite wissenschaftlich reflektiert. Dies kann aber nur indirekt für die Konzeption biografischer Forschungsinterviews zur Auseinandersetzung mit dem Fremden herangezogen werden.

In seinen Interviews mit gewaltbereiten Jugendlichen untersuchte Sutterlüty den Zusammenhang zwischen Gewalthandlungen und lebensgeschichtlicher Erfahrung von Anerkennung.[45] Dabei konzentrierte er sich auf die Erforschung biografischer Zusammenhänge. Die Dimension der Anerkennung zwischen Interviewer und Interviewtem im Hier und Jetzt der Interviewsi-

[42] Emme 1999, S. 356
[43] Bar-On 2001, insbesondere S. 21
[44] A. a. O., S. 17 ff.
[45] Sutterlüty 2002

tuation war allerdings nicht Gegenstand der Untersuchung. Das Paradigma der Abstinenz der Interviewperson bestimmte das Setting der Forschungsinterviews. Gerade hier wäre der Aspekt der Begegnung einer vertiefenden Untersuchung wert gewesen, zumal einzelne Jugendliche ihre eigenen Gewalthandlungen zum Teil in drastischer, nur schwer erträglicher Weise für Zuhörende erläuterten und begründeten.[46] Möglicherweise reinszenierten die Jugendlichen das Thema der versagten Anerkennung in der Art, wie sie die Interviewenden mit ihren Schilderungen auf die Probe stellten.

Auch Baldenius widmete sich in ihrer Forschungsarbeit über sexuellen Missbrauch dem Verstehen der Täter. Mithilfe der Diskursanalyse untersuchte sie unter Bezug auf den personzentrierten Ansatz die Selbstkonstruktionen von Tätern, die sexuellen Missbrauch begangen hatten und zum großen Teil auch deswegen verurteilt worden waren. Aber auch in dieser Arbeit wurde die Kommunikationssituation in den Interviews zwar in ihren Herausforderungen benannt, jedoch nicht eingehender untersucht.[47] Im Wesentlichen bekräftigte Baldenius die personzentrierte Haltung und unterschied in der Begegnung zwischen Täter und Tat. Vom Interviewsetting her ging es auch ihr darum, eine offene und vertrauensvolle Atmosphäre im Interview zu schaffen, Konfrontationen zu vermeiden und ohne verbale Beeinflussung die Konstruktion der Lebenswelt der Interviewten zu erfahren.[48] Hier fand das personzentrierte Konzept in der Forschung zum Thema Täterschaft zwar Anwendung, allerdings wurde das diesem Ansatz innewohnende Moment der Begegnung nicht berücksichtigt. Die Herstellung einer offenen Interviewatmosphäre wird so zur Angelegenheit der Interviewerin, Hemmnisse werden in der Supervision reflektiert. Die Tatsache aber, dass hier männliche Täter einer Frau als Interviewerin und damit einer Person mit potentiell eigener Opfererfahrung gegenübersitzen, blieb leider unberücksichtigt.

Liebling und Stanko gehen mit der Frage von Empathie und Anerkennung in Forschungsinterviews offensiver um, wenn sie im Rahmen ihrer Forschungen zu Gewaltverhalten starke zwiespältige Einstellungen gegenüber Gewalttätern bei sich konstatieren: „feelings of ambivalence towards and allegiance with

[46] So findet ein Jugendlicher z.B. Befriedigung darin, es knacken zu hören, während er einem Menschen auf den Kopf springt, s. Sutterlüty 2002, S. 224.
[47] Baldenius 1996, S. 137 ff.
[48] A. a. O., S. 141

those we research"[49]. Dabei stellen sie provokativ die Frage zur Diskussion, ob Sympathie für die Interviewpartner den unabhängigen Forscherblick trübt oder gar zur professionellen Identität beiträgt. Liebling geht hier vertiefend weiter und bekräftigt die Bedeutung von Empathie in der Sozialforschung: „The capacity to feel, relate, and become ‚involved' is a key part of the overall research task. Research is after all, an act of human engagement."[50] Insbesondere in der Feldforschung trägt dies zur Tiefe des Forschungsprozesses bei.[51]

Bei den hier referierten Forschungsansätzen fällt auf, dass sie sich zwar allesamt um einen verstehenden Zugang zu unterschiedlichen Aspekten von Täterschaft und Schuld bemühen, aber das Geschehen in der Interviewsituation entweder gar nicht oder nur in Form allgemeiner Haltungsempfehlungen in den Blick nehmen. Dies ist umso erstaunlicher, als Befragungen über eine Tat geradezu zwangsläufig rechtfertigende Argumentationen auslösen und gegenseitige Vorannahmen zumindest dann in der Phantasie aufleben, wenn auch die interviewende Person thematisch involviert ist. In der sozialwissenschaftlichen Forschung fehlt offensichtlich ein Zugang, der den Prozess von Begegnung und Anerkennung in biografischen Interviews zu Themen von Täterschaft, Mitverantwortung und Schuld unter methodischen Gesichtspunkten untersucht. Wie ich in Abschnitt 7.2 aufzeigte, wird diese Frage bei der Thematik des Nationalsozialismus noch dadurch zugespitzt, dass genau hier von einer hohen inneren Beteiligung und Betroffenheit der Interviewenden ausgegangen werden muss. Deshalb setzt meine Untersuchung an dieser Thematik an und schließt aber mit Überlegungen, wie die Forschungsergebnisse auf andere Arbeitsfelder zu übertragen seien (s. Kapitel 13 und 14), ab.

7.4 Zusammenfassung

Die in diesem Abschnitt referierten Forschungsansätze lassen sich unter folgenden Gesichtspunkten zusammenfassen:

- Gerade in der Biografieforschung über die Zeit des Nationalsozialismus wird der Aspekt der Identitäts*darstellung* des Biografieträgers im Hin-

[49] Liebling/Stanko 2001, S. 422
[50] Liebling 2001, S. 474
[51] A. a. O., S. 475

blick auf eine zuhörende Person von verschiedenen Forschern – hier sei insbesondere auf die Forschungsarbeiten von Gabriele Rosenthal verwiesen – betont. Damit wird die intersubjektive Dimension in biografischen Forschungsinterviews unterstrichen.

- Lebensgeschichtliche Erzählungen über die Zeit des Nationalsozialismus können auf zwei Ebenen als Konstrukte betrachtet werden, denn sie bilden einerseits die damalige psychosoziale Dynamik des Nationalsozialismus ab und tragen andererseits den soziokulturellen Faktoren der Gegenwart Rechnung.
- Gerade die Generation der vor 1925 Geborenen, also die Probandinnen und Probanden der von mir untersuchten Forschungsinterviews, waren von grundlegenden historisch-politisch-sozialen Umwälzungen betroffen. Diese zentralen Erfahrungen – Heuft, Kruse und Radebold bezeichnen diese als *Zeitknoten* – sind Gegenstand der lernenden Verarbeitung im Erzählen.
- Gleichzeitig schwingt in diesen Interviews das Thema von Anerkennung und Missachtung zwischen den Generationen mit, zumal Vorwürfe der nachfolgenden Generationen an die ältere Generation zu deren Mitwirkung im Nationalsozialismus im Raum stehen. Dies erschwert den Prozess der Identitätsarbeit.
- Die von Bude so bezeichnete *Phänomenologie des Schweigens* über den Nationalsozialismus führte in der Nachkriegsgeschichte zu problematischen Tradierungsformen, mit denen die älteren Generationen den jüngeren ihre Erfahrungen verständlich zu machen suchten. Dies prägt den *erweiterten konjunktiven Erfahrungsraum der Generationen* und wirkt somit in die Interviewsituation hinein.
- In der Forschung fehlt bisher eine offen angelegte Zusammenschau von Kommunikationsmustern über den Nationalsozialismus, die der wechselseitigen Abhängigkeit von gelingender oder misslingender Tradierung Rechnung trägt.
- Auch methodisch kontrolliert geführte Forschungsinterviews zur Thematik des Nationalsozialismus entfalten eine unterschwellige Dynamik, die jenseits des Gefragten und Erzählten wirkt.

- Interviews zu Mitbeteiligung und Faszination im Nationalsozialismus werden so zur Herausforderung für das biografische Lernen *beider* Gesprächsparter.

- Bisherige Forschungsansätze zu Themen von Täterschaft und Schuld begnügten sich mit der Erkenntnis, dass sich die allseits bekräftigte, problematische Dynamik der Verständigung im Interview abbildete. Die immer wieder betonte methodische Zurückhaltung der Interviewenden sollte dazu verhelfen, das Geschehen in Reinform darzustellen und so der Forschung zugänglich zu machen. Letztlich wurde der intersubjektive Aspekt der Interviewsituation und die Wirkung des Ungesagten und Ungefragten damit aber ausgeblendet.

- Wie problematische Erfahrungen aus anderen Forschungsprojekten zeigen, muss diese Dynamik aktiv in das Forschungssetting einbezogen werden.

- Erinnerungsarbeit zum Thema der Faszination im Nationalsozialismus braucht Anerkennung und Begegnung. Nach Hinrich Paul sind diese Haltungen Voraussetzung dafür, dass ein Prozess von Selbstvergewisserung, Selbstreflexion und biografischem Lernen bei den Erzählenden angeregt werden kann.

- Forschungsarbeiten, die sich mit den Themen der Täterschaft und Schuld beschäftigen, geben für das Geschehen in der Interviewsituation allenfalls allgemeine Haltungsempfehlungen. Die Bedeutung von Empathie und Verständnis wird dabei hervorgehoben. Die Bedeutung von Anerkennung als Dimension der Begegnung wurde bisher nur ungenügend in den Blick genommen.

- In der sozialwissenschaftlichen Forschung fehlt offensichtlich ein Zugang, der den Prozess von Begegnung und Anerkennung in biografischen Interviews zu Themen von Täterschaft, Mitverantwortung und Schuld unter methodischen Gesichtspunkten untersucht. Gerade beim Thema des Nationalsozialismus ist eine hohe, innere Beteiligung und Betroffenheit auf Seiten der Interviewenden anzunehmen. Umso mehr ist hier ein reflektierender Zugang vonnöten.

Die Frage, wie hier das Setting und die Art der Interviewerinterventionen angepasst werden müssten, ist nach meinem Erkenntnisstand nicht systematisch untersucht worden. Das Forschungsprojekt *Geschichte und Erinnerung* unternahm den Versuch, der hier aufgezeigten, speziellen Dynamik bei Forschung über den Nationalsozialismus bewusst Rechnung zu tragen, sowohl in der Ausgestaltung der Interviews als auch in der Art der Auswertung. Dabei wurde im assoziierten Teilprojekt *Mit alten Menschen über den Nationalsozialismus sprechen* ein erster Versuch unternommen, die Methodik der Interviewführung in den Blick zu nehmen. Um aber nicht nur die Interviewerinterventionen, sondern den *gesamten* Prozess der Verständigung im Interview zu verstehen, braucht es ein differenzierteres Untersuchungskonzept, wie ich es in Kapitel 9 darlegen werde. Erst dann können Folgerungen für das Setting und die Ausgestaltung von Interviews, die sich mit dem *fremden Anderen*[52] beschäftigen, gezogen werden.

[52] Bar-On 2001, S. 17 ff.

8 Projektverbund *Geschichte und Erinnerung*

Im Jahre 1998 wurde das Projekt *Geschichte und Erinnerung* vom Sozialwissenschaftler, Supervisor und Erwachsenenpädagogen Stephan Marks initiiert. Finanziert durch die Stiftung Ertomis, Wuppertal, wurde das Projekt unter seiner Leitung an die Pädagogische Hochschule Freiburg angegliedert.[1] Das Forschungsprojekt *Geschichte und Erinnerung* hatte es sich zur Aufgabe gemacht, Einsichten in die psychosoziale Dynamik des Nationalsozialismus, in die Mechanismen seiner Genese und politischen Durchsetzung zu gewinnen. Entsprechend der Auflistung möglicher Ziele biografischer Forschung von Fuchs-Heinritz[2] ging es hier um die Entwicklung eines Handlungsverständnisses und der dabei wirksamen institutionellen Strukturen, um Deutungen und Handlungsorientierungen der am Nationalsozialismus Mitwirkenden und um die Untersuchung der Verarbeitungsprozesse über die Lebenszeit. Dieser Aufgabenstellung wurden ursprünglich folgende Forschungsfragen vorangestellt:[3]

- Was bewegte die Befragten damals, Hitler und den Nationalsozialismus zu akzeptieren, zu bejahen oder mitzutragen?
- Wie ist die NS-Erfahrung heute in den Befragten kognitiv und emotional gegenwärtig?
- Was geschieht, wenn Angehörige verschiedener Generationen miteinander über die Zeit des Nationalsozialismus kommunizieren?

Der Projektidee lag zuerst ein „naiver"[4] Oral-History-Ansatz zugrunde, ging es doch um eine Erhellung der Dynamik des Nationalsozialismus mithilfe derer, die diese Zeit als Zeitzeuginnen und Zeitzeugen noch miterlebt

[1] Marks 2007b
[2] Fuchs-Heinritz 2005, S. 134 ff.
[3] Marks 2007b, S. 181 f.
[4] Marks 2002, S. 35

hatten. Sehr schnell wurde aber klar, dass die erste der drei Forschungsfragen nicht losgelöst vom Kontext der Interviewsituation untersucht werden konnte. So schlug sich in den Interviews die Geschichte des Nachkriegsdiskurses über den Nationalsozialismus nieder und offenbarte sich in der Aufbereitung der erzählten Inhalte. Außerdem entfaltete sich eine charakteristische Dynamik in den Interviews, die damit zu tun hatte, dass die Interviewerinnen und Interviewer in der Regel der Generation der Kinder der Befragten angehörten. Mit der dritten Forschungsfrage wurde deshalb auch die Interviewsituation selbst in den Blick genommen. Als Hypothese stand im Raum, es gebe eine „Struktur gegenseitigen Missverstehens“.[5] Während diese Thematik ursprünglich eher unter dem psychoanalytischen Konzept der Gegenübertragung (s. Abschnitt 8.2) als Teilfrage beleuchtet wurde, steht sie in meiner Forschungsarbeit nun im Zentrum. Dementsprechend hat die Frage nach den intergenerationellen Kommunikationsprozessen einige Differenzierungen erfahren (s. Abschnitt 9.1), denn es geht mir hier um die Entstehung *konjunktiver Erfahrungsräume* und ihre Gestaltung im Hinblick auf *Anerkennung* und *personzentrierte Haltung*.

Im Rahmen des gesamten Projektverbunds wurden ca. 50 Personen interviewt, die Angehörige der Jahrgänge 1925 und älter sowie Mitglieder in NS-Organisationen wie NSDAP, SA, SS, Waffen-SS und dgl. waren. Bude bezeichnet die Jahrgangsgruppe 1910 bis 1925 als „die eigentliche Generation der nationalsozialistischen Bewegung“.[6] Aufgewachsen in einer Jugendbewegung, die die spätwilhelminischen, „vermufften Verhältnisse“[7] durcheinander bringen wollte, machte sich diese Generation die nationalsozialistische Weltanschauung, die von einem sozialen Modernisierungswillen[8] geprägt war, zu eigen. Aus ihr wurde die Kriegsgeneration des Zweiten Weltkriegs, und nach dem Krieg waren sie diejenigen, die dann entzaubert von ihren nationalsozialistischen Idealen und Visionen dastanden.

Die Interviewpartner wurden z. T. über ein abgeschlossenes Zeitzeugenprojekt des damaligen Institutes für Weiterbildung der Pädagogischen Hochschule

[5] Marks 2002, S. 36
[6] Bude 1992, S. 85
[7] A. a. O., S. 84
[8] A. a. O.

Freiburg ermittelt. Weitere Zeitzeugen konnten durch Presseveröffentlichungen über die Projektarbeit und über Weiterempfehlungen gewonnen werden. Interviewpartner, für die o.g. Voraussetzungen zutrafen, wurden von Projektmitarbeitern angeschrieben bzw. angesprochen. Bei Interesse wurde ihnen eine schriftliche Information über das Forschungsprojekt zugesandt (s. Anhang A) Darin wurde u.a. die Freiwilligkeit in der Bestimmung von Zeit, Pausen, Ort, und Dauer des Gesprächs bekräftigt. Die Projektmitarbeiterinnen und -mitarbeiter sicherten den Befragten die Wahrung der Verschwiegenheit zu. Des Weiteren unterschrieben die Gesprächspartner eine Einwilligungserklärung, wonach Auszüge von Tonbandmitschnitten unter Weglassung von Namen und anderen personenbezogenen Daten zu Zwecken der Bildungsarbeit benutzt und ggf. veröffentlicht werden könnten (s. Anhang B).

8.1 Gesprächsablauf und Interviewleitfaden

Da es um die Erhebung und Rekonstruktion subjektiver Erfahrungen, Deutungen und Verarbeitung zu o.g. Forschungsfragestellungen ging, bot sich als Interviewform das leitfadengestützte Interview an (s. hierzu Abschnitt 6.3). So sollten in einem annähernd natürlichen Gesprächsverlauf Erzählungen der Befragten generiert werden, die durch Aufmerksamkeitsreaktionen, immanente wie exmanente Fragen unterstützt werden sollten. Dazu lag den Interviewerinnen und Interviewern ein Leitfadenkatalog vor, der allerdings nicht starr abgearbeitet, sondern möglichst in den Gesprächsfluss integriert werden sollte.

Bei der thematischen Gestaltung des Leitfadenkatalogs (s. Anhang C) orientierten sich die Interviewenden an folgenden Themenbereichen, ohne sie aber verpflichtend oder gar in einer bestimmten Reihenfolge behandeln zu müssen: Wertewelt im Elternhaus, Motive zum Eintritt in NS-Organisationen, Erlebnisse und Erfahrungen während der NS-Zeit und die innere Verarbeitung der eigenen Erfahrungen nach dem Kriege. Die Fragenbereiche weisen in ihrer Grundstruktur Parallelen zum sozialgeschichtlichen Fragen nach Sprinkart auf. Sprinkart rückt bei dieser Art des Fragens den „Vergleich zwischen heute und damals, zwischen Erzähler und den anderen, zwischen Geschehnissen und ihrer Bewertung“ in den Mittelpunkt.[9] Mit diesem Vorgehen geht es ihm

[9] Sprinkart 1987, S. 24

um die Möglichkeit der distanzierenden und reflektierenden Sicht auf die individuelle Lebenserfahrung im Kontext einer anderen Zeit. Damit eröffnet diese Form des Fragens den Raum für biografisches Reflektieren und Lernen. Jedoch war der Fragehorizont einiger Fragen im Leitfaden deutlich eingeengt, so dass Antworttendenzen zum Teil nahegelegt wurden. So wurde zum Beispiel unter der Rubrik „Die Zeit nach 1945“ (s. Anhang C) nach Empfindungen von Schuldgefühlen und Reue gefragt. Allerdings gab es auch gezielte Fragen danach, ob die befragte Person möglicherweise etwas aus der damaligen Zeit vermisse, worauf sie damals möglicherweise stolz gewesen sei. Es ist zu vermuten, dass durch die Anlage einzelner Fragen im Leitfaden eine charakteristische Dynamik zwischen Fragenden und Befragten mit angelegt wurde. Genau dies werde ich in meiner Untersuchung vertiefen. Die Interviews, die allgemein mit einer offenen, nicht standardisierten Erzählaufforderung von den Interviewenden eingeleitet wurden, dauerten zwischen einer und vier Stunden und wurden auditiv aufgezeichnet.

8.2 Gegenübertragung und Interviewdynamik

Vorgabe an die Interviewenden war, dass die Autonomie der Interviewperson und die Selbstläufigkeit im Erzählen Vorrang haben sollten. Deshalb ging es darum, im Rahmen eines annähernd natürlichen Gesprächsverlaufs die zu eruierenden Themen des Leitfadens elastisch einzuflechten und offene, erzählgenerierende Fragen zu stellen. Die Interviewenden gehörten durchweg der Jahrgangsgruppe 1945–1961 an, also der Generation der Kinder der Zeitzeugen, und kamen aus den Berufsbereichen der Sozialwissenschaft, Psychotherapie, Psychologie, Geschichte, Erziehungswissenschaft und der Sozialen Arbeit. Alle Mitglieder des Projektteams konnten auf psychotherapeutische oder beraterische Zusatzausbildungen zurückgreifen und waren mit dem Generieren und Unterstützen von Narrationen auch in komplexen Situationen, in denen es um fremde, eventuell auch pathologische Sichten gehen könnte, vertraut. Mit diesen Vorqualifikationen waren die Interviewenden auf die Herausforderungen dieser Interviews weitgehend eingestellt. Wie ich im Abschnitt 6.4 schon dargelegt habe, bestehen enge Verwandtschaften zwischen dem sozialwissenschaftlichen Interview und einem Beratungsgespräch. Gerade in dem Bereich, in dem die Gemeinsamkeiten zwischen beiden Kommunikationssituationen vorherrschen – im Einnehmen einer Haltung von Offenheit und im Wahren einer produktiven Distanz –, brachten die Interviewenden umfangreiche Qualifikation und professionelle Praxis mit. Und dennoch stellte sich in den ersten Probeinterviews heraus, dass die Fragenden mit ihrer eigenen Betroffenheit trotz der eigenen Schulung und Professionalität Teil eines gemeinsamen Geschehens im Interview wurden. Neben „den manifesten Texten der Interviews ... [waren] noch weitere, wuchtige, unbewusste Prozesse ‚zwischen den Zeilen' wirksam".[10]

Marks beleuchtete den Prozess der unbewussten Reaktion der am Interview Beteiligten mit dem psychoanalytischen Konzept der Gegenübertragung.[11] Danach hatten sich unbewusste, von den Zeitzeugen abgewehrte Inhalte verselbständigt und wirkten sich in Form von heftigen Gefühlsreaktionen, Störungen und tiefen Irritationen bei den Interviewenden aus (s. a. das Zitat auf S. 119). Marks beschreibt diesen Mechanismus besonders eingehend bei der Scham: Die von den Befragten nicht bewältigte und abgewehrte Scham über die eigene Beteiligung im Nationalsozialismus schlug sich in heftigen Reaktionen der Zuhörenden nieder. Diese wiederum schämten sich auf einmal ihrer eigentlich methodisch korrekten, distanzierten Zuhörerschaft, weil sie den Eindruck hatten, im kommentarlosen Zuhören die eigenen moralischen Überzeugungen und die Solidarität mit den Opfern des Holocaust verraten zu haben.[12] Diese Feststellung bewog das Forschungsteam dazu, die Untersuchung der Dynamik ebenfalls zum Gegenstand der Forschung zu machen (s.o.) und dem sowohl in der Nachbearbeitung als auch in den Auswertungsschritten Rechnung zu tragen. Es wurde deutlich, dass man auch im Forschungsinterview einen allgemein anerkannten Leitsatz der Kommunikationspsychologie beherzigen müsse: „Man kann nicht nicht kommunizieren."[13] Man kann die Gegenwart eines Interviewers nicht aus einer Gesprächssituation ausblenden, sie gehört mit zum Geschehen. Die Eindrücke des oder der Forschenden könnten sogar eine wichtige Wahrnehmungsquelle sein.[14] Dieses Prozessverständnis sollte für den weiteren Forschungsprozess zum Verständnis der manifesten

[10] Marks 2007b, S. 182 f.
[11] A. a. O., S. 182 ff.
[12] A. a. O., S. 184
[13] Watzlawick/Beavin/Jackson 2000, S. 51
[14] Marks 2007b, S. 183

und latenten Inhalte dienlich sein, damit die Interviewenden trotz ihrer inneren Resonanz die für den Forschungserfolg unerlässliche Haltung von Fremdheit, Offenheit und Distanz zum Gegenüber wieder einnehmen konnten.

8.3 Gesprächsnachbearbeitung

Unmittelbar nach jedem Interview fand eine erste Auswertung zwischen der Interviewperson und einem anderen Mitarbeiter des Forschungsteams statt, um im Hinblick auf die unbewusste Psychodynamik erste persönliche Eindrücke und Gegenübertragungsreaktionen so unmittelbar wie möglich zu erfassen und die in der Gesprächssituation enthaltenen szenischen oder situativen Informationen zu entschlüsseln. Zum einen diente dies der Spannungsabfuhr, der Entlastung und damit dem Schutz der Interviewenden, zum anderen konnten mit diesen Informationen erste Hypothesen über das Interview und dessen Beteiligte gewonnen werden.

Aber auch bei den Interviewten war ein sorgsamer Umgang mit den Erzählinhalten vonnöten. In einigen Fällen bot das Interview die lang ersehnte Gelegenheit, sich zu den eigenen Eindrücken äußern zu dürfen und damit auch auf Interesse zu stoßen. Nur allzu leicht konnten sich bei den Interviewten nachträgliche Bedenken einstellen oder die erzählten Erfahrungen innerlich weiterarbeiten. Deshalb führten die Interviewer wenige Tage nach Abschluss des Interviews ein Telefonat, um die Gestimmtheit der Erzählperson, ihre innere Situation und Verarbeitung nach dem Gespräch zu erfassen und ggf. einen weiteren Gesprächstermin zu vereinbaren.

8.4 Untersuchungsschritte

Jedes Interview wurde unabhängig davon, in welchem der assoziierten Teilprojekte es entstand (s. Übersichtsschema, Abbildung 1), nach stark vereinfachten Transkriptionsregeln vollständig transkribiert. Außerdem wurde ein Interventionsprotokoll für das Interview erstellt, bei dem einer stichwortartigen Zusammenfassung der besprochenen Themen die entsprechenden Reaktionen, Verhaltensweisen und Interventionen des Zuhörers zugeordnet wurden. Damit konnte die Wechselwirkung zwischen Erzählfluss und Zuhörerreaktionen übersichtlicher erfasst werden. So aufbereitet durchlief jedes Interview folgende Analyseschritte:

- *Sozialwissenschaftliche Auswertung*: Auftauchende Fragen zu historischen Zusammenhängen, die im Interview eine Rolle spielten, wurden in der sozialwissenschaftlichen Auswertung bearbeitet. Ggf. wurden einzelne Begebenheiten, Ortsnamen u.a. recherchiert. Jedes Interview wurde einem Historiker zu einer summarischen Gesamtwürdigung vorgelegt.

- *Tiefenhermeneutische Auswertung*: In der tiefenhermeneutischen Gruppenauswertung, wie sie Marks beschreibt,[15] wurden Ausschnitte von Interviewaufzeichnungen von Außenstehenden abgehört. Dies waren häufig auch Mitglieder des Forschungsteams. Um die Fremdheit zur Situation zu wahren, musste dieser Auswertungsschritt aber immer ohne den Interviewer erfolgen. Die Auswertungsgruppe achtete auf auffällige Formulierungen, Brüche im Text, Emotionen, Bewertungen usw. Eigene Reaktionen und Bewertungen sollten ungefiltert geäußert werden, um über die Resonanz der Gruppenmitglieder neben den manifesten Inhalten auch die zwischen den Zeilen geäußerten latenten Inhalte zu erfassen. Diese Auswertungssitzungen wurden ebenfalls aufgezeichnet. Hier ging es also um die Erschließung und um die Nutzung latenter Inhalte und Gegenübertragungsreaktionen. So konnte die Entrüstung der Auswertungsgruppe über Bagatellisierungen Hinweis dafür sein, dass beide Interviewbeteiligte eine ungesagte, brisante Thematik auf sich beruhen ließen. Aus diesen Beobachtungen und Reaktionen wurden weitere Hypothesen über den Interviewverlauf und die verschiedenen Forschungsfragestellungen gebildet. Zu jedem Interview wurde mindestens eine tiefenhermeneutische Auswertungssitzung anberaumt, ggf. fanden hier weitere Auswertungen zu einem Interview statt.

- *Textanalyse*: Die transkribierten Texte wurden je nach Fragestellung in das Computerprogramm winMAX[16] eingelesen, so dass Textstellen oder einzelne Stichworte je nach Forschungsfragestellung codiert werden konnten. Mit diesen Codings war es dann möglich, Häufungen und

[15] Marks 2007b, S. 183
[16] Kuckartz 1999

Zusammenhänge anschaulich zu machen und mit den dazugehörigen, ausgelesenen Textstellen zu belegen.

8.5 Folgeinterview

In einigen Fällen, sei es auf Wunsch des Erzählenden oder auf Wunsch des Interviewers, wurde ein weiterer Gesprächstermin vereinbart. Dies bot in einigen Fällen die Möglichkeit, das Weiterwirken besprochener Inhalte und ihre Auswirkung auf das zweite Gespräch zu untersuchen. Außerdem konnten hier Unklarheiten bzw. Widersprüche, die sich nach der sozialwissenschaftlichen Auswertung ergeben hatten, angesprochen werden.

8.6 Peer-Supervision

Im Rahmen der Zusammenarbeit fand im Forschungsteam des Projektverbundes eine psychoanalytisch orientierte Supervision statt, die auch den Mitgliedern assoziierter Teilprojekte offenstand. Hier konnten Gegenübertragungsreaktionen bearbeitet und die eigene Forschungshaltung als Interviewer geklärt werden. Gerade in Anbetracht dessen, dass das Thema des Nationalsozialismus bei den Interviewenden eine hohe eigene Betroffenheit ansprach, war dieses Instrument von großer Bedeutung, um wieder einen fruchtbaren Abstand zum Forschungsthema einzunehmen. Supervision ist ja gerade im Bereich von Beratung und Psychotherapie ein bewährtes Instrument, um das eigene Handeln zu reflektieren.[17] Da die im Forschungsprojekt tätigen Interviewenden aus der beraterisch-therapeutischen Praxis kamen und entsprechende Zusatzqualifikationen vorzuweisen hatten, waren sie mit diesem Instrument zur Sicherung einer Haltung von Offenheit und konstruktiver Distanz auch in schwierigen Beratungs- und Therapiesituationen vertraut.

8.7 Zusammenarbeit im Verbund

Die Ergebnisse wurden im Rahmen des Projektverbunds durch assoziierte Teilprojekte der beteiligten Fachhochschulen in relevante Praxisfelder transfe-

[17] So hat sich z.B. Baldenius (Baldenius 1996) in ihren Forschungsinterviews mit Missbrauchstätern am *personzentrierten Ansatz* von Beratung und Psychotherapie orientiert und zur eigenen Klärung immer wieder das Instrument der Supervision genutzt.

riert. Verschiedene Interviews wurden in verschiedenen Teilprojekten erhoben, nach den oben angeführten, einheitlichen Standards bearbeitet und in einem gemeinsamen Pool zusammengeführt. Umgekehrt konnte jedes Teilprojekt den Gesamtbestand aller Interviews und die Lernprozesse der anderen Projekte für die eigenen Forschungsfragestellungen mit nutzen.

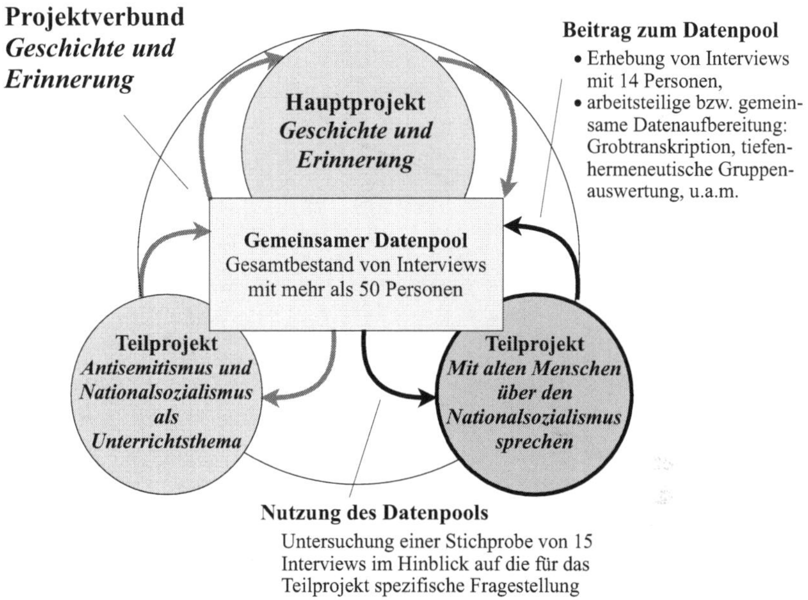

Abbildung 1: Zusammenarbeit im Projektverbund *Geschichte und Erinnerung*

Professoren, Lehrbeauftragte und wissenschaftliche Mitarbeiter der beteiligten Hochschulen bzw. Fachhochschulen wirkten im zentralen Projektteam oder in verschiedenen Arbeitsgruppen mit. Zum Teil entstanden interdisziplinäre, von den beteiligten Hochschulen gemeinsam getragene Lehrveranstaltungen. In den assoziierten Teilprojekten wurden mitunter auch zusätzliche Interviews mit abgewandelter Fragestellung und offenerem Setting von Studierenden geführt. So beschäftigte sich das Projekt *Antisemitismus und Nationalsozialismus als Unterrichtsthema* an der Evangelischen Fachhochschule Freiburg[18] mit der Herausforderung, didaktische und methodische Anregungen für einen gelingenden Schulunterricht zu Antisemitismus und Nationalsozialismus zu konzipieren.

Das Forschungsprojekt *Mit alten Menschen über den Nationalsozialismus sprechen* hatte es sich zur Aufgabe gemacht, Erkenntnisse zur Kommunikationsdynamik zwischen den Generationen – der dritten der o.g. Forschungsfragen im Projekt *Geschichte und Erinnerung* (s. S. 127) – für verschiedene Felder der Sozialen Arbeit nutzbar zu machen, insbesondere im Bereich der sozialen Hilfen für alte Menschen.[19] Da ich in diesem Teilprojekt als wissenschaftlicher Mitarbeiter mitwirkte und meine hier vorgestellte Untersuchung auf dieser Vorarbeit aufbaut, wird dieses Teilprojekt im folgenden Abschnitt nun genauer erläutert.

8.8 Forschungsprojekt *Mit alten Menschen über den Nationalsozialismus sprechen*

Wie schon in Abschnitt 8.2 ausgeführt, wurden die Interviewerinnen und Interviewer beim Führen der Interviews für das Projekt *Geschichte und Erinnerung* sehr dicht an ihre eigene Betroffenheit herangeführt. Die Interviewenden entstammten der Jahrgangsgruppe 1945–1961 und hatten also selbst Eltern, die in der Zeit des Nationalsozialismus erwachsen wurden oder Erwachsene waren. Die eigenen Eltern hätten je nach Hintergrund geeignete Interviewpartner sein können. Zur Betroffenheit trug aber auch ein Umstand bei, der die Energie dieses Projektes eigentlich ausmachte: Die zentralen Forschungsfragen waren von einem Wunsch nach Verständnis und Aufklärung der Dynamik des Nationalsozialismus getragen und dies war eben eine Frage, die die Generation der direkten Nachgeborenen – also die Generation der Interviewenden – unmittelbar und existenziell im Nachkriegsdeutschland beschäftigte. Es war also nicht verwunderlich, sondern geradezu zu erwarten, dass in diesen Interviews eine Geschichte von Sprachlosigkeit, Vorsicht, aber auch von Schuld, Schuldgefühlen, Vorwürfen und Rechtfertigungsversuchen[20] zwischen den Generationen wieder aufleben würde.

---

[18] inzwischen: Evangelische Hochschule Freiburg
[19] Marks/Schwendemann/Sehrig 2001
[20] von Arnim 1989

In der Anlage des Forschungsprojektes ging es darum, dieses Geschehen einerseits der Untersuchung zugänglich zu machen, und andererseits Maßnahmen zu treffen, damit die von Marks beschriebenen Gegenübertragungsphänomene (s. Abschnitt 8.2) die Interviewführung nicht beeinträchtigten. Wichtiges Auffanginstrument dafür war die erste Auswertung mit einem Teammitarbeiter unmittelbar im Anschluss an jedes Interview und die regelmäßige Supervision für alle Mitarbeiterinnen und Mitarbeiter im Projektteam. Trotz der professionellen Vertrautheit der Interviewenden mit einer offenen, dem Gegenüber zugewandten, erzählgenerierenden Gesprächsführung und trotz der internen Reflexionsmöglichkeiten entfalteten die Interviews auch über die Probephase hinaus die oben beschriebene wuchtige Dynamik. Unbefangenheit und vollständige Abstinenz der Interviewenden ließen sich im Interviewprozess trotz der Analyse der Gegenübertragungsphänomene kaum verwirklichen. Hier zeigten sich möglicherweise die Grenzen der klassischen Interviewführung im narrativen bzw. teilnarrativen Interview. So stellte sich immer mehr die Frage, wie die Interviewenden mit ihrer eigenen, inneren Beteiligung in der Interviewsituation selbst umgehen und diese möglicherweise in den Interviewverlauf integrieren könnten, wenn genau dies ja direkter Ausdruck des Forschungsthemas war.

Die vorhandenen Interviews zeigten hierzu eine Fülle von Variationsmöglichkeiten und boten Ansatzpunkte für eine Erforschung der Interviewführung. Auch in der Sozialen Arbeit sind die professionellen Fachkräfte z.B. bei den Herausforderungen in der Pflege alter Menschen und bei Hilfegesprächen mit Straffälligen in ähnlicher Weise mit hoher Betroffenheit oder gar Reaktionen von Ablehnung konfrontiert. Gleichzeitig ist eine Haltung von Offenheit und Zugewandtheit vonnöten. Aufgrund dieser Parallelen wurde mit Mitteln des Bundesforschungsministeriums das Forschungsprojekt *Mit alten Menschen über den Nationalsozialismus sprechen* an der Katholischen Fachhochschule Freiburg[21] im November 1999 als Teil des Projektverbunds *Geschichte und Erinnerung* ins Leben gerufen.[22] Dieses Teilprojekt, an dem ich als wissenschaftlicher Mitarbeiter mitwirkte, setzte sich folgende Ziele:

[21] inzwischen: Katholische Hochschule Freiburg
[22] BMWF-Projekt 1711800

„Angesichts des Aussterbens der Generation von Zeitzeugen sollte die Gelegenheit zum Gespräch über den Nationalsozialismus genutzt und gesucht werden,

- damit die alten Menschen in ihrem Bedürfnis, über ihr Leben zu sprechen, angenommen werden, und sie in Würde altern und sterben können;
- damit Angehörige Lücken in der erzählten Geschichte ihrer Familien füllen und Gelegenheit zur Verarbeitung der eigenen Familiengeschichte erhalten können;
- damit das Personal, das diese alten Menschen pflegt und versorgt, gelassener und mit mehr methodischer Kompetenz auf Gesprächswünsche alter Menschen reagieren kann;
- damit das Personal Spannungen im Umgang mit alten Menschen auch vor dem Hintergrund unterschiedlicher Lebenserfahrungen verstehen und abbauen kann. Hier ist ein tieferes Verständnis für die Zusammenhänge von Beteiligung und Mit-Schuld zur Zeit des Nationalsozialismus vonnöten;
- um eine Haltung zu entwickeln, die angemessen ist sowohl im Gespräch mit alten Menschen über deren Einstellungen, Mitbeteiligung und Faszination wie auch im Gespräch mit Jugendlichen im Unterricht und in der Jugendarbeit.“[23]

In Ergänzung zum Erkenntnisinteresse des Hauptprojektes, in dem es um die Identifikation von Mechanismen des Nationalsozialismus und ihre Repräsentation in der Gegenwart ging (s. S. 127), nahm das Teilprojekt *Mit alten Menschen über den Nationalsozialismus sprechen* mit den o.g. Zielbestimmungen vorrangig die Frage der Interviewdynamik, ihrer Gestaltung und die Nutzung der Ergebnisse für verschiedene Aufgabenstellungen der Sozialen Arbeit in den Blick. Dabei wurde die Interviewsituation eher unter einer dialogischen Forschungseinstellung betrachtet, d.h. dass beide am Interview Beteiligte als Dialogpartner und Mitforschende gesehen wurden (s. Abschnitt 6.4). Im Rahmen des Teilprojektes *Mit alten Menschen über den Nationalsozialismus sprechen* waren die Interviews auf förderliche oder hinderliche Interventionen

[23] Steinebach/Sehrig 2002, S. 19

seitens der Zuhörenden zu untersuchen. Hierbei standen die Konzeptualisierungen des *personzentrierten Ansatzes* von Carl Rogers[24] für Beratung und Forschung im Vordergrund (s.a. Abschnitt 5.2). So standen die personzentrierten Haltungen in besonderer Weise auf dem Prüfstand,[25] und zwar unter folgenden Fragestellungen:

- Zur Haltung der *Empathie*: Wie können Interviewende in sich eine neugierige Suchhaltung für die Welt der Erzählenden aufbauen, auch wenn ihnen diese Welt fremd ist oder Abscheu erzeugt? – zum Beispiel, wenn der Erzählende mit leuchtenden Augen von der Aufbruchstimmung in den 30er-Jahren erzählt?
- Zur Haltung der *Akzeptanz*: Wo bleibt die eigene, freundlich akzeptierende Zugewandtheit, wenn ein Mann im Gespräch erläutert, dass Euthanasie für Behinderte eine Erlösung von einer „lebensunwerten" Existenz darstelle? Können Interviewende dennoch Wohlwollen oder Sympathie für ihre Gesprächspartner aufbringen?
- Zur Haltung der *Kongruenz*: Wie integrieren die Interviewenden die eigene Erschütterung, ihr Misstrauen oder gar ihre Abscheu, ihr Nicht-Verstehen, möglicherweise aber auch ihre eigenen, geheime Faszinationen? Können diese eigenen Reaktionen in den Gesprächsprozess eingebracht werden und wenn ja, in welcher Form?

Im Rahmen der engen kooperativen Zusammenarbeit im Projektverbund wurden im Teilprojekt *Mit alten Menschen über den Nationalsozialismus sprechen* im Zeitraum von 1999 bis 2001 Interviews mit 14 Zeitzeugen – drei davon wurden schon in der Pilotphase des Projektes befragt – zum Teil mit Folgeterminen geführt. Diese Interviews wurden in den Pool der insgesamt mehr als 50 Interviews des Gesamtprojektes *Geschichte und Erinnerung* integriert. So konnten auch diese Interviews unter denselben Vorgaben und Vorbereitungen und im selben Setting wie alle anderen Interviews geführt, transkribiert und dokumentiert werden. An ein und dasselbe Datenmaterial wurden je nach Zielbestimmung des jeweiligen Teilprojektes unterschiedliche Forschungsfragestellungen herangetragen. Supervision und Auswertung erfolgten gemeinsam innerhalb des Projektteams nach dem oben beschriebenen, einheitlichen Verfahren.

---

[24] s. z.B. Rogers 1991; Rogers 1997; Rogers 1998

[25] Sehrig 2002

Umgekehrt konnte das Forschungsprojekt *Mit alten Menschen über den Nationalsozialismus sprechen* wiederum für die eigenen Untersuchungen auf den Gesamtpool von über 50 Interviews zurückgreifen und die Daten unter speziellen Gesichtspunkten analysieren. Aus diesem Gesamtbestand wurden verschiedene Interviews ausgewählt nach folgenden Kriterien:

- Repräsentation beider Geschlechter, sowohl auf der Seite der Interviewenden als auch auf Seiten der Interviewten.
- Repräsentation verschiedener Verarbeitungsformen zur Zeit des Nationalsozialismus bei den Interviewpersonen, sei es, dass sie eine weiterhin bejahende Einstellung zum Nationalsozialismus zeigten, sich auf die äußeren Zwänge damals beriefen oder eine kritische Abkehr von den damaligen Ansichten bekundeten.[26]
- Repräsentation verschiedener Interviewstile: Diese ließen sich grob unterscheiden hinsichtlich einer eher sozialwissenschaftlichen, personzentrierten, psychoanalytischen oder auf die Aufklärung von Sachverhalten und die Verarbeitung von Schuldfragen hin fokussierenden Interviewführung.

Bei einer Anzahl von 15 Interviews wurde eine Sättigung mit Blick auf diese Kriterien erreicht. Durch die Datenlage im Projektverbund war es möglich, unterschiedliche Interviewstile miteinander zu vergleichen. Um nach Generationenzugehörigkeit differenzieren zu können, wurde zusätzlich ein Interview aus dem anderen assoziierten Teilprojekt *Antisemitismus und Nationalsozialismus als Unterrichtsthema* der Evangelischen Fachhochschule Freiburg herangezogen, denn hier handelte es sich im Unterschied zu den anderen Interviewerinnen und Interviewern um das Interview einer damaligen Studentin, die vom Alter her der „Enkelgeneration" angehörte. Mithilfe der tiefenhermeneutischen und textanalytischen Untersuchungsverfahren sollte herausgearbeitet werden, welche Gesprächshaltungen und -interventionen – seien es verstehende, sich selbst einbringende oder konfrontierende – den Interviewprozess fördern bzw. behindern können.

[26] Es zeigte sich, dass insbesondere die beiden letztgenannten Einstellungen nahezu in jedem Interview in unterschiedlichen Ausprägungen gleichzeitig vorhanden waren.

Da das *personzentrierte Konzept* in diesem Teilprojekt eine wichtige Rolle spielte, wurden diejenigen Interviewprozesse, die speziell im Teilprojekt entstanden, zusätzlich noch gesprächsmethodisch in einer Kontrollsupervision mit einem Supervisor reflektiert, der selbst dem personzentrierten Ansatz verpflichtet war. Während die Supervision im Projektteam unter psychoanalytischen Gesichtspunkten die beschriebenen Gegenübertragungsphänomene in den Blick nahm, ging es hier direkt um die Begleitung und Weiterentwicklung einer eher dialogisch orientierten Interviewführung. So flossen die Ergebnisse der Forschungsarbeit sowohl direkt in die Interviewgestaltung ein, die Ergebnisse fanden aber auch Eingang in die Lehre für angehende Sozialarbeiterinnen und Sozialarbeiter und in die Praxis Sozialer Arbeit. Um Zwischenergebnisse der Forschung im Projektverbund vorzustellen und zu diskutieren, wurde im Jahre 2001 eine Fachtagung mit Praktikern und Forschenden an der Katholischen Fachhochschule Freiburg[27] abgehalten. Außerdem wurden Seminarkonzepte zur Fortbildung von Praktikern der Sozialen Arbeit entwickelt und erprobt, in denen gesprächsmethodische Interventionen im Umgang mit Fremdem und Befremdendem vermittelt und trainiert wurden.

8.9 Forschungsergebnisse zur Interviewmethodik

Im Folgenden seien die Ergebnisse des Teilprojektes *Mit alten Menschen über den Nationalsozialismus sprechen* geschildert. Zum Schluss dieses Abschnittes werden die Grenzen des damaligen Auswertungsvorgehens und die Anforderungen, denen sich meine Forschungsarbeit nun zu stellen hat, aufgezeigt. Letztlich geht es bei einer tiefgreifenderen Analyse des Datenmaterials um das Verlassen eines linear-kausalen Vorgehens und um eine Rekonstruktion latenten Sinngehalts.

Aufbauend auf der direkten Nachbesprechung im Anschluss an jedes Interview, auf den Reaktionen und Bewertungen aus der tiefenhermeneutischen Auswertung, auf der Supervision und aufbauend auf dem Interventionsprotokoll wurden für jedes Interview drei Textpassagen zur eingehenden Textanalyse ausgewählt. Diese Passagen von jeweils mindestens 10 Minuten Dauer sollten der Anfangsphase, dem Mittelteil und der Abschlussphase des Gesprächs

[27] Die Tagungsbeiträge sind dokumentiert in Sehrig et al. 2002.

entnommen sein. Der gesamte transkribierte Text der Interviews wurde in die Textanalysesoftware winMAX[28] eingespeist. Die ausgewählten Interviewpassagen wurden dann anhand von Kriterien zu Dialog und Erzählfluss einer linguistischen Textanalyse unterzogen. Signifikante Merkmale zu Emotionalität, Verarbeitungs- und Erkenntnisprozessen bildeten die Grundlage für die Kodierung der Textpassagen. Um die dialogisch orientierte Interventionen der Interviewenden zu erfassen und damit Zusammenhänge herstellen zu können, wurden für die Interviewenden zusätzliche Merkmale im Hinblick auf die Interaktionsgestaltung erstellt und im Text kodiert (Codings zur Textanalyse, s. Anhang D). Daraus wurden übergreifende Kategorien gebildet

- im Hinblick auf den Kontakt zwischen Erzählenden und Zuhörenden,
- im Hinblick auf den Prozess der Selbsterkundung und Selbstexploration,
- im Hinblick auf unterschiedliche Interventionsformen.

Grundgedanke dieser Kategorienbildung war es, Zusammenhänge zwischen einem Prozess der Selbstexploration beim Zeitzeugen, der Kontaktdimension zwischen den an den Interviews Beteiligten und signifikanten Interventionsformen unter Berufung auf das in diesem Teilprojekt leitende, personzentrierte Konzept herstellen zu können. Wenn Merkmale im Text deutlich für einen Prozess von Selbsterkundung und Selbstexploration sprachen, dann musste untersucht werden, wie diese Textstellen mit Merkmalen, die den gegenseitigen Kontakt auszeichneten, oder mit Merkmalen bestimmter Arten von Interviewerinterventionen korrelierten. Die Interviewerinterventionen wurden nach vier Kategorien unterschieden (s. Anhang E):

- Aktives Zuhören, entsprechend dem personzentrierten Konzept
- Steuernde Interventionen
- Sich mit der eigenen Person einbringende Interventionen
- Inhaltlich zuspitzende Interventionen

Mit dem Textanalyseprogramm winMAX konnten in den untersuchten 15 Interviews 13 Textpassagen identifiziert werden, auf die die Kategorie „Selbsterkundung und Selbstexploration“ anwendbar war, weil mindestens 4 von

[28] Kuckartz 1999

möglichen 9 Merkmalen dieser Kategorie für die entsprechenden Textstellen zutrafen. Allerdings konnten keine signifikanten Zusammenhänge zwischen Selbstexploration und bestimmten Kontaktmerkmalen oder Interventionsformen hergestellt werden. Die Ausgangshypothese, dass *allein* der Dialog zwischen den Gesprächspartnern eine notwendige Bedingung für einen fruchtbaren Gesprächsprozess über den Nationalsozialismus darstelle, ließ sich also nicht belegen. Allerdings konnten bei eingehender Analyse der gefundenen Textpassagen bestimmte Bedingungen identifiziert werden, unter denen die Interviewenden die Selbstexploration der Befragten zu Schuld und Mittäterschaft im Nationalsozialismus unterstützten:[29]

- Präzisierende und konkretisierende Sprache
- Direkte persönliche Ansprache
- Verwendung von persönlichen Bildern, Tagebuchauszügen u.a., um szenisches Erinnern bei den Interviewpersonen zu unterstützen
- Markierung eigener Positionen und Meinungen, ohne in eine Diskussion einzutreten
- Sicherung der eigenen Beteiligung, ggf. durch aktives Nachfragen oder Zusammenfassung
- Raum lassendes Zuhören
- Signalisierung der inneren Beteiligung (engagierte Präsenz)

Im Gegensatz zur Einbeziehung persönlicher Zeitdokumente erwies sich der Einsatz allgemeiner dokumentarischer Materialien, wie z.B. Bildbände, historische Stadtpläne o.a., als kontraproduktiv. Hier bestand die Gefahr, Verhörsituationen heraufzubeschwören. Da man von deutlichen Parallelen zwischen Interview- und Beratungssituation ausging, wurde das Spannungsfeld zwischen zuhörendem Mitgehen und klärendem Verdichten von Erzählinhalten auf einer allgemeinen Ebene ausgelotet: „Aufbauend auf den personzentrierten Grundhaltungen geht es vielmehr um eine engagierte Präsenz des Zuhörers/der Zuhörerin, die sich im aktiven Zuhören, im Kontakt, in Reflexion, ja sogar in Konfrontation ausdrückt. Der/die Erzählende braucht einen gesicherten

[29] Steinebach/Sehrig 2002, S. 66

Spielraum zwischen Zugewandtheit und Entferntheit. Diese engagierte Präsenz auch dann zu zeigen, wenn von eigenen Werthaltungen abweichende Positionen formuliert werden, ist eine zentrale Beratungskompetenz in diesem Themenfeld."[30] Mit diesem Fazit wurden Interventionen markiert, die dem personzentrierten Ansatz nicht nur in den untersuchten Interviews Geltung verschaffen, sondern auch in Gesprächsführung und Biografiearbeit in verschiedenen Feldern Sozialer Arbeit und Sozialer Gerontologie Anwendung finden sollten.

Die Untersuchung baute sehr stark auf der linguistischen Textanalyse und der Kodierung von Textpassagen, die auf bestimmte Kontaktmerkmale, Interventionen und Reaktionen hindeuteten, auf. Die tiefenhermeneutische Auswertung hatte hier eher unterstützende Funktion, um Passagen mit hoher Dynamik zu identifizieren und Ergebnisse der Textanalyse zu verifizieren. Dadurch waren manche Textpassagen, die von der Kodierung her für ein hohes Maß an Selbstexploration beim Probanden standen, noch einmal in Frage zu stellen. Eine *Rekonstruktion der Dynamik* zwischen Interview- und Erzählperson konnte diese Form der Untersuchung allerdings *nicht* leisten. Zwar wurde der Nachweis erbracht, dass eine stärkere Beteiligung des Interviewers hilfreich für den Prozess der Selbstexploration des Probanden sein kann, es unterblieb aber die Differenzierung dessen, was unter einer „engagierten Präsenz" und einem „gesicherten Spielraum" zu verstehen sei. Kausale Verknüpfungen zwischen Interventionen und wünschenswerten Prozessmerkmalen werden der Tatsache nicht gerecht, dass bei Interviews über fremde oder moralisch gar befremdende Sichten eine Fülle von gesagten und ungesagten Einflüssen miteinander in Wechselwirkung treten. Diese gilt es rekonstruierend herauszuarbeiten. An dieser Herausforderung setzt meine vertiefende Untersuchung an.

8.10 Zusammenfassung

Die Interviews, die meiner Untersuchung zugrunde liegen, sind im Kontext des Projektverbundes *Geschichte und Erinnerung* entstanden. Kernelemente, die dieses Forschungsprojekt im Unterschied zu anderen in Abschnitt 7 referierten Untersuchungen auszeichnen, sind:

[30] Steinebach/Sehrig 2002, S. 66

- Im Projekt *Geschichte und Erinnerung* ging es darum, anhand von Interviews mit am Nationalsozialismus Beteiligten Wirkkräfte im Nationalsozialismus zu verstehen.

- Die zentralen Fragestellungen des Projektes *Geschichte und Erinnerung* griffen eine bisher noch nicht genügend erforschte Doppelnatur (s. Kapitel 7) von lebensgeschichtlichen Erzählungen über den Nationalsozialismus auf. Die subjektiv erlebte und erschaffene Biografie ist das Produkt sowohl aus dem damaligen, psychosozialen Geschehen im Nationalsozialismus als auch aus den soziokulturellen Faktoren der Gegenwart der Erzählsituation. An dieser Forschungslücke setzte das Projekt an.

- In der Führung der leitfadengestützten Interviews wurde ein methodisch offener Interviewstil praktiziert. Alle Interviewenden konnten auf psychotherapeutische oder beraterische Zusatzausbildungen zurückgreifen und waren mit dem Generieren und Unterstützen von Narrationen vertraut. Dennoch entfaltete sich in den Interviews häufig eine charakteristische, problematische Dynamik.

- Dieses Geschehen in den Interviews wurde als Informationsquelle genutzt und zum Bestandteil des Auswertungsprozesses gemacht. Die Interviewenden wurden als Beteiligte im Forschungsprozess gesehen, die eigene Person wurde zum Forschungsinstrument. Mit dem psychoanalytischen Konzept der Gegenübertragung konnte in der tiefenhermeneutischen Analyse Ungesagtes und unbewusst Mitschwingendes herausgearbeitet werden.

Aus dem assoziierten Teilprojekt *Mit alten Menschen über den Nationalsozialismus sprechen* konnten folgende Erkenntnisse gewonnen werden:

- Im Teilprojekt ging es um die Untersuchung der Interviewführung im Hinblick darauf, welche Zusammenhänge zwischen einem Prozess der Selbstexploration bei den Zeitzeugen, der Kontaktdimension zwischen den an den Interviews Beteiligten und signifikanten Interventionsformen herzustellen sind. Die Auffassung der Interviews als Dialogsituation wurde vor dem Hintergrund des *personzentrierten Konzeptes* nach Rogers somit weiter vertieft. Das Ziel dieses Teilprojekt war es, Kriterien einer eher dialogisch orientierten Interviewführung zu entwickeln und sowohl für den Forschungsbereich als auch für verschiedene Anwendungsfelder im Bereich von Pflege, Beratung und Sozialer Arbeit nutzbar zu machen.

- Auf der Ebene von eher kausalen, linearen Verknüpfungen mithilfe linguistischer Textanalyse wurde die Haltung einer *engagierten Präsenz* als fruchtbar für den Interviewprozess herausgearbeitet. In diesem Kontext wurden verschiedene, hilfreiche Interviewerinterventionen identifiziert. Allerdings unterblieb eine systematische Rekonstruktion des Geschehens zwischen Interview- und Erzählperson.
- Die Auswahl der im Teilprojekt untersuchten Interviews im Hinblick auf Verarbeitungsformen der biografischen Erfahrungen und Interviewstile (s. S. 140) enthielt Kategorisierungen, die auf nicht genügend operationalisierten Vorannahmen beruhten. Hier ist ein Untersuchungsansatz mit mehr Ergebnisoffenheit vonnöten.
- Um die Frage zu beantworten, welche Interviewerinterventionen und -haltungen für den Forschungsprozess produktiv sind, braucht es ein vertieftes Verständnis der Wechselwirkungen und Resonanzen zwischen den Beteiligten gerade bei denjenigen Themenstellungen, bei denen Vorbehalte und Vorannahmen die Situation möglicherweise beeinflussen. Erst dann kann die Frage nach offeneren Interviewformen fundiert diskutiert werden.

Aus den genannten Grenzen des Teilprojektes *Mit alten Menschen über den Nationalsozialismus sprechen* ergeben sich für die weitere Forschung folgende Herausforderungen:

- Wenn nach Wechselwirkungen zwischen den am Interview Beteiligten gefragt wird, geht es immer um die intersubjektive Dimension und damit im weitesten Sinne um *Begegnung* in der Interviewsituation. Was ich in meiner Vorarbeit im Teilprojekt *Mit alten Menschen über den Nationalsozialismus sprechen* anhand der Wechselwirkungen zwischen Begegnung und Selbstexploration im biografischen Interview im Rahmen der *Konzepte von narrativer Identität* und *personzentriertem Ansatz* untersuchte, ist mit mehr Ergebnisoffenheit und mit einer umfassenderen Sicht zu vertiefen.

- Begegnung heißt auch gegenseitige Auseinandersetzung. Diese Dimension wird durch das *Konzept der narrativen Identität* nicht hinreichend beschrieben. Das Moment der Irritation bisheriger Sichtweisen – durch Selbstreflexion oder durch die Anwesenheit eines Zuhörenden – wird in den Konzepten des *biografischen* und des *transformativen Lernens* deutlicher aufgegriffen. Der Biografieträger sieht sich in der Auswahl und in der Rahmung des Erzählten zu Begründungen herausgefordert. Aber auch die interviewende Person erfährt Wandlungen bisheriger Sichtweisen im Verarbeiten des Gehörten.

- Wenn es sich beim Nationalsozialismus um ein gesellschaftlich bedeutsames Thema handelt, dann muss bei der Frage nach Begegnung in der Interviewsituation Begegnung nicht nur individuell mit dem *personzentrierten Konzept*, sondern auch auf der Ebene des sozialen, gesellschaftlichen Miteinanders betrachtet werden. Dies leistet die *Anerkennungstheorie* nach Honneth.

In der hier vorliegenden Forschungsarbeit geht es weiter um die unterstützende oder hemmende Wirkung von Begegnung und Anerkennung auf den Prozess der Selbstthematisierung im Erzählen. Im Mitteilen für ein Gegenüber entstehen eindrückliche Erlebnisse wiederholt oder neu vor den Augen des Erzählers – auch und gerade bei Inhalten, die für beide Beteiligte brisant sind. Die *dokumentarische Methode* eignet sich in besonderer Weise, um Kommunikationsmuster zu untersuchen und die Dynamik in Interviews über den Nationalsozialismus zu rekonstruieren, denn mit ihr wird der latente Gehalt einer Situation untersucht und erfasst (s. Kapitel 10). Im Unterschied zur Vorarbeit sollen nun keine Typisierungen an das Untersuchungsmaterial herangetragen werden, vielmehr werden Typen von Kommunikationsmustern erst noch entwickelt. Dieses Vorgehen ist Gegenstand des folgenden Kapitels.

9 Forschungskonzept und -vorgehen

In der Voruntersuchung wurde deutlich, dass auch Forschungsinterviews zum Nationalsozialismus nicht losgelöst vom Generationenkontext und von persönlichen Haltungen auf beiden Seiten geführt werden können. Auch wenn der Fokus der Aufmerksamkeit beim älteren Zeitzeugen liegt und liegen soll, findet ein Austausch zwischen beiden Gesprächspartnern statt – zum Teil auf einer stillschweigenden und unbewussten Ebene. So drückt eine Interviewerin möglicherweise durch ihre Kleidung ihr Bewusstsein von weiblicher Emanzipation aus, oder ein Erzähler teilt seine Haltung durch die Auswahl von nationalsozialistischen Büchern, die in seiner Wohnung im Regal stehen, mit. Während bestimmter Passagen bleiben Aufmerksamkeitsreaktionen des Interviewers aus, obwohl er den Ausführungen des Probanden folgt. Nachfragen sind an bestimmten Stellen detaillierter als an anderen. Beide am Interview Beteiligte tauschen so eine Fülle von Signalen aus. Die in der Voruntersuchung herausgearbeitete Bedeutung einer „engagierte Präsenz" des oder der Interviewenden in Gesprächen zu Themen von Faszination, Schuld und Mittäterschaft im Nationalsozialismus bedarf einer Differenzierung: Es geht um die Betrachtung von Auffälligkeiten bei der Selbstthematisierung des Probanden, um die Analyse von wirkenden Erfahrungsräumen zwischen den Beteiligten und um mögliche Wechselwirkungen zwischen beiden Untersuchungsebenen.

9.1 Forschungsfragestellungen und Forschungshypothese

Wie ich in Kapitel 4 dargelegt habe, lösen lebensgeschichtliche Erzählungen Prozesse der Selbstvergewisserung und Identitätsherstellung und des biografischen Lernens aus. Im Beisein eines Gesprächspartners wird die eigene Lebenserfahrung strukturiert und dargestellt. Aus der Wechselwirkung im Dreieck zwischen dem gemeinsamen Gesprächsthema des Nationalsozialismus, der Befindlichkeit des Probanden und des Interviewers entsteht ein *erweiterter, konjunktiver Erfahrungsraum* im Erzählen (s. Abbildung 2).

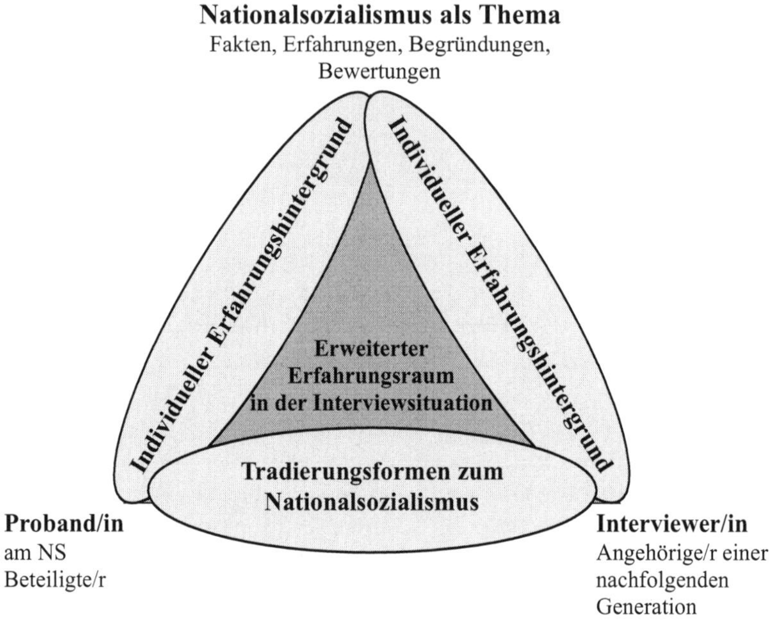

Abbildung 2: Bestimmungsfaktoren des erweiterten Erfahrungsraums

Zwischen den Eckpunkten im Dreieck lassen sich einzelne Wechselwirkungen charakterisieren: Die innere Auseinandersetzung mit dem Nationalsozialismus ist für die Interviewten durch die eigenen Erfahrungen in der Zeit des Nationalsozialismus geprägt. Das Aufwachsen in HJ und BDM, Bedrohungen und Karrierechancen, Kriegserlebnisse, Verhörerfahrungen und die Erfahrung von Vertreibung wirken in den individuellen Erfahrungshintergrund der Probandinnen oder Probanden hinein. Auch die Interviewenden bringen zum Thema des Nationalsozialismus ihren eigenen Erfahrungshintergrund ein, sei es die Konfrontation mit der Geschichte über Kontakte mit dem Ausland, die Vermittlung des Themas in der Schule oder die Suche nach Klarheit bei den eigenen Verwandten. Auf der Achse zwischen Proband und Interviewer stellt sich in der Interviewsituation die Erfahrung eines gelungenen oder misslungenen intergenerationellen Diskurses über den Nationalsozialismus ein, wie er sich in typischen Tradierungsformen (s. Abschnitt 7.2) niederschlägt. Diese

Erfahrungshintergründe zwischen den drei Eckpunkten treten miteinander in Wechselwirkung und bestimmen so den erweiterten Erfahrungsraum, der in Interviews über Mitbeteiligung und Faszination im Nationalsozialismus aktuell entsteht.

Deshalb richtet meine Untersuchung den Blick sowohl auf die individuellen Prozesse beim Erzählenden – das Entstehen eines konjunktiven Erfahrungsraums im Erzählen, das Herstellen einer *narrativen Identität* und das Lernen anhand der eigenen Biografie –, als auch auf die intersubjektiven Prozesse zwischen beiden Beteiligten. Wie entsteht aus den individuellen und generationstypischen Erfahrungshintergründen heraus ein gemeinsamer, erweiterter konjunktiver Erfahrungsraum in der Interviewsituation? Von drei möglichen Betrachtungsebenen werden zwei in den Vordergrund gerückt. Mir geht es in meiner Untersuchung speziell um die Wechselwirkung zwischen der inneren Auseinandersetzung beim Probanden bzw. bei der Probandin mit der Art der Kommunikation, die sich *zwischen* den Interviewbeteiligten einstellt:

- Die innere Auseinandersetzung der Erzählperson baut auf den eigenen Erlebnissen und Erfahrungen im und mit dem Nationalsozialismus auf. Im Prozess der Selbstaktualisierung entwirft sie erzählend ihre (narrative) Identität und verarbeitet lernend die eigenen biografischen Erfahrungen. Die individuellen Prozesse bei der interviewenden Person wurden im Projekt *Geschichte und Erinnerung* nicht systematisch erfasst und sind deshalb nicht der direkten Analyse zugänglich. Es ist zu vermuten, dass biografisches Lernen auf Seiten der Interviewenden in Wechselwirkung steht mit der Dimension von Anerkennung und Begegnung im Interview.

- Die Beziehungsebene zwischen den Interviewbeteiligten ist von individuellen Vorerfahrungen zum intergenerationellen Diskurs über den Nationalsozialismus beeinflusst. Wie ich in Abschnitt 5.1 dargelegt habe, wirkt hier gerade bei der Thematik des Nationalsozialismus ein Kampf um Anerkennung zwischen den Generationen. Deshalb geht es mir darum, den Niederschlag dieses Kampfes um Anerkennung in der Kommunikation zwischen den Interviewbeteiligten zu untersuchen.

Unterschiedliche Ausprägungen dieser Wechselwirkungen bestimmen die Art des konjunktiven Orientierungsrahmens, der in der Interviewsituation zum Tragen kommt und beim Probanden eine innere Auseinandersetzung mobilisiert (s. Abbildung 3).

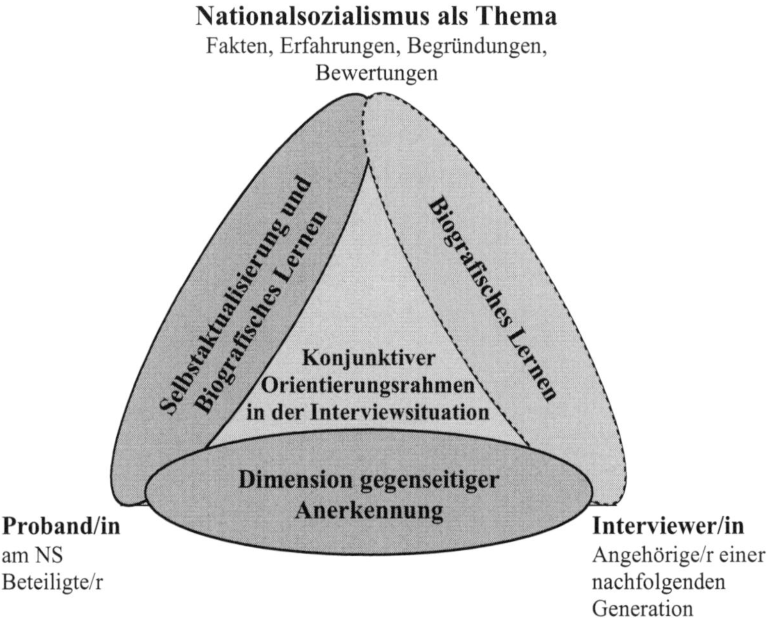

Abbildung 3: Wechselwirkung zwischen Anerkennung und biografischem Lernen

Wenn diese Prozesse nicht nur biografische Gespräche unter Verwandten sondern auch biografische Forschungsinterviews bestimmen, dann sind bei letzteren allerdings wichtige Grundregeln bei der Führung von Interviews zu beachten (s. Abschnitt 6.2). In Forschungsinterviews steht der Prozess der Selbstvergewisserung beim Erzähler im Vordergrund. Ein bestimmter Rahmen dient dazu, die *Haltung des Fremdverstehens* zu sichern und dem Probanden größtmögliche Anerkennung für seinen Erzählprozess zukommen zu lassen. Interviews zur Mitbeteiligung im Nationalsozialismus stellen dieses Setting in besonderer Weise auf die Probe, denn es treffen hier möglicherweise unterschiedliche Interessen, Haltungen und Bewertungen auf Seiten beider am Interview Beteiligter aufeinander. Schon die stillschweigenden Etikettierungen als „Mitläufer“ und „Mittäter“ würden sich bei den Interviewern auswirken. Jedenfalls legt die Interviewsituation ein Wiederaufleben von bisherigen Tradierungsmustern über den Nationalsozialismus (s. Abschnitt 7.2) nahe, wie es die Beteiligten wohl an anderer Stelle, z.B. mit eigenen Angehörigen, erfahren haben. Solche Phantasien und Erinnerungen können Einstimmung und gegenseitige Vorannahmen strukturieren und die methodische Offenheit im Interview beeinträchtigen. Aufgrund der Schwierigkeiten eines nur unvollständig geführten Dialogs zum Nationalsozialismus und angesichts des *Großen Schweigens*[1] zwischen den Generationen muss man geradezu damit rechnen, dass diese Erfahrungen zwangsläufig in den Interviews wiederaufleben. Insofern ist der Interviewprozess in Interviews über Mitbeteiligung und Faszination im Nationalsozialismus einer eingehenden Analyse zu unterziehen, um die Haltung des Fremdverstehen und die Haltung der Offenheit beim Interviewer sowie die Konzentration auf den eigenen Prozess der Selbstvergewisserung beim Probanden sicherzustellen. Folgende Forschungsfragen stehen hier im Vordergrund:

- Welche *erweiterten konjunktiven Erfahrungsräume* entstehen zwischen den Beteiligten in biografischen Interviews über Mitbeteiligung und Faszination im Nationalsozialismus? Das Herausarbeiten dieser Erfahrungsräume könnte zum Verstehen der Interviewdynamik und letztlich damit auch zu einem tieferen Verständnis über die Wirkkräfte im Nationalsozialismus beitragen.

- Welche Bedeutung hat die Dimension der Anerkennung bzw. der Verweigerung von Anerkennung in Forschungsinterviews über Mitschuld im Nationalsozialismus? Auf welchen Ebenen vollzieht sich ein Prozess gegenseitiger Anerkennung zwischen den Interviewpartnern? Letztlich wird die Interviewsituation als ein intersubjektives Geschehen aufgefasst, in dem sich Menschen in einem gesellschaftlichen Kontext begegnen. Wichtige Impulse für diese Dimension bietet die sozialphilosophische *Anerkennungstheorie* nach Honneth.

[1] von Arnim 1989

- Durch welche Signale und Interventionen kann die Selbstthematisierung im biografischen Interview durch die interviewende Person unterstützt werden, gerade wenn die Haltung gegenseitiger Achtung und Anerkennung möglicherweise in Frage gestellt ist? Hier geht es um die Nutzung von Erkenntnissen aus Ansätzen der Beratungstheorie, hier speziell dem *personzentrierten Konzept*, für die Forschung mittels biografischen Interviews.

Meine Forschungsarbeit geht der Bedeutung gegenseitiger Anerkennung in Interviews über Mittäterschaft und Schuld nach. Anhand einer Auswahl von biografischen Interviews, die in o.g. Forschungsprojekt geführt wurden, wird deshalb untersucht, auf welchen Ebenen Anerkennung zwischen den Gesprächsbeteiligten ausgedrückt bzw. versagt wird. Dies wäre dann für die Selbstthematisierung der Erzählenden im Hinblick auf *narrative Identität* und *biografisches Lernen* von Bedeutung.

9.2 Zielbestimmung

Mit Blick auf die Forschungsfragestellungen werden Typen gebildet, die die intergenerationellen Diskursformen über den Nationalsozialismus in der Wechselwirkung mit Prozessen von Anerkennung und biografischem Lernen beschreiben. Ziel dieser Forschungsarbeit ist es, charakteristische Kommunikationsmuster, Leitlinien und Interventionen herauszuarbeiten, die dem biografischen Lernen im Rahmen von biografischen Interviews förderlich sind, auch wenn diese von der Themenstellung her gegensätzliche Werte und Haltungen bei den Beteiligten ansprechen. Letztendlich wird in dieser Untersuchung auch die geforderte Abstinenz des Interviewers im Interviewprozess hinterfragt.

Die gewonnenen Erkenntnisse sind aber auch auf Beratung mit unterschiedlichen Gruppen von Klienten und auf Biografiearbeit mit älteren Menschen in unterschiedlichen Kontexten zu übertragen. Auch wenn man davon ausgehen könnte, dass die intergenerationelle Brisanz des Themas des Nationalsozialismus abnehmen wird – da die Generation der Zeitzeugen im Aussterben begriffen ist –, so wird die Brisanz im Austausch mit jungen Rechtsextremen uns weiterhin beschäftigen müssen. Ein anderes, für die intergenerationelle

Biografiearbeit in Deutschland bedeutsames Thema zeichnet sich außerdem ab: Die Vergangenheit vieler heute alter Menschen als Stasi-Mitarbeiter in der früheren DDR.

Beim Transfer der Ergebnisse ist zu beachten, dass zwischen der Situation in der Beratung und der Situation in einem biografischen Forschungsinterview zwar deutliche Übereinstimmungen, aber auch ebenso deutliche Differenzen festzuhalten sind (s. Abschnitt 6.4).

9.3 Auswahl des Untersuchungsmaterials

O.g. Fragestellungen werden in der hier vorliegenden Untersuchung anhand einer Stichprobe aus den leitfadengestützten, biografischen Interviews des Projektverbundes *Geschichte und Erinnerung* untersucht (s. Abbildung 4). Diese Stichprobe war schon in einer Voruntersuchung im Teilprojekt *Mit alten Menschen über den Nationalsozialismus sprechen* Gegenstand der Analyse im Hinblick auf förderliche und hinderliche Gesprächsbedingungen und -interventionen gewesen (s. Abschnitt 8.8 und Abbildung 1, S. 135).

13 von 15 Interviews dieser Voruntersuchung habe ich ausgewählt, um die damaligen Ergebnisse mit den Ergebnissen dieser Forschungsarbeit zu kontrastieren. Allerdings geht es nun darum, von Kategorisierungen und Vorannahmen – damals wurden auf Seiten der Befragten Verarbeitungsformen und auf Seiten der Interviewenden bestimmte Interviewstile im Vorhinein unterschieden (s. Abschnitt 8.8) – Abstand zu nehmen und aus dem Datenmaterial erst die signifikanten Kommunikationsmuster herauszuarbeiten. Dieses Vorgehen wird dem Prozesscharakter des Interviewgeschehens wesentlich besser gerecht. Bei einer *typengenerierenden Vorgehensweise* ist die Auswahl der Interviews von der Suche nach minimalen und maximalen Kontrasten bestimmt. Wenn man sich nach Bohnsack „von Fall zu Fall in ein Feld hineinforscht",[2] präzisiert sich die Auswahl der Fälle. Bei der Auswahl der 13 Interviews habe ich auf die Unterschiedlichkeit der Interviewverläufe, die Unterschiedlichkeit der Interviewpartner nach Geschlecht und Altersgruppe und auf die Möglichkeit der Untersuchung von Folgeinterviews geachtet. Ein

[2] Bohnsack 1989, S. 17

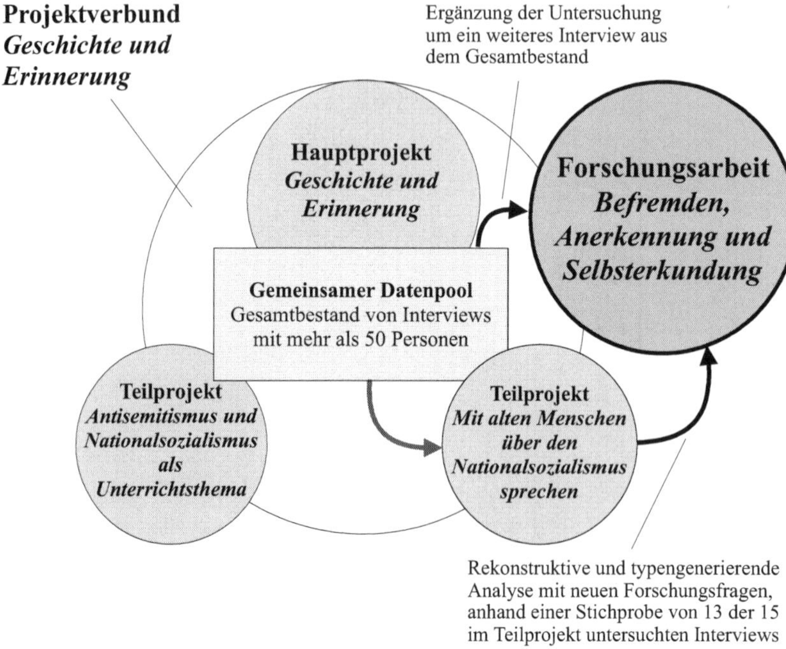

Abbildung 4: Das Datenmaterial der Forschungsarbeit

weiteres Interview aus dem Interviewpool des damaligen Projektverbunds, das bisher noch nicht interviewmethodisch untersucht worden war, kam noch hinzu. Von Interesse war hier eine weitere, wichtige Variante für die Analyse von aufeinander aufbauenden Interviews. Diese insgesamt 14 Interviews, mit denen eine Sättigung an möglichen Kontrasten erreicht werden kann,[3] werden einer eingehenden Gesprächsanalyse unterzogen.

9.4 Auswahl des Analyseinstrumentariums

Schon in der Voruntersuchung ging es darum, den Raum des Ungesagten in den Interviews – das, was hinter einem Text liegt – analytisch mit Mitteln der

[3] Bohnsack 1989, S. 17, Bohnsack lehnt sich hier an das Vorgehen der *Grounded theory* nach Glaser und Strauss an.

Tiefenhermeneutik zu erfassen. Wenn sich in leitfadengestützen Interviews zur Mitwirkung im Nationalsozialismus problematische Kommunikationsmuster zwischen Interviewer und Proband konstellieren und so das klassische Forschungssetting der Zurückhaltung des Interviewers in Frage zu stellen ist, dann muss die Interviewdynamik genauer untersucht werden. Ausgangspunkt dafür sind die implizit wirkenden, verbindenden und trennenden Erfahrungen der Beteiligten. Unter Bezugnahme auf die Wissenssoziologie Karl Mannheims[4] ist der *konjunktive Erfahrungsraum* zwischen den Generationen (s. Kapitel 3) in den Interviews herauszuarbeiten. Hier bietet sich die *dokumentarische Methode* nach Ralf Bohnsack[5] als Methode der rekonstruktiven Sozialforschung an. Systematischer als in der tiefenhermeneutischen und textanalytischen Interpretation im Forschungsprojekt *Mit alten Menschen über den Nationalsozialismus sprechen* können hier gemeinsam wirkende Erfahrungsräume erkannt und herausgearbeitet werden.

Während Bohnsack diesen Ansatz hauptsächlich für die Interpretation von Gruppendiskussionen fruchtbar machte, hat Nohl die dokumentarische Methode auf narrative und leitfadengestützte Einzelinterviews angewandt.[6] Dabei betont Nohl: „Auf faktische Geschehensabläufe kann im narrativen Interview mithin kein Zugriff gewonnen werden, wohl aber auf die Erfahrung der befragten Personen mit diesen Geschehensabläufen. Und da es die qualitative Bildungsforschung stets mit den Erfahrungen und Haltungen von Menschen zu tun hat (denn diese sind der Ansatzpunkt pädagogischen Handelns), stellt dies kein Problem, sondern einen Vorteil des narrativen Interviews dar. Gegenüber seinen Erzählungen trägt der Informant in den argumentativen Teilen narrativer Interviews vor allem der Kommunikationssituation des Interviews selbst Rechnung, denn er expliziert und theoretisiert hier ja gegenüber dem/der Interviewer/in Motive und Gründe seines eigenen Handelns.“[7] Nohl richtet hier den Blick auf die argumentativen Passagen und hebt ihre besondere Bedeutung hervor. Die Erzählperson begründet das eigene Handeln und rechtfertigt sich dafür mit Blick auf die anwesende interviewende Person. Dieser Blick auf die Interviewsituation und die Interviewtexte wird in Abschnitt 10.1

[4] Mannheim 1980
[5] Bohnsack 2008
[6] Nohl 2009
[7] Nohl 2005, Kap. 5

weiter vertieft, denn Nohl bringt die Thematisierung von Lernmotiven und Lernbegründungen mit der Kommunikationssituation selbst in Verbindung – also genau dem Gegenstand der Fragestellung meiner Forschungsarbeit. Die Interviews werden so zu Beispielen von intergenerationeller Verständigung über den Nationalsozialismus, in denen charakteristische konjunktive Erfahrungsräume, die über die individuelle Gesprächssituation hinausreichen, aufleben.

Um dies zu erfassen, ist es angezeigt, neben der dokumentarischen Methode für eine Feinanalyse der Interviewtexte weitere Instrumentarien der Gesprächsanalyse heranzuziehen (s. Abschnitt 10.4.3). Damit können die Wechselwirkungen zwischen konjunktiven Erfahrungsräumen, Signalen gegenseitiger Anerkennung oder Missachtung und Hinweise auf biografisches Lernen und Selbstthematisierung herausgearbeitet werden.

9.5 Grobindikatoren für die weitere Analyse

Um biografisches Lernen zur eigenen Beteiligung im Nationalsozialismus zu erforschen, muss der Interviewer und Forscher eigene Werthaltungen und mögliche Lernziele zurückstellen. Forschungsinterviews sind keine „Bekehrungsgespräche“. Es geht vielmehr darum herauszufinden, wie der Proband die Erfahrung des Nationalsozialismus, das Ende des NS-Regimes, die Demokratisierung und den Wiederaufbau in der Nachkriegszeit in seine Identität eingebunden und wie diese Erfahrung Eingang in sein Lernen im und mit dem eigenen Leben gefunden hat. Die Erfahrung des Nationalsozialismus hat möglicherweise tiefgreifende Brüche erzeugt, sei es während der Zeit des Nationalsozialismus selbst, sei es bei der Aufdeckung des Ausmaßes des NS-Terrors oder in der weiteren Verarbeitung in der Nachkriegszeit. Diese inneren Integrationsprozesse finden in den im Projektverbund erhobenen leitfadengestützten Interviews (s. Abschnitt 8.1) in unterschiedlicher Art und Weise ihren Ausdruck. Um zu relevanten Aussagen zu den Forschungsfragen zu kommen, wird der Blick mithilfe der verschiedenen Analyseinstrumente auf folgende Indikatoren gerichtet:

- Selbstthematisierungen der Erzählenden lassen sich mit dem analytisch sehr ausdifferenzierten *Konzept der narrativen Identität* (s. Abschnitt

4.4) am Interviewtext herausarbeiten. Dabei ist von Interesse, wie sie sich zu den eigenen Erfahrungen äußern und wie sie sich gegenüber den Gesprächspartnern oder anderen Personen und Gruppierungen positionieren. Von da aus kann dann die Brücke zur Frage nach dem biografischen Lernen aus dieser Zeit geschlagen werden.

- Biografisches Lernen im Rahmen der narrativ entwickelten Konstruktion von Identität ist an den von Schulze aufgezeigten zeitlichen Orientierungen von biografischem Lernen und den von Mezirow postulierten *Schritten eines transformativen Lernens* (s. Abschnitt 4.3) festzumachen. Hier geht es nicht um die inhaltlichen Schlüsse, die die erzählende Person aus ihrer Vergangenheit zog und zieht, sondern darum, *wie* sie mit möglichen Herausforderungen des Umlernens umging und *wie* sich dies im Text niederschlägt. Beispielsweise kann es um Desorientierung bei Kriegsende gehen und um die Frage, wie diese intellektuell oder auch emotional wahrgenommen wurde, ob sie einer kritischen Prüfung unterzogen und ob in der Folge daraus neue Handlungsmöglichkeiten entwickelt wurden. Hinweis darauf ist, an welchen Vergleichshorizonten sich die erzählende Person in ihren Schilderungen orientiert, wo Wechsel feststellbar sind, und wie sich dies in Handlungsbereitschaften – in der Terminologie der dokumentarischen Methode als *Enaktierungspotenziale* (s.u.) bezeichnet – niederschlägt (s. Abschnitt 10.5). So kann sich in einem gemeinschaftlichen „wir", das der Erzähler sowohl für sein Soldatenleben im Russlandfeldzug als auch zur Markierung seiner Zugehörigkeit zu einer Gemeinschaft kritischer Jungakademiker in der Nachkriegszeit verwendet, der Wechsel von inneren Haltungen und Einstellungen niederschlagen.

- Spontaneinsichten sind möglicherweise Ausdruck eines unmittelbaren *Lernens im Hier und Jetzt des Interviewprozesses*. Sind sie einerseits an entsprechenden spontanen Reaktionen der Beteiligten zu erfassen, kann aber auch die weitere Wirkung von Interviewinhalten in einem Fortsetzungstermin zu einem späteren Zeitpunkt zu wichtigen Rückschlüssen führen: Wie wirkte sich das vorangegangene Interview auf die Ebene der Anerkennung zwischen beiden Beteiligten aus? Haben sich Orientierungsrahmen für das Interview verändert? Berichtet der Proband über neue Gedanken nach dem Gespräch? Welche Elemente des Lernprozesses bei dem oder der Erzählenden kommen dieses Mal zur Sprache?

- Die Dynamik zwischen den Interviewbeteiligten kann den Prozess der Selbstreflexion unterstützen oder behindern. So zeigen bspw. Aufmerksamkeitsreaktionen und direkte wechselseitige Anschlüsse *die gegenseitige Orientierung der Beteiligten aufeinander* an. Dies lässt Rückschlüsse auf die Dimension der Anerkennung zu. Behinderungen im Prozess sind in der Verwendung bestimmter Textsorten erkennbar, z.B. daran, dass die Erzählperson ihren Erzählfaden nicht aufnehmen kann und ausschließlich im Modus des Argumentierens und Beschreibens (s. Abschnitt 10.1) bleibt.
- Je nachdem, in welchem *Orientierungsrahmen* sich beide am Interview Beteiligte bewegen, und je nachdem, in welcher Form und in welcher Rolle sie sich zueinander positionieren, kann sich Selbstthematisierung beim Biografieträger entfalten oder gar neu entwickeln. Das Wirken gemeinsamer, konjunktiver Erfahrungsräume bzw. die Abgrenzung von eigenen Erfahrungsräumen kann sich z.B. in bestimmten *Diskursmustern* oder in einer bestimmten Form gegenseitiger Ansprache zeigen. So ist die Bemerkung eines Zeitzeugen, „dass man das heute so nicht mehr verstehen kann", möglicherweise ein Hinweis darauf, dass der Zeitzeuge den Interviewer in die Gruppe der wenig verständnisvollen Generation der nach dem Krieg Geborenen einreiht.

Diese Grobindikatoren bieten einen Zugang zu den Leitkonzepten meiner Arbeit – narrative Identität und biografisches Lernen, Anerkennung und konjunktiver Erfahrungsraum. Geeignete Analyseinstrumentarien müssen diese Indikatoren erschließen und verfeinern. Hier bietet sich die dokumentarische Methode geradezu an. Aus o.g. Gründen ist sie aber um weitere Untersuchungsverfahren zu ergänzen.

9.6 Zusammenfassung

Grundlage meines Forschungskonzeptes sind somit folgende Punkte:

- In der Voruntersuchung im Rahmen des Forschungsprojektes *Mit alten Menschen über den Nationalsozialismus sprechen* wurde die Bedeutung einer *engagierten Präsenz* auf Seiten der interviewenden Person in Interviews zu Themen von Faszination, Schuld und Mittäterschaft im Nationalsozialismus herausgearbeitet. Dies bedarf einer Differenzierung. So muss die Dynamik zwischen den am Interview Beteiligten umfassender und systematischer, als dies in der Vorarbeit geschehen konnte, untersucht werden.

- In den zu erforschenden Interviews geben ältere Zeitzeugen ihre Erlebnisse und Erfahrungen an jüngere Interviewende weiter. Dies geschieht im Kontext charakteristischer Tradierungsformen zum Nationalsozialismus, die in der Nachkriegszeit in Deutschland entstanden sind. Dies prägt die Erfahrung der Generationen. Zur Erforschung der intergenerationellen Kommunikation über Mitbeteiligung und Faszination im Nationalsozialismus bietet Mannheims Konzept der *konjunktiven Erfahrungsräume* einen hervorragenden Zugang.

- Das Geschehen zwischen den Beteiligten in den Interviewprozessen muss *rekonstruiert* werden, um die Wirkung von Anerkennung auf biografisches Lernen verstehen zu können. Die *dokumentarische Methode* nach Bohnsack bietet hierzu ein umfangreiches Forschungsinstrumentarium an.

- Biografisches Lernen heißt nicht, bestimmte Erkenntnisse im Sinne einer „Läuterung" von früheren Überzeugungen oder Idealisierungen bewirken zu wollen. Vielmehr steht der Prozess der Selbstvergewisserung der Erzählenden im Zentrum der Betrachtung. Es geht darum herauszufinden, wie die Probanden und Probandinnen Erfahrungen mit dem Nationalsozialismus in die eigene Identität eingebunden haben. Damit thematisieren sie die Geschichte des eigenen Lernens. Möglicherweise setzt sich das Lernen an der eigenen Erfahrung im Hier und Jetzt des Interviewprozesses fort.

- Die Forschungsinterviews bilden beispielhaft den Prozess der Einbeziehung der jüngeren Generation in die Erfahrungsräume der Zeitzeugen ab. Hier können Kommunikationsmuster herausgearbeitet werden, die das Gespräch über Erfahrungen im Nationalsozialismus bestimmen. Diese Muster sind mit Blick auf die Dimensionen von Anerkennung und biografischem Lernen zu analysieren und zu typisieren. Im Unterschied zur Voruntersuchung, die mit Kategorisierungen das Datenmaterial vorstrukturierte, ist das Forschungsvorgehen in dieser Arbeit *typengenerierend*.

- Die so gewonnenen Typen von Orientierungsrahmen geben Hinweise darauf, wie Forschungsinterviews, aber auch andere Situationen von Beratung und Biografiearbeit mit älteren Menschen und anderen Gruppen von Klienten, so zu gestalten sind, dass Prozesse der Selbstvergewisserung ermuntert und unterstützt werden.

Die in diesem Kapitel aufgezeigten Leitlinien für mein Forschungsvorgehen schlagen sich in der Auswahl des Forschungsinstrumentariums nieder. Deren Auswahl bestimmt die Stichhaltigkeit der Ergebnisse. Aus o.g. Gründen steht hier die dokumentarische Methode im Vordergrund.

10 Dokumentarische Methode als Auswertungsmethode

Allgemein liegen der rekonstruktiven Interviewanalyse wichtige Grundprinzipien zugrunde, denen sich unterschiedliche Analyserichtungen – hier auch die dokumentarische Methode – verpflichtet fühlen:[1]

- *Sinnhaftigkeitsunterstellung*: In der rekonstruktiven Interviewanalyse geht man nicht von einer objektiven Wirklichkeit aus. Die Wirklichkeit des oder der Sprechenden wird in der Interviewsituation koproduktiv erschaffen. Versprachlichungen verweisen auf einen weitergehenden Sinn. Sie erfolgen nicht zufällig, sondern sind symbolisch vorstrukturiert und verweisen auf eine subjektive Wirklichkeit. Insofern sind auch mögliche „Interventionsfehler" der Interviewenden wichtige Erkenntnismittel, können diese Stellen doch aus der Dynamik einer Passage heraus interpretiert werden und Hinweise auf einen tieferen Sinn abgeben.[2]
- *Prinzip der Offenheit*: Der Sinn eines Textes wird erst aus dem Datenmaterial selbst entwickelt. An das Datenmaterial werden keine Hypothesen und keine weiteren Vorannahmen herangetragen, Hintergrundwissen wird zurückgestellt. Zur Offenheit gehört es, dass die Forschenden scheinbar Selbstverständliches stets hinterfragen und beim Herangehen an einen Text möglichst viele Lesarten entwickeln.
- *Sequenzanalytischer Auswertungsansatz*: Innerhalb eines Textes wird Wort für Wort, Satz für Satz und Passage für Passage in chronologischer Folge interpretiert. Damit vollzieht der Interpretierende den Verlauf eines Interviews nach, der kommunikative Sinn wird sukzessiv gebildet.

[1] Kruse 2010, S. 152 ff.
[2] Helfferich 2005, S. 141

Früheres darf nicht mit Späterem erklärt, Späteres steht allerdings mit dem Früheren in Beziehung und muss damit in eine konsistente Deckung gebracht werden.

- *Kontrolle des Fremdverstehens*: Der rekonstruktive Prozess des Fremdverstehens vollzieht sich nach ausgewiesenen Regeln und ist damit für Außenstehende transparent und intersubjektiv nachprüfbar. Dazu gehört, dass das Vorwissen der Interviewenden, sonstige Einflüsse auf sowie Vorstrukturierungen für die Interviewsituation offengelegt werden.

Auch die dokumentarische Methode ist rekonstruktiv angelegt. Bei ihrer Entwicklung baute Bohnsack auf Mannheims Unterscheidung verschiedener Sinnebenen auf, die für die Rekonstruktion von individuellen und gesellschaftlichen Erfahrungen und Orientierungen wichtig sind: Ein Gegenstand kann unvermittelt oder vermittelt gegeben sein. Mannheim führt als Beispiel die mildtätige Geldspende an einen Bettler an.[3] Die Situation ist als sozialer Zusammenhang für die Mitglieder eines gemeinsamen Erfahrungsraumes als Situation sozialer Hilfe objektiv erfassbar, d.h. ablösbar vom einzelnen Subjekt. Die an dieser Situation Beteiligten drücken in ihren Handlungen aber auch ihre inneren Absichten und Motive aus. So kann der Bettelnde ignoriert werden, er kann achtlos eine kleine Münze zugeworfen bekommen, oder er kann mit einer großzügigen Spende und mit einer mitfühlenden Geste bedacht werden. Sowohl der *Objektsinn* als auch der *intentionale Ausdruckssinn* verweisen auf die soziale Funktion von Handlungen und Schilderungen. Der explizit erkennbare und durch Absichten und Handlungen konkretisierte Sinn einer Handlung machen gemeinsam deren *immanenten Sinngehalt* aus.[4]

Davon ist der Sinn einer Handlung zu unterscheiden, wie er sich möglicherweise unbeabsichtigt dokumentiert: dem *Dokumentsinn*. So kann die Spende für einen Bettler zwar explizit dazu angetan sein, Großzügigkeit im Beisein der Begleiter auszudrücken, dokumentiert aber nach Würdigung der Gesamtumstände vielleicht eine heuchlerische Attitüde. Eine Handlung kann in ihrer Gesamtbetrachtung Hinweis bzw. *Dokument* für einen dahinterliegenden Sinn sein. Der Dokumentsinn einer Handlung verweist darauf, *wie* eine Handlung

[3] Mannheim 1964a, S. 106 ff.
[4] Mannheim 1980, S. 85

bzw. der Bericht über eine Handlung hergestellt wird. So wirken in Handlungen Umstände hinein, die nicht ausdrücklich benannt werden und teilweise nicht bewusst sind. Und dennoch sind diese Umstände denjenigen vertraut, die einem gemeinsamen Erfahrungsraum angehören. Dieses *atheoretische Wissen* (s. Abschnitt 3) kann über den Dokumentsinn erschlossen werden, das substanzielle Wesen von Handlungen, Schilderungen und anderen kulturellen Ausdrucksformen wird sichtbar.[5] Diese Form von Kontextwissen wird in der dokumentarischen Methode als *Orientierung*[6] bezeichnet. Orientierungen strukturieren Handlungen, auch Sprechhandlungen. Sie sind für Angehörige eines gemeinsamen Erfahrungsraumes unmittelbar verständlich. So ist die ausgestreckte, nach oben geöffnete Hand eines um Almosen bittenden ein Signal der Bitte um eine Spende. Für die Erfassung des Ungesagten hinter dem immanenten Sinngehalt bietet sich die dokumentarische Methode bei der Analyse meiner Forschungsfragestellung besonders an und zwar aus folgenden Gründen:

1. Sie untersucht in einer geschilderten Erfahrung ausdrücklich den *Dokumentsinn*. Es geht darum, *wie* und *in welchem Rahmen* das Thema eines Textes abgehandelt wird. Damit kann die hinter der Schilderung liegende Orientierung rekonstruiert werden.[7] In der durch ein Forschungssetting vorstrukturierten Interviewsituation leben Erfahrungen mit der intergenerationellen Verarbeitung der Zeit des Nationalsozialismus auf. Neben den berichteten Inhalten schwingt Ungesagtes zwischen den am Interview Beteiligten mit. Genau dies gilt es zu erfassen.

2. Gerade das nicht greifbare *atheoretische Wissen*, das für die Angehörigen eines Erfahrungsraumes selbstverständliche und verbindende, stillschweigende Wissen, wird hiermit rekonstruiert. Wenn die Generation derer, die den Nationalsozialismus mit dem Blick von damals jungen Erwachsenen erlebt haben, mit Angehörigen der nachfolgenden Generationen sprechen, werden die Erfahrungsräume der Älteren lebendig. Im Erzählen werden die Zuhörenden in die eigenen Erfahrungsräume hineingenommen, z.T. werden sie aber auch ausgegrenzt. So verwenden die Interviewten mit aller Selbstverständlichkeit Begrifflichkeiten – zum

[5] Mannheim 1964a, S. 108
[6] Przyborski 2004, S. 55
[7] Nohl 2009, S. 8

Beispiel der Verweis auf „alte Kämpfer“ –, die für Angehörige dieser Generation Teil ihrer konjunktiven Erfahrung sind.

3. Interessant sind deshalb gerade diejenigen Situationen, in denen atheoretisches Wissen, das der Generation der Älteren noch zugänglich war, der Generation der Jüngeren erklärt wird. So begegnen sich in der Interviewsituation verschiedene generationelle Erfahrungsräume, treten miteinander in Austausch oder grenzen sich voneinander ab. Das kann allein schon in der Art und Weise geschehen, wie eine konkretisierende Nachfrage gestellt wird. Hier reinszeniert sich der Prozess des intergenerationellen Austauschs über den Nationalsozialismus und wird somit direkt beobachtbar. Der Blick ist darauf zu richten, welche Teile der konjunktiven Erfahrung der Älteren den außenstehenden Jüngeren zugänglich gemacht werden und welche nicht. Umgekehrt ist es von Bedeutung, auf welche Inhalte die Interviewenden in besonderer Weise reagieren und welche Inhalte sie durch Nachfragen konkretisieren. Das Muster dieser intergenerationellen Vermittlung und Aneignung von Erfahrung lässt Rückschlüsse auf den wirksamen konjunktiven Erfahrungsraum des intergenerationellen Diskurses über den Nationalsozialismus zu (s. Abschnitt 3).

Nohl wendet die dokumentarische Methode auch auf die Textanalyse narrativer und leitfadengestützer Interviews an. Die Textanalyse der ausgewählten Interviewpassagen gliedert sich in die formulierende Interpretation zur Wiedergabe und thematischen Strukturierung des Textes und in die reflektierende Interpretation anhand des transkribierten Textes. Die formulierende Interpretation identifiziert die Themen der Interviewauszüge, die anschließende reflektierende Interpretation in Verbindung mit einer Diskursbeschreibung arbeitet kollektive Orientierungen und Habitualisierungen der an den Interviews Beteiligten heraus.[8] Offenheit und Fremdverstehen als Prinzipien rekonstruktiver Sozialforschung werden also dadurch gewährleistet, dass die dokumentarische Analyse in methodisch getrennten Analyseschritten an Texte herangeht. Um herauszuarbeiten, *wie* ein Thema behandelt wird, ist die Analyse von ausgewählten Textpassagen von vorne herein komparativ und kontrastierend angelegt: „Die Art und Weise, wie, das heißt in welchem Orientierungsrahmen,

[8] Buchen 2009, S. 287.

ein Thema in einem Interview bearbeitet wird, lässt sich also am besten rekonstruieren, wenn man andere Interviewtexte daneben halten kann, in denen dasselbe Thema in kontrastierenden Orientierungsrahmen behandelt wird."[9] Auf diese Weise ist der tiefere, subjektive Sinngehalt von Texten herauszuarbeiten. „Der Unterscheidung zwischen dem objektiven Sinngehalt einerseits und dem dokumentarischen Sinngehalt andererseits, das heißt zwischen dem Thema einer Darstellung oder Handlung und ihrer Herstellungsweise, trägt die dokumentarische Methode Rechnung, indem die formulierende Interpretation vollständig im Rahmen des Interpretierten verbleibt, dessen thematischen Gehalt sie mit neuen Worten formulierend zusammenfasst. Demgegenüber wird in der reflektierenden Interpretation rekonstruiert, wie ein Thema oder eine Problemstellung verarbeitet, das heißt in welchem Rahmen ein Thema oder eine Problemstellung abgehandelt wird."[10]

10.1 Die Bedeutung von Textsorten für die dokumentarische Analyse

Auch in der dokumentarischen Analyse hat die Unterscheidung in die Textsorten des Erzählens, Beschreibens und Argumentierens, wie sie auch Schütze[11] in seinem Verfahren zur Auswertung narrativer Interviews vorgeschlagen hat, eine große Bedeutung.[12] Dabei kommt der *Textsorte der Erzählung* eine besondere Bedeutung zu: „‚Erzählung' meint eine erzählte Geschichte und/oder die sprachliche Handlung, die zu diesem Ergebnis führt, sei es im Medium gesprochener oder geschriebener Sprache (wobei hier ersteres im Blickfeld liegt). Eine ‚Geschichte' soll dabei als eine sprachliche oder textuelle Einheit mit identifizierbarer formaler Struktur bestimmt werden. Geschichten besitzen, wie auch immer sie inhaltlich und funktional variieren mögen, eine allgemeine Form, durch die sie sich von anderen Sprachformen beziehungsweise Textsorten eindeutig unterscheiden lassen."[13] Für Schütze besitzt diese Sprechform in narrativen Interviews den höchsten Grad an autobiografischer Selbstvergewisserung.[14] Nach Straub[15] haben erzählte Geschichten folgende Merkmale:

[9] Nohl 2005, Kap. 4
[10] A. a. O.
[11] Schütze 1977
[12] Nohl 2009, S. 47 ff.
[13] Straub 2000, S. 143
[14] Kallmeyer/Schütze 1977, S. 172; Schütze 1984, S. 82
[15] Straub 2000, S. 143 ff.

1. In Erzählungen werden zusammenhängende Ereignisse kohärent organisiert.
2. Durch Dramatisierungen, Identifizierungsangebote u.a.m. wird versucht, Zuhörende in einer Erzählung emotional am Geschehen teilhaben zu lassen,
3. Erzählungen weisen eine einheitliche Gestalt, eine charakteristische formale Struktur auf: Bei einer Dreiteilung in Anfang, Mitte und Ende ist die Mitte einer Geschichte bestimmt von einem kritischen oder kontrastbildenden Ereignis, einer Erfahrung von Kontingenz, von dem aus ein Anfangszustand in einen neuen Zustand überführt werden musste.

Wendepunkte, Krisen und Komplikationen als Herausforderung für die eigene Identität stellen somit innerhalb einer biografischen Erzählung Schlüsselstellen für *transformatives Lernen* dar. Auf sie ist bei der Analyse von biografischen Interviews ein Hauptaugenmerk zu richten. Letztlich lassen sich nach Straub fünf Bestandteile in Erzählungen identifizieren:[16]

1. *Abstrakt*: Ankündigung und Legitimation für die Erzählung
2. *Orientierung*: örtliche und zeitliche Charakteristik des Schauplatzes, an dem sich die Episode abspielt
3. *Komplikation*: Darstellung eines Ereignisses, das für die Erzählperson eine Herausforderung in der Verarbeitung von Erfahrungen darstellte
4. *Evaluation*: Bewertung des Erlebten
5. *Auflösung*: Darstellung des Ergebnisses, das die Ereignisse zur Folge hatte.
6. *Koda*: Beendigung der Erzählung

So erhalten Erzählungen – gemeint sind hier Erzählungen im engeren Sinne, nicht als Überbegriff für jede Form der Wiedergabe von Erlebnissen – ihre dramatische Struktur. Verschiedene Unterformen lassen sich bei der Textsorte der Erzählung je nach Ausprägung von Dramaturgie, Distanz und Verarbeitung des Erlebten unterscheiden: die szenisch-episodische, berichtende oder chronikartige Form von Erzählungen.[17]

[16] Straub 2000, S. 148
[17] Lucius-Hoene/Deppermann 2002, S. 146 ff.

Wenn die Erzählperson die zeitliche Abfolge einer Geschehensdarstellung unterbricht und sich den Umstände und der Einbettung der eigenen Erfahrungen in den damaligen Kontext ausführlich widmet, handelt es sich in der Regel um die *Textsorte der Beschreibung*: „In autobiographischen Erzählungen haben Beschreibungen die wichtige Funktion, den Ereignisraum des Geschehens auszugestalten und sprachlich die interessierenden Aspekte der ‚Welt' des Erzählers zu konstruieren und zu charakterisieren."[18] Dadurch wird die zuhörende Person mit der Weltsicht und den Werthaltungen der erzählenden Person vertraut gemacht.

Lucius-Hoene und Deppermann betonen die kommunikative Funktion jeder Textsorte und erforschen insbesondere, „in welchem kontextuellen Zusammenhang und mit welcher repräsentierenden Funktion welche Textsorte mit welcher Mitteilungsabsicht und Konsequenz für die Interaktion und Selbstdarstellung zum Einsatz kommt, oder umgekehrt: auf welche kommunikative Funktion der Gebrauch einer Textsorte in einem bestimmten Kontext verweist."[19] Die Beziehungen der Textsorten untereinander, der Wechsel zwischen den Textsorten und das Vorherrschen bestimmter Textsorten in einer Narration sind also von Bedeutung. Will man einen Text unter seinen kommunikativen Aspekten betrachten, rückt die *Textsorte des Argumentierens* in besonderer Weise ins Blickfeld: „Argumentieren im biografischen Interview stellt daher in erster Linie eine Auseinandersetzung mit möglichen Positionen, Erwartungen und Vorverständnissen dar, welche der Erzähler selbst im Laufe seiner Lebensgeschichte kennen gelernt hat."[20] Im Argumentieren werden dialogische Auseinandersetzungen mit konkreten anderen, biografisch relevanten Interaktionspartnern so möglicherweise re-inszeniert. „Damit liegt auf der Hand, dass das Argumentieren eine Aktivität ist, die essentiell für die Analyse narrativer Identität ist: Mit Argumentationen werden Positionen, die der Sprecher einnimmt und die für das von ihm beanspruchte Selbstbild unter Umständen zentral sind, verteidigt."[21] Dies geschieht in einer Situation, in der sich der Erzähler im Akt des Erzählens des Umstandes bewusst wird, dass er einen Zuhörer vor sich hat, der die geäußerten Positionen möglicherweise

[18] Lucius-Hoene/Deppermann 2002, S. 160
[19] A. a. O., S. 142
[20] A. a. O., S. 163
[21] A. a. O.

nicht nachvollziehen und teilen kann. In dieser offenen Situation werden ähnliche frühere Erfahrungsmuster wieder aktiviert.

Damit werten Lucius-Hoene und Deppermann die Bedeutung der Textsorte der Argumentation auf, wo doch der Textsorte des szenisch-episodischen Erzählens wegen ihres scheinbar direkten Bezugs zur lebensgeschichtlichen Wirklichkeit bisher großer Vorrang eingeräumt wird (s. Abschnitt 6.2). Gerade das szenisch-episodische Erzählen im engeren Sinne kann im Gesamtzusammenhang oft eine argumentative Funktion erfüllen, indem für den Zuhörer Einstellungen oder Verhaltensweisen durch eine Erzählung gestützt werden. Dies trifft in besonderer Weise auf sogenannte *Entnazifizierungsgeschichten* und die Tradierungsform der Überwältigung (s. Abschnitt 7.2) zu. Auch Bartmann und Kunze sehen in Argumentationen einen wichtigen Zugang zur Erfahrungsebene in biografischen Erzählungen und plädieren für eine systematische Analyse argumentativer Textpassagen je nach Position dieser Textsorte im Rahmen der Gesamterzählung.[22]

So geben Argumentationen Hinweise darauf, wie die geschilderten Erfahrungen für den Biografieträger relevant sind, und in welche subjektiven Perspektiven er seine Erfahrungen einordnet. Welche Bedeutung hat ein verwendeter Schlüsselbegriff? Welche kulturellen Einstellungen laden diesen Begriff noch weiter auf? Es erschließen sich implizite Annahmen und komplexe Deutungsmuster als Teil der Selbstverständigung. Mit der dokumentarischen Analyse solcher Passagen können Muster gemeinsamer, stillschweigender Handlungsorientierungen – also die *Orientierungsrahmen*, in denen die Biografieträger ihre Themen bearbeiten – erschlossen werden.[23]

Bei Interviews über die Zeit des Nationalsozialismus werden die Erfahrungen, die die ältere Generation beim Erzählen über diese Zeit gemacht haben, wieder aktualisiert: seien es Desinteresse, Unverständnis, Neugierde oder unverhohlene Ablehnung auf Seiten der jüngeren Generation, an die diese Erzählungen gerichtet waren. In Interviews zu diesem Thema sind folglich besonders diejenigen Stellen interessant, in denen die Textsorte des

[22] Bartmann/Kunze 2008, S. 181 f.
[23] Nohl 2009, S. 50

Argumentierens im Vordergrund steht und sich mit Phasen des Erzählens und Beschreibens abwechselt. Gerade bei diesen Wechseln ist zu vermuten, dass sich der Erzähler der kommunikativen Situation bewusst wird. Seine Äußerungen sind an einen Adressaten gerichtet. Interessant ist bei diesen Wechseln auch die Beobachtung von Lucius-Hoene und Deppermann, dass gerade das „Aussteigen" aus der Textsorte des Erzählens auf „biografisch noch nicht abschließbare oder qualifizierbare Themen oder Problemlagen"[24] verweist. Diese Wechselstellen markieren Bruchstellen des biografischen Lernens, die mit der eigenen Verarbeitung des Nationalsozialismus und mit dem nicht genügend geglückten intergenerationellen Dialog darüber zu tun haben.

An solchen Bruchstellen offenbaren sich also am ehesten die für den Erzählenden noch nicht abgeschlossenen Themen. Gerade hier sieht sich aber auch die interviewende Person möglicherweise vor große Herausforderungen gestellt. Auch auf ihrer Seite wird der nicht abgeschlossene, intergenerationelle Dialog über den Nationalsozialismus re-inszeniert. Die Aufgabe besteht nun zum einen darin, sich als Gesprächspartner für den Erzähler zur Verfügung zu stellen. An den Interviewer sind die Äußerungen des Erzählers gerichtet, für ihn sind die Erzählungen, Beschreibungen und Argumentationen bestimmt. Dieser Adressierung muss der Interviewer mit seinen Reaktionen Rechnung tragen. Andererseits liegt das Forscherinteresse ja bei der subjektiven Erfahrungswelt des Erzählers, der Zuhörer sollte von sich aus also keine Positionen einnehmen.[25] Da diese Stellen für beide Seiten im Interview von hoher Brisanz sind – für den Sprecher birgt eine Diskussion mit dem Interviewer die Gefahr einer Reinszenierung schmerzlicher und fruchtloser Diskussionen mit den eigenen Kindern, für den Interviewer die Gefahr eines im weiteren Verlauf abgebrochenen Erzählflusses – ist die Interaktion zwischen Erzähler und Interviewer hier von besonderem Interesse unter folgenden Fragestellungen:

- Kommt die Erzählperson anschließend wieder zurück in einen Erzählfluss, z.B. in ein Erzählen im engeren, szenisch-episodischen Sinne?
- Geschieht neben einer teilweise gewollten Re-Inszenierung in diesen Moment etwas Neues? Bekommt das Argumentieren der Erzählperson eine neue Qualität, z.B. in Form von neuen Schlussfolgerungen

[24] Lucius-Hoene/Deppermann 2002, S. 171
[25] A. a. O., S. 163

im Prozess des Argumentierens und Reflektierens? Dies wäre nach Lucius-Hoene und Deppermann einer der wichtigsten Wege zu autoepistemischen Effekten im Erzählprozess[26] und damit ein wichtiger Hinweis auf biografisches Lernen im Prozess des Erzählens selbst.

- In welcher Form gelingt es der interviewenden Person, die Balance zwischen der Rolle des Gesprächspartners und der Rolle des sich zurücknehmenden Forschers zu halten? Diese Frage wäre von Bedeutung für die spätere Typenbildung.
- In welcher Form wirkt die Haltung von Anerkennung in diesen Prozess hinein?

Gerade in der interaktiven Bezugnahme *beider* am Interview Beteiligter manifestiert sich ein *gemeinsamer* Erfahrungsraum. Dieser Blickwinkel erweist sich z.B. bei der Untersuchung von Gruppendiskussionen als besondere Stärke der dokumentarischen Methode. So wird hier doch besonderer Wert auf die Erfassung der Diskursorganisation gelegt. „Dort, wo in *dramaturgischer* Steigerung die interaktive Bezugnahme ihre höchste Intensität und Dichte erreicht ..., verschmelzen die Einzelbeiträge am deutlichsten ineinander, und es treten die Individuen, die Charaktere der einzelnen Sprecherpersönlichkeiten zurück hinter das *gemeinsame Erleben*, das hier seinen *Focus* hat.“[27] Insofern ist die dramaturgische Entwicklung des Diskurses, die Verdichtung in einem oder mehreren Höhepunkten nicht nur bei Gruppendiskussionen, sondern auch bei der Untersuchung von Einzelinterviews, in denen von einer hohen inneren Beteiligung des Forschers auszugehen ist, Gewinn bringend. Dies muss sich in der Auswahl der zu untersuchenden Passagen niederschlagen.

10.2 Auswahl von Interviewpassagen

Der thematische Verlauf (s.u.) gibt einen Überblick über alle in einem Interview bearbeiteten Inhalte und ihre Abfolge. Damit können bedeutsame Passagen leichter identifiziert werden. Die Auswahl von Interviewpassagen ist von folgenden Kriterien für die weitere Analyse bestimmt:[28]

[26] Lucius-Hoene/Deppermann 2002, S. 168
[27] Bohnsack 1989, S. 350, Hervorhebungen im Original
[28] Nohl 2009, S. 46

- Relevanz für die Forschungsfragestellung;
- Passagen mit hoher, emotionaler Beteiligung, interaktiver Dichte und Selbstläufigkeit in der Erzählung, sog. *Focussierungsmetaphern*;[29]
- Themen und Abhandlungsformen, die in verschiedenen Interviews wiederholt auftreten und variiert werden.

Im Hinblick auf die *Forschungsfragestellung* sind diejenigen Passagen von Bedeutung, in denen es um das Zusammentreffen unterschiedlicher Einstellungen – zwischen den Generationen im Allgemeinen und zwischen den Interviewbeteiligten im Besonderen – und um die Formulierung von persönlichen Lernerfahrungen geht. Im Erzählen reproduziert der Proband, mit welchen Leitmotiven er sich mit dem Nationalsozialismus arrangierte oder engagierte und wie er die Erfahrung der Zeit des Nationalsozialismus in sein Leben integriert hat. Biografisches Lernen schlägt sich in den Erzählungen nieder und geschieht im Erzählen, in manchen Fällen werden so auch in der Interviewsituation selbst Reflexionsprozesse neu angestoßen (s. Abschnitt 4.3). Biografische Lernerfahrungen werden in der Analyse keiner moralischen Bewertung unterzogen. Es geht nicht um die Frage einer Abkehr von früheren Sympathien für den Nationalsozialismus. Gegenstand biografischen Lernens ist allein die Frage, wie der Erzählende kritische Lebensphasen – und dies ist die Zeit des Nationalsozialismus und die Zeit nach der Zerschlagung des Nationalsozialismus zweifellos – in die eigene Identität integriert hat. Im Verlauf des Interviews geben direkte Fragen aus dem Interviewleitfaden nach der Verarbeitung des Nationalsozialismus Anreiz zur Thematisierung biografischen Lernens, hier insbesondere die Frage nach der Verarbeitung der eigenen Erfahrungen im Nationalsozialismus nach Kriegsende (s. Abschnitt C).

Als *Focussierungsmetaphern* sind diejenigen Passagen auszuwählen, in denen szenische Erzählungen und/oder Interaktionen zwischen den am Interview Beteiligten eine Rolle spielen. Hier sind am Direktesten Hinweise auf Anerkennung bzw. Nichtanerkennung zu erwarten. In der Textsorte der Stegreiferzählung und der Beschreibung offenbart sich das atheoretische, konjunktive Wissen des Erzählers.[30] Selbstnarrationen sind in besonderer Weise

[29] Bohnsack 1989, S. 349

[30] Bohnsack/Nentwig-Gesemann/Nohl 2007, S. 14

dazu geeignet, die eigene Identität darzustellen, auszuformen und eine innere Einheit als Person herzustellen.[31] Phasen des Argumentierens tragen dabei der Kommunikationssituation im Interview in einer besonderen Weise Rechnung (s. vorigen Abschnitt). Im Argumentieren stellt sich der Erzähler auf den Zuhörer ein. Er nimmt ihn wahr und versucht, ihm Tatbestände, Handlungen und Entscheidungen plausibel zu machen, welche der Zuhörende aufgrund seines Alters, seiner Milieuzugehörigkeit u.a. möglicherweise nicht bzw. noch nicht versteht. Thematisch sind dies häufig diejenigen Textstellen, in denen atheoretisches Wissen zum Nationalsozialismus, das der Generation der Älteren noch zugänglich war, der Generation der Jüngeren erklärt wird. Lucius-Hoene und Deppermann sehen das Argumentieren geradezu als zwangsläufige Folge einer Erzählung im engeren Sinne an: Sieht sich der Erzähler doch oft noch dazu aufgerufen, die Zusammenfassung bzw. die „Moral" seiner Erzählung durch entsprechende Argumente zu stützen bzw. zu bekräftigen.[32] Für die Untersuchung der Prozesse von Anerkennung und Missachtung sind deshalb die Wechsel in den Textsorten von besonderem Interesse: Wenn die Erzählperson argumentiert, stellt sich für den Interviewenden die Frage, wie er mit diesem kommunikativen Angebot umgeht und wie er den oder die Erzählende ggf. wieder zu weiteren Stegreiferzählungen anregt.

Sich wiederholende Themen in den Interviews bieten direkte Ansatzpunkte für den Vergleich zwischen verschiedenen Interviewverläufen, verschiedenen Orientierungsrahmen und verschiedenen Interaktionsformen zwischen den Beteiligten. In dieser Hinsicht sind Passagen mit Aussagen zum biografischem Lernen, Passagen mit wiederholten Erzählungen und Passagen mit vergleichbaren Interviewerinterventionen in unterschiedlichen Interviews für die komparative Analyse von Interesse. Es kristallisieren sich in den Interviews bestimmte Lebensthemen heraus, die in unterschiedlicher Form von jeder erzählenden Person neu bearbeitet werden. Auch innerhalb eines Interviews oder eines Folgeinterviews mit derselben Person werden Themen wiederholt und z.T. abgewandelt. So gibt die Variation von Themen und Orientierungen auch im fallinternen Vergleich[33] Hinweise für die sinngenetische Typenbildung (s. Abschnitt 10.6). Denn allein schon die Wiederholung

[31] Lucius-Hoene/Deppermann 2002, S. 47 ff.
[32] A. a. O., S. 149
[33] Nohl 2009, S. 116

bestimmter Episoden oder Argumentationsstränge zeigt an, dass der Erzähler diesen Inhalten zentrale Bedeutung beimisst. In der Art der Variation einer wiederholten Erzählung wiederum lässt sich erkennen, wie sehr der Proband ein bestimmtes Thema in der Interviewsituation selbst bearbeitet. Da einige Interviews eine Fortsetzung an einem zweiten Termin erfuhren, sind hier entsprechende Passagen auszuwählen.

Über die genannten Auswahlkriterien hinaus ist aber auch der *Beginn eines Interviews* in den Blick zu nehmen. Schon hier werden erste Positionierungen der am Interview Beteiligten ausgehandelt. Beide Beteiligte orientieren sich in einer neuen Situation. Es bildet sich möglicherweise sehr schnell ein gemeinsamer Orientierungsrahmen[34] heraus, denn die Interviewsituation selbst wird hier häufig zum Gegenstand der Interaktion. Die Formulierung des Eingangsstimulus mit den begleitenden Rahmenhandlungen gibt wichtige Informationen zur Einführung spezifischer Erfahrungshintergründe und bahnt damit häufig den weiteren Verlauf der Spontanerzählung an. Möglicherweise werden schon hier durch unscheinbare Signale Zugehörigkeiten oder Abgrenzungen zu Erfahrungsgemeinschaften geschaffen.[35] Deshalb wird bei jedem Interview die Eingangspassage untersucht.

Die so ausgewählten Passagen durchlaufen verschiedene Analyseschritte der dokumentarischen Methode. Dabei müssen den genannten Kriterien entsprechende Instrumentarien zur Feinanalyse gegenüber stehen. Denn z.B. dem Interesse für die Dichte einer Interaktion muss das passende Analysehandwerkszeug gegenüberstehen, um solche Passagen auch interpretieren zu können. Dies wird im Folgenden genauer erläutert.

10.3 Formulierende Interpretation

Gemäß der dokumentarischen Methode wird zu jedem der ausgewählten Interviews ein thematischer Verlauf über das gesamte Interview erstellt (s. Dokumentation zu jedem Interview im separaten Materialband, Bezugshinweis s. S. 10). Mit diesem Schritt wird der objektive Sinngehalt eines Textes

[34] Zur Abgrenzung der Begriffe *Orientierungsrahmen* und *konjunktiver Erfahrungsraum* s. Abschnitt 10.6.

[35] Przyborski 2004, S. 36

erfasst. Es geht um die thematische Abfolge und Strukturierung des Textes. Der thematische Gehalt einer Passage wird anhand von Ober- und Unterthemen differenziert und jeweils in eigenen Worten zusammengefasst.[36] Da der Fokus meiner Arbeit auf dem Geschehen zwischen beiden Interviewbeteiligten liegt, unterscheide ich bei der Segmentierung des Textes darüber hinaus noch nach Einschubsequenzen und Metakommunikationen. So verlassen beide Interviewbeteiligte möglicherweise das Interviewsetting, indem sie über die Interviewsituation selbst sprechen. Dies ist besonders zu Anfang und zum Ende eines Interviews zu erwarten, geschieht aber auch zum Teil im Verlauf des Interviews. Neben solchen *Metakommunikationen* verändert sich die Interaktionssituation aber auch z.B. dadurch, dass der oder die Erzählende Erläuterungen zur Erzählaufgabe und zur Verwendung der Interviews benötigt oder sich der Interviewer seinerseits zu Erklärungen veranlasst sieht. Solche *Einschubsequenzen* sind dadurch gekennzeichnet, dass sie sich nach Lucius-Hoene und Deppermann „funktional auf die Ermöglichung und Entfaltung des Interviews“ beziehen.[37] Da bei Metakommunikationen und Einschubsequenzen der Gesprächsrahmen tendenziell neu definiert und verhandelt wird, lassen sich hier besonders gut die Positionierungsaktivitäten der Beteiligten aufzeigen.

In der formulierenden Interpretation wird der Rahmen des Textes nicht verlassen, Inhalte der Interviewpassagen werden lediglich abstrahiert. Deshalb müssen sich Forschende bei der thematischen Zusammenfassung von Interviewpassagen jeder eigenen Interpretation enthalten, sie bleiben strikt am Text und beziehen hier kein Kontextwissen mit ein. Die Sortierung und Neuformulierung dieser Inhalte ist dennoch eine erste interpretierende Leistung.[38] Mit diesem Schritt wird die Spannung zwischen dem objektiven Sinngehalt eines Textes und den möglicherweise mitschwingenden dokumentarischen Sinngehalten, wie sie dann in der reflektierenden Interpretation erarbeitet werden, aufgedeckt. Die formulierende Interpretation dient den Forschenden dazu, die Position des Fremdverstehens (s. Abschnitt 6.1) selbst einzunehmen und das Interviewmaterial mit einem anderen Blick zu betrachten, auch wenn sie selbst im Interviewgeschehen beteiligt waren.

[36] Nohl 2009, S. 47
[37] Lucius-Hoene/Deppermann 2002, S. 264
[38] Schäffer 2003, S. 355

Im thematischen Verlauf werden die Reaktionen und Interventionen auf Seiten der Interviewenden in dieser Arbeit gesondert vermerkt. Dies ist für die Identifizierung von Passagen mit thematischer Relevanz und hoher interaktiver Dichte bedeutsam. In den nach o.g. Kriterien ausgewählten Passagen wird die Abfolge der behandelten Themen im Hinblick darauf genauer beleuchtet, welche übergreifenden Themen von wem in den Diskurs eingeführt, vertieft und weiter mit Unterthemen ausdifferenziert wurden. Manche der Themen wurden eventuell erst durch Interventionen des Interviewers angestoßen oder vertieft.

10.4 Reflektierende Interpretation

In der reflektierenden Interpretation werden *Orientierungsrahmen* rekonstruiert – also Muster gemeinsamer, stillschweigender Handlungsorientierungen, mit denen Themen abgehandelt werden. Anhand des Herstellungsprozesses, anhand der Entwicklung und Ausarbeitung eines Themas im Diskurs kann der dokumentarische Sinngehalt einer Passage rekonstruiert werden.[39] Mannheim trifft die *Unterscheidung zwischen Verstehen und Interpretieren.*[40] Während das Verstehen unmittelbar zwischen Menschen geschieht, die zu einem gemeinsamen Erfahrungsraum gehören, erfassen Außenstehende die Realitäten fremder Erfahrungsräume über eine kommunikative Beziehung der wechselseitigen Interpretation, denn die Zusammenhänge müssen erst zum Ausdruck gebracht und erläutert werden.

Der Diskurs im Rahmen eines Forschungsinterviews wird vom Probanden wie auch vom Interviewer in besonderer Weise organisiert und geformt. Die Art der Abhandlung von Themen bietet den Zugang zu kollektiven Orientierungen und Erfahrungsräumen hinter dem Gesagten, auch für einen Außenstehenden. Um auf gemeinsame Erfahrungsräume zurückschließen zu können, ist es von besonderer Bedeutung zu erkennen, wo zwischen den am Interview Beteiligten ein Prozess konjunktiven Verstehens oder ein Prozess kommunikativen Interpretierens im Gange ist. Um als Forschender die Außenperspektive zu wahren, müssen die Beobachtungen einer theoretischen Reflexion und Abstraktion zugänglich gemacht werden, denn „für einen systematischen und

[39] Nohl 2009, S. 9
[40] Mannheim 1980, S. 272

(intersubjektiv) kontrollierbaren Zugang zu fremdem Sinngehalt bedarf es der Explikation der Formalstruktur."[41] Ein erster Ansatz dazu liegt in der formulierenden Interpretation. In der reflektierenden Interpretation werden diejenigen Orientierungsrahmen, die ein Interview und die am Interview Beteiligten beeinflussen, herausgearbeitet. Erst mit den weiteren, interpretativen Schritten können dann die dahinter liegenden *konjunktiven Erfahrungsräume* erschlossen werden (s. Abschnitt 10.6).

Auch der Schritt der reflektierenden Interpretation muss als Forschungsvorgehen im Rahmen der qualitativen Sozialforschung intersubjektiv nachvollziehbar und überprüfbar sein. Insofern braucht es differenzierte Instrumentarien, die solche Prozesse im Text erschließen und einer wissenschaftlichen Untersuchung zugänglich machen. So geht z.B. jede Form gesprächsanalytischer Untersuchung von der Arbeitshypothese aus, dass Äußerungsformen spezifische Funktionen im Gespräch erfüllen und dass auch die zeitliche Ordnung von Themen und Interventionen Hinweise auf charakteristische Gesprächsstrukturen gibt.[42] Redestrategien, sprachliche Indizien von Emotionalität und Kontakt geben u. U. Hinweise auf den zu untersuchenden Dokumentsinn eines Textes. In meiner Forschungsarbeit kommen mehrere Dimensionen der Analyse von Gesprächen zum Einsatz, sei es zur Untersuchung von Diskursformen, sei es zur Untersuchung von Darstellungsstrategien.

10.4.1 Dokumentarische Gesprächsanalyse

Bohnsack[43] und im Weiteren Przyborski[44] haben aus der Betrachtung von Gruppendiskussionen eine spezielle Form sequenzieller Diskursanalyse entwickelt. Danach ist ein Gespräch als ein sich selbst steuerndes System zu verstehen. Im Aufeinander-Einpendeln der Diskursbeteiligten entwickeln sich Formen und Regeln des Umgehens miteinander und der Reaktion aufeinander. Die Form der Selbstorganisation im Gespräch ist Ausdruck der Art der Verständigung zwischen den Beteiligten. Die Rekonstruktion des *dokumentarischen* Sinngehaltes eines Gesprächs erfolgt ohne den „Umweg über das Sub-

[41] Bohnsack 1989, S. 349
[42] Deppermann 2001, S. 49
[43] Bohnsack 1989
[44] Przyborski 2004

jekt",[45] sondern erfasst die kommunikative Situation als Ganzes. Die Analyse bestimmter diskursiver Praktiken ermöglicht Rückschlüsse auf spezifische Kommunikationsmuster und Orientierungen. „Je *konjunktiver* die Verständigung ist, desto stärker werden Bedeutungen durch die Gestaltungsebenen mitgetragen, desto feiner funktioniert auch diese Ebene. Je *kommunikativer* die Verständigung ist, desto stärker liegt das Gewicht der Bedeutung auf den einzelnen Worten und weniger auf der Ebene der Gestaltung."[46] Schon die Unterscheidung, ob es sich in einem Interview um den Prozess konjunktiven Verstehens oder um den Prozess kommunikativer Aushandlung von Bedeutungen handelt, gibt Hinweise darauf, ob ein von den Diskursbeteiligten geteilter, *konjunktiver Erfahrungsraum* besteht oder fehlt.

Bei den vorliegenden Forschungsinterviews sind die Erfahrungen der Probanden mit dem Nationalsozialismus Gesprächsgegenstand; möglicherweise leben Erfahrungen mit der bisherigen Bearbeitung des Themas in den Interviews wieder auf und bestimmen die Art der Verständigung. Da es sich um leitfadengestützte Forschungsinterviews handelt, ist die Interaktion sehr stark durch die Abstinenz der Interviewenden, durch die erzählgenerierende Ausrichtung der Fragen und durch Impulse der Interviewenden strukturiert. Jedoch stehen in diesem Setting gerade die Momente der gegenseitigen Bezugnahme im Zentrum der Untersuchung. In manchen Passagen drängt sich der Eindruck auf, dass hier eine „Gruppendiskussion" zwischen zwei Personen im Gange sei. Die Tatsache, dass die Interviewenden ihre Abstinenzposition trotz aller Sicherungsmaßnahmen und Qualifikationen teilweise verlassen, ist ja ein wichtiges Indiz für eine besondere Dynamik in diesen Interviews. Der Blickwinkel einer kommunikativen und konjunktiven Verständigung ist hier von besonderer Bedeutung gerade für die Untersuchung von gemeinsamen Erfahrungsräumen und ihrer Wechselwirkung mit der Dimension von Anerkennung und Missachtung. Deshalb ist es hilfreich, bei der Analyse der vorliegenden Einzelinterviews auch das diskursanalytische Instrumentarium zur Untersuchung von Gruppendiskussionen heranzuziehen.

[45] Przyborski 2004, S. 31
[46] A. a. O., S. 27, Hervorhebungen im Original

Bohnsack grenzt die Form der Gesprächsanalyse von Gruppendiskussionen, wie sie innerhalb der dokumentarischen Methode zum Zuge kommt, von der Konversationsanalyse nach Harvey Sacks[47] insofern ab, dass in der Konversationsanalyse der Blick zu sehr von Inhalten losgelöst auf formale Strukturen gerichtet und zu kleinteilig nur auf einzelne Redezüge gerichtet sei. Demgegenüber gehe es in der dokumentarischen Methode um die Analyse längerer Interaktionsbewegungen.[48] Dennoch sieht er einzelne Anknüpfungspunkte an Konzepte der Konversationsanalyse und der soziolinguistischen Gesprächsanalyse. Die Organisation des gemeinsamen Diskurses, die Folge einzelner Diskursbewegungen innerhalb einer Diskurseinheit wird hauptsächlich in den Blick genommen.[49] Przyborski hat die von Bohnsack anhand von Gruppeninterviews entwickelte dokumentarische Gesprächsanalyse weiter differenziert. Dabei geht es um die Frage, wie bestimmte Inhalte vorgebracht werden und in welchem formalen Bezug die Interaktionszüge zueinander stehen. In der Art des Miteinander-Sprechens dokumentiert sich möglicherweise ein gemeinsamer Orientierungsrahmen. Dies lässt Rückschlüsse darauf zu, ob die Sprechenden in einen konjunktiven Erfahrungsraum eingebunden sind. Bei der Betrachtung der Art und Weise, wie die Teilnehmenden eines Gruppeninterviews in ihren Diskurszügen aufeinander Bezug nehmen, identifizierte Przyborski fünf verschiedene Formen der Diskursorganisation.[50] So unterscheidet sie die Organisation eines Diskurses insbesondere dahin gehend, ob eine gemeinsame Konklusion am Ende einer Diskursbewegung zu Stande kommt oder nicht. Der erste Fall deutet auf das Vorliegen eines gemeinsamen konjunktiven Erfahrungsraumes hin – hier spricht Przyborski von „inkludierenden" Diskursmodi –, im zweiten Fall kommt offensichtlich keine gemeinsame Orientierung zum Vorschein – diese werden als „exkludierende" Diskursmodi bezeichnet.[51] Zur *inkludierenden Diskursorganisation* gehören folgende Modi:

- *Paralleler Diskursmodus*: Dieser Modus ist der Prototyp für die Konstellierung eines gemeinsamen Erfahrungsraumes zwischen den am Gespräch Beteiligten, denn ihre Handlungsorientierungen werden in gleicher Weise und Struktur bearbeitet. Dies bedeutet nicht unbedingt, dass

[47] Sacks 1995
[48] Bohnsack 2008, S. 121 ff.
[49] A. a. O., S. 125
[50] Przyborski 2004
[51] A. a. O., S. 96 ff. und S. 216 ff.

es den Beteiligten um die gleiche Sache geht. Gleichartigkeit besteht in der Art und Weise der Bearbeitung eines Themas, sei es in den Inhalten oder in der sprachlichen Realisierung. Im Unterschied zum univoken Diskursmodus (s.u.) geht es hier nicht um das gemeinsame Realisieren und Sich-Ergänzen in den Diskursbewegungen, sondern um Übereinstimmung in der Verschiedenheit. Sie manifestiert sich darin, dass alle am Diskurs Beteiligten in ihrer Verschiedenheit um eine gemeinsam verbindende Erfahrung wissen und dies auch ausdrücken. Bei der Analyse ist hier auf strukturelle und formale Ähnlichkeiten in den Diskursbewegungen zu achten.

- *Univoker Diskursmodus*: Im univoken Diskursmodus sind nicht nur Ähnlichkeiten in der Art der Bearbeitung von Themen vorzufinden, vielmehr nehmen die Beteiligten dieselbe Perspektive ein. Sie engagieren sich vor dem Hintergrund einer *identischen* Erfahrung. Dies äußert sich in gleichzeitigem, sich gegenseitig ergänzendem Sprechen. Wechselseitige Überlagerungen und stützendes Einflechtungen von Ergänzungen ergeben das Bild eines „Zopfmusters“.[52] Dabei dokumentiert sich bei den Beteiligten die Gewissheit und das Vertrauen in die vollkommene Übereinstimmung der Beteiligten bei der Betrachtung eines Themas. Es braucht keine Verständigung über den gemeinsamen Hintergrund, weil sich die Beteiligten dieser Übereinstimmung gewiss sind.

- *Antithetischer Diskursmodus*: Als dritter der inkludierenden Diskursmodi fällt der antithetische Diskursmodus scheinbar aus dem Rahmen. Aber auch im Widerstreit drücken die Beteiligten ihre Verbundenheit mit einem gemeinsamen Erfahrungsraum aus. Im Wechselspiel verschiedener Argumente und Einwände gelangen die Beteiligten schließlich zu einer gemeinsam bestätigten Synthese, die eine gemeinsame Orientierung oder ein gemeinsam erkanntes Orientierungsdilemma bekräftigt. Hier ist bei der Analyse allerdings darauf zu achten, ob am Schluss einer Diskursbewegung eine Synthese oder lediglich ein ritueller Abschluss ohne inhaltlichen Bezug z.B. in Form eines Themenwechsels steht. Dies wäre ein Hinweis auf das Vorliegen eines oppositionellen Diskursmodus.

Zur *exkludierenden Diskursorganisation* gehören folgende Modi:

[52] Przyborski 2004, S. 207

- *Oppositioneller Diskursmodus*: Während im antithetischen Diskursmodus der Widerstreit zu einer gemeinsamen Verständigung führt, bleiben die Positionen der Beteiligten beim oppositionellen Diskursmodus in ihrer Widersprüchlichkeit bestehen. Die Diskursbeteiligten verfügen folglich nicht über gemeinsam geteilte Orientierungen. Sie sind sich einig, dass sie sich nicht einig sind.[53] Widersprüche werden nicht durch eine gemeinsame Konklusion oder Synthese aufgelöst, sie werden entweder offen und streitbar ausgetragen, oder der Diskurs wird abgebrochen. Durch rituelle Formen der Beendigung, sei es durch Themenabbruch, Themenwechsel oder durch Formulierung von Allgemeinplätzen, werden so bestehende Widersprüche lediglich formal aufgehoben.

- *Divergenter Diskursmodus*: Im divergenten Diskursmodus werden Widersprüchlichkeiten eher verdeckt ausgetragen. Die Beteiligten knüpfen scheinbar aneinander an, die eine Person greift den Bezugsrahmen der anderen auch auf, sie legen aber in ihren Anschlussäußerungen einen anderen Bezugsrahmen darüber. Zentrales Element dieses Modus ist die von Bohnsack so benannte *Fremdrahmung*,[54] die aber hier im Dienste einer verschleiernden Vereinnahmung einer gegensätzlichen Position steht und damit zur *Falschrahmung*[55] wird. Die Beteiligten geben einander recht, schließen aneinander an, reden letztlich aber aneinander vorbei.

Da wir es in dieser Untersuchung mit Interviews zu tun haben, die einerseits narrativ bzw. leitfadengestützt angelegt waren und andererseits aber den Charakter von Gruppendiskursen annahmen, möchte ich noch einen weiteren Modus der Interaktion für die Analyse hinzuzufügen:

- *Narrativ-monologischer Modus*: Das Setting narrativer und leitfadengestützter Interviews ist vorwiegend monologisch ausgerichtet. Die Erzählperson soll weitgehenden Raum für den eigenen Prozess der Selbstthematisierung erhalten bei weitgehender Zurückhaltung der Interviewperson. Insofern sichert der „narrative" Modus des biografischen Interviews eine bestimmte Form der Interaktion zwischen den an einem Inter-

[53] Przyborski 2004, S. 229
[54] Bohnsack 2008, S. 228
[55] Przyborski 2004, S. 234

view Beteiligten und steht als spezifischer Modus neben den von Przyborski postulierten Diskursmodi.

Um den Diskursmodus bestimmen zu können, müssen in der Feinanalyse von Interaktionen verschiedene semantische Formen ausgemacht werden. Einzelne Formen prägen möglicherweise den einen oder anderen Diskursmodus, allein das Zusammenspiel der Elemente in einer Diskurseinheit macht aber den Gesamtcharakter eines Gesprächs aus. Die Grundbewegung in einer Diskurseinheit besteht in der Regel darin, dass von einer Person ein Thema, eine These, eine Meinung eröffnet und durch Anschlussäußerungen in einem zweiten Schritt entfaltet wird. Schließlich wird die Diskurseinheit geschlossen, und es erfolgt die Überleitung zu einer neuen Einheit. Przyborksi hat aufbauend auf Bohnsack[56] hier ein differenziertes Begriffsinventar für die Elemente in einem Diskurs entwickelt:[57]

- *Proposition*: Mit einer Proposition wird ein Sinngehalt, ein Orientierungsgehalt von Äußerungen z.B. in Form einer Stellungnahme erstmalig aufgeworfen. Dieser Sinngehalt kann z.B. in der Art und Weise, wie ein Thema angesprochen wird, implizit gegeben sein. In Einzelinterviews kann dies durch den Interviewer selbst geschehen (z.B. durch exmanentes Nachfragen), Themeninitiierungen können sich aber auch aus dem Gesprächsfluss selbst ergeben.

- *Elaboration*: Jede Weiterbearbeitung einer Orientierung, wie sie in der Proposition aufgeworfen wurde, stellt eine Elaboration dar. Oft wechselt dabei auch die Textsorte (s. Abschnitt 10.1). Die Orientierung wird durch Argumente oder durch Beispiele (Exemplifizierung) im Modus des Erzählens oder Beschreibens vertieft.

- *Differenzierung*: Eine Differenzierung führt zusätzliche Aspekte zu einem Orientierungsrahmen ein und modifiziert ihn damit. Die Reichweite einer Orientierung wird damit aber begrenzt. Insofern unterscheidet sich die Differenzierung von einer Elaboration. Sprachlich kann sich eine Differenzierung in einer Suchbewegung ausdrücken, möglicherweise wird damit auch eine neue Orientierung bzw. Proposition vorbereitet.

[56] Bohnsack 2008, S. 125
[57] Przyborski 2004, S. 61ff

- *Opposition*: Im Anschluss an eine Proposition kann ein entgegenstehender Bezugsrahmen aufgeworfen werden. Wenn dieser in der weiteren Bearbeitung nicht aufgelöst wird und weiter unvereinbar neben der in der Proposition aufgeworfenen Orientierung steht, dann kommt es zu keiner gemeinsamen Schließung dieser Diskurseinheit. Es kommt zu keiner Synthese, der geäußerte Einwand bleibt als Opposition bestehen.

- *Antithese*: Im Anschluss an eine Proposition kann eine aufgeworfene Gegenmeinung allerdings auch diskursiv weiter bearbeitet werden. Mündet dies in eine gemeinsame Orientierung oder in der gemeinsamen Sicht eines Orientierungsdilemmas, dann handelt es sich bei dieser Entgegnung um eine Antithese. Im Gegensatz zur Opposition finden die Diskursbeteiligten zu einer Synthese.

- *Divergenz*: Eine Proposition kann im Gespräch aber auch dadurch aufgegriffen werden, dass diese zwar scheinbar bestätigt aber im Weiteren mit einem entgegenstehenden Orientierungsrahmen versehen wird. Hier wäre von einer *Falschrahmung*[58] zu sprechen.

- *Ratifizierung*: Im Verlauf eines Gespräches werden Äußerungen und Reaktionen durch Aufmerksamkeitsreaktionen begleitet, z.B. durch kurze Hörersignale (Interjektionen). Allerdings kann aus dem Zusammenhang nicht oder noch nicht erschlossen werden, ob es sich hier auch um eine inhaltliche Zustimmung handelt. Der dokumentarische Sinngehalt bleibt bei Ratifizierungen offen.

- *Validierung*: Bei der Validierung geht es im Unterschied zur Ratifizierung um das ausdrückliche Bestätigen aufgeworfener propositionaler Gehalte, sei es durch kurze verbale Zustimmung oder durch bestätigendes Aufgreifen und Vertiefen von Teilen einer Proposition. Die Validierung einer Konklusion am Ende einer Diskursbewegung bekräftigt nicht nur zuvor aufgeworfene Orientierungsgehalte. Der Beteiligte signalisiert damit auch seine Zustimmung zur Schließung einer Diskurseinheit.

- *Transposition*: Mit einer Transposition wird einerseits eine Diskurseinheit geschlossen und gleichzeitig aber ein neues Thema aufgeworfen. Sie vereint Konklusion und Proposition. Dabei wird ein bestehen-

[58] Przyborski 2004, S. 274

der Orientierungsrahmen mitgenommen und weitergeführt. Transpositionen, die von unterschiedlichen Diskursbeteiligten vorgenommen werden, deuten darauf hin, dass hier wesentliche kollektive Orientierungen behandelt werden.

- *Konklusion*: Konklusionen finden sich am Ende der Erörterung eines Themas. Sie schließen einen Orientierungsgehalt ab, sei es als *echte* Konklusion – hier scheint der behandelte Orientierungsrahmen noch einmal abschließend auf –, oder als *rituelle* Konklusion – hier werden oppositionelle Bezugnahmen dadurch abgeschlossen, dass ein Themenwechsel erzwungen wird, ohne dass das Thema inhaltlich abgeschlossen worden wäre. Konklusionen sind oft gefolgt von Pausen von mehreren Sekunden.

Die angeführten Elemente eines Diskurses und der Bezug dieser Elemente untereinander geben Hinweise auf die Modi der Diskursorganisation, die in einem Gespräch oder Interview vorherrschen. Damit kann der Grad intuitiver Übereinstimmung der Sprechenden ermessen werden und gibt damit auch Hinweise auf die *Dimension gegenseitiger Anerkennung und Missachtung*. So kann hier z.B. herausgearbeitet werden, ob die erzählten Inhalte von der interviewenden Person wirklich anerkannt und aufgegriffen, oder ob sie lediglich vordergründig und rituell bestätigt wurden. Schlüsselstellen für die Wahrnehmung von Diskrepanzen und inneren Dilemmata beim Zeitzeugen können außerdem darauf hin untersucht werden, wie sehr hier der Interviewer mit seinen Interventionen möglicherweise eine innere Auseinandersetzung beim Zeitzeugen erst angestoßen und wie sich der Proband derartige Themen dann zu eigen gemacht hat. Die Verbindung zwischen gemeinsamem Diskurs und der *Dimension des transformativen Lernens* wird so erfasst.

Allerdings kann diese Herangehensweise, die aus der Analyse von Gruppendiskussionen entwickelt wurde, nur Ergänzung zu einem Analysieren und Interpretieren von Narrationen im Rahmen von biografischen Einzelinterviews sein. Mannheims Konzept konjunktiver Erfahrungsräume muss bei Einzelinterviews in einer anderen Weise als bei Gesprächen in Gruppen eingebunden werden. Ebenso müssen die analytischen Schritte der dokumentarischen Methode hier z.T. abgewandelt und mit den bewährten Herangehensweisen an biografische Interviews[59] verbunden werden.

10.4.2 Analyse von Einzelinterviews mit der dokumentarischen Methode

Arnd-Michael Nohl hat die dokumentarische Methode für die Analyse von Einzelinterviews fruchtbar gemacht.[60] Er verbindet die formale Analyse der in den Erzählungen verwendeten Textsorten nach Schütze mit der sequenzanalytischen Vorgehensweise von Bohnsack und Przyborski. Für Nohl erschließt sich gerade über die Textsorte des Erzählens und Beschreibens die intuitive Selbstverständlicheit *atheoretischen und konjunktiven* Wissens des Probanden (s. Abschnitt 10.1 und 10.4.1). Im Argumentieren und Bewerten wiederum begründet der Proband Geschehnisse und Handlungen im Hinblick auf dahinterliegende Motive, hier offenbart sich sein *theoretisches, kommunikatives* Wissen. Deshalb zeigt der Wechsel zwischen den Textsorten das Wechselspiel zwischen konjunktiver und kommunikativer Verständigung. In den Argumentationen geht es nicht um den wörtlichen Sinngehalt, sondern um die Art und Weise, an welchen Stellen und in welcher Form der oder die Erzählende Plausibilität herstellt.[61]

Nach Helfferich[62] steht bei leitfadengestützten Interviews nicht ein narrativer Gesamtmonolog im Zentrum, sondern die Analyse von kleineren Textsegmenten im Hinblick auf entsprechende Deutungen und im Hinblick auf das Agieren von Bewältigungsmustern in der Interviewsituation selbst. Ausgewählte Textpassagen können so als separate Einheiten aufgefasst und untersucht werden. So können sowohl die zum Zuge kommenden Textsorten und sprachlichen Merkmale, als auch die verwendeten Diskurselemente und Diskursmodi in den Blick genommen werden.

Kernanliegen des Forschungsprojektes *Geschichte und Erinnerung* war es, individuelle Deutungen und sozialen Konstruktionen zur Frage der Mitwir-

[59] s. hier z.B. Deppermann 2001
[60] Nohl 2009, S. 47 ff.
[61] A. a. O., S. 50
[62] Helfferich 2005, S. 27

kung im Nationalsozialismus zu erforschen. Um dies zu erfassen, bot sich die Form des leitfadengestützten Interviews an. Den Interviewpersonen lag ein thematischer Leitfaden vor, der nach Möglichkeit im Gespräch abgedeckt werden sollte (s. Abschnitt 8.1). Damit gerät neben der inhaltlichen Frage nach individuellen Motiven und Reflexionen zum eigenen Mitwirken im Nationalsozialismus die Interviewsituation als Diskurssituation ins Blickfeld der Untersuchung. Für die Interpretation der vorliegenden Interviews ist gerade die Frage, was *zwischen* den Beteiligten geschieht, von Bedeutung. Im Wechselspiel zwischen diskursiven und narrativen Passagen erschließt sich, wie der Biografieträger seine Identität herstellt, welche Erfahrungsräume hierbei belebt werden und welcher erweiterte Erfahrungsraum zwischen den am Interview Beteiligten entsteht.

Folgende Fragestellungen sind bei der dokumentarischen Gesprächsanalyse der Interviews z.B. hervorzuheben: In der Eingangspassage, aber auch im weiteren Verlauf, sind die Art des *Stimulus* und die Auslegung der Erzählaufforderung durch den Erzähler, Vorgaben bei Themensetzungen und Voraussetzungen von gemeinsamem Wissen von Interesse. So kann die Eingangsfrage nach den Erlebnissen in der Kindheit der erzählenden Person nahelegen, sie müsse nun besondere Begebenheiten berichten und ihre Einschätzungen zur damaligen Zeit zurückstellen. Damit wird der Horizont einer anschließenden Narration in gewisser Weise eingeschränkt. Bei Propositionen ist der Blick darauf zu richten, wer diese in welcher Art einführt und wie der Interviewpartner darauf reagiert. So setzt z.B. die Frage des Interviewers nach Schuldgefühlen bei Erschießungen von Partisanen schon voraus, dass Schuldgefühle vorhanden gewesen sein müssten. Wenn Elaborationen im Interview Raum erhalten – in vielen Fällen unterbleiben sie oder werden abgebrochen –, dann ist die Art der Beteiligung bzw. Zurückhaltung beider Interviewpartner von Interesse. Gerade die Erzählbeendigungen geben wichtige Aufschlüsse über *biografische Lernerfahrungen und -deutungen* der Erzählperson.[63] Deshalb ist bei Konklusionen darauf zu achten, inwiefern eine Orientierung rituell oder echt abgeschlossen wird und inwiefern eine Konklusion gemeinsam erfolgt. Die Fokussierung auf Diskurselemente und Diskursmodi führt allerdings nicht unbedingt zu konkreten Ergebnissen, sondern zu weiteren Hypothesen, die noch

[63] Lucius-Hoene/Deppermann 2002, S. 262

weiter untermauert werden müssen. Aus diesen Gründen ziehe ich vertiefend weitere Analyseinstrumentarien für die Feinanalyse von Interviews heran.

10.4.3 Weitere Analyseinstrumentarien

Deppermann eröffnet verschiedene Dimensionen der Gesprächsanalyse, unter denen Interviewtexte beleuchtet werden können.[64] Bei der Auswahl der Untersuchungsinstrumentarien geht es um Angemessenheit und Aussagekraft im Hinblick auf den Untersuchungsgegenstand. Kruse und Helfferich lenken in ihrem integrativ-texthermeneutischen Analyseverfahren den analytischen Blick auf fünf Aufmerksamkeitsebenen:[65]

1. *Inhalt*: Hier geht es um die formale Analyse des Faktengerüsts der Interviewsituation, seien es biografische Daten der Interviewperson oder auch Ortsangaben, thematische Reihenfolgen u.a.m.
2. *Interaktion*: Auf dieser Aufmerksamkeitsebene werden die interaktionellen Phänomene im Hier und Jetzt der Interviewsituation untersucht.
3. *Syntaktik*: Entsprechend der Sinnhaftigkeitsuntersstellung in der rekonstruktiven Analyse weisen grammatikalische Besonderheiten in der Rede der Erzählperson auf subjektive Deutungsmuster hin.
4. *Semantik*: Ebenso gibt die Analyse des verwendeten Vokabulars, der Blick auf Metaphern und die Analyse von Bedeutungsfeldern bestimmter Wörter Hinweise auf innere Repräsentationen. So unterscheidet Bruner die *Landschaft der Handlung* und die *Landschaft des Bewusstseins*.[66] Diese „Landschaften“ sind in Geschichten miteinander verzahnt. Erzählte Handlungen stehen in einem sinnhaften Bezug zur inneren Welt des oder der Erzählenden. Mitunter drückt sich die Landschaft des Bewusstseins allein über die Landschaft der Handlung erst aus.
5. *Erzählfiguren und Gestalt*: Im Unterschied zu den vorigen Aufmerksamkeitsebenen geht es hier um die Struktur ganzer Passagen, um die Analyse von wiederkehrenden Figuren im Aufbau einer Rede, um sprachlich-

[64] Deppermann 2001, S. 55 ff.
[65] Helfferich/Kruse 2007, S. 178 ff.
[66] Bruner 1997, S. 67 u. 103

kommunikative Strategien und Bewegungen und um das Herausarbeiten von Leitmotiven im Gesamtverlauf eines Abschnittes.

Die dokumentarische Methode deckt im Wesentlichen die Aufmerksamkeitsebenen des Inhalts (durch die formulierende Interpretation), der Interaktion bzw. gegenseitigen *Anerkennung* (durch die Instrumentarien der dokumentarischen Diskursanalyse) und der Erzählfiguren (durch das *Herausarbeiten von konjunktiven Erfahrungsräumen*) ab. Unterstützend werden in dieser Forschungsarbeit einige weitere Instrumentarien der Gesprächsanalyse herangezogen, die sich den unterschiedlichen Aufmerksamkeitsebenen – insbesondere aber der Aufmerksamkeitsebene der Syntaktik und Semantik – widmen:

- *Mikrosprachliche Analyse*: Innerhalb des integrativ-texthermeneutischen Analyseverfahrens nimmt die Analyse von Wortsemantik und Syntax von Texten einen wichtigen Platz ein,[67] zusätzlich gehen hier aber auch Aspekte der Phonetik (z.B. dialektale Lautung, Lauttilgungen), Prosodie (Akzentuierungen, Intonation, Stimmqualität, Pausen, Lautstärke- und Tempoveränderungen) und das nonvokale Verhalten (z.B. Begleitgeräusche) in die Analyse ein.[68] Zwar sind solche Merkmale einzeln zu erfassen, ihre Interpretation erfolgt aber im Verhältnis zueinander.

- *Analyse von Positionierungen*: Mit bestimmten Sprechhandlungen zeigt sich im Gespräch, „wie Interaktanten den sozialen Raum bestimmen und ihre jeweiligen Positionen darin festlegen, beanspruchen, zuweisen und aushandeln."[69] Damit werden Identitäten konstruiert, sei es in der Form, dass sich eine Person durch Zuschreibungen selbst positioniert oder Zuschreibungen gegenüber anderen Interaktionspartnern als Fremdpositionierung vornimmt. Interessant ist hier, wie die Positionierungshandlungen aufeinander Bezug nehmen und Unterstützung oder Zurückweisung erfahren. Im autobiografischen Erzählen können mögliche Diskrepanzen in der Art der Positionierung innerhalb des erzählten Ereignisses, aus den unterschiedlichen Zeitperspektiven *der erzählten Zeit* und *der Erzählzeit* und der Art der Positionierung in der Interviewsituation selbst anhand von sprachlichen Äußerungen im Text herausgearbeitet werden.

[67] Kruse 2010, S. 167 ff.
[68] Deppermann 2001, S. 56 f.
[69] Lucius-Hoene/Deppermann 2002, S. 196

Die mikrosprachliche Analyse (s.o.) gibt hierzu wichtige Anhaltspunkte. Es können so verschiedene Aspekte der Identitätsherstellung beim Erzählenden herausgearbeitet werden.[70] Implizite und explizite Definitionen in diesem Prozess geben Hinweise auf das Vorliegen kollektiver Erfahrungsräume zwischen den am Interview Beteiligten, so werden z.B. durch Verweise des Zeitzeugen auf das Unverständnis der nachfolgenden Generationen Gegenhorizonte formuliert. Durch knappe Informationsfragen kann die interviewende Person die Rolle eines „Inquisitors" einnehmen. Damit werden Positionierungen zwischen beiden am Interview Beteiligten ausgehandelt.

- *Agency-Analyse*: Die Positionierung des Erzählers und seine *narrative Identität* drücken sich auch in der Art und Weise aus, wie er seine Handlungsmöglichkeiten und seine Handlungsinitiative sprachlich konstruiert. So kann sich der Erzählende als handelnde Person sehen, die mit Entscheidungsmöglichkeiten ausgestattet ist; er kann sich aber auch außenstehenden Mächten und Einflüssen hilflos unterworfen sehen oder er kann sich als Teil eines wirksamen Kollektivs darstellen.[71] In der Agency-Analyse wird der sprachliche Ausdruck der eigenen Handlungs- und Wirkmächtigkeit untersucht. Sie gibt Hinweise darauf, wie sich der Erzählende im Hinblick auf den eigenen Einfluss am erzählten Geschehen selbst sieht und wie er vom Interviewer gesehen werden will. So lassen sich verschiedene Formen von Agency-Konstruktionen in Texten unterscheiden nach *aktiver* („ich habe es getan"), *erleidender* („er hat das mir angetan"), *anonymisierter* („es gab Aufruhr"), *ineffektiver* („ich habe Einspruch erhoben, aber es fruchtete nichts"), *reaktiver* („er hat und dann habe ich") und *indirekter Agency* („schließlich haben wir die Polizei geholt").[72] Derartige Konstruktionen können aber auch von der interviewenden Person bewusst oder unbewusst durch die Art ihrer Fragestellung oder Kommentierung angeregt werden. Insofern ist auch hier die Einbettung von Erzählstrategien in weitere sprachliche Strategien und Situationsdefinitionen zu berücksichtigen.

[70] Lucius-Hoene/Deppermann 2002, S. 196 ff.
[71] A. a. O., S. 59 f.
[72] Helfferich/Kruse 2007, S. 183 ff.

- *Konversationsanalyse*: Die Konversationsanalyse nach Sacks, Schlegloff und Jefferson[73] geht von der Prämisse aus, dass Gesprächsteilnehmer einander den Sinn und die Bedeutsamkeit ihrer Äußerungen aufzeigen. Aus diesen Aufzeigeleistungen können in der Analyse Prinzipien hergeleitet werden, an denen sich die am Gespräch Beteiligten bewusst oder unbewusst orientieren. So werden bestimmte *Beitragskonstruktionseinheiten* („turn-constructinal units") und mögliche Anschlusspunkte für einen Sprecherwechsel definiert. An diesen Stellen ist interessant, ob der Sprecherwechsel überhaupt zu Stande kommt, ob der Wechsel durch Fremdzuweisung oder Selbstzuweisung erfolgt und wie der Wechsel erfolgt (mit Überlappung, direkter Übergabe, mit Pausen o.Ä.). Gliederungssignale wie „ne", „nicht", „nicht wahr", „ja" „genau" stabilisieren und strukturieren das Gespräch, drücken Rückkopplungsaktivitäten aus und bereiten mitunter die Übergabe des Rederechts vor.[74] Bestimmte Paarsequenzen in der Kommunikation bahnen das aufeinander reagierende Verhalten der Kommunikationspartner, bestimmte initiative Handlungstypen engen die Auswahl von Antwortaktionen deutlich ein.[75] Z.B. würde normalerweise auf einen Gruß ein Gegengruß erfolgen. Ein Unterlassen der Folgehandlung, aber auch Pausen und Verzögerungen im Antwortverhalten wären hier als signifikantes Verhalten zu vermerken. Die Konversationsanalyse richtet sich prinzipiell nur an den hör- und sichtbaren, im Transkript ausgewiesenen Merkmalen des Geschehens aus und lehnt die Einbeziehung von Kontextwissen ab.[76] Deppermann hat diese strikte Beschränkung auf das Beobachtbare einer Kritik unterzogen und plädiert für eine Verbindung von Ethnografie und Konversationsanalyse.[77]

- *Kontextanalyse*: Die reflektierende Interpretation von Interviewpassagen geht auf die wechselseitige Bezugnahme von Äußerungen innerhalb eines Textes ausgehend vom Prinzip der Sequenzialität ein, nach dem eine Folgeäußerung zu den ihr vorangehenden Äußerungen in Beziehung steht (s. Abschnitt 10). Bei der Vielfalt von Anknüpfungsmöglichkeiten

[73] Sacks 1995
[74] Henne/Rehbock 1979, S. 26 ff.
[75] Brinker/Sager 2006, S. 65 ff.
[76] Deppermann 2001, S. 50 f.
[77] A. a. O., S. 86

muss die Kontextanalyse innerhalb des Textes einer Passage nach Verbindungen zwischen einzelnen Äußerungen suchen, aber auch externe, unausgesprochene Wissensbestände in den Blick nehmen. Diese werden von den Interviewpartnern möglicherweise als bekannt vorausgesetzt und sprachlich nur noch durch zeigende, als *Deixis* bezeichnete Hinweise aufgerufen. Kontexte werden nach Gumperz und Cook-Gumperz aber auch durch sogenannte *Kontextualisierungshinweise* geschaffen.[78] Durch Satzmelodie, Sprechrhythmus, Tempo, Wahl des Sprachcodes, Veränderung von Dialekteinfärbungen, Verwendung formelhafter Ausdrücke, aber auch durch sprachunabhängige Elemente können Kontextualisierungshinweise bspw. die Zugehörigkeit zu bestimmten Gruppen markieren und damit Hinweise auf Identitätsdefinitionen[79] und kollektive Erfahrungsräume[80] geben. Hier ist zu fragen, welche positiven oder negativen Gegenhorizonte von wem eingeführt werden, welche Fragen welche Antwortmöglichkeiten eröffnen oder nicht eröffnen und wo thematische Wechsel zu vermerken sind.

- *Analyse von Wiederholungen*: Lucius-Hoene und Deppermann[81] weisen darauf hin, dass normalerweise ein einmaliges Ereignis auch in einmaliger Form erzählt wird. Wiederholungen im Erzählen sind aber in zwei Varianten vorzufinden: Zum einen werden mehrfach stattfindende Ereignisse *iterativ* dargeboten, d.h. das sich wiederholende Geschehen wird in der Art des Erzählens zusammengefasst und als typischer Ablauf dargestellt. Zum anderen wird ein einmaliges Ereignis mehrfach innerhalb einer Erzählung *repetitiv* geschildert. In diesem Fall ist der Vergleich der Erzählvarianten zu einem Ereignis interessant, deuten hohe Übereinstimmungen doch auf eine ritualisierte Darstellungsform hin.[82]

Deppermann weist der Analyse sprachlicher Formen einen „hilfswissenschaftlichen Stellenwert“[83] in dem Sinne zu, dass dies einer Stützung und Sicherung von Interpretationen dient, die auf verschiedenen Wegen gewonnen wurden. Auch bei der Anwendung o.g. Instrumentarien ist der Blick speziell

[78] Auer 1999, S. 164 ff.
[79] Lucius-Hoene/Deppermann 2002, S. 187 ff.
[80] Bohnsack 2008, S. 122 f.
[81] Lucius-Hoene/Deppermann 2002, S. 125 f.
[82] A. a. O., S. 125
[83] Deppermann 2001, S. 60

auf die Art der Beendigung einer Erzählung und auf die Art der Konklusion zu richten, wenn man Zugang zur Dimension des *biografischen Lernens* erhalten will. Hier nimmt der Biografieträger eine Einordnung des Erzählten vor. Für das Thema der *Anerkennung* sind sämtliche Hinweise auf die Ausgestaltung der Beziehung zwischen Erzähler und Interviewer von Bedeutung, sei es im wechselseitigen Aufgreifen von Fragen, Propositionen und Argumentationen, aber auch in der Hörerorientierung der Sprechenden. Indizien für das Vorliegen eines gemeinsamen *intergenerationellen Erfahrungsraumes* sind hauptsächlich die Diskursmodi und die Positionierungsaktivitäten der Beteiligten.

10.5 Komparative Analyse und Falldarstellung

In der komparativen Sequenzanalyse werden Erzählabschnitte untersucht und miteinander dahin gehend verglichen, welche Anschlussäußerungen ein Thema in unterschiedlichen Situationen bzw. Interviews weiterbehandeln. Damit sind Rückschlüsse auf das transportierte *atheoretische Wissen* möglich. Die komparative Analyse ist nach Nohl „der Königsweg des methodisch kontrollierten Fremdverstehens."[84] Es geht um die Beschreibung einer fremden Wirklichkeit in ihrer internen Logik und Kohärenz. Projektionen des Eigenen und Vertrauten auf Forscherseite lassen sich dabei nicht ausschließen. Sie müssen bewusst in den Prozess der Analyse einbezogen werden, damit die eigene Vorstellung von Normalität nicht stillschweigend zum Vergleichsmaßstab für eine fremde Welt gerät. So wird beispielsweise bei der Bearbeitung einer Leitfrage in den Interviews der oder die Forschende eine eigene Vorstellung davon haben, wie ein bestimmtes Thema „normalerweise" abgehandelt werden könnte. Dieser eigene Vergleichshorizont kann nun in der komparativen Analyse dadurch ergänzt und ersetzt werden, dass die unterschiedlichen Bearbeitungsweisen in den Interviews miteinander verglichen und in Beziehung gesetzt werden. Damit entsteht schrittweise ein neuer gemeinsamer Vergleichshorizont, der sich von den nicht abgesicherten Normalitätsvorstellungen der Forschenden abhebt und möglicherweise entfernt. In der reflektierten Auseinandersetzung zwischen Fremd- und Selbstverstehen erwächst erst ein *Tertium Comparationis*.[85] Unabdingbar für die Erweiterung

[84] Nohl 2009, S. 13
[85] Straub 1999, S. 37 f.

der Sichtweisen ist hier die Interpretation von Interviewpassagen in Gruppen, denn hier werden eigene Blickwinkel um die Blickwinkel anderer erweitert. Es geht um die Suche nach den Kontrasten in der Gemeinsamkeit.[86]

In leitfadengestützten Interviews bieten sich für die komparative Analyse gerade diejenigen Fragen des Leitfadens an, die für die Forschungsfrage in besonderer Weise relevant sind,[87] hier z.B. die Frage nach der Verarbeitung der Erfahrungen der Zeit des Nationalsozialismus nach dem Kriege. Dieser Fragenkomplex, der in jedem der untersuchten Interviews angesprochen wurde, zielt unmittelbar auf den Aspekt biografischen Lernens ab. Das biografische Lernen kann sich aber auch implizit im Interviewverlauf z.B. in Spontanerkenntnissen niederschlagen. Lebensereignisse als identitätsbildende Lernsituationen aufzugreifen, drückt sich darin aus, wie sehr der Proband aus seinem Erfahrungsraum heraus dazu bereit ist, seine Auseinandersetzung in Handeln umzusetzen. Der Aufforderungscharakter einer Situation, nach Bohnsack das *Enaktierungspotential* eines Orientierungsmusters,[88] entsteht beim Probanden aus der Spannung zwischen positiven und negativen Vergleichshorizonten, zu denen er sich in Beziehung setzt. So kann die Erschütterung über das wahre Ausmaß der nationalsozialistischen Gräuel nach dem Krieg dadurch zum Ausdruck kommen, dass die Erzählperson von einem gemeinschaftlichen „wir" in der Hitlerjugend unmittelbar in einer Erzählung in ein distanzierendes „die Nazis da" springt, und die anschließende Distanzierung von nationalsozialistischen Idealen weiter ausführt.

Der Themenablaufplan, eine Auswahl bezeichnender Textpassagen in Transkriptauszügen, die formulierende und reflektierende Interpretation dieser Passagen und der fallinterne Vergleich sind Bestandteile der Fallanalysen zu den einzelnen Interviews (s. Dokumentation zu jedem Interview im separaten Materialband, Bezugshinweis s. S. 10). Mit dieser Falldarstellung erschließt sich die Gesamtcharakteristik jedes Interviews vom ersten Aushandeln gemeinsamer Orientierungen in der Eingangspassage über zentrale inhaltlichen Passagen bis hin zu dramaturgischen Höhepunkten im Interviewverlauf, die durch intersubjektive und metaphorische Dichte gekennzeichnet

[86] Bohnsack 2008, S. 38
[87] Nohl 2009, S. 56
[88] Bohnsack 1989, S. 26 ff.

sind. So wird bei der *fallinternen, komparativen Analyse* nach gleichartigen Bearbeitungsformen bei *unterschiedlichen* Stimuli gesucht, um das individuelle Muster *narrativer Identität* und *biografischen Lernens* im gesamten Interview zu erfassen. Dies ist das Ausgangsmaterial für die komparative Analyse und die Typenbildung, wie sie nicht nur fallintern, sondern auch fallübergreifend entwickelt werden.[89] Insbesondere bei der *fallübergreifenden, komparativen Analyse* werden aber die unterschiedlichen Bearbeitungsformen bei *gleichartigen* Stimuli erforscht, um die Bandbreite der Formen biografischen Lernens und die Bandbreite der Kommunikationsmuster zwischen den Interviewbeteiligten auszuloten. Die dokumentarische Methode ist von vorne herein komparativ angelegt, d.h. dass die komparative Analyse den gesamten Forschungsprozess schon bei der Auswahl weiterer Interviews und Interviewpassagen fortschreitend strukturiert. Gefundene Kontraste in der Gemeinsamkeit – *Tertia Comparationis* (s.o.) – bilden Ausgangspunkte für die Typenbildung.

10.6 Typenbildung

Die Typenbildung in der dokumentarischen Methode versteht sich als prozessanalytisch.[90] Es geht nicht darum, *welche* Haltungen und Motive in Interviews präsentiert werden, sondern um die Herausarbeitung von Unterscheidungen, *wie* bestimmte Haltungen und Motive im Diskurs hergestellt werden. Vom besonderen Einzelfall wird *abduktiv* auf ähnlich gelagerte Fälle im Allgemeinen geschlossen. Dabei werden allgemeine Regeln und Orientierungsmuster rekonstruiert und Schlussfolgerungen anhand weiterer, konkreter Einzelfälle ständig überprüft, variiert und weiterentwickelt.[91] Die Typenbildung in der dokumentarischen Methode umfasst je nach Komplexität des Forschungsprojekts mehrere Dimensionen:

Sinngenetische Typenbildung

In einem ersten Schritt der Typenbildung geht es um die Unterscheidung, in welchen Ausprägungsformen Sinn – hier im Besonderen der *Dokumentsinn* von Haltungen und Handlungen (s. Abschnitt 10) – generiert wird. Aus

[89] Bohnsack 1989, S. 369 ff.
[90] Bohnsack 2007, S. 228
[91] Buchen 2009, S. 277

den in der komparativen Analyse herausgearbeiteten Unterscheidungen werden nun eigenständige Orientierungsrahmen auf einer allgemeinen Ebene abgeleitet und beschrieben. Da *Orientierungsrahmen* Handeln im Rahmen positiver und negativer Horizonte strukturieren, können über ihre Rekonstruktion gemeinsame, konjunktive Erfahrungsräume erschlossen werden.[92] Diese Rekonstruktionen wiederum werden nun abgeglichen und validiert mit weiteren Einzelfällen. Bei der Typenbildung im Rahmen meiner Forschungsarbeit will ich herausarbeiten, in welch unterschiedlichen Formen Schuld, Beteiligung und Mitverantwortung im Nationalsozialismus thematisiert und verarbeitet wird. Dabei ist für mich die Wechselwirkung von Anerkennung und biografischem Lernen von besonderem Interesse. So konstellieren sich in der Kommunikation zwischen den Beteiligten bei dieser Thematik möglicherweise charakteristische Orientierungsrahmen, die auf erweiterte, konjunktive Erfahrungsräume hinweisen.

Soziogenetische Typenbildung

Aufbauend auf der sinngenetischen Basistypik kann nun in der soziogenetischen Typenbildung herausgearbeitet werden, in welchen sozialen Zusammenhängen und Erfahrungsräumen die zuvor typisierten Orientierungsrahmen entstehen. Hier geht es um eine Zuordnung zu und eine Abgrenzung von anderen möglichen Typiken, wie z.B. der Milieu-, Geschlechts-, Generations- oder Bildungstypik. Die mehrdimensionale Überlagerung verschiedener Typiken ermöglicht eine Verfeinerung, Bestätigung und zunehmende Generalisierbarkeit der gefundenen Basistypik.[93] Erst in diesem Schritt können Erfahrungsräume mit spezifischen Orientierungen verbunden werden, die Entstehung einer Orientierung wird über den Zusammenhang mit einem geschlechts- oder generationenspezifischen Erfahrungsraum erklärbar. Vorliegendes Untersuchungsprojekt beschränkt sich auf die Erarbeitung einer Basistypik. Für eine soziogenetische und damit mehrdimensionale Typenbildung ist der Umfang des Interviewmaterials nicht ausreichend differenziert. Das Forschungsprojekt konstellierte in der Auswahl der Interviewenden von vorneherein die Begegnung zwischen zwei Generationen: Ein Proband bzw. eine Probandin mit Jahrgang 1925 und älter wurde von einem Interviewer bzw. einer Intervie-

[92] Schäffer 2003, S. 356 f.
[93] Bohnsack 2007, S. 246 ff.

werin aus der „Generation der Söhne und Töchter“, also Jahrgang 1945–1960, interviewt. Damit sind die in der sinngenetischen Typenbildung gefundenen Orientierungsrahmen vorrangig diesem konjunktiven, intergenerationellen Erfahrungsraum zuzuordnen. Dieser spezifische, intergenerationelle Erfahrungsraum kann zumindestens ansatzweise überschritten werden mit dem Interview e1 (s. Materialband, Bezugshinweis s. S. 10). Hier wurde der Proband von einer damaligen Studierenden, die der Jahrgangsgruppe 1975 ff. angehörte, interviewt – also der „Generation der Enkel“. Neben der Unterscheidung nach *Generationenzugehörigkeit* kann die Basistypik in weiterem Fall auch dadurch überschritten werden, dass das Interview i38/2 mit einem Probanden stattfand, der nicht nur als Wehrmachtsangehöriger Mitbeteiligter war, sondern als sog. „jüdischer Mischling“ gemäß § 5 der Ersten Verordnung zum Reichsbürgergesetz vom 14. November 1935 im Rahmen der Nürnberger Gesetze auch einen *Hintergrund als von Verfolgung Bedrohter* hat. In diesen beiden Fällen können Unterschiede und Gemeinsamkeiten zur Basistypik im Hinblick auf Ausmaß an Mitbeteiligung und Generationenzugehörigkeit skizziert werden. Die *Geschlechtszugehörigkeit* der Interviewbeteiligten bietet eine weitere Dimension für die soziogenetische Typenbildung.

10.7 Zusammenfassung

In diesem Kapitel habe ich die Zugangswege beschrieben, mit denen ich mich der Dynamik zwischen den Interviewbeteiligten in Interviews über Erfahrungen im Nationalsozialismus annähern will. Thesenartig seien diese noch einmal zusammengefasst:

- Um das ungesagt Mitschwingende hinter dem Gesagten zu erfassen – den *Dokumentsinn* nach Mannheim – müssen die Orientierungen und konjunktiven Erfahrungsräume der Interviewpartner rekonstruiert werden. Hierzu eignet sich die dokumentarische Methode in besonderer Weise.
- Hauptzugang zu den Narrationen der Zeitzeugen ist die von Nohl entwickelte *dokumentarische Analyse von Einzelinterviews*, die, aufbauend auf Schützes Unterscheidung, die Verschränkung und die Wechsel zwischen verschiedenen Textsorten in ausgewählten Passagen untersucht. Neben der für die Selbstthematisierung so wichtigen Textsorte des

szenisch-episodischen Erzählens kommt der Textsorte der Argumentation im Hinblick auf ihre kommunikative Funktion im Interviewprozess große Bedeutung zu.

- Trotz der Qualifikation der Interviewenden entstand eine besondere Kommunikationsdynamik in den vorliegenden Interviews. Insofern muss das Wechselspiel zwischen den Beteiligten genauer beleuchtet werden. Hierzu eignet sich die *dokumentarische Diskursanalyse*, die aus der Betrachtung von Gruppendiskussionen entwickelt wurde. Die Verwendung verschiedener Diskursmodi deutet auf den Grad intuitiver Übereinstimmung der Sprechenden hin und gibt damit Hinweise auf die Dimension gegenseitiger Anerkennung und Missachtung.

- Die gesprächsanalytischen Aufmerksamkeitsebenen des Inhalts, der Interaktion und der Erzählfiguren werden durch die Vorgehensweise der dokumentarischen Methode weitgehend abgedeckt. Insbesondere die Aufmerksamkeitsebenen der Syntaktik und Semantik, aber auch die Notwendigkeit, Interpretationen besser abzusichern und zu begründen, erfordern eine Ergänzung um weitere Analyseinstrumentarien aus der Gesprächsanalyse von Einzelinterviews.

- Zusammenhänge zwischen gegenseitiger Anerkennung und Selbstthematisierung der Interviewten sind an denjenigen Schlüsselstellen gut abzulesen, an denen die Interviewenden mit ihren Interventionen auf Diskrepanzen aufmerksam machten und so möglicherweise eine innere Auseinandersetzung bei den Zeitzeugen erst anstoßen. In der Feinanalyse kann herausgearbeitet werden, ob die Zeitzeugen diese Impulse zurückweisen oder aufgreifen. Die Verbindung zwischen gemeinsamem Diskurs und der *Dimension des transformativen Lernens* wird so erfasst.

- Durch das Forschungssetting des Forschungsprojektes *Geschichte und Erinnerung* war der in den Interviews über Mitbeteiligung und Faszination im Nationalsozialismus wirkende, konjunktive Erfahrungsraum schon vorgeprägt: Angehörige der Generation der Zeitzeugen im Nationalsozialismus und Angehörige der Generation der direkten Nachkommen begegnen sich mitsamt ihren eigenen Erfahrungen zum gesellschaftlichen Nachkriegsdiskurs über den Nationalsozialismus.

- Letztlich geht es darum, innerhalb dieses *intergenerationell geprägten, konjunktiven Erfahrungsraums* Typen von Orientierungsrahmen herauszuarbeiten, die die Dynamik zwischen den Interviewbeteiligten bestimmen. Da es sich hier um ein gemeinsam geschaffenes Geschehen handelt, greifen die in der bisherigen Forschung herausgearbeiteten *Tradierungsformen* zum Nationalsozialismus (s. Abschnitt 7.2) zu kurz.
- An verschiedenen Stellen kann die *Basistypik der Orientierungsrahmen* ansatzweise überschritten werden im Hinblick auf den Erfahrungsraum der Generationenzugehörigkeit, den Erfahrungsraum der Geschlechtszugehörigkeit und im Hinblick auf die Erfahrung von Mitbeteiligung und drohender Verfolgung im Nationalsozialismus.

Damit ist nun der theoretische Rahmen meiner Forschungsarbeit abgesteckt. Die aufgezeigten Instrumente zur Untersuchung der Interviews können das Datenmaterial der Interviewtexte in verschiedenen Richtungen erschließen. Meine in Abschnitt 9.1 formulierten Forschungsfragestellungen fokussieren den Blick der Untersuchung auf Prozesse der Selbstvergewisserung im Lichte einer spezifischen Dynamik in diesen Interviews. Die Bearbeitung und Interpretation der Interviewdaten muss nachvollziehbar sein, kann aber nie ganz vollständig dargelegt werden. Deppermann sieht hier die Gefahr ermüdender Ausführlichkeit.[94] Um dem zu begegnen, werde ich im folgenden Kapitel meine zentralen Forschungsergebnisse unter Anwendung der aufgezeigten Analyseformen entwickeln und anhand signifikanter Interviewpassagen belegen. Die Zwischenschritte, die zur Auswahl der präsentierten Ergebnisse geführt haben, lassen sich anhand der differenzierten Fallbeschreibungen zu jedem Interview im gesonderten Materialband (Bezugshinweis s. S. 10) erschließen.

[94] Deppermann 2001, S. 107

11 Ergebnisse der komparativen Interviewanalyse

Wie schon in Abschnitt 9.3 dargelegt, werden in dieser Forschungsarbeit nun 14 aus dem Pool der Interviews des Forschungsprojektes *Geschichte und Erinnerung* untersucht. 13 Interviews dieser Stichprobe stammen aus der interviewmethodischen Untersuchung des Forschungsprojektes *Mit alten Menschen über den Nationalsozialismus sprechen*. In Abschnitt 12.5 werde ich die Ergebnisse der damaligen Untersuchung mit meiner im Folgenden vorgestellten Analyse vergleichen, deshalb ist die Auswahl der Interviews nahezu deckungsgleich. Allerdings habe ich aus dem Gesamtbestand des Forschungsverbunds ein weiteres Interview – das Interview i43/2 – hinzugezogen. Schon in der Vorarbeit wurden Interviews mit zwei Erzählpersonen betrachtet, bei denen jeweils ein Folgeinterview stattfand: Die Interviews i15/1 und i15/2 mit einer Probandin, sowie die Interviews i41/1 und i41/2 mit einem Probanden. Dieses Spektrum von Folgeinterviews erweitere ich nun um die Interviews i43/1 und i43/2 mit einem weiteren Probanden. In der Vorarbeit wurde das Folgeinterview i43/2 noch nicht in die Analyse einbezogen, da für die damalige Forschungsfragen die notwendige Sättigung erreicht schien. Nun können bei drei Zeitzeugen Entwicklungen über jeweils zwei Interviews verfolgt werden, dies ist gerade bei Prozessen des biografischen Lernens von Bedeutung.

Neben diesem Gesichtspunkt ist für die Auswahl der Interviews die Unterschiedlichkeit der Interviewverläufe und die Unterschiedlichkeit der Interviewpartner nach Geschlecht und Altersgruppe entscheidend. Zur Identifikation maximaler Kontraste wird mit Interview i38/2 außerdem ein Interview untersucht, bei dem der Proband einerseits überzeugtes Mitglied der Wehrmacht war, dort sogar die Offizierslaufbahn anstrebte, und aber gleichzeitig als sog. „jüdischer Mischling“ im Rahmen der Nürnberger Gesetze von 1935 von Ausgrenzung und Verfolgung ständig bedroht war. Auch das Interview e1 unterscheidet sich in einem wesentlichen Gesichtspunkt von den anderen Interviews, denn hier führte eine Interviewerin, die einer wesentlich jüngeren Generation angehörte, das Interview. Der Schwerpunkt meiner Arbeit liegt auf einer sinngenetischen Typisierung von intergenerationellen Kommunikationsmustern über den Nationalsozialismus. Maximalkontraste sind aber dann von Bedeutung, wenn aufgezeigt werden kann, ob und in welcher Weise die gefundenen Orientierungsrahmen nach Generationenzugehörigkeit, Erfahrung von Mitbeteiligung und Bedrohung und nach Geschlechtszugehörigkeit der Beteiligten variieren. Hier können zumindest Tendenzen aufgezeigt werden.

Wenn eine schlüssige, zügige Darstellung von Forschungsergebnissen der Lesbarkeit dient, dann soll dies nicht auf Kosten von Gründlichkeit und Nachvollziehbarkeit im Forschungsprozess gehen. Deshalb werden diese 14 Interviews in Form von Falldarstellungen in einem gesonderten Materialband (Bezugshinweis s. S. 10) differenziert vorgestellt. Bestandteil jeder Falldarstellung ist der Themenverlauf im Interview, die formulierende und reflektierende Interpretation von vier bis sechs Interviewpassagen von mehreren Minuten Dauer und eine abschließende fallinterne, komparativen Analyse. Die dokumentarische Methode als Hauptzugang wird dabei ergänzt durch weitere im vorangegangenen Kapitel vorgestellte Analyseinstrumentarien. Damit wird das Destillat der nun vorzustellenden Ergebnisse überprüfbar und nachvollziehbar. Jede ausgewählte Passage erhält im Materialband eine in sich geschlossene Zeilennummerierung. Mit Titel der Passage, Zeitangabe und entsprechender Hervorhebung im Themenverlauf kann jede Passage in den Gesamtkontext jedes Interviews eingeordnet werden. Aus Gründen der Lesbarkeit stelle ich im Folgenden jeweils nur wenige Zeilen aus Passagen vor. Um diese Zeilen im Kontext der vollständigen Passage auffinden zu können, entspricht die hier verwendete Zeilennummerierung der Nummerierung im Materialband.

11.1 Sinngenetische Typenbildung: Typen von Orientierungsrahmen

Aus dem Interviewmaterial können verschiedene Orientierungsrahmen herausgearbeitet werden, welche die Art der Kommunikation zwischen zwei

Personen über die brisante Frage von Faszination und Mitbeteiligung im Nationalsozialismus prägen. Es geht darum, Muster gemeinsamer, stillschweigender Handlungsorientierungen im Verlauf der Interviews herauszuarbeiten. Diese Muster können von dem, was die am Interview Beteiligten selbst beabsichtigten, abweichen. Je nachdem, wie die Beteiligten ihre Kommunikation während des Interviews einschätzen und welchen Charakter diese Kommunikation im weiteren Verlauf tatsächlich erhält, ist die *kommunikative* von der *konjunktiven* Verständigung zu unterscheiden (s. Abschnitt 10.4.1). Es genügt also nicht, allein inhaltliche Äußerungen im Interview über den Charakter des Interviews nebeneinander zu stellen. Der Blick der dokumentarischen Methode geht durch das Gesagte hindurch zum Selbstverständlichen und Ungesagten. Dieser *Dokumentsinn* von Handlungen (s. Abschnitt 10) drückt sich z.B. allein schon in der Art aus, wie sich die am Interview Beteiligten zueinander positionieren, wie sie aufeinander in ihrem Frage- und Antwortverhalten reagieren und wie sie sich einander zuwenden oder sich distanzieren und zurückziehen. Über die so herausgearbeiteten stillschweigend geltenden, gemeinsamen Orientierungsrahmen können dann in einem weiteren Schritt je nach Datenlage Rückschlüsse auf die wirkenden, konjunktiven Erfahrungsräumen in ihrem soziogenetischen Kontext gezogen werden. In dieser Arbeit kann dieser Schritt nur skizziert werden.

Die komparative, fallinterne und fallexterne Analyse der Stichprobe von 14 Interviews ergibt folgende Orientierungsrahmen, die in intergenerationellen Interviews zur Mitbeteiligung und Faszination im Nationalsozialismus wirken. In unterschiedlicher Ausprägung schlägt sich der gesellschaftliche Kampf um Anerkennung in diesen Kommunikationsmustern, die einen erweiterten konjunktiven Erfahrungsraum entstehen lassen, nieder. In den folgenden Beschreibungen und in der Tabelle auf S. 209 wird neben der Dimension der Anerkennung auch der Bezug zu verschiedenen formalen Diskursmodi (s. Abschnitt 10.4.1) hergestellt:

Kamingespräch: Wenn beide am Interview Beteiligte in einen Austausch treten, der von großer, gemeinsamer Nähe in entspannter Atmosphäre gekennzeichnet ist, dann entsteht der Orientierungsrahmen eines *Kamingesprächs*. Der Erzähler hat gleichsam das „Hausrecht“ in seiner Biografie und lässt den Interviewer als „Gast“ an Erlebtem und Erfahrenem teilhaben. In diesem Orientierungsrahmen ist die Distanz zwischen den Beteiligten am Geringsten, die gegenseitige Anerkennung vollzieht sich auf der Ebene emotionaler Verbundenheit. Dementsprechend ist der Diskursmodus entweder *parallel* geprägt, dann greifen die Diskursbewegungen ineinander und ergänzen sich gegenseitig, Beispiel hierfür wäre der Austausch zwischen Großeltern und Enkeln über die Zeit, wie sie damals war. Es kann aber auch der *univoke Diskursmodus* vorliegen, nämlich dann, wenn sich Erzählende und Zuhörende auf gemeinschaftlich Erlebtes beziehen können und sich aus diesem gemeinsamen Wissen heraus aufeinander einschwingen, wie es z.B. bei einem Kameradschaftstreffen von Kriegsveteranen vorstellbar wäre.[1]

Gemeinsame Zeiterkundung: Hier gehen beide am Interview Beteiligte mit einer offenen Suchhaltung in das Gespräch über die Zeit des Nationalsozialismus. Obwohl die Beteiligten nicht über den gleichen Erfahrungshintergrund verfügen, werden wechselseitig Erlebnisse, Erfahrungen und Gedanken formuliert und gemeinsam untersucht. Proband wie Interviewer sind Gesprächspartner, die sich in ihren Diskursbewegungen aufeinander einstellen und ergänzen. Sie präsentieren sich ihre durchaus unterschiedlichen Erfahrungen, Eindrücke und Überzeugungen, sie treffen Vergleiche und stellen einander Fragen. Der sich gegenseitig ergänzende, *parallele Diskursmodus* herrscht vor, so dass Konklusionen gemeinsam erarbeitet werden. Dieser Orientierungsrahmen kann sich aber auch darin ausdrücken, dass die erzählende von der interviewenden Person durch aktives Zuhören im Prozess der Selbstvergewisserung begleitet wird. In dieser offenen Suchhaltung liegt ein hohes Maß an gegenseitiger Anerkennung, die von einer eher partnerschaftlichen Positionierung getragen ist.[2]

Streitdialog: Auch im Streitdialog sind beide am Interview Beteiligte gleichermaßen in den Diskurs involviert. Propositionen werden wechselseitig formuliert und vom Gesprächspartner im *antithetischen Diskursmodus* kritisch hinterfragt. Auch wenn das Gespräch phasenweise zu einem Schlagabtausch gerät, kommen die Beteiligten im gemeinsamen Diskurs dann jedoch zu Syn-

[1] s. z.B. S. 269
[2] s. z.B. S. 222 ff., 247, 253, 270, 281, 302

thesen und zu neuen Ergebnissen. In Form einer wohlwollend ausgetragenen „Streitpartnerschaft“ achten und anerkennen sich die Beteiligten in ihrer Ebenbürtigkeit, auch wenn sie unterschiedliche Sichtweisen vertreten.[3]

Übereinkunft im Dissens: Die Beteiligten markieren in diesem Orientierungsrahmen ihre unterschiedlichen Sichtweisen und Erfahrungen. Einwände und Oppositionen werden formuliert und vom Gesprächspartner wahrgenommen und bearbeitet. Es entstehen im Unterschied zum *Streitdialog* allerdings keine Synthesen, der *oppositionelle Diskursmodus* herrscht hier vor. Man ist sich einig, dass man sich nicht einig ist. Dieser kleinste gemeinsame Nenner begründet durchaus eine gemeinsame Orientierung. Viele Diskussionen der Generation der am Nationalsozialismus Beteiligten mit Angehörigen der studentischen Protestbewegung der „68er“ gingen nach diesem Muster vonstatten. Jede Seite markierte mehr oder weniger vehement die eigene Überzeugung und die Beteiligten wussten, woran sie miteinander waren. Die am Diskurs Beteiligten benötigen einander als „geschätzte Gegenspieler“, um sich in der Reibung mit dem Anderen ihrer Verschiedenheit zu versichern. Jedoch entsteht daraus nur eine Begegnung in der Distanz oder Konfrontation. Die Beteiligten zollen einander Respekt aus der Ferne, denn die Ansichten und Einschätzungen des Gegenübers werden lediglich als fremdartig hingenommen, sie werden aber im Unterschied zum Orientierungsrahmen eines *Streitdialoges* nicht mehr als aneignungswürdig betrachtet.[4]

Zeitreportage: Hier führt die erzählende der zuhörenden Person die ungeschminkte Wahrheit von Terrorhandlungen, Kriegen oder Katastrophen drastisch vor Augen. Sie definiert ihr Expertentum über die eigene Zeugenschaft und nimmt hier z.B. die Rolle eines Kriegsberichterstatters ein, der aus einer Warte einer unbeteiligten Person umso detailreicher und schonungsloser die erlebten Ereignisse beschreibt. Der Erzählende positioniert sich als Beobachter des Geschehens, weniger als Akteur. Er befindet sich vorzugsweise im Erzählmodus der *Landschaft der Handlung*,[5] d.h. dass der Erzähler allein durch die Schilderung von Fakten, Ereignissen und Handlungen seine innere Gestimmtheit, seine Sinnzuschreibungen ausdrückt (s. Abschnitt 10.4.3). In

[3] s. z.B. S. 242, 270, 290
[4] s. z.B. S. 231, 238, 246, 263, 296
[5] Bruner 1997, S. 67 u. 103

einer eher nüchternen Weise des Beschreibens geht es dem Zeitzeugen darum, bei der oder dem Zuhörenden Emotionen zu wecken. Die eigene Selbstthematisierung und die eigenen Emotionen treten dabei in den Hintergrund. Das Erfahrene wird zu einem bestimmten Zweck erzählt, es soll etwas beim Gegenüber erreicht werden. Dabei benötigt die Rolle des Berichterstatters mit reichem Erfahrungsschatz die Gegenrolle des aufnahmebereiten, emotional mitschwingenden, betroffenen und manchmal staunenden Zuhörers. Die Einnahme dieser komplementären Rollen macht diesen Orientierungsrahmen erst aus.[6]

Belehrung: Auch in diesem Orientierungsrahmen teilt der Zeitzeuge oder die Zeitzeugin eigene biografische Erfahrungen zu einem bestimmten Zweck mit, nämlich zum Zweck der Erklärung oder Aufklärung bestimmter Sachverhalte. Es geht ihnen darum, die eigenen Erlebnisse in einen historischen Kontext zu stellen und für Zuhörende aufzubereiten. Die Art dieser hier vorliegenden, komplementären Rollenverteilung ähnelt in ihrer Übersteigerung der eines Lehrer-Schüler-Verhältnisses. Die deutliche Zielorientierung unterscheidet diesen Orientierungsrahmen von dem der *Zeitreportage*, in dem es darum geht, den Zuhörer aufzurütteln. Im Orientierungsrahmen einer Belehrung hat das Erzählte eher eine unterweisende und argumentative Funktion. Der Orientierungsrahmen einer Belehrung wird aber nur dann wirksam, wenn die entsprechende Rollenzuschreibungen als Lehrender und als zu Belehrender von beiden Interviewbeteiligten so auch übernommen werden. Dem Zuhörer wird Unwissenheit über Zusammenhänge zugeschrieben und die Ausführungen des Belehrenden sollen dazu dienen, Defizite auf der kognitiven Ebene durch Mitteilung von Erkenntnissen und Erfahrungen auszugleichen.[7]

Investigative Befragung: Ähnlich wie im Orientierungsrahmen einer *Belehrung*, aber mit umgekehrten Vorzeichen, befinden sich die am Gespräch Beteiligten nicht in ebenbürtigen Positionen. Jedoch ist es hier die interviewende Person, die das Gespräch strukturiert – nämlich dadurch, dass sie durch Fragen und Konfrontieren Ungesagtes und Verschwiegenes aufdecken will. Der Zeitzeuge sieht sich in der Rolle dessen, der eigenes Verhalten vor einem

[6] s. z.B. S. 217, 311
[7] s. z.B. S. 272

Gesprächspartner, der mit kritischen Fragen Begründungen und Rechtfertigungen einfordert, zu verantworten hat. So haben auch seine Erzählungen von vorne herein eine argumentative Funktion. Dies führt zu unterschiedlichen Positionierungen der Beteiligten und damit zu unterschiedlichen Variationen innerhalb dieses Orientierungsrahmens. So kann es sein, dass der Proband wortreich ein Plädoyer für sich und die eigene Generation verfertigt oder Rechtfertigungen vorauseilend formuliert. Als Reaktion auf die aufdeckende Fragehaltung der interviewenden Person, möglicherweise aber ohne ihr Zutun, geraten solche Diskurse zu *Konversions-* bzw. *Bekehrungserzählungen.*[8] Mit ihnen soll die ernsthafte Abwendung der Zeitzeugin oder des Zeitzeugen von damaliger Faszination am Nationalsozialismus bekräftigt werden. In diesem Fall wird der Interviewer in die Rolle eines Zeugen dieser „Bekehrung" gedrängt. Der Interviewer selbst kann diesen Orientierungsrahmen durch geschlossene, knappe Fragen noch weiter in Richtung eines *inquisitorisch geführten Interviews* oder eines *Tribunals* verdichten und verstärken. Der Proband wird mit gezielten und scharfen Fragen konfrontiert, deren Hintergrund er nicht kennt. Möglicherweise werden ihm mit Fangfragen auch Fallen gestellt. Er befindet sich in einem Zustand der Ungewissheit und Vorsicht. Seine Wurzeln hat dieser Orientierungsrahmen vermutlich in den Verhören und Entnazifizierungsgesprächen, mit denen die am Nationalsozialismus Beteiligten in unterschiedlichen Ausprägungen direkt nach Kriegsende konfrontiert waren. Auch hier tragen beide Beteiligte in der Art, wie sie typische Rollen einnehmen, zum Entstehen dieses Orientierungsrahmens bei. Ging es im Orientierungsrahmen einer *Belehrung* um die Behebung eines Defizits an Wissen und Erkenntnis bei der interviewenden Person, so steht hier das Ausräumen eines Misstrauens bzw. Vorwurfs im Vordergrund. Der Zeitzeuge trachtet danach, die vom Interviewer direkt geäußerten oder unterstellten Zweifel an der Distanz zum Nationalsozialismus entweder reaktiv auszuräumen oder proaktiv die eigene Wandlung zu beteuern. Beide Seiten begegnen einander mit Vorsicht oder gar mit Misstrauen über die Wahrhaftigkeit von Fragen und Antworten. In der Regel entstehen so keine selbstläufigen Darstellungen. Entsprechend dem defensiven Charakter der Selbstthematisierung ist der Diskursmodus hier vorwiegend *divergent*, z.T. aber auch *oppositionell* geprägt. Die Beteiligten beziehen sich über weite Strecken nicht aufeinander

[8] Leitner 2000, S. 65, s. Abschnitt 7.2

und reden aneinander vorbei; möglicherweise halten sie sich wenigstens die einander widersprechenden Positionen offen entgegen.[9]

Aus den untersuchten Interviews habe ich Orientierungsrahmen herausgearbeitet, die im Hinblick auf Anerkennung sowohl problematische als auch konstruktive Muster zur Vergegenwärtigung nationalsozialistischer Erfahrung aufzeigen. Mit diesen Orientierungsrahmen wird der Wechselseitigkeit des Geschehens Rechnung getragen. Beide Beteiligte konstellieren diese Orientierungen, auch wenn sie in einer scheinbar passiven Rolle teilnehmen – wie z.B. im Orientierungsrahmen einer *Belehrung* oder *Zeitreportage*. Diese Beschreibungen vereinigen so die in Abschnitt 4.2 allgemein aufgezeigten problematischen Muster der intergenerationellen Vergegenwärtigung erlebter Geschichte mit den speziell auf den Nationalsozialismus bezogenen, eher von der Erzählperson her gedachten, Tradierungsformen, wie ich sie Abschnitt 7.2 aufgezeigt habe. Damit wird eine Forschungslücke geschlossen und zusätzlich offenbaren sich Möglichkeiten, wie problematische und umstrittene Erfahrungen von Probanden auch in anderen Zusammenhängen in konstruktiver Weise thematisiert werden können.

Die oben aufgezeigten Orientierungsrahmen korrespondieren nur zum Teil mit bestimmten Diskursmodi, wie sie in Abschnitt 10.4.1 beschrieben wurden, denn die Diskursmodi beschreiben allein die formale Struktur von Gruppendiskursen, also die Art und Weise, wie einzelne Äußerungen aufeinander Bezug nehmen. Auch der *narrativ-monologische Modus* beschreibt nur eine Form des Miteinander-Sprechens, nämlich das eher monologisch angelegte Setting, wie es im narrativen und teilnarrativen Interview vorherrscht: Hier ist der Zeitzeuge in der Rolle eines Experten für eine bestimmte Lebensepoche. Er setzt sich als Betroffener mit seiner Lebensgeschichte mithilfe von offenen, erzählgenerierenden Fragen einer außenstehenden Interviewperson auseinander. Durch größtmögliche Offenheit und Zurückhaltung auf Seiten des oder der Interviewenden wird der erzählenden Person Respekt und Wohlwollen für alle Inhalte zuteil, die ihr in den Sinn kommen. Im offenen Erzählraum eines einzelnen biografischen Interviews können verschiedene Orientierungsrahmen entstehen. So kann die Erzählung einer Zeitzeugin im Dienste einer offenen

[9] s. z.B. S. 213, 244, 258, 262, 274, 275, 292, 297, 305 f., 309

Orientierungsrahmen	**Vorherrschender Diskursmodus**	**Form gegenseitiger Anerkennung**
Kamingespräch	narrativ-monologisch univok, parallel	inkludierend, emotionale Verbundenheit
Gemeinsame Zeiterkundung	parallel, antithetisch	inkludierend, partnerschaftlich unterstützend
Streitdialog	parallel, antithetisch	inkludierend, „Streitpartnerschaft“
Übereinkunft im Dissens	oppositionell	exkludierend, Respekt aus der Ferne
Zeitreportage	narrativ-monologisch	Rollenzuweisung innerhalb eines Positionsgefälles: Zeugenschaft
Belehrung	narrativ-monologisch	Rollenzuweisung innerhalb eines Positionsgefälles: Unterweisung
Investigative Befragung	oppositionell, divergent	exkludierend, kritische Prüfung und ggf. Entlastung von Vorbehalten

Tabelle: Konjunktive Orientierungsrahmen in Bezug zu Diskursmodi und Formen von Anerkennung

Zeiterkundung stehen, sie kann aber auch einen argumentativen Zweck im Rahmen einer *Belehrungs-* oder *investigativen Befragungssituation* erfüllen.

In den vorliegenden Interviews sind immer wieder Passagen vorzufinden, in denen vom klassischen Setting eines narrativen oder leitfadengestützten Forschungsinterviews abgewichen wird. Sie weisen eher den Charakter eines Gruppengesprächs oder einer Diskussion auf und müssen deshalb im Hinblick auf entsprechende Diskursformen betrachtet werden. Dies könnte man einerseits als fehlerhaft im Sinne klassischer Interviewregeln abtun. In meiner Forschungsarbeit geht es allerdings darum, genau diese Prozesse zu untersuchen, weil sich in der ungewollten Abweichung vom klassischen Interviewsetting möglicherweise eine typische Dynamik der Kommunikation über den Nationalsozialismus widerspiegelt. Nicht die Erfahrungshintergründe der Probandinnen und Probanden zu „Krieg“ oder „Verfolgung“ stehen im Vordergrund, sondern die Frage, welche *gemeinsamen* Orientierungsrahmen zwischen den Interviewbeteiligten entstehen.

Wie obige Tabelle zeigt, ist der Charakter dieser Orientierungsrahmen von der Art der formalen Kommunikation über die Zeit des Nationalsozialismus beeinflusst. So werden bestimmte Themen in unterschiedlichen formalen Abfolgen und Diskursformen bearbeitet. Die Unterschiedlichkeit wird aber nicht allein vom Diskursmodus bestimmt, sondern auch von einer Fülle von zusätzlichen Signalen, Bedeutungen und Positionierungen, wie sie in den Untersuchungsinstrumentarien analysiert werden (s. Abschnitt 10.4.3). So vollzieht sich ein Gespräch dann z.B. im oppositionellen Modus, wenn Positionen engagiert ausgetauscht werden, ohne dass es zu gemeinsamen Konklusionen kommt. Aber erst die Art und Weise der gegenseitigen Anerkennung, die Art und Weise, wie die Interviewsituation von beiden Beteiligten gerahmt und definiert wird, bestimmt den Orientierungsrahmen der *Übereinkunft im Dissens* oder den der *investigativen Befragung*. Ein gemeinsamer, stillschweigender Orientierungsrahmen entsteht erst dann, wenn sich alle Beteiligten in ihren Haltungen und Handlungen daran orientieren. Das heißt, dass in der Interviewsituation die Beteiligten die Gültigkeit eines gemeinsamen Orientierungsrahmens zum Teil dadurch zum Ausdruck bringen, dass sie ihre komplementären Rollen einnehmen. Die Orientierung einer *Belehrung* entsteht z.B. erst dann, wenn sich nicht nur der Zeitzeuge als Belehrender, sondern auch der Interviewer als Lernender positioniert. Dieses Sich-Einschwingen auf gemeinsame Orientierungen ist ein erster zentraler Indikator für Anerkennungsprozesse.

Die Orientierungsrahmen *Kamingespräch*, *gemeinsame Zeiterkundung* und *Streitdialog* zeichnen sich dadurch aus, dass sich die Beteiligten zwar in unterschiedlicher Form beiderseits im Gespräch engagieren, sich aber auf einer eher partnerschaftlichen Ebene in gegenseitiger Anerkennung positionieren. Der Diskurs hat eher dialogischen Charakter, die *inkludierenden Diskursmodi* herrschen vor. Die Orientierungsrahmen *Übereinkunft im Dissens*, *Zeitreportage*, *Belehrung* und *investigative Befragung* weisen den Interviewpersonen unterschiedliche Rollen zu, sind eher monologisch angelegt und von *exkludie-*

renden Diskursmodi bestimmt. In der Regel besteht ein Positionsgefälle. Wenn beide ihre Rollen innerhalb dieses Gefälles einnehmen, machen sie sich den entsprechenden Orientierungsrahmen gemeinsam zu eigen. Gegenseitige Anerkennung vollzieht sich in der Zuerkennung der komplementären Positionen. Im Orientierungsrahmen einer *investigativen Befragung* ist sogar auch diese eher formale Anerkennung in Frage gestellt. Die Qualität gegenseitiger Anerkennung ist also je nach Orientierungsrahmen unterschiedlich hoch. Sie ist am höchsten bei den Orientierungsrahmen, die von inkludierenden Diskursmodi geprägt sind, hier insbesondere beim *Kamingespräch.* Orientierungsrahmen, die komplementäre Rollenzuschreibungen innerhalb eines Positionsgefälles oder exkludierende Diskursmodi aufweisen, zeichnen sich durch eine eher formale, distanzierte Form von Anerkennung aus. Speziell bei der *investigativen Befragung* ist der Orientierungsrahmen von negativen Vorbehalten oder gar Misstrauen und Vorwurf – also von Nicht-Anerkennung – negativ bestimmt.

Anhand bestimmter, wiederkehrender Themen werde ich im Weiteren aufzeigen, in welch verschiedenen Orientierungsrahmen ein und dasselbe Thema behandelt werden kann. Manchmal entscheiden kleine Variationen von Fragen, gewisse Kommentierungen oder unscheinbare Rückversicherungsaktivitäten darüber, welcher gemeinsame Orientierungsrahmen im Interview entsteht, wie sich die Beteiligten selbst positionieren und sich zueinander stellen. Im Vergleich der unterschiedlichen Bearbeitungsformen entsteht ein von subjektiven Vorannahmen losgelöster Vergleichshorizont – ein *Tertium Comparationis* nach der dokumentarischen Methode (s. Abschnitt 10.5). Die Ergebnisse der fallexternen, komparativen Analyse werden im Folgenden nun so zusammengefasst, dass ein Eindruck von den Variationsmöglichkeiten entsteht, wie über die mehr oder weniger brisanten Fragen von Mitbeteiligung und Faszination im Nationalsozialismus gesprochen und interagiert werden kann. Dabei sind folgende Blickwinkel auf das Textmaterial von besonderem Interesse:

- Zeugenschaft und Mitwirkung im Nationalsozialismus
- Chancen und Vorteile im Nationalsozialismus
- Aktualisierung von nationalsozialistischen Überzeugungen
- Aussagen zur eigenen Verarbeitung nach dem Kriege
- Thematisierung der Interviewsituation selbst

Zu diesen Themen werden signifikante Passagen aus den untersuchten Interviews vorgestellt und einer vergleichenden Analyse unterzogen. Dabei geht es darum, die Unterschiedlichkeit und die Charakteristik der aufgeführten Orientierungsrahmen anhand bestimmter wiederkehrender Themen aufzuzeigen und zu illustrieren. Die oben vorgestellten Orientierungsrahmen werden so anhand der Interviewausschnitte illustriert. Zur Vertiefung sei auf den gesonderten Materialband (Bezugshinweis s. S. 10) verwiesen, in dem zu jedem Interview eine ausführliche Analyse über mehrere Passagen mit Themenverlauf, formulierender und reflektierender Interpretation und einer fallinternen komparativen Analyse erstellt wurde. Mithilfe der Unterscheidung von bestimmten Kommunikationsmustern im Hinblick auf Dimensionen der Anerkennung zeige ich dann in Kapitel 12 fruchtbare und hinderliche Wirkungen dieser Muster auf den Prozess von Selbsterkundung und biografischem Lernen auf. Außerdem dienen auftretende Orientierungsrahmen auch als Erkenntnisinstrumente für zugrunde liegende Anerkennungsprozesse, um daraus Notwendigkeiten für den weiteren Interviewprozess ableiten zu können (s. Abschnitt 12.4).

11.1.1 Zeugenschaft und Mitwirkung im Nationalsozialismus

Eine der zentralen Forschungsfragen im Forschungsprojekt *Geschichte und Erinnerung* war die Frage an die Zeitzeuginnen und Zeitzeugen, in welcher Form sie im Nationalsozialismus eingebunden und beteiligt waren. Die männlichen Zeitzeugen betonten hier fast durchweg, dass sie ausschließlich an kriegerischen Einsätzen mitwirkten. Der Erfahrungsraum des Kriegshandwerks wurde skizziert. Häufig wurde die Unterscheidung zwischen dem „sauberen“ Kampf an der Front und den Gräueln im Vorgehen von Einsatzgruppen hinter der Front getroffen.

Genau diese Unterscheidung stellte die heftig umstrittene Wehrmachtsausstellung „Verbrechen der Wehrmacht. Dimensionen des Vernichtungskrieges 1941–1944“[10] in Frage. So spielten z.B. gerade beim Russlandfeldzug der deutschen Wehrmacht Sabotageakte eine große Rolle. Partisanen waren von der *Haager Landkriegsordnung* in der damals geltenden Fassung nicht geschützt. Dies diente Einheiten der Wehrmacht und der Waffen-SS immer

[10] Hamburger Institut für Sozialforschung 2002

wieder zum Vorwand für Erschießungen von aufgegriffenen, russischen Partisanen.[11] Auch Politkommissare der sowjetischen Armee wurden nicht unter dem Schutz des Völkerrechts gestellt und waren gemäß dem sogenannten *Kommissarbefehl* – des Befehls des Oberkommandos der Wehrmacht vom 6. Juni 1941 – ggf. ohne Verhandlung zu erschießen.[12] Die systematischen Erschießungen von Juden in den eroberten Gebieten wurden ebenfalls als Partisanenerschießungen getarnt.[13] Partisanenüberfälle auf kämpfende Einheiten und Nachschubwege wurden durch wahllose Massentötungen von Zivilisten bitter gerächt.[14] Diese Thematik wird in vielen der vorliegenden Interviews bearbeitet. Die Interviewenden sind hier schnell direkt im Diskurs involviert, sei es, dass sie von den Probanden argumentativ direkt angesprochen werden, sei es, dass sie die Thematik durch eigene Interventionen zu vertiefen suchen. In der Bearbeitung dieses brisanten Themas lässt sich deshalb besonders gut aufzeigen, wie unterschiedlich die Interviewpersonen mit der Frage nach der Mitwirkung jedes Einzelnen im Nationalsozialismus umgehen. Exemplarisch können hier einige der o.g. Orientierungsrahmen vorgestellt werden.

Der *Orientierungsrahmen einer investigativen Befragung* entsteht im Interview mit einem Probanden, der einen hohem Offiziersrang bei der Waffen-SS innehatte, und auch in der Ukraine eingesetzt war:

Interview i43/2: Passage „Babi Jar"
Minute 78 – 80

```
I: Mhm. (9) vorher noch mal zurück zur= zur Ukraine? würde ich noch mal gern wissen (.) haben Sie bei Ihren- (.) ä:hm (2) bei Ihren Kämpfen do:rt- (2) diese:- sagt Ihnen der Kommissarbefehl was? haben Sie von dem was mitbekommen?
G: Nein.(2)
I: Das sagt Ihnen auch nichts;
G: °Nein°.
I: Mhm. (2) und Babi Jar haben Sie auch nichts von mitbekommen;
G: Was war das?
I: Babi Ja:r,
G: Nein.
I: Wissen Sie was das ist?
G: Nein; (3)
```

[11] Hamburger Institut für Sozialforschung 2002, S. 15 ff. u. 77 ff.
[12] Benz/Graml/Weiß 1998, S. 547 f.
[13] Hilberg 1999, S. 337
[14] Hamburger Institut für Sozialforschung 2002, S. 437 ff.

I: Die Vernichtung vo:n (.) ich weiß nicht wievie:l- (2) hundertfünfzigtausend
Jüdinnen und Juden innerhalb von anderthalb Tagen bei Kiew? (.) war das; das
war ne Ex- ne Aktion der eS eS; (.) haben Sie davon= haben da nicht irgendwel-
che Kameraden von Ihnen was von erzählt?
G: Nein. (.) hat die Waffen eS eS auch nichts mit zu tun;
I: Mhm. (3) dann kamen Sie nach Saraje:wo:.
G: Ja, (2) zum General F., (3) war ein sehr tüchtiger Mann, (2) ich sagte dem
gleich, (.) ich verstehe nichts von Generalstab, ich bin ein reiner Frontoffi-
zier, (6) da sagt er; (.) was Sie an der Front geleistet haben, das sehe ich
an Ihren Auszeichnungen. (2) was Sie hier brauchen, das lernen Sie von mir,
das mache ich schon fünfundzwanzig Ja:hre? (4)
I: Und was war das? was waren das für Aufgaben?

Die Interviewerin leitet von einem Thema des Probanden weg und eröffnet mit einer exmanenten Nachfrage die Thematik der Sonderaufgaben der Waffen-SS. Durch Geschlossenheit der Fragen und durch die präzisierende Wiederholung der eigenen Fragen zeigt sie ihr Aufklärungsinteresse am *Kommissarbefehl* und an den Vorgängen in Babi Jar. Mit der Feststellung „war ne Aktion der SS“ (Z 29) äußert die Interviewerin implizit den Verdacht der Mitbeteiligung des Probanden an den Gräueln der SS in der Schlucht von Babi Jar. Sie lässt das Thema nach einer kurzen Antwort des Probanden auf sich beruhen. Dabei geht die Interviewerin auch nicht auf den möglichen Widerspruch ein, dass der Proband trotz seines Nicht-Wissens um diese Vorgänge dennoch sehr entschieden – mit leicht fallender Intonation hat die Äußerung in Z 31 den Charakter einer Feststellung – versichern kann, nicht nur er, sondern die Waffen-SS überhaupt, habe damit nichts zu tun gehabt. Die Interviewerin führt wieder zurück zu einem Thema, das der Proband vor Beginn dieses Ausschnitts begann: seinem Einsatz auf dem Balkan. Damit gibt sie ihm auch die Gelegenheit, wieder an den von ihm eingeführten Erfahrungsraum des „Kriegshandwerks“ kurz anzuknüpfen. Durch die Pause übergibt der Proband das Rederecht an die Interviewerin, die die begonnene Erzählung nicht weiter vertieft, sondern präzisierend nach den Aufgaben des Probanden bzw. seiner Einheit fragt. Damit dokumentiert sie den Vorrang ihres Aufklärungsinteresses. Durch ihr Insistieren auf bestimmten Fragethemen drückt die Interviewerin in dieser Passage ungesagt ihre Zweifel an den Darstellungen des Probanden aus. Der Proband geht nur kurz und defensiv auf die Fragestellungen ein und wird erst dann ausführlicher, als es um seinen Erfahrungsraum von Kriegshandwerk geht (Z 33 ff.).

So erhält diese Passage den Charakter einer *investigativen Befragung*, denn Themen werden nur angerissen, kaum ausgeführt, aber nicht abgeschlossen. Es kommt zu keinerlei Verständigung zwischen den Beteiligten. Sie verfolgen unterschiedliche Interessen und agieren aneinander vorbei im *divergenten Diskursmodus*. Dabei ist auch ein Positionierungsgefälle zwischen beiden Personen zu verzeichnen. Die Interviewsteuerung liegt bei der Interviewerin. Ihr geht es um Aufdeckung eines Sachverhaltes. Der Proband wiederum betont sein Nicht-Wissen. Bei der Frage nach den Geschehnissen in der Schlucht von Babi Jar nimmt die Interviewerin das vermutete Nicht-Wissen des Probanden schon vorweg: „und Babi Jar haben Sie auch nichts von mitbekommen" (Z 21). Auf die Rückfrage des Probanden hin fragt die Interviewerin noch insgesamt drei weitere Male nach seinem Wissen um die Vorgänge (Z 23, 25 und 29 f.) und drückt damit sehr deutlich aus, dass sie dem Probanden seine Ahnungslosigkeit nicht abnimmt. Dem Insistieren der Interviewerin steht ein Zurückweichen des Probanden gegenüber. Vermutlich war G. mit ähnlichen Fragen schon in entsprechenden Verhören nach Kriegsende konfrontiert. Er reagiert entsprechend defensiv. So übernehmen beide Personen den *Orientierungsrahmen einer investigativen Befragung*. In der gesteigerten Form dieses Orientierungsrahmens hat dieser Ausschnitt sogar den Charakter eines Verhörs.

Im folgenden Beispiel für den *Orientierungsrahmen einer Übereinkunft im Dissens* liegt ebenfalls eine kritisch-prüfende Reserviertheit der Interviewerin vor, allerdings ohne ein Gefälle in der steuernden Einflussnahme während des Gesprächs:

Interview i30: Passage „Da können Sie mich noch so scharf angucken"
Minute 84 – 86

I: Haben Sie grundsätzlich davon nichts gewusst?
K: Nee da hab ich nichts gewusst. (1) //mhm mhm// nee @(.)@ da können Sie mich noch so scharf angucken, da hab ich wirklich nichts davon gewusst; ich kann Ihnen eine Erschiessung sagen, das hängt jetzt äh etwa mit dem zusammen was ich vorhin sagte von dem (2) Kameraden aus Dachau der da auf die zwei //mhm// Überläufer schoss ne, des wär also- (1) ich denke er ist da ne ä: (.) Ausnahme gewesen. also jetzt von unserer Gruppe, mit der ich zusammen war damals- könnte ich mir nicht vorstellen; ne, denn die waren vollkommen- (2) die wollten überlaufen, net? die= die= (.) die waren ohne Gefahr; net, //mhm// ich meine es gibt andere Situationen natürlich, aber (??) ah ja (1) ein:= ein äh

(2) Erschießung von einem Partisanen (1) habe ich in Erinnerung; von einem angeblichen Partisanen. und der (1) wurde bei uns abgeliefert, in unserem- (1) äh (2) in unserem Zug- also in unserer Einheit in der kleinen Einheitgruppe, (1) un:d (.) da musste einer- da wurde einer gefragt- und jetzt kommen wir wieder zu dem Punkt der oft äh behauptet (??) die Unterscheidung auch nochmal machen muss zwischen (1) erschießen (.) müssen und erschießen (.) können. da wurde einer= (1) einer= äh gef= en Freiwilliger gesucht, den angeblich Partisanen zu erschießen; und es war (.) wieder genau der Mann (1) der auf die zwei Überläufer geschossen hat. (1) und dann im Nachhinein kam vom Regiment- äh wurde nachgefragt nach diesem (.) angeblichen Partisanen. wie das dann weiterverlief weiß ich net, das ist jetzt mehr meine Überlegung, möglicherweise hat sich da das als en Irrtum rausgestellt; ne, //mhm mhm// des weiß ich aber nicht das muss ich jetzt offen lassen; //mhm// ich sag grundsätzlich nur Sachen die ich (.) weiß, //mhm mhm// also wo ich weiß das kann ich //mhm// sagen.

Auf die kritische Nachfrage der Interviewerin reagiert der Proband auf der Beziehungsebene („da können Sie mich noch so scharf angucken", Z 36 f.) und thematisiert die von ihm wohl so empfundene, prüfend-anklagende Position der Interviewerin. Indem K. sich hier vor möglichen Unterstellungen durch die Interviewerin verwahrt, setzt er eine Zäsur und beansprucht das Recht auf die Darstellung seiner Sicht. Damit stellt er Gleichwertigkeit in den Positionierungen wieder her, auch wenn er argumentativ die kritische Frage nach seinem Wissen um die Natur des Nationalsozialismus zu entkräften sucht. Im Weiteren nimmt der Proband zwei Eingrenzungen vor: Inhaltlich sieht er Gräueltaten von Wehrmachtsangehörigen als Ausnahmeerscheinungen an und positioniert sich hier selbst als berufener Experte, der dies aus eigenem Augenschein heraus beurteilen kann. Mit seiner Einschränkung, er wolle sich nur zu den eigenen Wahrnehmungen und Erlebnissen äußern, betont K. einerseits seine Wahrhaftigkeit, weist aber gleichzeitig gegenüber der Interviewerin einen bestimmten Kreis von Gesprächsthemen zurück: Der Proband will nicht über Vermutungen und Eindrücke vom Hörensagen anderer sprechen. Auch hier beansprucht er wieder die „Darstellungshoheit" als Zeitzeuge. Im Unterschied zu einer *investigativen Befragung* bzw. zu einer Verhörsituation nimmt sich der Proband hier den Raum zur Diskurssteuerung. Der interaktive Bezug der Beteiligten, das Vorwegnehmen von Argumenten der Interviewerin, aber auch das betonte Einengen der eigenen Äußerungen durch K. machen einen Unterschied zur Passage „Babi Jar" bei Interview i43/2 deutlich: Auf Seiten der Interviewerin besteht ebenfalls ein deutliches Aufklärungsinteresse, die Inhalte werden durchaus kritisch nachfragend, aber interaktiv verhandelt. Im

Gegensatz zu ihren dicht platzierten Nachfragen unmittelbar im Vorfeld dieses Interviewausschnitts (s. dazu S. 296) lässt sie dem Probanden hier Raum zu seinen Ausführungen. So ist der Diskursmodus *oppositionell* geprägt, denn auch bei deutlicher gegenseitiger Bezugnahme bleiben die kritischen Fragen der Interviewerin und die entsprechenden Ausführungen des Interviewten nebeneinander stehen. Offensichtliche Differenzen werden nicht weiter vertieft und es kommt zu keiner gemeinsam validierten Konklusion. Allerdings wissen beide Seiten umeinander. Mit ihrer *Übereinkunft im Dissens* erkennen sie sich in ihrer Verschiedenheit an.

Im *Orientierungsrahmen einer Zeitreportage* hat der Proband den Raum zur Darstellung seiner Erfahrungen. Die „Darstellungshoheit“ liegt eindeutiger als in den vorangegangen Beispielen bei ihm selbst, denn er hat die Position eines Zeitzeugen und bekommt diese auch vom Interviewer zuerkannt:

Interview i18: Passage „Das Dorf existierte nicht mehr“
Minute 127 – 131

1 G: C/00:18:11-7 Man fuhr heran un=nun (.) sagte der (.) Kommandeur dieses (.)
2 Panzerzuges, (.) eh also schießen. und diese (.) Flakgeschütze die alle so
3 mit Leuchtspurmunition arbeiteten; (.) haben begonnen also s=s heiterem Himmel
4 ohne irgendeine Vorwarnung, (.) dieses Dorf zusammenzuschießen.
5 I: ⌊Zivilisten;
6 G: ⌊(.) Zi- ja.
7 nun ja also äh (.) ich war ja **neu** in diesem Gewerbe; nicht? aber mir war
8 a=so natürlich sofort danach (.) klar (.) dass da (.) eigentlich nur (.) alte
9 Leute und Kinder sein konnten. //mhm.// au- und Frauen. nicht, (.) also **Män-**
10 **ner** (.) konnten da eigentlich (.) im=im kriegsfähigen Alter nicht mehr- und
11 selbst wenn also so (.) Partisanen (.) //ehm.// sich da nachts aufgehalten
12 hätten waren die natürlich schon längst gewarnt dass jetzt also die deutsche
13 Wehrmacht da komme; und äh waren also sicher längst in alle Wälder; (.) wir
14 haben ja später solche Partisanen bekämpft, ...

Der Proband beschreibt eingehend die Szenerie des brennenden Dorfes und der Menschen in panischer Angst:

33 G: herumgestochert um sich Sachen rauszuholen; wir haben dann die Häuser vollends
34 angesteckt, (.) und dann war in der Zwischenzeit ein (.) mit einem (.) anderen
35 Zug, eines war Abteilung (.) Polizei (.) gekommen; und dann wurden diese Leu-
36 te eingesammelt? das warn vielleicht (.) fünfzich oder sechzich oder so, (.)
37 Frauen mit ihren Kindern, (.) die zum Teil gar nicht richtig angezogen waren;
38 nicht, und wurden auf diesen (.) äh auf diese Eisenbahn (.) geladen und wur-
39 den °irgendwo° weggebracht; nicht? und das Dorf=f (.) existierte nicht mehr.
40 (1) und äh ich hatte (.) äh als ich zum=ersten Mal ei=m Mädchen im Internat

einen Kuss (.) gab; (.) hatte ich an dem Tag begonnen ein Tagebuch zu schrei-
ben; und das hab ich (?in den?) Krieg mitgenommen und (.) hab das (.) auch äh
(.) durch den Krieg durchgebracht. (.) und da steht an diesem Tag (.) beim-
von mir drin, (.) °ähm° (.) so: (.) ist also der Krieg; (.) ich f=finde ihn
schrecklich, (.) a:ber (.) e=e und jetzt kommt ein Satz der zeigt nicht wahr
wie weit ich mit meinem Denken war; nämlich gar nicht weit; wo gehobelt wird
fallen Späne.

Der Proband schildert in einer selbstläufigen szenischen Erzählung die Vernichtung eines russischen Dorfes im Zweiten Weltkrieg. Der Interviewer hält sich mit Interventionen zurück, löst aber mit dem Verweis auf Zivilisten zu Anfang der Passage eine Irritation und die geradezu schmerzlich detaillierte Schilderung einer Vernichtungsaktion aus. Die daran anschließende, eigene biografische Verarbeitung dieses Geschehens richtet G. auch an die Adresse des Zuhörers. Dabei lässt er die eigene Erschütterung anklingen, wenn er von „Zusammenschießen“ aus „heiterem Himmel ohne irgendeine Vorwarnung“ (Z 3 f.) spricht. In dem „danach“ (Z 8) und in der Reflexion über seinen damaligen Tagebucheintrag klingt seine spätere, kritische Beschäftigung mit dieser Zerstörungshandlung an. Die Dichte der szenischen Erzählung erfährt Brechungen durch z.T. trivialisierende Wortwahl, wie z.B. „neu in diesem Gewerbe“ (Z 7) oder „wurden diese Leute eingesammelt“ (Z 35 f.) und „irgendwo weggebracht“ (Z 39). Die Detailliertheit in der Schilderung der Abläufe steht im Kontrast zu dieser trivialisierenden Wortwahl. Damit schafft der Proband eine Spannung zwischen der *Landschaft der Handlung*, die er vorwiegend ausbreitet, und der *Landschaft des Bewusstseins*,[15] so als ob er gerade durch die sprachliche Distanzierung die nicht berichteten Emotionen im Zuhörer erwecken wollte (s. Abschnitt 10.4.3). Der in Tempo, kurzen Pausen und Betonungen gleichmäßige Sprachduktus verrät keinerlei Emotionen. Emotionalität entsteht erst beim Zuhörer durch die akribisch genaue Schilderung von Details. Damit entsteht der *Orientierungsrahmen einer Zeitreportage*. Über weite Strecken positioniert sich der Proband als Betrachter des Geschehens. Dabei ist G.s eigene Agency unklar. Er problematisiert die eigene Handlungsbeteiligung an Vernichtungs- oder Tötungshandlungen nicht, sondern nur sein damaliges Denken, wie aus seinem distanzierenden Kommentar zu seinem damaligen Tagebucheintrag hervorgeht. An dieser Stelle formuliert er zumindestens verbal ein Erschrecken (Z 44 f.). Die am Interview Beteiligten bewegen sich

[15] Bruner 1997, S. 67 u. 103

hier im Rahmen eines klassischen biografischen Interviews, denn der Proband hat in einem eher *narrativ-monologischen Modus* Raum zur Selbstthematisierung. Einige Rückversicherungsaktivitäten des Probanden (Z 7, 38, 39, 45) weisen darauf hin, dass die szenische Erzählung und das Resümee am Schluss zum Interviewer hin formuliert sind. Der Interviewer wiederum begleitet die Erzählung durch einen konkretisierenden Kommentar („Zivilisten", Z 5) und hält sich ansonsten mit Interventionen zurück. Die Beteiligten beziehen sich aufeinander und erkennen sich innerhalb dieses Orientierungsrahmen an.

Fallexterne, komparative Analyse

In den angeführten Ausschnitten zeigen die Interviewenden deutliche Bestrebungen, das Gespräch auf bestimmte Sachverhalte hin zu lenken oder bestimmte Themen zu vertiefen. Hier wird mit der Frage einer Mitbeteiligung an Erschießungen z.B. von Zivilisten oder Partisanen im Krieg eine mögliche Schuldthematik in aller Direktheit angestoßen. Allein der Proband in der Passage „Babi Jar" zeigt sich als unwissend. Die anderen Probanden positionieren sich allesamt als Beobachter eines Geschehens, das sie mehr oder weniger hautnah selbst erlebt haben, in dem sie aber keine direkte, ausführende Rolle spielten. Bei der Brisanz einer implizit angesprochenen Schuldthematik ist sowohl die Initiative der Interviewenden als auch die Vorsicht und Zurückhaltung der Probanden zu verstehen. Und dennoch sind Unterschiede in der Art der Bearbeitung des Themas zu verzeichnen, sei es in der „nachfassenden" Aktivität der Interviewenden, sei es in der Erzählbereitschaft der Probanden als offensiv begründende (s. Passage „Da können Sie mich noch so scharf angucken") oder defensiv sich auf Nichtwissen zurückziehende (s. Passage „Babi Jar") Zeitzeugen. Eine individuelle Verarbeitung des Erlebten ist in Ansätzen am ehesten in der Passage „Das Dorf existierte nicht mehr" zu verzeichnen, denn der Proband zeigt hier eine kritische Bewertung seiner damaligen Haltung und eine gewisse Erschütterung aus seiner heutigen Sicht über die damaligen Vorgänge. Die in der Analyse dieser Passage aufgezeigte Ambivalenz zwischen dem Schüren von Betroffenheit beim Interviewer bei gleichzeitiger eigener Distanzierung durch sprachliche Brechungen könnte ganz unterschiedlich gedeutet werden. Meiner Ansicht nach sprechen diese Zeichen für einen nicht abgeschlossenen und weiter wirkenden Drang zur Bearbeitung der Erlebnisse. In der Passage „Das Dorf existierte nicht mehr" des Interviews i18 zeigen sich im Vergleich zu den anderen angeführten Passagen am deutlichsten Anzeichen eines *transformativen Lernens* (s. Abschnitt 4.3): Sowohl die Wirkungen eines desorientierenden Dilemmas als Merkmal der Stufe 1, als auch auch Hinweise auf die kritische Überprüfung eigener Annahmen als Merkmal der Stufe 3 des *transformativen Lernens* sind hier feststellbar. Genau in dieser Passage ist im Vergleich zu den anderen die größte Zurückhaltung auf Seiten der Interviewenden zu verzeichnen. Dies würde für die Grundanlage des biografischen Interviews sprechen: Die Abstinenz der interviewenden Person unterstützt die Selbstthematisierung der erzählenden Person. Ein zu aktiv verfolgtes Aufklärungsinteresse auf Seiten der Interviewenden birgt die Gefahr, dass sich die Probanden in ihrem Erzählprozess zurücknehmen.

Wenn dieses Zwischenergebnis fürs Erste die geforderte Zurückhaltung bei Forschungsinterviews auch zu bestätigen scheint, so ist doch auf den Charakter dieser einzigen kurzen Intervention in der Passage „Das Dorf existierte nicht mehr" in Z 5 des Interviews i18 hinzuweisen: Mit einem kurzen, konkretisierenden Verweis auf Zivilisten als Opfer löst der Interviewer eine Irritation beim Probanden aus. Dieser greift den Hinweis auf und gelangt darüber schließlich zu einer szenischen Erzählung. So scheint es nicht um vollständige Abstinenz des Interviewers im biografischen Interview zu gehen, wenn die Frage von Mitwirkung bei Kriegs- und Erschießungshandlungen im Raum steht. Vielmehr ist das richtige Maß an Irritation zu berücksichtigen. In der angeführten Passage von Interview i18 ist dies sehr wirksam umgesetzt, denn der Proband findet zu seinem Erzählfaden zurück. Gegenseitige Anerkennung zeigen die Beispielpassagen in unterschiedlicher Weise: Sei es Raum gebend und rückversichernd in dem *Orientierungsrahmen einer Zeitreportage*, wie es die Passage „Das Dorf existierte nicht mehr" von Interview i18 zeigt, oder dialogorientiert nachfragend und argumentierend im *Orientierungsrahmen einer Übereinkunft im Dissens* in der Passage „Da können Sie mich noch so scharf angucken" des Interviews i30. Der eindeutig *investigative* Rahmen in der Passage „Babi Jar" des Interviews i43/2 löst dagegen eher Misstrauen und Rückzug aus. Dieser Orientierungsrahmen scheint am wenigsten Prozesse von Selbsthematisierung und *transformativem Lernen* zu ermöglichen und gleichzeitig weist er das geringste Maß an gegenseitiger Anerkennung auf.

11.1.2 Chancen und Vorteile im Nationalsozialismus

Mehr oder weniger direkt formulieren die Zeitzeuginnen und Zeitzeugen in den Interviews, welche Vorteile sie damals im Nationalsozialismus sahen und vielleicht noch heute sehen, und welche Chancen sich in dieser Zeit für sie boten. Mit dieser Thematik wird die Frage nach der inneren Bejahung oder gar der Faszination am System des Nationalsozialismus aufgeworfen, denn durch Äußerungen über positive Aspekte des Nationalsozialismus geben die Erzählenden in abgeschwächter und indirekter Form Auskunft darüber, von welchen Motiven ihre wie auch immer geartete Mitwirkung und Unterstützung getragen war. Damit „tasten" sich die Interviewbeteiligten – je nachdem, von wem die Initiative zu dieser Thematik ausgeht – auch an das Thema der Anziehungskraft des Nationalsozialismus heran. So zentral dieser Themenbereich für die Untersuchung im Rahmen des Forschungsprojektes *Geschichte und Erinnerung* war, so sehr bestand aber auch die Gefahr, dass sich problematische und für die Nachkriegszeit typische Tradierungsformen über die Zeit des Nationalsozialismus (s. Abschnitt 7.2) in den Interviews gerade bei dieser Thematik neu entfalten würden. Das *Große Schweigen*[16] könnte sich erneut konstellieren, auf Seiten der Zeitzeugen in Form von Sprechblockaden und defensivem Rückzug, auf Seiten der Interviewenden in Form von vorschnellen Vermutungen, Tabuisierungen und Einordnungen. Gleichzeitig bot dieser Themenbereich auch die Gelegenheit, das zu thematisieren, was die Zeitzeuginnen und Zeitzeugen früher bejahten, unterstützen und in der Gegenwart als Verlust nun bedauern.

Wenn sich in einer offenen Interviewsituation der problematische Dialog der Generationen über den Nationalsozialismus möglicherweise reinszeniert – so eine der Thesen dieser Arbeit – dann müssten sich solche Dynamiken gerade bei der Thematik der Chancen und Vorteile im Nationalsozialismus zeigen. Umgekehrt bestünde dann die Herausforderung für die Interviewenden darin, im Diskurs über das positiv Erlebte im Nationalsozialismus das Ungefragte zu ahnen und dem Ungesagtem angemessene Brücken zu bauen. An diesen Stellen würde sich erweisen, ob anerkennende Begegnung (s. Abschnitt 5.2) zu einer offeneren Selbstthematisierung beiträgt.

---

[16] von Arnim 1989

Den Raum für den *Orientierungsrahmen einer gemeinsamen Zeiterkundung* bietet idealerweise das Setting des narrativen Interviews. Im unterstützenden Zuhören entfalten sich die Zugzwänge des Erzählens, Selbsterkundung wird angestoßen. Der Interviewende trägt seinen Teil zu diesem Prozess bei, indem er innerlich beteiligt ist und dem Prozess des Erzählers folgt. Wenn die Möglichkeiten der Selbstthematisierung im Kontext eines von Vorannahmen geprägten Themas gerade auch im konsequent umgesetzten Rahmen eines biografisch-narrativen Interviews auszuloten sind, dann bietet sich hierzu das Interview i13 an. Denn durch die Art der Interviewerinterventionen wird das Ideal von Zurückhaltung und Offenheit im narrativen bzw. teilnarrativen, leitfadengestützten Interview im Verhältnis zu allen anderen im Rahmen des Projektes *Geschichte und Erinnerung* geführten Interviews hier am ehesten verwirklicht:

Interview i13: Passage „Geschmeichelt"
Minute 11 f.

U: ... ich machs jetzt kurz. wir sind- ich bin also da reingekommen und G. fing
an er hatte dann gesagt ich bräuchte keine Angst zu haben das er macht mehr
Fehler als ich machen kann und ich setz mich an die Schreibmaschine und er
fängt an zu diktieren und meine Hände haben so gezittert dass ich nicht eine
Taste richtig getroffen ha=s hat ausgschaut wie chinesisch. und **Gott sei-** also
nein das war eben das Schicksal es kam der Diener und hat gesagt ((zitiert)
[Funktionsbezeichnung] der- der F. ist am Telefon.) und dann hat der tele-
foniert wie der Herr Meier oder der Herr Schulze auch? und ich hatte mich in
der Zwischenzeit beruhigt und das Diktat ging dann gan=z normal weiter? ja und
dann (.) des war im September oder- ja September zweiundvierzig und ich blieb
dann noch eine Weile da, weil er noch m=mehrere Dinge diktiert hat später und
am ersten Januar dreiundvierzig hat er mich kommen lassen, da standen waren
dann die beiden alten Sekretärinnen mit dabei ((Räuspern)) und dann hat er ge-
fragt ((langsamer sprechend)) ob ich bei ihm bleiben möchte, und da muss ich
sagen hab ich gesagt ja, ich ich fand das so aufregend und so so interessant
ich hab da polit- ich hab da gar nicht politisch gedacht, ich war einfach
geschmeichelt, und ich ich ich hab auch- es hat mich so fasziniert dass ich da
in einem Wald arbeiten kann ohne diese sturen Bürostunden am Schreibtisch, es
war einfach alles abenteuerlich; es war die reine Abenteuerlust; und so ist es
gekommen dass ich dann eben dageblieben bin. so °das Kapitel hätten mer jetzt.°
00:12:05-6

In dieser Passage stellt sich die Probandin als ein junges Mädchen dar, das durch Zufall in einen Schreibmaschinenwettbewerb um eine Stelle als Sekretärin bei G. – einem hohen Funktionsträger innerhalb des nationalsozialistischen Regimes – gerät. Im Weiteren beschreibt sie die Exklusivität ihrer

Bewerbungssituation. Zufall und Schicksal führten sie in ihre Position. Die Erklärung zur Einstellung als Sekretärin bekommt den Charakter einer Anfrage, ja geradezu eines Heiratsantrages. G. selbst wird als freundliche und väterliche Persönlichkeit dargestellt. Die Probandin betont ihre politische Naivität, wie wenn sie den Interviewer davon überzeugen wollte, dass sie nur durch Zufall Zutritt zum engeren nationalsozialistischen Führungszirkel bekommen habe und dies keinerlei Ausdruck innerer Überzeugungen gewesen sei. U. führt als Entlastungsmotiv die eigene jugendliche Unbekümmertheit ins Feld. Auffallend ist der Schlusskommentar der Probandin, denn sie bezeichnet dieses Kapitel als abgeschlossen und abgearbeitet. Damit gibt sie dem Interviewer das Signal, dass sie dazu keine weiteren Ausführungen zu machen gedenkt. In dem „so“ (Z 55) schwingt neben dem sprachlichen Abschlusssignal auch Erleichterung mit. Der Interviewer akzeptiert dieses Steuerungssignal und schließt aber direkt mit einer immanenten Frage an:[17]

Interview i13: Passage „Überzeichnete Juden“
Minute 12

```
I: 00:12:05-6 Ähm (.) blieb denn diese (.) sagmal zwiespältige Ansicht dass sie
   einerseits kritisch gegenüber den Nationalsozialisten oder dem Nationalsozia-
   lismus waren einerseits und ihre Tätigkeit jetzt direkt spannend fanden?
```

Mit dieser Frage greift der Interviewer die Selbstbeschreibung der Probandin auf, die sich selbst mit einer Art unpolitischer Distanz zum Nationalsozialismus einstuft. Gleichzeitig thematisiert er mit dem Wort „spannend“ ihre Faszination an der neuen Tätigkeit als Sekretärin eines hohen nationalsozialistischen Funktionärs. Mit der öffnenden Frage baut er auf der beschriebenen Ambivalenz der Probandin auf und ermuntert sie zu weiteren Ausführungen. Damit bleibt der Interviewer im Setting eines leitfadengestützten Interviews mit vorwiegend *narrativ-monologisch* geprägten Passagen mit geringen Diskursanteilen. Der Probandin wird Raum für ihre Darstellungen gegeben, ihr wird Anerkennung in ihrer Rolle als kompetenter Zeitzeugin zuteil. Die behauptete Naivität der jungen Sekretärin wird damit allerdings nicht hinterfragt – schließlich drängt sich ja die Frage auf, ob denn eine junge Frau ohne jedes parteipolitische Engagement je in solch eine Stellung hätte kommen können. Die Entscheidung der Probandin, die Reichweite ihrer Ausführungen hier

[17] Hier schließen zwei verschiedene Passagen unmittelbar aneinander an.

zu begrenzen, wird respektiert. Diese Zurückhaltung gibt der Probandin den Raum und die Anerkennung für die Entfaltung ihrer Selbstbeschreibung, die aber den Charakter einer *Bekehrungs- und Rechtfertigungsgeschichte* aufweist. Ohne dass dies vom Interviewer durch seine Interventionen speziell ausgelöst worden wäre, erhält diese Passage damit aus Sicht der Probandin eine *investigative Orientierung*. Sie verhält sich defensiv, als müsste sie sich rechtfertigen für ihre Stellung als Sekretärin eines hohen Funktionärs. Die Interviewbeteiligten finden hier jedenfalls noch nicht zu einem gemeinsamen Orientierungsrahmen. Die Probandin begrenzt ihre Ausführungen aufgrund eigener Vorannahmen defensiv, während der Interviewer eher die *Orientierung einer Zeiterkundung* verfolgt. Insofern dokumentiert gerade diese Passage das Wirken von Vorannahmen auch in offeneren Gesprächssituationen. Die investigative Orientierung wird bei Gesprächen über den Nationalsozialismus geradezu von den Probanden vorausgesetzt, auch wenn der Interviewer offensichtlich den Erzählraum für eine Zeiterkundung öffnen will. Gegen Ende des Interviews entwickelt sich dann aber ein gemeinsamer Orientierungsrahmen, wie aus Abschnitt 11.1.4 hervorgeht.

Die Thematik des Positiven im Nationalsozialismus kann aber auch im diskursiv entwickelten *Orientierungsrahmen einer gemeinsamen Zeiterkundung* behandelt werden. Auffällig ist im folgenden Beispiel aus Interview i40, dass der Proband keinerlei defensive Strategien erkennen lässt:

Interview i40: Passage „Verbastardierung“
Minute 83 f.

P: ... ... //mhm,// (.) wissen Se (.) wir hatten das Gefühl er guckt jeden an;
(.) //mhm; mhm;// nich; //mhm;// also irgendwie dachte ich na jetzt fällt mir
die Knarre runter. //mhm; mhm;// @nich is zum Lachen //mhm; mhm;// aber es is
so; nich?@
I: ⌊So, so.
P: ⌊obwohl der der hat einen- ja der hat ein Charisma da aus-
gestrahlt der Mann also- (.) //mhm; mhm;// nich de- des=is unbegreiflich
//mhm;// nich? (.) //mhm;// des war halt so. (.) nee;

Ausgehend von einem Appell zu Ehren Hitlers beschreibt der Proband, wie sehr er von Hitler beeindruckt war. P. formuliert sehr auf den Interviewer hin und zeigt viele Rückversicherungsaktivitäten. Der Interviewer setzt zu einer Paraphrase an, es entwickelt sich ein Wechselgespräch:

```
P: nich; //mhm;// hm. (.) °Sachen gabs da;°
I: Ja,
P:   ⌊((schluckt))
I:     ⌊so dass Sie dann (.)
P:                ⌊Nein;
I:                          ⌊sich persönlich auch aufgerufen gefühlt haben ich muss
   diesem Führer dienen;
P:                      ⌊Ja.
I:                          ⌊meinem Führer.
P:                                     ⌊Ja. ja; ja,
I:                                                  ⌊ja;
P: Ähm e=nich nur meinem Führer sondern ähm (.) er verkörperte für uns Deutschland;
   //ja; ja; ehhm;// das das //mhm, mhm;// darf man nich vergessen; //mhm;//
   nich? //mhm; ja;// °und=ich bin° ich bin und war ganz bewusst Deutscher.
   //ja;// nich? //ja; ja. ehm,// und bin auch g- stolz auf mein deutsches
   //ja;// Volk.
```

Nach Übergabe des Rederechts durch den Probanden (Z 28) formuliert der Interviewer eine Paraphrase („So dass Sie dann sich persönlich auch aufgerufen gefühlt haben." Z 31 ff.) mit einer Zuspitzung: Das Charisma Hitlers als Ausgangspunkt für die Bereitschaft des Probanden, Hitler als Führer anzuerkennen und ihm zu dienen. Damit geht der Interviewer über das Gesagte hinaus, greift aber die emotionale Qualität der szenisch erzählten Sequenz auf. Der Proband ist gleichzeitig weitersprechend mit der kollektiven Erfahrung des Geschehens noch beschäftigt und bringt beide Linien in seiner Antwort zusammen: „Hitler verkörperte für uns Deutschland" (Z 39). In diesem Wechselgespräch mit häufigen Signalen gegenseitiger Zustimmung wird die Begeisterung des Probanden für sein „deutsches Volk", die für ihn wohl in der damaligen Zeit tragend war, gemeinsam herausgearbeitet. Der Interviewer bietet dem Probanden über Paraphrasen Orientierungen an, die dieser validiert und weiter ausführt. Damit begibt sich der Interviewer in die Rolle eines empathisch mitschwingenden Dialogpartners. Gemeinsam werden in einem *parallelen Diskursmodus* die Eindrücke des Zeitzeugen ausgeleuchtet und weiter entfaltet. Damit entsteht der *Orientierungsrahmen einer gemeinsamen Zeiterkundung.*

Dass der *Orientierungsrahmen einer gemeinsamen Zeiterkundung* nicht nur über Paraphrasieren, sondern durchaus auch über wohlwollend-konfrontative

Interventionen des Interviewers angeregt werden kann, zeigt eine Passage aus dem Interview i41/2, das beide Beteiligte aufbauend auf i41/1 miteinander führten:

Interview i41/2: Passage „E gute Funker“
Minute 54 – 56

```
L:  ⌊auf (??) und so gell, ((hörbares Einatmen)) da ware emol also wir sind gut
    esse gegange da und Fisch //mhm, mhm// und e (?Torte?). ((hörbares Einatmen))
    da; do ischs zugegange wie im Friede gell, da war an für sich @(.)@
I:  Ja; das wundert mich; das hab ich auch vom letzte Mal noch so: von Ihrem
    Gespräch; dass es eigentlich fascht klang wie e Abenteuerurlaub
L:  Ja, also ehrlich gsagt (.) da obe (.) //ja// se- de des des des des dings die
    ganze Tätigkeit hät hät mir Spaß gmacht; ne,
I:                                          ⌊Jaja. des isch
L:                                             ⌊diese Verfolgunge da; gell, (?
    do war jetzt?) (1) w- war ich e gute Funker gell, un- //mhm // und und und des
    Abhöre und so; des: (.) des hät mir wirklich Spaß gmacht gell,
I:  Da war son bissel au de de: de detektivische Reiz, so
L:                                                    ⌊Haja haja haja
I:                                                        ⌊so Spürsinn gfragt; ne,
L:  Haja haja.
I:  Un Sie hän ja au gsagt; Sie hän es gutes Gehör ghät
L:                                                  ⌊Ja ich hab (?alles gehört?)
```

Der Proband schildert seine Erfahrungen während seines Kriegseinsatzes in Norwegen, was den Interviewer zum Vergleich mit einem Abenteuerurlaub herausfordert. Mit den Relativierungen „eigentlich“, „fast“, „wie“ bietet der Interviewer dem Probanden gleichsam als Brücke die Verständigung an, dies sei sicher nicht so gemeint, und schwächt damit seine herausfordernd gemeinte Formulierung sofort wieder ab. Diese Brücke greift der Proband nicht auf, sondern er schließt geradezu bekenntnishaft an: „Ja, also ehrlich gsagt ...“ und nimmt seinen Erzählfaden wieder auf. Insofern fällt der durch einige Einschränkungen abgemilderte, provokative Vergleich auf fruchtbaren Boden. Weitere Paraphrasen des Interviewers („detektivische Reiz“, Z 102) ermuntern den Probanden zur Elaboration der Freude an seiner Tätigkeit. Begleitet wird der Diskurs von häufigen Rückversicherungen und Validierungen, es liegt eine hohe gegenseitige Hörerorientierung im Interview vor. Im Unterschied zur vorangegangenen Passage „Verbastardierung“ aus Interview i40 lässt der Interviewer hier mit seinen Zuspitzungen deutlicher eine kritische Distanz zum

Gesagten durchblicken. Dieser Dialog gipfelt letztendlich dann in der Konklusion des Probanden:

```
120 L: Ja also am Schluss ääh am Schluss hätt jo also praktisch (.) der Krieg @vo
121    meiner Seite aus@ (.) do obe noch weitergehe könne; gell,
```

Bemerkenswert ist diese Konklusion deshalb, weil der Interviewer im gesamten Interview immer wieder auch in nachforschendes Fragen verfällt und seinen Unglauben an bestimmten Darstellungen Ausdruck verleiht. In manchen Passagen hat das Interview Verhörcharakter. Diese Situation wird dann auch im Interview thematisiert (s. Abschnitt 11.1.5 und Fallbeschreibung im Materialband, Bezugshinweis s. S. 10). In der hier genannten Passage gelingt es, aus einem zuvor eher *oppositionellen Diskursmodus* in einen eher *antithetischen Diskursmodus* zurückzukehren. Offensichtlich findet der Proband in selbstläufiges Erzählen und Beschreiben zurück. Der Interviewer paraphrasiert den emotionalen Gehalt der Beschreibung anerkennend und bestärkend, ohne eigene Wertungen und Suggestionen einzuflechten, so dass beide Beteiligte zu einer gemeinsam validierten Konklusion kommen. Im Kontext eines *parallelen Diskursmodus* mit deutlicher gegenseitiger Bezugnahme ist die Intervention des zuspitzenden Nachfragens hier hilfreich. Gleichzeitig fällt auf, dass der Interviewer seine Fragen und Interventionen dialektal einfärbt. Damit gibt er dem Probanden einen Kontextualisierungshinweis (s. Abschnitt 10.4.3), denn er verweist mit seiner eigenen Dialekteinfärbung auf die gemeinsame, räumliche Herkunft und stellt so Gemeinsamkeit zwischen sich und dem Probanden her. Im Dienst des Betonens – möglicherweise auch Überbetonens – von Gemeinsamkeit ist auch das vorsichtige Abschwächen des provokativen Vergleichs zwischen Kriegseinsatz und Abenteuerurlaub in Z. 95 zu sehen. Dies ist Teil einer spürbaren Verbundenheit in dieser Passage, die sich auch in häufigen Hörer- und Rückversicherungssignalen dokumentiert. In dieser Passage jedenfalls greifen die Diskursbewegungen ineinander, die Interviewbeteiligten erkunden miteinander die damalige Zeit und erarbeiten gemeinsam Konklusionen.

Auch die Probandin in Interview i15/1 wurde in einem Folgeinterview i15/2 befragt. Der Interviewer interveniert ähnlich paraphrasierend wie in der vorangegangenen Passage „E gute Funker“ des Interviews i41/2. Dadurch wird der *Orientierungsrahmen einer investigativen Befragung* zwar nicht außer Kraft gesetzt, aber in Richtung des *Orientierungsrahmens einer gemeinsamen Zeiterkundung* entspannt:

Interview i15/2: Passage „Ne richtige Freiheit"
Minute 14

```
A: Und ich muss sagen ich hatte n=e=n=ne richtige Freiheit; man hat mir //mhm;//
   nichts in den Weg gelegt. (.) //mhm,// ja? man hat mir nichts in den Weg ge-
   legt.
I: Und was mich da beeindruckt auch ähm von unserm letzten Gespräch dass Si:e (.)
   als Frau eine eigenständige: (.) Karriere gemacht ham.
A: ((atmet ein)) E=ja: na ja wenn man (?so will?)
I:                                                ⌊Also Sie ham
A:                                                   ⌊Karriere;
I:                                                                ⌊ein selbständiges
   Leben geführt,
A:            ⌊ja: ja;ja;
I:                 ⌊ne?
A:                      ⌊also-
I: Sie ham ne berufliche Position erworben,
A: (.) Em also das äh=m das=ähm (.) man brauchte ne Frau; (.) ja? //mhm;// und
   ich glaube auch dass ähm äh=m also m=em man b=hat dem natürlich irgendwie- ich
   weiss von einer m die is genauso alt wie ich; die wollte Psychologuie studiern
   und die durfte nicht.
```

Die Probandin schildert ihren Beginn als Zeitungsredakteurin während der Zeit des Nationalsozialismus. Während sie die bisherigen Stationen ihres Einstiegs in die Zeitungsarbeit eher mit passiver Agency („man hat mir nichts in den Weg gelegt", Z 43 f.) umreißt, schreibt der Interviewer in seiner Paraphrase die Handlungsmacht ausdrücklich der Probandin zu: „dass Sie als Frau eine eigenständige Karriere gemacht ham" (Z 45 f.). A. reagiert einschränkend auf den Begriff der Karriere und schwächt auch im Weiteren die Bedeutung dieser Berufsperspektive für sich als Frau ab („Man brauchte ne Frau", Z 56). Damit relativiert sie ihr anfänglich in dieser Passage gezeigtes Gefühl von Freiheit bei der Zeitung. Der Interviewer versucht, Lebensthemen der Probandin herauszuarbeiten, und zollt der Probandin Achtung („was mich beeindruckt", Z 45). Die Probandin selbst zeigt aber eine Vorsicht gegenüber dem Interviewer, indem sie jeden Eindruck vermeidet, sie habe sich um diese Karriere bemüht. Das Thema der beruflichen Chancen als Frau im Nationalsozialismus zieht sich dennoch in diesem Interview durch und kommt nach einer knappen Stunde Interviewzeit noch einmal zur Sprache:

Interview i15/2: Passage „Fest drin"
Minute 70 f.

A: ... war //mhm;// dagegen.
ihr Mann war auch dagegen aber ((hustet, schluckt)) ich hab ei=entlich glaub
ich immer Leute ((amüsiert) kennengelernt die dagegen warn.) //mhm.// nur so
beruflich unsern Verla:chsleiter den-
I: Aber- aber Sie selber sagen es war in der Zeit auch einiges gut.
A: Meine, m=meine Eltern;
I: Nein Sie selber. Sie selbst (.) sagen ja in der Zeit des Nationalsozialismus
ga:b es auch
A: ⌊((mehrmals hustend))
I: ⌊einiges (2) einiges (.) was was gut war.
A: ((rauhe Stimme) Wenn die Na-) ((räuspert sich)) wenn die Nazis nich gekommen
wärn //mhm.// hätt ich noch dagesessen //mhm.// (1) //mhm;// (2) denn ich bin
fünfendreißich zur Zeitung gekommen; ja, dreiendreißich //mhm;// un war dann
die Zeit zu Hause //mhm;// war noch das eine Semester in Frankfurt und in der
Zeit zu // °mhm;°// Hause. und das war ne furchtbare Zeit; //mhm;// weil ich
mir sa:chte was wird aus mir; ...

Die Probandin entwirft hier, wie auch an anderen Stellen in diesem Interview, von sich das Selbstkonzept einer Journalistin, die „dagegen" (Z 28) war. Sie sieht sich in ihrer Identität als eine Zeitzeugin, die nur nach außen hin Teil der nationalsozialistischen Propagandamaschinerie war. Sie habe die noch vorhandenen Spielräume eher subversiv ausgenutzt und sich mit entsprechend Gleichgesinnten umgeben. Der Interviewer unterbricht diese Selbstbeschreibung und weist darauf hin, dass der Nationalsozialismus für die Probandin auch seine guten Seiten gehabt habe. Er hebt auch Diskrepanzen zwischen ihrer kritischen Einstellung gegenüber dem Nationalsozialismus und den am eigenen Leib so erfahrenen positiven Seiten des Nationalsozialismus hervor, indem er eine Opposition formuliert („Aber ... , Z 30). Die Probandin greift diese auf und differenziert sie im Folgenden in Form einer berichtenden Erzählung: „Wenn die Nazis nich gekommen wärn, hätt ich noch dagesessen" (Z 36 f.). Dies erläutert sie anhand ihrer offensichtlich wirtschaftlich und beruflich unsicheren Situation zu Beginn der dreißiger Jahre. Alternativ hätte dem Interviewer die Möglichkeit offen gestanden, eine immanente Frage nach einer Ambivalenz, hervorgerufen durch persönliche Möglichkeiten im Rahmen der gebotenen Chance, anzuschließen. Dieses Vorgehen, das eher den Prozess der Erzählerin aufgreift, zeigte ja der Interviewer im Interview i13 in der Passage „Überzeichnete Juden" (s. Beginn dieses Abschnitts). Die Opposition des Interviewers unterbricht zwar die Selbstbeschreibung der Probandin, löst aber einen neuen Erzählreiz (Z 36 ff.) aus. Der Wendepunkt für die Probandin ist dann tatsächlich das Angebot, in einer Zeitungsredaktion zu arbeiten:

```
A: ...
   weiter ich hab dann da //mhm;// meine Arbeit gehabt; //mhm;// bin dann nach
   D. gezogen und (.) na:ja und dann sa:chte man ((veränderte Stimmlage) wills-
   te nich Redakteurin werden.) //°mhm;° ja; ja:;// un dann saß ich natürlich fest
   drin. //ja;// nicht; //ja; ja; ja.// B/00:26:28-5
```

Die Konklusion „un dann saß ich natürlich fest drin" schließt die Elaboration der beruflichen Chancen der Probandin im Nationalsozialismus. Scheinbar stellt dies auch eine Antwort auf die Frage des Interviewers nach den bejahenswerten Seiten des Nationalsozialismus für die Probandin dar, jedoch behält diese Passage den Charakter eines vorsichtigen gegenseitigen Umkreisens im *Orientierungsrahmen einer investigativen Befragung*. Die Probandin stellt mit ihren Elaborationen argumentativ die narrative Identität als Frau her, die mehr oder weniger gezwungenermaßen, aber subversiv, in die Funktion einer Zeitungsredakteurin gekommen sei. Die Formulierung „da saß ich natürlich fest drin" (Z 52 f) legt auch die Assoziation des Festgenagelt-Seins nahe. Der Interviewer wiederum will mit seinen Interventionen eher die verborgenen Aspekte der Geschichte der Probandin bewusst machen und forscht dabei nach der Zustimmung der Probandin zum System. Die Konklusion der Probandin wird vom Interviewer hier zwar deutlich validiert (Z 52 f.), es handelt sich aber eher um eine rituelle Konklusion. Die Fragerichtung des Interviewers und die Rechtfertigungsstrategie der Probandin bleiben nebeneinander bestehen. Insofern ist diese Passage vom *oppositionellen Diskursmodus* geprägt, auch wenn die zu Anfang des Interviews in Passage „Ne richtige Freiheit" gezeigte Vorsicht geringer geworden zu sein scheint.

Immerhin kann die Probandin der Erkenntnis der eigenen Chancen im Nationalsozialismus mehr Raum zugestehen. Im vorsichtigen, gegenseitigen Umkreisen beider Interviewbeteiligter manifestiert sich der *Orientierungsrahmen einer investigativen Befragung*, der aber Aufweichungen in Richtung einer *gemeinsamen Zeiterkundung* erfährt. Sowohl in der Betonung einer passiven Agency beim Karriereverlauf, als auch in den defensiven Antwortstrategien der Probandin zeigen sich gewisse Parallelen zu den am Beginn dieses Abschnittes aufgeführten Passagen des Interviews i13. Die Probandin lässt zunehmend durchblicken, dass sie auch Vorteile im Nationalsozialismus hatte. Damit öffnet sie sich neuen Aspekten in ihrer Lebensgeschichte. Dazu beigetragen hat die direkte Ansprache der Vorteile und Chancen im Nationalsozialismus durch den Interviewer in Verbindung mit Signalen deutlicher Anerkennung. Ähnliche Prozesse sind bei dieser Probandin auch in Abschnitt 11.1.3 sichtbar.

Im Gegensatz zur Probandin in Interview i15/2 zeigt der Proband in i43/1 und i43/2 sehr deutlich seine Unterstützung für das nationalsozialistische System. In diesem Fall ist der gemeinsame *Orientierungsrahmens einer investigativen Befragung* geradezu zu erwarten. Im folgenden Beispiel entwickelt er sich aus dem *Orientierungsrahmen einer Übereinkunft im Dissens* heraus geradezu in Reinform:

Interview i43/1: Passage „Verschworene Gemeinschaft“
Minute 11

G: Joa, //hm.// (1) das heißt nicht nur s=es gab (.)- kam drauf an von wo der (.) Marsch angesetzt wurde. (2) zum Beispiel von Heide in Holstein nach Blankenese, //mhm,// s=s entsprach alles ungefähr dieser (.) Kilometerzahl.//mhm.// von Lübeck nach Hamburg, //mhm.// oder- (2)
I: Das Wichtige war diese lange Strecke zu schaffen
G: ⌊Ja.
I: ⌊mit dem schweren Gewicht.
G: ⌊Ja.
I: Haben Sie sich dabei unterhalten untereinander mit Ihren Kameraden,
G: Kaum.
I: Mhmm. es ging hauptsächlich drum diese Strecke zu bewältigen.
G: Eben. (2) //mhm// (3) und das in dieser Zeit nich.//mhm// (1) in sieben Stunden.
I: In sieben Stunden das war vorgegeben das mussten Sie schaffen.
G: Nein. das war nicht vorgegeben die haben wir uns vorgenommen.
I: Das haben Sie sich vorgenommen sich selbst.
G: Die haben wir aber (.) geschafft.
I: Ja:; und das haben Sie auch geschafft.
G: Mh=das sind acht Kilometer in der Stunde.
I: Das ist wahnsinnig viel ja.
G: Das ist wahnsinnig viel nich? //mhm.// (4)
I: Und was haben Sie dann gemacht wenn Sie angekommen sind irgendwo? (.) zum Beispiel in Blankenese,
G: Getanzt. //mhm.// (3)

Der Proband verweist auf damalige Gewaltmärsche, die er im „Werwolf" – einer nationalsozialistischen Untergrundbewegung[18] – als junger Mann zu absolvieren hatte. Er betont die freie Wahl dieser Aufgabe und die dabei geforderte Durchhaltefähigkeit. Die Interviewerin stellt geschlossene, immanente Fragen, die aber dem Probanden den Raum geben, die erbrachte Leistung zu verdeutlichen. Sie offenbart eine Mischung aus Erstaunen, Bewunderung und Befremden („In sieben Stunden, das war vorgegeben, das mussten Sie schaffen." Z 41). Es gelingt allerdings nicht, hier z.B. durch eine offene Anschlussfrage, selbstläufige Erzählungen oder Beschreibungen anzuregen. Trotz des knapper werdenden Frage-Antwort-Dialogs sind die Diskursbewegungen im *parallelen Modus* aufeinander bezogen. Die Widerspiegelung der Interviewerin „Das ist wahnsinnig viel" (Z 47) wird von G. wortwörtlich wiederholt und mit einem rückversichernden „nich" kombiniert. Der Proband offenbart einen verhaltenen Stolz über seine Leistung und seine Durchhaltefähigkeit als Teil seiner Identität. Damit skizziert er einen individuellen Erfahrungsraum, der aufgrund von zeitgeschichtlicher Erfahrung, politischer Überzeugung und Geschlecht konträr zum individuellen Erfahrungsraum der Interviewerin steht. Die Interviewerin schwingt hier zumindest in der Form mit, dass sie bei dem für G. mit Stolz aufgeladenen Thema der Gewaltmärsche beim „Werwolf" durch konkretisierendes Nachfragen bleibt und das Thema so zu vertiefen sucht. Der emotionale Gehalt wird nicht angesprochen. Die prüfende Reserviertheit bei beiden Beteiligten bleibt trotz eines streckenweise parallelen Diskursmodus bestehen. Der Proband tendiert dahin, ein *Kamingespräch* zu installieren, hierzu passt der parallele Diskursmodus. Doch aus den unterschiedlichen Vergleichshorizonten von Interviewerin und Proband erwächst noch keine gemeinsame Orientierung, kein *Enaktierungspotential* (s. Abschnitt 10.5), das den Charakter des Gesprächs für beide bestimmen könnte. In den Fragen der Interviewerin und in der abwartenden Haltung des Probanden drückt sich eher eine gegenseitige Distanzierung aus, der *Orientierungsrahmen einer Übereinkunft im Dissens* entsteht dabei. Im zweiten Interview mit denselben Interviewbeteiligten zeigt sich erneut verhaltener Stolz beim Probanden:

[18] Benz/Graml/Weiß 1998, S. 802 ff.

Interview i43/2: Eingangspassage

Minute 3 – 8

I: Und haben dann tatsächlich ne=neben Keitel gesessen;
G: Ja.
I: Mhmm. können Sie sich noch erinnern, was das für ein Gefühl war. Sie haben das
fast so ein bisschen vorgespielt letztes Mal äh wie Hitler Sie um die Schulter
gefasst hat
G: Mhmm.
I: Was ging Ihnen da- wissen Sie das noch, was Ihnen da durch den Kopf ging? (2)
G: Das war sehr ein- sehr erhebendes Gefühl. //mhm// (12)
I: Und wenn Sie das aus **heutiger** Perspektive rückblickend sehen; wie würden Sie es
dann jetzt heute also jetzt- wieviel Jahre später?- ich weiß nicht- ich bin in
Mathematik ganz schlecht aber- @(.)@ viele Jahrzehnte später (.) ä:h wenn Sie
sich als relativ jungen Mann in dieser Runde dort sehen von Keitel Hitler und
allen anderen, (.) was für ein Gefühl hat- ist das heute für Sie,
G: (42) Ich muss Ihnen sagen, ich war zu der Zeit noch fest überzeugt von (.) der
Richtigkeit (2) von der (2) Bedeutung Hitlers; (3)
I: °Mhm°. (32) ja und wenn Sie- Sie waren damals- ich glaub fünfunddreißig oder
so: ne?
G: ⌊tjo
I: ⌊so was in der Gegend, und ä:h- ja wenn das jetzt nach ihrem dann
weitergelebten Leben jetzt mit- Sie sagten Sie werden am ersten Oktober schon
zweiund@neunzig@,
G: ⌊ja
I: ⌊äh wenn Sie das jetzt aus de:r Perspektive eine- eines dann
ja doch auch weitere Dinge in seinem Leben durchlebt haben Zweiundneunzigjährigen
so rückblickend sehen, (3) wie beurteilen Sie da diese Situation,
G: (57) Sie hat eigentlich nichts verloren von der Durchschlagskraft (.) dieses
(.) die da Hitler auf mich gemacht hat;

In dieser Anfangspassage des zweiten Interviews will die Interviewerin an ein im vorangegangenen Interview berichtetes Zusammentreffen mit Hitler anknüpfen. Sie führt den Probanden wieder an die erzählte Szene heran und fragt nach dem Bedeutungsgehalt dieser Situation für den Probanden. In der Antwort („Das war sehr ein sehr erhebendes Gefühl", Z 73) drückt G. seine Bewegtheit, seinen Stolz und seine Erfahrung von Auszeichnung aus. Da sich auch nach einer längeren Schweigepause keine weiteren Ausführungen anschließen, geht die Interviewerin von der Szene als solcher weg und stößt mit der Frage nach der rückschauenden Bewertung durch den Probanden einen zeitlichen Perspektivenwechsel an. Die Antwort erfolgt erst nach einer sehr langen Schweigepause. Sie ist als Einräumung formuliert („ich muss Ihnen sagen," Z 79). Die kürzeren Bedenkpausen zwischen einzelnen Satzteilen machen deutlich, dass G. seine Antwort genau abwägt. Aus dieser möglicherweise defensiven Vorsicht heraus bietet der Proband aber auch Anreize zum weiteren Nachfragen, z.B. in der Andeutung „zu der Zeit noch fest überzeugt“ (Z 79). Damit umreißt G. den Zeithorizont seiner Unterstützung für Hitler, lässt aber die Interviewerin erst einmal im Unklaren, wann der Umschwung kam und was die Gründe seines Sinneswandels waren. Die Interviewerin greift diesen Horizont allerdings auch nicht auf, sondern leitet einen weiteren Perspektivenwechsel ein, indem sie nach der Bewertung des Vergangenen aus der Perspektive der Gegenwart fragt. Erneut deutet der Proband nur Inhalte an, auch hier wieder erst nach einer langen Schweigepause. In dieser Passage gelingt es weder, den Probanden zum Beschreiben oder zum szenischen Erzählen noch zur Ausführung eigener Bewertungen anzuregen. Die Interviewerin versucht zu direkt, das biografische Lernen des Probanden zu thematisieren. Wie es sich schon in der Passage „Verschworene Gemeinschaft“ abzeichnete, entzieht sich der Proband zunehmend dieser Steuerung. Aus dem Orientierungsrahmen einer *Übereinkunft im Dissens* entwickelt sich der *Orientierungsrahmen einer investigativen Befragung*, in dem der Proband in einem eher *divergenten Diskursmodus* wohlabgewogene und kurz gehaltene Bekundungen formuliert. Es entstehen keine selbstläufigen Schilderungen. Dazu trägt einerseits die schon in der Eingangspassage des Interviews i43/1 (s. Falldarstellung im separaten Materialband) vom Probanden angemerkte Vorsicht gegenüber derartiger Interviews bei, andererseits aber auch die sicher zu hinterfragende Funktion des Probanden in der Waffen-SS. Dies dürfte auch der Grund dafür sein, dass die Interviewerin das Interview durch kurze, geschlossene Faktenfragen und abrupte Perspektivenwechsel übersteuerte.

Fallexterne, komparative Analyse

Bei der Thematik positiver Erfahrungen in der Zeit des Nationalsozialismus braucht es scheinbar deutliche Unterstützungsleistungen seitens der Interviewenden. Anhand der Beispiele zeigt sich, dass spiegelnde und paraphrasierende Interventionen eher zu Selbstläufigkeit im Erzählen führen, selbst wenn im Moment ein Erzählfluss unterbrochen wird. Das ermunternde, offene Zuhören im klassischen biografischen Interview gibt der Probandin, z.B. in der Passage „Geschmeichelt“ aus Interview i13, optimalen Raum. Es lässt gleichzeitig aber auch Vermeidung zu, Widersprüchlichkeiten werden so nicht thematisiert. Gerade dieser Ausschnitt aus Interview i13 zeigt, dass in dieser Art von Offenheit des Interviewers die Probandin eher ihre nachträglichen

Einsichten betont. Es geht dann um eine innere Rechtfertigung im Hinblick auf ein vermutetes, kritisch fragendes Gegenüber. Um mit der Terminologie Meads zu sprechen (s. Abschnitt 2.1), meldet sich hier von den beiden inneren Instanzen, die die Identität des Individuums ausmachen, eher das *Me* als Instanz des internalisierten, generalisierten Anderen. Dagegen hält sich das schöpferisch-prüfende *I* zurück. Auch wenn dies von der interviewenden Person nicht intendiert ist, stellt sich der oder die Erzählende dann möglicherweise auf den *Orientierungsrahmen eines investigativen Interviews* ein.

Aber auch ein Nachfragen, das auf die Aufdeckung von Sachverhalten ausgerichtet ist und ein Wechselspiel aus knappen Frage und Antworten ohne Selbstläufigkeit einleitet, kann diesen Orientierungsrahmen auslösen und sich bis zu einer Verhörsituation zuspitzen, wie sich an den Beispielen aus Interview i43/1 und i43/2 erweist. Der Charakter einer *investigativen Befragung* kann aber wiederum dadurch abgeschwächt und entschärft werden, dass angedeutete Gehalte durch Widerspiegelung oder Paraphrasierung ins Bewusstsein gerückt werden. Dies zeigt sich in den Beispielen aus Interview i41/2 und i15/2. Im Ausschnitt aus Interview i40 wird der Stolz des Probanden auf „sein" Deutschland geradezu gemeinsam herausgearbeitet, allerdings führt auch der *parallele Diskursmodus* in der Passage „Verschworene Gemeinschaft" des Interviews i43/1 lediglich zu einem Wechselspiel aus Fragen und Antworten. Nicht die Frage von Techniken der Interviewführung, sondern das Bestehen einer anerkennenden Beziehung zwischen den Interviewpartnern ist hier dafür entscheidend, ob die Zeitzeugen zu selbstläufigen Schilderungen kommen. Bei hoher gegenseitiger Hörerorientierung und im Mitschwingen des Interviewers, das er durch seine Reaktionen, Fragen und Paraphrasen ausdrückt, sind dann auch Zuspitzungen und Konfrontationen möglich und weiterführend im Sinne einer vertieften Selbstreflexion. Dies zeigt der Interviewausschnitt „E gute Funker" in Interview i41/2 besonders deutlich.

11.1.3 Aktualisierung von nationalsozialistischen Überzeugungen

In den Interviews geht es entsprechend den Forschungsfragen im Projektverbund *Geschichte und Erinnerung* immer wieder um das Herausarbeiten eigener Denkweisen und Haltungen gegenüber dem Nationalsozialismus. Das

Angebot, im Interview die eigene *narrativen Identität* zu entfalten, kann natürlich auch weiterbestehende nationalsozialistischen Überzeugungen zum Vorschein bringen. Wenn Vorbehalte zwischen Proband und Interviewer bei Interviews über den Nationalsozialismus im Raum stehen sollten, dann sind sie genau da zu erwarten, wo nationalsozialistisches Gedankengut ungebrochen zum Vorschein kommt. Die Interviewenden sind hier in ihrer Haltung von Offenheit herausgefordert, denn sie müssen möglicherweise Einstellungen Raum geben, die sie selbst ablehnen und verabscheuen. In der Analyse entsprechender Passagen gilt es, erneut jenseits von sprachlichem Ausdruck und jenseits formaler Diskursmodi auf die hinter dem kommunikativen Sinn liegenden, oft ungesagten, gemeinsamen Orientierungsrahmen zu achten. Neben den nun folgenden Textbeispielen und Analysen sei auch auf weitere Interviewausschnitte zu diesem Thema im Abschnitt 11.2.1 verwiesen. Wenn es aber – wie ich in Abschnitt 9.5 betont habe – bei Prozessen von biografischem Lernen in Interviews *nicht* um eine „Bekehrung" geht, dann sind die Prozesse in den folgenden Passagen unter weiteren, für diese Forschungsarbeit bedeutsamen Fragestellungen genauer zu untersuchen: Woran ist biografisches Lernen im Umgang mit aktualisierten nationalsozialistischen Überzeugungen festzumachen? Was charakterisiert einen Prozess der Selbstvergewisserung, der nicht allein statisch ein einmal erarbeitetes Selbstkonzept widergibt, sondern dynamisch *narrative Identität* ständig neu im Erzählen hervorbringt? Diese Fragestellungen werden im Abschnitt 12 vertieft.

Das Interview i13 wurde klassisch als leitfadengestütztes Interview geführt. In der folgenden Passage konstelliert sich kein einheitlicher Orientierungsrahmen. Der Beginn dieser Passage war schon Bestandteil der Analyse in Abschnitt 11.1.2:

Interview i13: Passage „Überzeichnete Juden"
Minute 14

J: ... heut überlegt weil natürlich die J=Juden=verfolgung die hat uns schon gestört aber des was wir so in dem Stürmer Aushang da waren immer so Aushänge so so wie sagt man da so, Schaukästen da waren immer so Stürmerkarikaturen- solche Juden hat niemand von uns gekannt; diese karikierten diese äh wirklich ü=verzei=überzeichneten Juden, niemand von- wir haben natürlich jüdische Freunde gehabt, aber des waren die deutschen Juden; die haben wir gar nicht eigentlich in diesem Bereich registriert, und eben diese zwei Mädchen die da-

mals unsere Karriere so unser Leben eigentlich so bestimmt haben durch ihre-
durch die Förderung die sie meiner Schwester an (??) die sind nach Amerika
neunzehnhundersechsunddreißig schon **ungern**, die wären lieber in=n Be De eM ge-
gangen. und die leben heute noch und ich hab bei- mit beiden immer noch Kon-
takt.
I: °interessant°
J: (.) und insofern ist uns die Schattenseite des Dritten Reichs vor allem wenn
man jung ist und andere Interessen hat dann nimmt man das so hin, ...

Die Probandin eröffnet hier eine Unterscheidung zwischen deutschen und anderen Juden. Indem sie die deutschen Juden als positiven Gegenhorizont zu den verhöhnenden Karikaturen im „Stürmer" einführt, lässt sie aber offen, inwieweit diese Karikaturen für Juden anderer Nationalitäten in ihren Augen zutrafen. Im Weiteren betont J., dass sogar ihre jüdischen Freundinnen gerne Mitglied im BDM gewesen wären – so sehr, dass sie nur „ungern" (Z 27) das Land verließen. Die Probandin verleiht dem Umstand besondere Bedeutung, weiterhin noch Kontakt mit jüdischen Mitschülerinnen von damals zu haben. Dies wird auch vom Interviewer durch seinen Kommentar („interessant", Z 30) besonders hervorgehoben. Im Grunde entfaltet die Probandin in dieser Anfangsphase des Interviews ihre Sicht von Licht- und Schattenseiten im Nationalsozialismus aus dem Blickwinkel des einstmals naiven Mädchens, wie sie es in der unmittelbar vorangehenden Passage „Geschmeichelt" beschrieben hat (s. Abschnitt 11.1.2). Sie banalisiert die Ausschließung von Juden durch den Nationalsozialismus dadurch, dass die Judenverfolgung den Rang einer Irritation im eigenen, damaligen Erleben erhält („die Judenverfolgung, die hat uns schon gestört", Z 18 f.) und reinszeniert in der Interviewsituation sprachlich ihr damaliges Denken. Unmittelbar danach erläutert sie dies aus der Perspektive der Gegenwart heraus: „Vor allem wenn man jung ist und andere Interessen hat, dann nimmt man das so hin" (Z 31 f.).

Die Selbstthematisierung der Probandin bekommt den Charakter einer *Rechtfertigungsgeschichte*. Sie rahmt das Interview eher als *investigativ*, worauf sie begründend und abschwächend reagiert. Die Probandin kann ihre Sicht bei zuhörender Akzeptanz und Aufmerksamkeit des Interviewers entfalten. Diese Passage ist von einem *narrativ-monologischen Modus* geprägt. Der Interviewer als Zuhörender enthält sich hier einem vertiefenden Nachfragen und möchte einer *Zeiterkundung* Raum geben. Letztlich entsteht bei den Interviewbeteiligten also auch hier kein gemeinsamer Orientierungsrahmen. Die

Probandin formuliert, als müsste sie ihr Verhalten begründen. Die Narrationen geben ein Bild der Vorannahmen und Rechtfertigungsfiguren ab, in denen sich die Probandin zu ihrer Erfahrung im Nationalsozialismus bewegt. Zwiespältige Botschaften von Banalisierung und Selbstkritik bleiben stehen, so als ob ein *innerer Diskurs der Probandin* lediglich rituell geschlossen würde. Hierzu bietet die Offenheit des narrativen Settings keine neuen Impulse.

Im Kontrast zum Interviewausschnitt „Überzeichnete Juden" im Interview i13 kann nun eine Passage untersucht werden, in der die gleiche Differenzierung unterschiedlicher Bilder von Juden im nationalsozialistischen Deutschland vorgenommen und aber innerhalb des gemeinsamen *Orientierungsrahmens der Übereinkunft im Dissens* bearbeitet wird:

Interview i15/1: Passage „Ostjuden"
Minute 78 f.

```
A: ... he=Hitler hat ein vollkommen falsches Judenbild gehabt, //mhm, mhm,// der
   hat die Ostjuden; (.) //mhm,// also nicht die- die wissen Sie die mitm Kaftan
   //mhm, mhm,// un so: //mhm,// (.) im Visier gehabt und hat nicht gewusst wie
   viele (.) intelligente und feinsinni=e //mhm,// Juden //mhm,// es //mhm,//
   auch im Westen gab.
I: Aber auch (.) die Ostjuden;
A:                          ⌊Bitte?
I: Auch die Ostjuden.
A:                   ⌊Ja.
I:                   ⌊ä:hm=m
A:                      ⌊und ich habe meinen Vortrag gehalten
I:                                                   ⌊des darf darf ja nett-
A:                                                      ⌊mein letzter-
I: also die-
A:         ⌊mein letzter Vortrag-
I:               ⌊des kann ja nie n Grund sein (.) auch wenn die noch so fremdartig
A:                                                                   ⌊°Ja°
I: sind die ins Ka
A:              ⌊Bitte?
I:                 ⌊Zett zu- des kann- konnte ja nie n Grund sein auch wenn se
   noch so fremdartig warn
A:                ⌊Jaja;
I:                          ⌊ins Ka Zett zu stecken. °ne,°
A:                                                  ⌊Ja:, ja also jedenfalls
I:                                                                  ⌊Ne?
A: es war- und ähm ä=i=ich hab noch als ich meinen letzten Vortra:ch da in der
   M. //mhm,// M.straße hielt beim (.) Doktor P. ...
```

Ähnlich wie in der Passage „Überzeichnete Juden" in Interview i13 grenzt die Probandin in Interview i15/1 die „Ostjuden" negativ von den positiv hervorgehobenen „intelligenten und feinsinnigen" Juden im Westen ab. In diesen Zusammenhang gestellt, drückt die Probandin aus, dass man Hitler lediglich den Vorwurf eines Irrtums machen könne, wenn er allzu pauschal alle Juden „im Visier gehabt" (Z 51) habe. Der Interviewer formuliert seinen Einwand in mehreren Etappen, da die Probandin dies zuerst akustisch nicht versteht und dann parallel sprechend auf einen eigenen Vortrag verweist. Sie ratifiziert schließlich den Einwand des Interviewers (Z 70 und 72) kurz und leitet aber zum ursprünglichen Argumentationsfaden zurück, der durch den Interviewereinwand unterbrochen wurde: Mit Verweis auf einen Dialog mit einem Doktor P. am Rande einer Vortragsveranstaltung elaboriert sie ihre Feststellung, dass westliche Juden intelligent und feinsinnig gewesen seien. Der Einwand des Interviewers im Hinblick auf die Unterscheidung zwischen westlichen und östlichen Juden wird von A. letztendlich nicht aufgegriffen. Beide Interviewbeteiligte reden trotz Rückversicherungsaktivitäten aneinander vorbei. Im *divergenten Diskursmodus* versichern sie sich ihrer Unterschiedlichkeit und lassen die unterschiedlichen propositionellen Gehalte nebeneinander stehen. Sie treffen eine *Übereinkunft im Dissens.* Der Interviewer greift zwar in das Geschehen ein, belässt es aber bei einem einmaligen Einwand. Damit wird weder eine Bearbeitung des Einwands angestoßen, noch die Elaboration und Vertiefung der Unterscheidung der Probandin zwischen Ost- und Westjuden. Die Intervention verstört lediglich den Erzählfluss.

Im Folgeinterview i15/2 kommt die Probandin beim selben Interviewer wieder auf diese Trennung in verschiedene Bilder von Juden zu sprechen. Zumindestens eine Öffnung des bisher geltenden Orientierungsrahmens ist hier zu vermerken:

Interview i15/2: Passage „Frauenwerk"
Minute 22 f.

```
I: ...
   hab zu ihm gesa:cht (.) ((veränderte Stimmlage) also das mit den Juden-) das
   //mhm;// hat mich ja mit den Juden immer;- (.) //mhm; mhm;// weil es hieß. Ihr
   hättet ja und Ihr- (.) //mhm; mhm;// was gar nicht stimmte; ja? //mhm, mhm.//
   wir hätten gor nüscht machen können. //mhm;// nicht? //mhm;// n=da hab ich
```

zu ihm gesa:cht ((veränderte Stimmlage) das mit den Juden hab ich aber nicht
gewusst.) //mhm, mhm//. also ich meine dass sie vergast wurden. //mhm; mhm,//
natürlich hab ich gewusst
I: ⌊Ja aber-
A: ⌊dass man dagegen war. //jaja, jaja:;// aber dass sie-
das hat //ehh, ehh;// das ist auch nicht d=rau- da hat er gesa:cht;
I: ⌊Auch nich so:
unterschwellig,
A: N=da hat er gesa:cht; (.) äh ((veränderte Stimmlage) Frau A. äh das sollte das
Deutsche Volk auch nicht wissen;) es is natürlich doch was durchgesickert,
//mhm, mhm;// ja:; a:ber e=d der h=e Hitler hat eben ein vollkommen falsches
Judenbild //mhm;// gehabt; //mhm;// der hat die Ostjuden
I: ⌊((holt Luft))
A: ⌊im Visier gehabt
//mhm;// und nicht di:e (.) Intelligenten die °doch //mhm; mhm;// ja:.° (.)
a:ber jetzt etwas Anderes. jetzt machen Se mal da:; (.) jetzt will ich mal was
r- (.) oder soll ich das (.) auch.-
I: ⌊Also von **mir** aus **gern**, aber wenns-
A: ⌊Also ich habe im
Stern,
I: ⌊Soll ichs an, (.) e an=anlassen?
A: ⌊ähm im Stern; ich hatte //mhm;// mit jemandem //mhm;//
gesprochen. die ham gesagt //mhm;// °der Stern ist für die Dummen;° //mhm.//
und mein Nachbar sa:chte das auch. aber (.) ä ich bekomme ab und zu mal n
Stern von meiner (.) //mhm;// Nachbarin wenn der e=e Sohn (??) //°mhm;°// und
da hab ich hier auch einen Stern und da steht etwas von dem Finkelstein drin.
//mhm,// (.) und da steht drin dass er f=verdammt wird ja, a:ber da=dann sagen
se alle aber im Grund genommen hat er ja doch recht;
I: Mhm. was denken Sie denn drüber,
A: (2) Und m=e das darf man aber heute schon mal gar nicht mehr sagen. //mhm,//
(2) ((Luft holend)) wenn ich Ihnen sagen darf (.) was vor dem Dritten Reich
//mhm;// war. dass die Juden ü:berall dort wos Geld zu (.) kriegen (.) galt
//mhm; mhm;// da saßen sie drin. A/00:23:21-7

Hier thematisiert die Probandin den intergenerationellen Diskurs zum Nationalsozialismus explizit, wenn sie auf den gängigen Vorwurf der nachfolgenden Generationen zu sprechen kommt: „weil es hieß, Ihr hättet ja" (Z 83 f.). Diese Diskursbewegung ist von vielen Andeutungen und Satzabbrüchen gekennzeichnet, die Ergänzung und Auslegung bleibt dabei dem Interviewer überlassen. Dies entspricht auch der besprochenen Thematik: Trotz Nicht-Wissens „is natürlich doch was durchgesickert." (Z 95) Andeutungen und Ahnungen bestimmten damals im Nationalsozialismus die Kommunikation. Offensichtlich bestimmen Andeutungen auch in der Gegenwart die Kommunikation im Interview. Damit stimmt die Probandin der vom Interviewer angesetzten Frage „auch nich so unterschwellig?" (Z 92 f.) indirekt zu. Und hier kommt A. erneut, wie in der Passage „Ostjuden" des Interviews i15/1, auf Hitlers „vollkommen falsches Judenbild“ (Z 96 f.) zu sprechen. Fast wortgleich zur entsprechenden Passage im ersten Interview stellt die Probandin den „intelligenten“ Westjuden den negativen Gegenhorizont der Ostjuden gegenüber. Zwar setzt der Interviewer auch hier zum Einwand (Z 98) an, geht aber auf den Wunsch der Probandin („jetzt machen Se mal da“, Z 101) ein, das Aufzeichnungsgerät vorübergehend auszuschalten. Letztlich besteht die Probandin nicht auf dem Stopp der Aufnahme und äußert sich nach einigen Seitenhieben auf den „Stern“ als Zeitschrift weiter über einen Artikel im „Stern“ und kommt dann auf die Auseinandersetzung über Finkelsteins Buch zur „Holocaust-Industrie“[19] zu sprechen. Der Interviewer regt die Probandin dazu an, ihre eigenen Gedanken zu formulieren. Diesem Vorschlag zu folgen, rahmt A. als Wagnis („darf man aber heute schon mal gar nicht mehr sagen“, Z 115). Sie formuliert dann ihre Ansicht über die Vormachtstellung der Juden vor dem Dritten Reich als Tatsache. Der erste Teil dieser Passage ist von einem *oppositionellen Diskursmodus* bestimmt, denn der Interviewer setzt jeweils zu Einwänden in Z 89 und Z 98 an, die aber nicht weiter ausgeführt werden.

Im 2. Teil der Passage verhält sich der Interviewer deutlich offener gegenüber der Probandin, indem er ihr den Raum lässt, ihre Ressentiments gegenüber Juden zu elaborieren. Die Bereitschaft, das Aufnahmegerät abzuschalten, wirkt dabei als vertrauensbildende Maßnahme. Schließlich fragt der Interviewer die Probandin direkt nach ihren Gedanken (Z 114), nachdem sie auch hier kritische Einwände lediglich andeutet. Diese Passage ist zwar erneut von Rechtfertigungs- und Rückversicherungsstrategien der Probandin geprägt. Sie beruft sich auf eigenes Nicht-Wissen und auf externe Einschätzungen anderer – sei es durch Zitate von Äußerungen anderer („hat er gesacht“. Z 94 f.) oder durch Rückgriff auf eine Veröffentlichung („etwas von dem Finkelstein“, Z 111). Der Interviewer regt aber mit immanenten oder offenen Fragen die Selbstthematisierung der Probandin an. In Anbetracht der Tatsache, dass A. zu Anfang dieses Ausschnitts sehr direkt den intergenerationellen Diskurs zum Nationalsozialismus anspricht und dazu gleich ihre Position markiert („wir hätten gor nüscht machen können“, Z 85) verlässt sie hier in Ansätzen ihre defensive Rolle innerhalb des bisher geltenden *Orientierungsrahmens eines investigativen Interviews* oder der *Übereinkunft im Dissens* – gerade auch

[19] Finkelstein 2001

im Vergleich mit der entsprechenden Passage „Ostjuden“ im vorangegangenen Interview i15/1. Sie öffnet sich damit dem *Orientierungsrahmen eines Streitdialoges*. Der Interviewer nimmt seine Oppositionen zurück und geht in einem *parallelen Diskursmodus* auf die Probandin ein. Insofern konstelliert sich noch kein neuer gemeinsamer Orientierungsrahmen, jedoch verändern beiderseitige Öffnungen bisher geltende starrere Orientierungsrahmen.

In den bisherigen Interviewauszügen dieses Abschnittes waren die Orientierungsrahmen nicht eindeutig herauszuarbeiten. Im folgenden Beispiel kommt es anlässlich der Zweifel des Probanden am Umfang der Opfer des Holocaust zu einem heftigen „Schlagabtausch“ zwischen Interviewerin und Proband. Dabei konstelliert sich der *Orientierungsrahmen eines Streitdialoges*:

Interview e1: Passage „Kleine Ofen“

Minute 90

S: ...
so wies heißt ha da waren kleine Ofen wo dann die Leichen verbrannt wurden
((klopft auf den Tisch)) da hieß es dass die- dann müssten die O- Öfen ja
heute noch brennen; (?nich wahr, also.?)
I: ⌊Wobei wobei is Ihnen bekannt dass des unter Strafe steht
wenn ma also des leugnet.
S: **Ja ich leugne**
I: ⌊Denn, denn
S: ⌊das auf **keinen Fall**
I: ⌊Nein ich mein
S: ⌊ich sag so ist das (?nicht gewesen?)
I: ⌊Des ging ja net auf Sie
S: Jaja (.) jaja.
I: ⌊(?ich will des bisschen?) klarstellen.
S: Es ist so für mich ich schau nicht immer zurück weil ich sage (1) wenn die
sehen deshalb werden die Grauen- wir werden keine Grauen (.) begehen (.) mehr
(.) da bin ich vollkommen beruhigt.
I: Aber Sie
S: ⌊sie (?sollten?) nur-
I: ⌊sehen ja heute wieder die die die (.) na (.) i- Entschuldigung jetzt
fehlt
S: ⌊Die @kommen nie hoch@
I: ⌊mir der Begriff
S: ⌊die kommen nicht.
I: ⌊Grad jetzt ist ja wieder eine Bewegung da
S: Ja-
I: ⌊die Rechtsextremisten
S: ⌊Ja, ja:
I: ⌊es kommen wieder junge Nazis;
S: Jaja das ist so; des sin Narren (.)

Der Proband deutet Zweifel am Bestehen von Vernichtungslagern an und beruft sich dabei auf Äußerungen anderer („wies heißt", Z 5). Die Interviewerin geht inhaltlich gar nicht darauf ein, verweist aber darauf, dass das Leugnen der Existenz von nationalsozialistischen Vernichtungslagern strafbar sei. Es entspinnt sich ein kurzer, aber heftiger Diskurs zwischen beiden Beteiligten mit gegenseitigen Unterbrechungen, beide nehmen aber aufeinander Bezug. S. bekräftigt emotional unter Anhebung der Lautstärke, dass er nicht leugne, sondern Zweifel am Ausmaß der Vernichtungsmaschinerie habe („Ich sag, so ist das nicht gewesen", Z 14). Die Interviewerin bemüht sich, die Drohung wieder aus dem Diskurs herauszunehmen, welche in ihrem Verweis auf die Strafbarkeit des Leugnens von Vernichtungslagern lag. S. betont nun: „Wir werden keine Grauen begehen mehr, da bin ich vollkommen beruhigt." (Z 19 f.) Dies enthält das versteckte Eingeständnis an die Interviewerin, dass diese Wir-Gemeinschaft, zu der sich der Proband zählt, früher durchaus „Grauen" begangen habe. Insofern kommt es zu einer Konklusion: Der Proband leugnet nicht, dass Grauen begangen wurden.

Der Einwand der Interviewerin (Z 21 ff.) bezieht sich denn auch mehr auf die Voraussage, die S. hier trifft: In Zukunft werden keine Grauen mehr begangen werden (Z 19). Die Interviewerin validiert die Konklusion des Probanden zwar nicht ausdrücklich, aber sie tut es implizit, indem sie die thematischen Bewegung des Probanden mit vollzieht. Ein *antithetischer Diskursmodus* stellt sich ein. Beim Blick auf den aktuellen Rechtsextremismus sucht die Interviewerin nach dem passenden Begriff (Z 23). S. ahnt, worauf die Interviewerin hinaus will, und betont zum Teil beschwichtigend lachend, „die kommen nie hoch" (Z 25). Dadurch, dass sich der Proband an dieser Stelle als der besonnen Gelassene positioniert, der die Sorgen der Interviewerin beruhigt, klingt der *Orientierungsrahmen einer Belehrung* am Schluss an. Dennoch: Bei aller Gegensätzlichkeit und Heftigkeit drücken die Beteiligten gerade im 2. Teil des Interviewausschnitts eine hohe Verständigungsbereitschaft über gemeinsam Gemeintes aus. Der *Orientierungsrahmen eines Streitdialoges* mit hohem gegenseitigen Kontakt bleibt trotz des Hinweises auf den drohenden Straftatbestand der Leugnung des Holocaust unbeschadet bestehen. Der Einwand der Interviewerin wird gemeinsam bearbeitet. Inwieweit hier der große Generationenabstand zwischen Proband und Interviewerin – die Interviewerin gehörte der Jahrgangsgruppe 1975 ff. an – hineinwirkt, dies ist im Abschnitt 11.2.1 zu untersuchen.

Wenn nationalsozialistische Überzeugungen anklingen, dann werden sie zum Teil auch im *Orientierungsrahmen einer investigativen Befragung* bearbeitet:

Interview i43/2: Passage „Diese Art von Judenvernichtung"
Minute 119 – 122

G: (33) Die Führung des Dritten Reiches hätte etwas anders machen müssen; das ist ja ganz klar. (4) diese Art der Judenvernichtung war (.) zweifellos nicht richtig. (3) und war auch absolut nicht in unserem Sinne; (2)

I: Inwiefern nicht?

G: (49) Weil man damit doch nicht die Schuldigen traf, sondern Unschuldige traf.

I: Wer wären denn die Schuldigen gewesen Ihrer Meinung nach? (3)

G: Die sitzen an ganz anderen Stellen,

I: °Mhm° (.) an welchen zum Beispiel? (3)

G: An den höheren an den Geldquellen in Amerika;

I: °Mhm° (4) also Juden an Geldquellen in Amerika oder,

G: Ja.(3)

I: Und an was sind die schuldig?

G: (11) Nun neunzehnhundertdreiund- dreiunddreißich kurz nach der Machtübernahme (.) gab Hitler bekannt (4) dass das deutsche Volk nicht mehr von der Währung (.) der (.) Kursbanken in Amerika abhängig ist, vom Gold der Amerikaner, sondern von der Arbeitskraft des deutschen Volkes; und daraufhin stand am nächsten Tage so große Überschrift das Judentum erklärt tö- Hitler den Krieg, //mhm// dreiunddreißich. //mhm// (4) da wussten wir schon wer dahintersteht.

I: Die amerikanischen Juden meinten Sie.

G: Jo //mhm// (3) C/00:05:56-1

Mit seiner Kritik an „dieser Art von Judenvernichtung" (Z 57) verleiht der Proband indirekt seiner Überzeugung Ausdruck, dass es eigentlich eine Art von Judenvernichtung hätte geben können, die „in unserem Sinne" (Z 58) und damit auch im Sinne des Probanden gewesen wäre. Die Interviewerin gibt G. mit konkretisierenden, immanenten und z.T. geschlossenen Fragen den Raum, seine These vom Krieg der Juden „an den Geldquellen in Amerika" (Z 64) gegen Deutschland auszuführen. Nach Bedenkpausen, die z.T. 30–50 Sekunden dauern, stellt der Proband Propositionen in den Raum, die er nicht weiter ausführt. Er dosiert seine Auskunft auf die Fragen der Interviewerin und überlässt es ihr, nach Konkretisierungen zu fragen. Die Frage nach dem Inhalt der Schuld von Juden in Amerika (Z 67) löst dann eine etwas längere

Ausführung des Probanden zur These vom Krieg amerikanischer Juden gegen Deutschland aus. Letztendlich erreicht die Interviewerin aber durch ihr beharrliches Nachfragen, dass G. seine Proposition, „diese Art von Judenvernichtung" sei falsch gewesen, zumindest begründet: Die eigentlich Schuldigen seien die amerikanischen Juden mit ihren Geldquellen in Amerika gewesen. Diese hätten Deutschland den Krieg erklärt (Z 72). Auch die konkretisierende Nachfrage in Z 74 („die amerikanischen Juden meinten Sie?") dient mehr einer Sachverhaltsaufklärung, wobei der Hintergrund dieser präzisen Fragen für den Probanden im Unklaren bleibt. G. weiß nicht, worauf er mit solch präzisen Fragen möglicherweise festgelegt wird.

Mit knappen Fragen nach Sachverhalten hat die Interviewerin die Steuerung des Gesprächs inne. Die Antworten des Probanden kommen nur häppchenweise und geradezu widerwillig. Die langen Gesprächspausen deuten dabei auf innere Bearbeitung und Vorbereitung von Äußerungen hin, es kommt zu keinen selbstläufigen Elaborationen, außer bei der Frage nach der Schuld amerikanischer Juden (Z 67 ff.). Die Konklusion des Probanden „da wussten wir schon, wer dahinter steht." (Z 73) wird durch eine verständnissichernde Nachfrage der Interviewerin verdeutlicht, aber nicht validiert. So ist G. weder in einem narrativ-monologischen Modus, in dem er seine Erfahrungswelt darlegt, noch entsteht ein gemeinsamer Diskurs zwischen den Beteiligten. Der Proband stellt sich einer Befragung, die er prüfend und in seinem Antwortverhalten abwägend absolviert. Vielleicht assoziiert er das Interview mit einer Verhörsituation. Die Interviewerin wiederum nimmt die Komplementärrolle ein und verlegt sich auf ein nachfassendes, sachverhaltsorientiertes Fragen. Sie will etwas aus dem Probanden herausarbeiten, was dieser nur zögernd und widerwillig preiszugeben gedenkt. Die Beteiligten interagieren hier im *divergenten Diskursmodus*. Damit gewinnt das Interview i43/2 auch in diesem Ausschnitt den Charakter einer *investigativen Befragung*. Das für diesen Orientierungsrahmen bezeichnende Gefälle in den Positionen wird hier sehr deutlich. Lange Pausen zwischen den Diskurszügen, Knappheit in den Fragen und Antworten, sowie das Fehlen von emotionalen Reaktionen, Bezugnahmen und Rückversicherungssignalen zeugen von großer Distanz zwischen Interviewerin und Proband.

Mit höheren dialogischen Anteilen kann dieses Thema auch innerhalb des *Orientierungsrahmens der Übereinkunft im Dissens* bearbeitet werden:

Interview i40: Passage „Kilimandscharo"
Minute 43

```
P: ...
   ich=m (.) dass (.) dass wir hier äh sechs Millionen Juden umgebracht haben;
   //mhm, mhm// den kalten Kaffee den solln se mir ni=erzählen;
I:                                                    ⌊Glauben Sie nich?
P:                                                              ⌊Sehn
   se das müsst=n Aschenberg sein, so hoch wie der Kilimandscharo, //mhm// nich?
   und wenn man diese Vernichtungslager wie Auschwitz //mhm// und so weiter zu-
   sammenzählt; //mhm// da warn in Auschwitz zwohundervierzigtausend //mhm//,
   was ja bekannt gegeben worden ist, und die andern zusammenzählt, gut, (.)
   //mhm// vielleicht eine Million; //mhm// nich, des will ich akzeptiern; und
   wenns einer gewesen wär, wärs einer zuviel gewesen //ja, ja, ja//. wohlge-
   merkt, //ja, ja// nich? wenns einer gewesen wär; //mhm// nich, aber (.) ham ja
   nichts gewusst,
I:               ⌊Ja, was heißt das für Sie, wenn Sie sagen, mensch, die haben doch
   den Krieg angefangen, und so viele sind doch gar nich umgebracht worden, w-was
   ziehn Sie für Schlüsse draus, (2) was ziehn Sie für Schlüsse draus, weil (.)
   ich hör: raus, dass Sie sa:gen, des was in der Geschichte oder in der Gesich-
   Geschichtsforschung heutzuta:ge gesa:gt wird, stimmt nicht.
P: Nein;
I: Ne
P: Also mit sechs Millionen stimmt ganz gewiss nich. //mhm// (.)
```

Der Proband sieht sich im kollektiven „wir" (Z 24) vom Vorwurf des Judenmords betroffen. Dies weist er umso energischer als „kalten Kaffee" (Z 25) zurück. Es bleibt unklar, an wen diese Zurückweisung adressiert ist, möglicherweise auch an den Interviewer selbst. Denn P. schließt hier alle ein, die diese Einschätzung von sechs Millionen jüdischer Opfer im Nationalsozialismus teilen. Mit der Nachfrage („Glauben Sie nich?", Z 26) gibt der Interviewer dem Probanden den Raum zur Elaboration seiner Argumentation. Dieser schließt im Grunde an die Argumentationskette der „Auschwitzlüge"[20] an, wenn er die Opferzahlen mit dem Verweis auf die immensen Aschemengen als Folge der Leichenverbrennungen in Frage stellt. Der Proband ist in dieser Passage argumentativ auf den Interviewer hin ausgerichtet („solln se", Z 25; „sehn se", Z 27 f.). Der Interviewer wiederum lässt die eigene Orientierung

[20] Zur Auseinandersetzung um den pseudowissenschaftlichen Report des Auschwitzleugners Fred Leuchter s. u.a.
www.h-ref.de/personen/leuchter-fred/leuchter-report-1.php [20.02.2013].

in seinen kritisch zuspitzenden Fragen („was ziehn Sie für Schlüsse draus?“, Z 38) durchscheinen, wenn er sich auf die „Geschichtsforschung heutzutage“ (Z 40) bezieht. Argumentativ spricht der Proband von vorne herein schon all diejenigen an, die vom Mord an sechs Millionen Juden während des Nationalsozialismus ausgehen. Mit seinem Verweis auf die Geschichtsforschung (Z 40) macht sich der Interviewer zum Adressaten dieser Argumentation und positioniert sich als Dialogpartner. Er verfällt nicht in Diskussionen, bezieht aber eine Gegenposition. Beide Beteiligte befinden sich in einem *oppositionellen Diskursmodus*. Die Gegensätzlichkeiten werden markiert, und dennoch erhält der Proband den Raum, seine Zweifel am Ausmaß der Opfer zu erläutern. Dabei kommt es aber nicht zu gemeinsamen Konklusionen. Im Unterschied zur vorangegangenen Passage „Diese Art von Judenvernichtung“ fällt auf, dass der Interviewer den Hintergrund seiner Rückfrage („Ja, was heißt das für Sie?“ Z 36) erläutert und gleichzeitig die Ausführungen des Probanden noch einmal paraphrasiert („ wenn Sie sagen, ...“ Z 36 f.). Damit wird eine eher partnerschaftliche Positionierung der Beteiligten eingeleitet. Die hohe, gegenseitige Hörerorientierung ist Ausdruck gegenseitiger Anerkennung als Gesprächspartner. Hier entsteht der gemeinsame *Orientierungsrahmen einer Übereinkunft im Dissens*. Es gelingt, die Argumentation des Probanden zu entfalten und gleichzeitig Unterschiedlichkeit in den Auffassungen zu markieren.

Die partnerschaftliche Position der Interviewbeteiligten kann auch bei dieser Thematik den *Orientierungsrahmen einer gemeinsamen Zeiterkundung* eröffnen:

Interview i26: Passage „Dummes Zeug“
Minute 60 f.

I: Mhm. und Sie selber was hän Sie dazu: (.) gedacht,
R: I=Ich dacht de=s des is kein Grund die Leut umzubringen //mhm; mhm;// des is
ja alles- ((schmatzt)) aber ich ich dacht es- i- d=der sagte ja die andern die
die- jetzt schimpfen sie über uns, aber die andern haben sie ja nit gnommen,
//mhm; mhm; mhm;// nit? wenn sie net Geld zahlten //mhm.// und wenn sie sich
nit nit nit selbst (.) ernähren konnten //mhm.// da sind sie net ins andere
Land //mhm.// gekommen; //mhm;// und und erst als als dann (.) des so überhand
nahm; //mhm;// (1) hätt e wärn die Vernichtungslager gekommen. //mhm. mhm;//
also die sin ja auch verschi=//mhm.//versch- im Krieg //mhm.// erst gekomme?
//mhm,// also ob des- //ja,ja,// al- °und ich ich°

I: ((Tief einatmen)) Klingt ja in sich logisch aber isch ja eigentlich erschütternd;
ne,
R: ⌊Ja also des-
I: ⌊des is ja so als wenn die Juden äh eigentlich Müll (.) wären wo man
R: ⌊also-
I: ⌊nit
weiß wo man hi:n (.) macht und dann-
R: ⌊Soso so in dem Sinn klingt des;
I: Ja. ja,ja, ja, ja; und trotzdem ne innere Logik hats? ne,
R: (1) Also ich ich sag Ihnen nur- e und und deshalb (.) sag ich des (.) des
kommt weils was- des Böse gibt; //mhm;// (.) des is bö:s. net?
I: Des is des Böse; mhm. (1) des einen verleitet so (.) überhaupt zu denken;
R: Ja:,
I: Mhm,
R: Jetzt werd mer mit denen nit fertig, //mhm.// jetzt ham mer s- die die jetzt
da in den Lagern; //mhm.// wie wie gehts jetzt weiter; nit, //ja, ja, ja;//
wir schaffens nit gell?

Die Probandin gibt eine Einschätzung wieder, nach der die Vernichtungslager eine Reaktion darauf gewesen seien, dass das Ausland Juden nicht aufgenommen habe. Dabei beruft sie sich auf Aussagen einer anderen Person („der sagte ... ", Z 10). Auffallend ist, dass die Probandin diese Einschätzung von anderen ausführlicher wiedergibt, als die eigene vom Interviewer erfragte, innere Kommentierung. Mit den Suchbewegungen, die sich immer wieder in Wortabbrüchen und Wortwiederholungen ausdrücken, zeigt R., dass sie sich der Brisanz dieser Argumentation sehr wohl bewusst ist: Vernichtungslager als letzter Ausweg aus einer Notlage, weil „des so überhand nahm" (Z 14 f.). Der Interviewer unterbricht diesen Diskurszug (Z 18). Seine innere Bewegung zeigt sich in der tiefen Einatmung und im zuspitzenden Vergleich, das klänge alles so, als seien Juden als Müll angesehen worden (Z 21). Die Probandin übernimmt mit ihrer Zustimmung („So in dem Sinn klingt des", Z 25) möglicherweise die Perspektive einer bewertenden und befremdeten Hörerin, möglicherweise grenzt sie die Zuspitzung des Interviewers aber damit auch ein: Man könne diese Aussagen so missverstehen. Jedenfalls will der Interviewer bei dieser Thematik bleiben. Er trifft die Unterscheidung („trotzdem ne innere Logik hats", Z 26) zwischen Erschütterung und innerer Logik. Diese Intervention kann einerseits als bestätigend und nach Verständnis suchend, aber auch als zuspitzender Hinweis auf die Kälte dieser Logik aufgefasst werden. Gleichzeitig wird damit der Probandin suggestiv verstärkend eine Aussage in den Mund gelegt. Dahinter stünde dann die vom Interviewer nicht gestellte Frage, ob die Probandin sich dieser „Logik" anschließe. Mit einem rückversichernden „ne?“ (Z 26) übergibt der Interviewer das Rederecht an die Probandin. Diese reagiert nur allgemein, indem sie ohne klare Bezugnahme zum Vorigen („des kommt weils“, Z 28) eine abstrakte Macht anführt, das „Böse“ (Z 28). Der Interviewer bietet R. paraphrasierend die Verknüpfung an: „des Böse, des einen verleitet, so überhaupt zu denken“ (Z 29). Dies wird von der Probandin klar validiert und als Anreiz zur weiteren Elaboration dieses Denkens genutzt, so dass sie zögernd den Bezug zu sich selbst herstellt.

Der anerkennende Bezug zwischen den Interviewbeteiligten zeigt sich in den häufigen Rückversicherungsaktivitäten. Die Diskurszüge bauen aufeinander auf und die Konklusionen werden gemeinsam validiert. Der Interviewer zeigt sich deutlich mit seinen eigenen Einschätzungen, wenn er die Ausführungen über die Frage der Mitschuld des Auslandes an den Vernichtungslagern abbricht und seiner Erschütterung Ausdruck verleiht („eigentlich erschütternd“). Paraphrasen und Zuspitzungen („als wenn die Juden eigentlich Müll wären“, Z 21; „innere Logik“, Z 26) werden von der Probandin bestätigt und als Konklusionen aufgegriffen, obwohl der Interviewer eine deutlich andere Position markiert. Allerdings ist die Kommentierung der inneren Logik (Z 26) vielschichtig und damit für die Probandin nicht transparent genug. Der Diskursmodus ist allgemein in diesem Interviewausschnitt *antithetisch* geprägt, die Beteiligten positionieren sich in partnerschaftlicher Weise im *Orientierungsrahmen einer gemeinsamen Zeiterkundung*. Die Art von Interviewerinterventionen scheinen förderliche und weitgehend verdichtende Wirkung zu haben, denn sie ziehen im weiteren Verlauf dieser Passage (s. Falldarstellung im Materialband, Bezugshinweis s. S. 10) Detaillierungen und szenische Erzählungen nach sich.

Fallexterne, komparative Analyse

An den Interviewerreaktionen wird die Brisanz der in diesem Abschnitt betrachteten Interviewpassagen sichtbar – und dies sind ja nur die in Transkripten ablesbaren Reaktionen. Nicht hörbare gestisch-mimische Signale sind hier noch gar nicht erfasst. In den vorliegenden Beispielen herrscht die Tendenz bei den Interviewern vor, Sachverhalte aufklären und offenlegen zu wollen, mit Fragen nachzufassen oder Bekenntnisse zu erreichen. Die Ausnahme stellt hier die Passage „Überzeichnete Juden“ in Interview i13 dar. Der

Interviewer folgt hier dem Prozess der Identitätsherstellung der Probandin und fokussiert in seinem Nachfragen allenfalls auf Ambivalenzen. Doch auch die Probandin des Interviews i13 reagiert ähnlich wie andere, eher investigativ Befragte zurückhaltend, defensiv und ausweichend. Im Kontrast dazu steht die Passage „Kilimandscharo" in Interview i40, denn hier vertritt der Proband sehr offensiv seine Zweifel an den hohen Opferzahlen von ermordeten Juden während des Nationalsozialismus. Wesentlich vorsichtiger formuliert der Proband in der Passage „Kleine Ofen" des Interviews e1 seine Zweifel. In der Regel werden nationalsozialistische Überzeugungen unter Berufung auf Autoritäten allenfalls angedeutet und vorsichtig umrissen.

Die so aktualisierten, nationalsozialistischen Überzeugungen wirken sich auf die weitere Interviewdynamik aus. Denn die interviewende Person steht vor der Entscheidung, in welcher Form sie derartige Inhalte wahrnimmt und durch Nachfragen und Vertiefen aufgreift. So nimmt es der Interviewer in Interview i26, Passage „Dummes Zeug", zwar hin, wenn sich die Probandin nicht klar dazu äußert, was sie zu der von ihr zitierten kalten Logik des Mordes an Juden selbst halte. Dennoch behandelt er diesen Begründungshorizont, so befremdend er sein mag, implizit als persönliche Ansicht der Probandin, denn er geht paraphrasierend und vertiefend darauf ein und begibt sich damit in einen Diskurs mit der Probandin.

Aber nicht nur das Verhältnis der am Interview Beteiligten wird hier berührt, sondern sehr direkt auch der gesellschaftliche Kontext. Gegenseitige Vorbehalte sind bei dieser Thematik nicht nur in der vorwiegend defensiven Ausdrucksweise der Probandinnen und Probanden zu vermerken, sondern auch in direkten Bezugnahmen auf den gesellschaftlichen Diskurs über den Nationalsozialismus. So spricht sowohl die Probandin in Interview i15/2 („weil es hieß, Ihr hättet ja", Passage „Frauenwerk", Z 83 f.), wie auch der Proband in Interview 40 („den kalten Kaffee, den solln se mir ni erzählen", Passage „Kilimandscharo", Z 25) jeweils zu Anfang der hier aufgeführten Interviewausschnitte diesen Kontext an. Unter bestimmten Bedingungen kann es gelingen, gegenseitige Vorbehalte gegen einen offenen Austausch über die Zeit des Nationalsozialismus im Interview anzusprechen, abzumildern oder zu verwandeln. Denn trotz dieser geäußerten Vorbehalte entstehen in den Interviews unterschiedliche Orientierungsrahmen – von der *gemeinsamen Zeiterkundung* in Interview i26, über den *Streitdialog* in Interview e1 bis hin zur verhörartigen, *investigativen Befragung* in Interview i43/2.

Gerade am Verlauf der Interviews i15/1 und i15/2 lässt sich aufzeigen, wie der Interviewer auch in diesen Situationen den Raum zur Selbstthematisierung mit Paraphrasen und Fragen öffnen kann. Noch deutlicher wird dies in Interview i26, wo auch zuspitzende Fragen, die in gemeinsames, anerkennendes Erkunden der damaligen Zeit eingebettet sind, eine erzählanstoßende Wirkung entfalten können. Die Interviewführung in Interview i13, die sich am klassischen biografischen Interview orientiert, gibt der Selbstthematisierung der Probandin optimalen Raum, kann aber nicht auf die auch in diesem Interview sichtbaren Zeichen einer defensiven Rechtfertigung eingehen. Auch hier bleiben Vermeidungen und Umgehungen von tabuisierten Themen bestehen. Faktenorientierte geschlossene Fragen wiederum konstellieren mit hoher Wahrscheinlichkeit eine Verhörsituation, wie die Passage aus Interview i43/2 deutlich zeigt.

Allerdings sind die Interventionen der Interviewenden nicht allein ausschlaggebend dafür, welcher gemeinsame Orientierungsrahmen zwischen den Beteiligten entsteht. Gerade in Interview i43/2 ist die Wechselwirkung zwischen der Reserviertheit des Probanden, die in entsprechenden Vorerfahrungen gründet, und den Interventionen der Interviewerin besonders deutlich. Die Passage „Kleine Ofen" in Interview e1 vermittelt den Eindruck eines „Schlagabtauschs" im *divergenten Modus*, bei dem lediglich die Gegensätzlichkeit festgestellt wird. Die Bezogenheit der Beteiligten weist auf einen *antithetischen Diskursmodus* hin. So entsteht eher der *Orientierungsrahmen eines Streitdialoges*, ohne dass hier bestimmte signifikante Interventionsstrategien der Interviewerin ausgemacht werden könnten. Die Grundlage einer gegenseitigen Anerkennung ist entscheidend. Über bestimmte Diskursmodi und Orientierungen, wie sie sich im Zuhören, im Interesse für die Welt des Erzählenden, in einer Suchhaltung oder in der Bereitschaft zum Dialog zeigen, wirkt sie sich in den Interviews aus. Biografisches Lernen im Interview heißt hier für den Probanden oder die Probandin, die eigene Überzeugung zu allererst offenzulegen und mit den eigenen Erlebnissen und Erfahrungen zu illustrieren. Im Prozess des

Äußerns kann sich eine weitere Dimension erschließen, die über das argumentative Erklären und Begründen hinaus geht: das verstehende Nachvollziehen. Dies kann im szenisch-episodischen Erzählen geschehen, es kann sich aber auch im Dialog mit einem Gegenüber entwickeln. Hier sind dann die o.g. Haltungen und Interventionen der Interviewenden hilfreich. Unter den in diesem Abschnitt aufgeführten Passagen weist z.B. die Passage „Dummes Zeug" des Interviews i26 einen Ansatzpunkt für diese Dimension auf, denn die Probandin führt die externe, anonyme Macht des Bösen ein und der Interviewer gibt dem paraphrasierend einen Rahmen, der wieder den Selbstbezug öffnet: „des Böse, des einen verleitet so überhaupt zu denken" (Z 29)

11.1.4 Aussagen zur eigenen Verarbeitung nach dem Kriege

Eine wichtige Forschungsfrage im damaligen Projektverbund *Geschichte und Erinnerung* war die Frage nach der inneren Verarbeitung der Erfahrung des Nationalsozialismus in der Zeit nach Kriegsende. Dabei sollte es darum gehen, wie die Probandinnen und Probanden über ihre eigene Mitbeteiligung, Mitverantwortung und Faszination später dachten und in der Gegenwart denken. Dieses Forschungsinteresse wurde folglich in den Interviewleitfaden eingearbeitet (s. Abschnitt C) und in nahezu jedem Interview auch thematisiert. Im Folgenden werden diejenigen Passagen dargestellt, die für eine innere Auseinandersetzung mit der Zeit des Nationalsozialismus ab Kriegsende stehen. Dies kann sich sowohl in einer inneren Distanzierung von eigenen Handlungen aber auch im Fortbestehen innerer Überzeugungen niederschlagen. Interessant ist hier, *wie* die am Interview Beteiligten diese Fragen zum Thema machen und bearbeiten. Mehr als in den anderen Themenbereichen wird hier die Frage nach dem biografischen Lernen als Teil der Identitätsentwicklung direkt in den Vordergrund gerückt. Die Erfahrung der eigenen Mitbeteiligung und Verstrickung im Nationalsozialismus wird somit in die eigene Entwicklung und Lerngeschichte eingeordnet. Unabhängig davon lassen sich Verarbeitungsprozesse auch in den fallinternen, komparativen Analysen zu jedem Interview im Materialband dergestalt aufzeigen, dass die Variationen unterschiedlicher biografischer Themen im Verlauf eines Interviews verglichen werden. Allein schon die Art, wie z.B. eine Probandin ihre Begeisterung für den Nationalsozialismus im Interviewverlauf deutlicher formulieren kann und sich damit gegenüber dem Interviewer positioniert, ermöglicht Aussagen über Identitätsherstellung und biografisches Lernen.

Aus den bisherigen Textpassagen des Interviews i13 konnte kein klarer Orientierungsrahmen abgeleitet werden. In den folgenden Passagen entsteht der *Orientierungsrahmen einer gemeinsamen Zeiterkundung*. Dabei spielt die Haltung des Interviewers eine wichtige Rolle:

Interview i13: Passage „Auge des Orkans“
Minute 19

```
I: 00:18:49-2 mhm (3) Sie haben eben die Judenverfolgung erwähnt, haben Sie denn was von dieser gewalttätigen Seite des Nationalsozialismus mitbekommen in ihrer Position?
U: Überhaupt nicht das ist ja nun das Verhängnis, ich habe eigentlich gedacht wenn ich jetzt da in der [G.-Zentrale] bin dann sitz ich an der Quelle der Informationen, Gegenteil war der Fall.
```

Die Probandin beschreibt ihr Abgeschnittensein von Informationen über die Geschehnisse während des Nationalsozialismus als „Verhängnis“ und drückt damit passives Erleben und Enttäuschung aus. Sie verwendet eine *anonymisierte Agency* (s. Abschnitt 10.4.3), denn diese Darstellung wirkt so, als hätte eine außerhalb stehende Macht das Bestreben der Probandin unterlaufen, „an der Quelle der Informationen“ (Z 5 f.) zu sein. Während sich die Probandin hier auch sprachlich in der erzählten Zeit der jungen Sekretärin im engeren nationalsozialistischen Führungskreis befindet – ihre Stellung bekommt etwas Sensationelles –, wird sie durch die wenige Minuten später folgende Frage des Interviewers in die Nachkriegszeit versetzt:

Interview i13: Passage „Schatten“
Minute 27 – 35.

```
I: 00:27:33-6 Wie geschah denn dieses Lernen bei Ihnen? was hat Ihnen da geholfen zu lernen, wie ging dieses Lernen (.) von sich im Laufe der Jahrzehnte?
U: Ja, eigentlich ist des des große der große Schock ist natürlich passiert als Hitler [...] und hat sich einfach davongemacht und [...] habe ich gedacht jetzt erfahre ich die die große Wahrheit äh=und die Rechtfertigung und die und die äh Reue oder irg- die Entschuldigung und da kamen die gleichen Phrasen und [...] und da ist mir hab ich gedacht ja um Gottes Willen was hat der Mann mit uns gemacht. ...
```

U: ... **und da**- da hab ich dann eigentlich gedacht, ich ich war **gerne** bei G. und ich hab ihn gern gehabt aber ich bin **froh** und ich möchte auch **nie wieder** einen so ein so was erleben; des is also sozusagen das Resumée meine- meines Lebens; (.) aber es nicht so einfach gewesen natürlich weil äh je mehr man erfahren hat je mehr man über den Holocaust über die ganze Vernichtungsmaschinerie auch über die äh einfach über die unmenschliche Idee die er verfolgt hat wissen Sie wenn man den Kampf gelesen hätte oder sich überhaupt mehr informiert hätte wäre man ja viel gewappneter oder gewarnter gewesen, aber des- es hat ja niemand gemacht oder wenige; nur die die eben durch ihre eigene Vergangenheit oder ihre Herkunft wach waren für die- für die Gefahr;...

Die Interviewerfrage nach dem Lernprozess über die eigene Rolle im Nationalsozialismus wirft bei der Probandin die Frage nach der eigenen Verstrickung in das System des Nationalsozialismus auf. Der Suizid Hitlers stellte für sie eine Entzauberung dar und sie fragte sich damals, was Hitler mit ihnen allen gemacht habe (Z 7 f.). In der Hoffnung, endlich die Wahrheit zu erfahren, formuliert sie Zweifel am System des Nationalsozialismus, die sie schon damals gehegt habe. Sie erwartete „Reue“ oder eine „Entschuldigung“ (Z 6). Unter diesem Eindruck beschreibt sie im Folgenden (s. Falldarstellung im Materialband) plastisch Desorientierung, Ratlosigkeit und Verlorenheit unter den Zurückgebliebenen. Sie beschreibt einen Wandlungsprozess und kommt schließlich zu einem Fazit über ihr Verhältnis zu G. (Z 35 ff.) Im Weiteren verweist U. darauf, dass sie kraft ihrer Vergangenheit und Herkunft nicht zu denen gehörte, die „gewappneter oder gewarnter“ (Z 42) sein konnten gegen den Nationalsozialismus. Das Motiv des Gewarntseins enthält eine Selbstentschuldigung dergestalt, dass es für U. offensichtlich an jemandem fehlte („es hat ja niemand gemacht“, Z 43), der wappnen oder warnen konnte. Somit sah sie sich dem Nationalsozialismus damals schutzlos ausgeliefert. U. positioniert sich außerhalb des Kreises derjenigen, die überhaupt dazu in der Lage waren, sich wehren zu können („nur die, die eben durch ihre eigene Vergangenheit oder ihre Herkunft wach waren“, Z 43 f.). Im Unterschied zu anderen vorangegangenen Passagen dieses Interviews agiert der Interviewer hier mehr mit immanentem Nachfragen. Dies veranlasst die Probandin, ihre eigene Verarbeitung der Geschehnisse offenzulegen. Ausgehend von einer ersten Selbstentlastung – es habe niemanden damals gegeben, der sie warnen konnte – hinterfragt sich die Probandin etwas später hinsichtlich ihrer eigenen Zivilcourage. Damit steht sie vor der Frage ihrer eigenen Möglichkeiten zu handeln, sie steht vor der Frage ihrer persönlichen Handlungsmacht:

```
U: ... es ist mir nicht passiert aber ich weiß es nicht ob ich den Mut gehabt hätte äh den zu verstecken, ich mein abgsehn davon dass ich gar keine- dass wir äußerlich gar nicht die Möglichkeit gehabt hätten; in so einem Mietshaus, aber des sind Dinge die hat man- die haben mich schon schwer äh belastet. ((trinkt)) (10)
I: Was hat Ihnen denn geholfen in diesen Zeiten der Aufarbeitung,
U: (7) Ja erstens einmal (.) sehr viele gute Freunde auch im jüdisch- ich hab von keinem Menschen äh Ablehnung erfahren, sondern eigentlich nur Trost, und dann natürlich auch des Akzeptieren, Du hast da nen Fehler gemacht Du hast Du hast Dir falsche Weiche gestellt in Deinem Leben Du warst leichtfertig und oberflächlich und (.) ich bin nat- ich hab dann seit- ich leide seit neunzehnhunderfünfundsechzig unter schweren Depressionen also so manisch-depressiv und damit- des krieg ich auch wahrscheinlich nimmer los, ich bin schon obwohl ich eigentlich ein ganz heiterer und sehr optimistischer Mensch bin ich bin schon von Schatten begleitet die also- eigentlich mir (?scho immer?) bewusst sind,
I: Das sehen Sie im Zusammenhang,
U: Jaja jaja. und wissen Sie das Schicksal der Millionen Opfer, das wird am Ergreifendsten deutlich am Einzelbeispiel. 00:35:02-4
```

Auch die Aussage der Probandin, Belastung angesichts von Ohnmacht und damals mangelndem Mut zu empfinden, greift der Interviewer wieder mit einer immanenten Frage auf. Er fokussiert dabei eher auf Aspekte von Bewältigung der so empfundenen Belastungen oder Selbstvorwürfe. U. geht darauf zuerst ein, nimmt aber doch wieder den Faden ihrer Belastetheit auf. Im Gegensatz zur bisherigen Tendenz, sich selbst als eine dem Geschehen Ausgelieferte zu sehen, beschäftigt sich die Probandin dann mit den eigenen „Fehlern" (Z 62). Sie offenbart ihre psychische Erkrankung und zieht eine Verbindungslinie zwischen ihren Selbstvorwürfen und ihrer Erkrankung. Die immanenten Fragen des Interviewers wirken für den Prozess des Sich-Hinterfragens unterstützend. Gerade auch die Interviewerfrage „Das sehen Sie im Zusammenhang?" (Z 69) ergänzt und verdeutlicht das Gesagte im *parallelen Diskursmodus*. Hier entsteht der *Orientierungsrahmen einer gemeinsamen Zeiterkundung*. Ihre Gedanken adressiert die Probandin ausdrücklich an den Interviewer („wissen Sie", Z 70). Sie zeigt mehr Ich-Bezug in ihren Selbstreflexionen („ich weiß es nicht, ob ich den Mut gehabt hätte", Z 54 f.). Damit unterscheiden sich ihre Ausführungen deutlich vom Selbstbild eines in der Kriegszeit allzu naiven Mädchens, wie sie es in der Passage „Geschmeichelt" noch entwirft (s. Abschnitt 11.1.2). In der Passage „Auge des Orkans" lässt die Probandin durchscheinen, wie sehr sie damals in ihrer Position als Sekretärin im engeren Kreis der nationalsozialistischen Führung auf Informationen aus erster Hand hoffte und gleichsam am Puls des Geschehens sein wollte. Dieser

Widerspruch bleibt zwar offen, doch lenken die Interviewerfragen den Blick auf die Verarbeitungsprozesse nach Hitlers Tod und nach Kriegsende. Es wird deutlich, dass sich für die Probandin da eine tiefgreifende Wende vollzog. Darauf weisen die emotional aufgeladene, szenische Erzählung zu Beginn der Passage „Schatten" und ihre Ambivalenz gegenüber ihrem Vorgesetzten G. („ich war gerne bei G., und ich hab ihn gern gehabt, aber ich bin froh und ich möchte auch nie wieder ... so was erleben", Z 35 ff.) hin.

Im folgenden Beispiel wird der Umbruch Deutschlands nach dem Kriege im Unterschied zu o.g. Beispiel aus Interview i13 vom Probanden zutiefst bedauert. Rassistische Überzeugungen wirken weiter und dennoch entsteht der *Orientierungsrahmen einer gemeinsamen Zeiterkundung*:

Interview i40: Passage „Nich mehr mein Deutschland"
Minute 122 f.

P: °Mh nein;° //mhm// (3) °ja. eben° (.) es darf nich so weit gehn wie ich schon sagte; (.) //mhm; mhm,// da=da=dass da fünfmal am Tack (.) hier der Muzzin hier von von dem //mhm;// von dem Turm da runterbrüllt; ja soweit darfs nicht gehn;
I: Also (.) Ihre Angscht; Deutschland verliert dann sowas=s (.)
P: ⌊Wie die- seine Eigenart.
I: ⌊von seiner Eigenheit;
P: ⌊Ja.
I: ⌊seine Eigenheit;
P: Ja; //mhm; mh//
I: Eigenart. mhm;
P: Ne. (.) //ja;// das geht mir dann zu weit. //mhm;// (.) wie mir auch die Verbastardierung zu weit geht. //mhm;// nä, //mhm;// (2) nä. //ja;// ((schmatzt)) **aber** (.) mich fragt man nich, (2) und und ich sach (?mal?) hm- (.) geh ja doch hau ja doch bald ab zur Großen Flotte; (.) un (.) solln se machen was se wolln hier;
I: Mhm; mhm; nachm Krieg isch des nich mehr Ihr Deutschland geworden; ne,
P: Nein.
I: Nee;
P: Nein.
I: ⌊Das merk ich;
P: ⌊nee; (.) eheh. //mhm; ja;// äh nich mehr mein Deutschland für=ds ich (.) jederzeit bereit war. (.) //mhm;// mich einzusetzen. //ja. ja-ja;// nee.
I: ⌊Nee, des wars dann nich mehr;
P: ⌊des is es nich mehr. //ja; (.) mhm;// (.) un=dass de- dass das damals keen Lippenbekenntnis war da hab ichs ja bewiesen. //mhm;// nich? //mhm;// is ja nich so dass //mhm;// eh da- (.) //mhm;// dumm daherquatsche nich, //mhm; (.) ja;// (1)

Der Proband führt seinen Widerwillen aus, den er bei der Vorstellung von mehrmaligen täglichen Gebetsrufen von Muezzinen in Deutschland empfindet. Der Interviewer paraphrasiert dies als Angst vor Verlust von deutscher „Eigenheit“ (Z 27), was P. sofort aufgreift als „Eigenart“ (Z 28). In seiner Konklusion verweist P. auf die von ihm befürchtete „Verbastardi[si]erung“ (Z 34) und schließt resignativ: „Soll'n se machen, was se woll'n“ (Z 36). Der Interviewer kommt auf die Erfahrung von Verlust zu sprechen, wenn er feststellt, das sei nach dem Krieg nicht mehr das Deutschland des Probanden geworden. Dies wird von P. mehrmals mit dem Verweis auf seine damalige Einsatzbereitschaft bekräftigt („dass das damals keen Lippenbekenntnis war, da hab ichs ja bewiesen“, Z 48 f.). Der Interviewer greift emotionale Gehalte auf und validiert entsprechende Äußerungen des Probanden. Z.T. werden Formulierungen im *parallelen Diskursmodus* in mehreren aufeinander aufbauenden Diskursbewegungen gemeinsam entwickelt (Z 25–30) und führen zu gemeinsam bestätigten Konklusionen. Dies macht den *Orientierungsrahmen einer gemeinsamen Zeiterkundung* aus. Im Sinne biografischen Lernens wird mithilfe der Paraphrasierungen des Interviewers eine Hintergrundkonstruktion gemeinsam im Interview erarbeitet, die den rassistischen Einstellungen des Probanden (s. Passage „Verbastardierung“, Z 34) eine andere Bedeutung und Sprache gibt: Es geht um die Befürchtung des Probanden, Deutschland könnte seine Eigenart verlieren, die es augenscheinlich in der Zeit des Nationalsozialismus für P. noch besaß. Dabei kommen großes Bedauern und die Erfahrung von Verlust eines Deutschlands, wie es früher war, überhaupt erst zum Vorschein. Wie ich schon zu Ende des vorangegangenen Abschnitts hervorgehoben habe, dienen auch hier wieder aktive Interventionen des Interviewenden dem verstehenden Nachvollziehen und vertiefen so das biografische bzw. *transformative Lernen* des Probanden. P. wird noch einmal mit seinem Diskrepanzerleben nach Kriegsende in Berührung gebracht und die Emotionalität hinter der rassistisch gefärbten Entrüstung tritt zum Vorschein.

Auch bei Interview i43/2 geht es um das Bedauern darüber, dass das Nachkriegsdeutschland nicht mehr den eigenen Idealen entsprach. Hier wird das Thema nur kurz im *Orientierungsrahmen einer investigativen Befragung* behandelt:

Interview i43/2: Passage „Heikel“
Minute 129 – 131

```
I: C/00:13:23-2 Hatten Sie jemals so was wi:e wie Schuldgefühle oder ne Traurigkeit
   über (.) das was Sie-
G: Traurigkeit schon joa. //mmm.// ü=das was nachher kam. nich,
I: Über das
G:          ⌊°Joa°
I:             ⌊was nachher kam,
G:                              ⌊Joa.
I:                                      ⌊was meinen Sie damit was nachher kam;
G: Nun. (3) der Staat wie wir ihn nachher hatten, (1) entsprach ja keineswegs
   mehr unseren Vorstellungen. nich, (6)
I: Welcher Staat.
G: Unser.
I: Nach fünfundvierzig.
G: Ja. //mmm.//
I: Aber Traurigkeit über (.) das was (.) während (.) der eN eS Zeit passiert ist,
G: (1) Nee. (2) was da passiert ist ist zum großen Teil gelogen. (1) //mhm.// (1)
   seh ich noch keineswegs (.) als di:e (1) als die Wahrheit an. //mhm.// (1)
I: N=wenn Sie n=so ne Art (.) Botschaft formulieren würden. also angenommen
   zum Beispiel Ausschnitte aus dem aus dem Interview würden in der Schule (.)
   vorgespielt. natürlich anonymisiert und so. was wäre was wäre eine heutige
   Generation von jungen Leuten- was wäre so Ihre (1) Ihre Botschaft. (.) auf dem
   Hintergrund von (.) Ihrer Erfahrung.
G: (61) Jetzt wirds heikel nich?
```

Die einleitende, geschlossene Frage der Interviewerin, die auf die Verarbeitung der Erfahrungen aus der Zeit des Nationalsozialismus abzielt, engt den möglichen Antwortbereich auf einen Horizont erwartbarer Gefühle von Schuld und Traurigkeit sehr stark ein. Der Proband unterbricht die Interviewerin, greift das Stichwort „Traurigkeit“ auf und gibt ihm einen eigenen Rahmen. Er bezieht seine „Traurigkeit“ auf die Veränderungen Deutschlands nach dem Kriege. Ähnlich wie in der oben angeführten Passage „Nich mehr mein Deutschland“ des Interviews i40 drückt es auch G. aus: „der Staat, wie wir ihn nachher hatten, entsprach ja keineswegs mehr unseren Vorstellungen“ (Z 9 f.). Die Interviewerin regt hier nicht zur Vertiefung dieser Proposition an, sondern führt zu ihrer ursprünglichen Frage zurück. Damit übernimmt sie die thematische Steuerung in dieser Passage und legt suggestiv dem Probanden nahe, er müsse doch Bedauern über „das, was während NS-Zeit passiert ist“ (Z 15) empfinden. Aber auch hier weist G. den propositionalen Gehalt in der Frage der Interviewerin zurück. Er hält die Darstellungen über die Zeit des Nationalsozialismus im Fernsehen „zum großen Teil [für] gelogen“ (Z 16). Der sich abzeichnende *oppositionelle Diskurs* wird nun aber dadurch abgebrochen, dass die Interviewerin ein neues Unterthema zur Bewertung des Vergangenen anreißt: Mit der hypothetischen Möglichkeit, über das Präsentieren einer Tonaufnahme dieses Interviews eine Botschaft an die jüngere Generation zu formulieren, geht es nun um die Mitteilung der eigenen Sicht. Themen werden hier nur kurz angerissen, es folgt sehr schnell ein neues Thema. Bei hoher Steuerung durch die Interviewerin erhält das Interview den Charakter einer *investigativen Befragung*. Dieser Orientierungsrahmen erfährt gerade im Interview i43/2 immer wieder Variationen: Während sich das Motiv des Aufdeckens bzw. Verbergens diesen Orientierungsrahmen in der Passage „Babi Jar“ (s. Abschnitt 11.1.1) geradezu zu einem Verhör oder Tribunal verdichtet, nimmt das Interview hier eher den Charakter einer journalistischen Befragung an, in dem Sachverhalte zwar kritisch nachhakend beleuchtet werden, aber nicht so hartnäckig vertiefend, als ginge es um den Nachweis einer Täterschaft.

In dieser Passage entsteht keine Selbstläufigkeit in den Schilderungen des Probanden. Zwar sind die Beteiligten aufeinander bezogen, letztlich reden sie aber aneinander vorbei. Aus dem anfänglichen *oppositionellen* wird ein *divergenter Diskursmodus*. Propositionen werden aufgeworfen – sowohl in der Art der Fragen als auch in der Antwort. Elaborationen werden nicht angeregt, vielmehr bringt die Interviewerin durch Perspektivenwechsel auf die „heutige Generation von jungen Leuten“ (Z 20 f.) schnell wieder einen neuen Gehalt ins Gespräch ein. Am Schluss der Passage macht G. den investigativen Rahmen des Interviews mit seiner Bemerkung „Jetzt wirds heikel, nich?“ (Z 23) einer kommunikativen Bearbeitung zugänglich. Dies wird in Abschnitt 11.1.5 weiter vertieft.

Die im Interviewleitfaden enthaltene Vorannahme, das Kriegsende hätte auf jeden Fall einen inneren Umbruch für die Zeitzeugen ausgelöst, wird durch die Passage „Nich mehr mein Deutschland“ in Interview i40 und die Passage „Heikel“ des Interviews i43/2 insofern bestätigt, dass beide Probanden am Vergangenen festhielten und sich nicht auf die neue politisch-soziale Situation einstellen konnten. Sie mussten einen äußeren Umbruch bewältigen. Ein Festhalten anderer Art präsentiert die folgenden Passage. Hier wird eher eine Art von Kontinuität im Festhalten am Bild einer unbescholtenen Wehrmacht betont. Der Diskurs vollzieht sich dabei im *Orientierungsrahmen einer Übereinkunft im Dissens*:

Interview e1: Passage „Wir wollen den erschießen"
Minute 62

```
I:                                   ⌊nein, also Sie haben gesagt nach dem
   Krieg; wie ist es Ihnen dann gegangen. als Sie dann von den Gräueln gehört
   hatten;
S: (1) Wenn ich gesund ge-
I:                  ⌊Sind Sie aus aus allen Wolken gefallen,
S: (2) Nei. (.) ich wusste: (.) dass also ich=w=eh- das warf- ich wusste dass die
   Juden auch in Russland (1) nicht beliebt waren
I:                                       ⌊Ja: Sie hatten es erzählt vorher.
   ja
S: ⌊ich wusste: dass wohl in Tschernobyl //mhm.// d=ich (.) das war mein erster
   Kr=Kriegswintereinsatz wir sollten dort- (?wir warn ne?) kleine Werft; //mhm.//
   und ein Fachmann für Schifffahrt und Werftwesen aus Hamburg der hat die
   Leitung unserer Aufgabe da in Tschernobyl bekommen; ich wurde ihm ihm zugege-
   ben als Dolmetscher und jeder von uns bekam einen Soldaten noch mit. //mhm,//
   wir vier Mann sind dort hingeschickt worden nach Tschernobyl um ja zu sehen-
   dort war eine kleine Werft. da waren auch Schiffe die waren versenkt worden
   von den Sowjets und in Tscherno- in Tschernobyl waren früher viele Juden;
   //mhm// und diese Jude:n=eh sind aber alle geflohen. wie die Deutschen über
   die Grenze rüberkamen sind sie alle geflohen ...
```

Im Vorfeld dieses Ausschnitts aus der Passage „Wir wollen den erschießen" fragt die Interviewerin zuerst danach, was der Proband von Gräueln gegenüber Juden im Osten mitbekam. Der Proband bekräftigt mehrmals, dass er nichts mitbekommen habe (s. Falldarstellung im Materialband). Daraufhin bringt die Interviewerin nun die Sprache darauf, wie es dem Probanden mit der Offenlegung dieser Gräuel nach dem Krieg erging (Z 25). Der Ansatz zu einer Antwort wird von der Interviewerin sofort unterbrochen: Mit der Variation ihrer Frage („Sind Sie aus allen Wolken gefallen, Z 28), legt die Interviewerin dem Probanden das Moment des Erstaunens und Überraschtwerdens suggestiv nahe und nimmt der vorher mehrfach gestellten Frage nach dem Miterleben von Gräueln während des Einsatzes im Osten die Brisanz. S. geht auf diese suggestive Frage allerdings nicht ein. Er stellt wieder eine Brücke zu seinem Einsatz im Osten her und leitet ein neues Thema ein: Juden seien in Russland nicht beliebt gewesen (Z 30). Außerdem konnte es gar nicht zu Begegnungen von Deutschen mit Juden kommen, da diese das Land schon verlassen hätten (Z 40 ff.). Damit drückt der Proband indirekt seine Zweifel an den berichteten

Gräueln der Wehrmacht an der jüdischen Zivilbevölkerung aus. Dieser Argumentation dient auch eine kurze Erzählepisode über einen Kriegswintereinsatz in Tschernobyl (Z 33 ff.). Im Weiteren (s. Falldarstellung im Materialband) führt S. die von ihm so dargestellte Ablehnung von Juden durch die Russen selbstläufig weiter aus.

Die Frage der Interviewerin, welche Wirkungen die Informationen über die Gräuel der Wehrmacht beim Probanden ausgelöst hätten, irritiert zwar den Erzählfluss des Probanden, dennoch nimmt er ihn wieder auf. S. ist an dieser Stelle (Z 29 ff.) mehr mit dem Ansehen von Juden in Russland beschäftigt und elaboriert diesen Gehalt weiter. Die Interviewerin folgt dieser Diskursbewegung und stellt ihre Frage aus Z 28 zurück. Beide Beteiligten befinden sich hier in einem *oppositionellen Diskursmodus*, denn es kommt zu keinen gemeinsamen Konklusionen. Die unterschiedlichen Gehalte bestehen hier unverbunden nebeneinander, und dennoch erkennen sich beide Personen in ihrer Verschiedenheit an. Hinweise darauf sind verschiedene Rückbezüge der Interviewerin zu schon Erzähltem (Z 24 u. 31), wie auch die Tatsache, dass der Proband die Übergabe das Rederechtes abwartet. Der sich ergänzende Aufbau der Diskursbewegungen ist ein Indiz für den *Orientierungsrahmen einer Übereinkunft im Dissens*. Denn indirekt antwortet der Proband sehr wohl auf die Frage der Interviewerin in Z 28: In der Fortsetzung seines Erzählstranges drückt der Proband aus, dass er den Vorwürfen an die deutsche Wehrmacht keinen Glauben schenke und deshalb für ihn das Kriegsende nicht in dem Maße eine Zäsur oder Erschütterung darstellte, wie es die Interviewerin suggestiv in ihrer Frage voraussetzte.

Der Proband des Interviews e1 wurde von zwei verschiedenen Interviewenden unterschiedlicher Generationen und Geschlechts im Abstand von mehreren Monaten interviewt. Der ältere, männliche Interviewer (Jahrgangsgruppe 1945–1961) thematisiert die Frage nach der Verarbeitung des Nationalsozialismus nach Kriegsende mit mehr Beharrlichkeit. Auch er geht von der Vorannahme aus, hier müsse ein Umbruch stattgefunden haben. Dabei entsteht der *Orientierungsrahmen einer investigativen Befragung*:

Interview i14: Passage „Meine Schüler waren mein Anliegen“
Minute 105 – 107

I: Wie war das für Sie dann nachher- Kriegsende Zusammenbruch alles kam ans Ta-
geslicht, was alles passiert ist, //mhm// und an Gräueln auch passiert ist,
wie war das dann für Sie, was für Gedanken haben Sie dann ((Stuhlknarren)) be-
schäftigt über Deutschland,- auf Deutschland, warn Sie stolz, ne?
S: Über- nein- über= über Deutschland
I: ⌊es war ja Ihre Heimat- oder ist Ihre Heimat,
S: ⌊nein, die Grausamkeit der Menschen, //mhm//
ich wusst bis- ich //mhm// wusst ja von den Russen- ((Klopfen auf Tisch)) die=
//ja// die Russen haben die Juden gehasst //mhm// ne, die- äh und ich- äh (.)
ich wusste alles, //mhm// ich bin= ich bin aus allen Kirchen ausgetreten. also
ich bin nicht mehr in der evangelischen Kirche- ausgetreten.
I: ⌊Sie-
S: ⌊weil ich
vertrete den Standpunkt sei:d wahrha:ftig in eurem //mhm mhm// Wesen; seid
wa:hr. //mhm ja// und seid gut zueinander. //mhm mhm// und ich hab da-
I: Und jetzt da zu hören, nein das war alles nicht so schön und glatt und gut wie
ein- der Wunsch war? also ich hör
S: ⌊A nein
I: ⌊bei Ihnen diese Vision-
S: ⌊wissen se wie ich da
in @(.)@ in= in= im Schuldienst war, //ja// da war man übervoll ausge= //aha//
aus= aus= überausgelastet. //aha// da hab ich- ich war ein sehr sehr fleissi-
ger Lehrer; und für mich warn meine Schüler warn mein= mein Anliegen; (.) und-
I: ⌊Aber
das alles brach ja dann auf einmal zusammen,
S: ⌊das-
I: ⌊also da muss ja ne Welt zusammen-
gebrochen
S: ⌊ja auch nachdem-
I: ⌊sein.
S: ⌊ja nach dem Krieg? //mhm// nein, da hab ich ja diese große
neue Aufgabe //mhm// wieder bekommen, bin in die Schule gekommen, in meiner
ersten Klasse //mhm// warn dreiundsiebzig Achtklässler, //ja// @(.)@ //mhm//
die äh hatten- auf
I: ⌊ja, aber-
S: ⌊einer Zweierbank warn drei gesessen-
I: ⌊Die (.) Trümmer- (.) Deutschland in
Trümmern
S: ⌊ja
i: ⌊und dann zur Tagesordnung übergegangen?
S: Natürlich,
I: ⌊ehrlich?
S: ⌊ich hab doch an- na ich hab doch die Arbeit gehabt; ...

Der Interviewer benutzt hier die im Vorfeld dieser Passage thematisierte Kriegsgefangenschaft des Probanden als Ausgangspunkt dafür, nach der Verarbeitung der wahren Informationen über den Nationalsozialismus nach

Kriegsende zu fragen. Auch er unterlegt seine Fragestellung suggestiv, wenn er dem Probanden Dilemmata („auf Deutschland, warn Sie stolz, ne?“, Z 17; „es war ja Ihre Heimat“, Z 19) aufzeigen will, die diese Informationen bei S. ausgelöst haben müssten. Der Proband will antworten (z.B. Z 18) oder wirft neue Gehalte auf (z.B. „die Grausamkeit des Menschen“, Z 20 ff.). Dies übergeht der Interviewer mehrfach und differenziert seine kritisch-hinterfragende Haltung, gepaart mit einer Unterstellung von Widersprüchlichkeit beim Probanden. Diese Passage ist gekennzeichnet von gleichzeitigem Sprechen. Trotz vereinzelter, gegenseitiger Bezugnahmen befinden sich die Beteiligten im *divergenten Diskursmodus*. Sie erreichen einander nicht und reden aneinander vorbei. Der Proband weist die Idee eines Zusammenbruchs zurück, kommt aber kaum zur Ausführung seiner Begeisterung für seine „große, neue Aufgabe“ (Z 44 f.). Letztlich offenbart der Interviewer seine grundsätzlichen Zweifel an den Ausführungen des Probanden und fragt provokativ-zuspitzend: „und dann zur Tagesordnung übergegangen?“ (Z 53). Für den Probanden stellte das Kriegsende entweder keine Zäsur oder aber eine im positiven Sinne dar, da auf ihn neue Herausforderungen als Lehrer zukamen. Der Interviewer ist hier hartnäckiger im Nachfragen als in der oben aufgeführten Passage „Wir wollen den erschießen“ des Vergleichsinterviews e1. Er hält aber ebenso hartnäckig an Vorannahmen von Diskrepanzerfahrungen nach Kriegsende fest. Dadurch entsteht ein Gefälle im Verhältnis zwischen Interviewer und Proband, so als habe der Interviewer die Absicht, den Probanden zu entlarven. Bei deutlich geringerer Bezugnahme – in Interview e1 besteht ein anerkennender Raum des Zulassens von Verschiedenheit – entsteht der *Orientierungsrahmen einer investigativen Befragung*.

Mit offenerer Fragehaltung thematisiert die Interviewerin in Interview i30 die Frage, wie der Proband die Offenlegung der Gräuel im Nationalsozialismus verarbeitet habe. Im Diskurs konstelliert sich der *Orientierungsrahmen einer Übereinkunft im Dissens*:

Interview i30: Passage „Aus dem Holz bin ich nicht“
Minute 86 – 91

I: B00:25:32-8 Mhm mhm wie gings Ihnen denn dann als Sie nach dem Krieg- also von so verschiedenen Gräueln dann gehört haben? //ja// also weil Sie es vorhin ja nicht wussten? haben Sie erst gedacht das stimmt nicht? oder das kann nicht sein? (??)-

K: Wissen Sie Gräuel hab ich ja schon im Krieg erlebt, des er- im Krieg erlebt
man ja täglich Gräuel; net, //mhm// also- //mhm// (2) ((tiefes Luftholen))
natürlich kann man sagen bei der= äh bei der Bevölkerung- (.) ich- es ist
natürlich auch schlimm aber **Krieg- Gräuel-** (.) bis zu nem gewissen Grad muss
ich sagen sind kriegsbedingt; net, also- (2) so komisch das jetzt klingt, (2)
...

Auch in diesem Interview leitet die Interviewerin unter Orientierung am Leitfaden zur Frage über, wie der Proband die Aufdeckung der Verbrechen des Nationalsozialismus verarbeitet habe. Sie verweist auf „so verschiedene[n] Gräuel[n]“ (Z 2) und leitet mit ergänzenden, geschlossenen Fragen den Blick auf die kognitive Verarbeitung. Im Fragehorizont geht sie eher von einer Diskrepanzerfahrung aus („haben Sie erst gedacht, das stimmt nicht?“, Z 3). Der Proband nimmt nun auf der angesprochenen, kognitiven Ebene eine Abwägung des Begriffs „Gräuel“ vor: „Gräuel bis zu nem gewissen Grad, muss ich sagen, sind kriegsbedingt.“ (Z 8 f.) Er leitet diese These schon deutlich relativierend ein („natürlich auch schlimm“, Z 8) und hat sehr wohl die Perspektive der Interviewerin („so komisch das jetzt klingt“, Z 9) im Blick. K. engt hier die von der Interviewerin eröffnete Orientierung auf die Gräuel im Nationalsozialismus auf kriegsbedingte Gräuel ein und dann weiter auf Gräuel gegenüber der deutschen Zivilbevölkerung durch Bombardierungen der Alliierten. Die Interviewerin reagiert auf diese Differenzierung und leitet zu dem von ihr aufgeworfenen Thema der Verarbeitung des wahren Ausmaßes der Gräuel im Nationalsozialismus über:

I: Ja. ich meinte jetzt ne ganz andere Ebene; ich meinte es war ja Ihr Vaterland.
also Deutschland,
K: ⌊ja ja ja
I: ⌊was Sie verteidigt haben, und-
K: ⌊hab geglaubt zu verteidigen;
I: ⌊ja
also-
K: ⌊Ich hab das übrigens in nem Brief= in nem Leserbrief geschrieben; ich hab
damals- und ich hab auch den Irrtum eingesehen; ich find en jetzt bloß nicht
auf Anhieb, //mhm// wissen Sie ich-
I: Ja des= des= em also dann haben Sie irgendwann haben Sie ja nach dem Krieg (.)
haben Sie ja auch andere Zusammenhänge kennen gelernt;
K: Ja das kann man sagen ja,
I: Ja und wie= also wie= wie war das für Sie?
K: ⌊ja
I: ⌊(2) also wann= wann haben Sie zum
Beispiel von den ersten Judenvernichtungen gehört, war das lange nach dem
Krieg?

```
38 K: Das= das weiß ich nicht mehr, ja wenns halt veröffentlich wurde; net, des kann
39    ich aber jetzt zeitlich
40 I:                 ⌊wissen sie nicht
41 K:                                   ⌊nicht sage, ne:, nein ...
```

Mit ihrem Hinweis („ich meinte jetzt ne ganz andere Ebene", Z 20) hält die Interviewerin den Diskurs bei dem von ihr eingeleiteten Thema und differenziert nun ihrerseits das Oberthema: Bei der Verarbeitung des Nationalsozialismus nach dem Kriege geht es ihr nun um die Frage nach der Entwertung der eigenen Ideale, für die K. sein Vaterland verteidigte. Auch in diesem Interview forscht die Interviewerin nach Diskrepanzerfahrungen, wenn es darum geht, wie der Proband die Informationen über nationalsozialistische Gräueltaten verarbeitete. Diese Differenzierung greift der Proband auf, wenn er die Motive seines Engagements und seinen Irrtum anklingen lässt: „Hab geglaubt zu verteidigen" (Z 24). Die Interviewerin wird beim Thema „Gräuel" konkreter und fragt nach der ersten Kenntnis von Judenvernichtungen. In dieser Passage leitet sie das Interview durch schrittweise Einengung der Gehalte. Der Proband geht darauf zum Teil ein, bleibt aber unbestimmt (Z 38 ff.) und bezieht sich im Weiteren auf eine Begebenheit während des Krieges. Die Interviewerin kehrt deshalb später wieder zum Ausgangspunkt ihrer Fragestellung zurück:

```
87  I: Mhm. mhm. (1) aber Ihre Geschichte ist jetzt so, um noch mal an den Anfang zu-
88     rückzukommen,
89  K:             ⌊ja
90  I:                ⌊also Sie haben sich äh nichts vorzuwerfen,
91  K:                                                        ⌊des weiß ich-
92  I:                                                                   ⌊weil Sie ja
93     in Würde sterben, weil Sie sich ja darauf bezogen haben; ne?
94  K: °Ne: des werd ich net.° //mhm// (2) °des werd ich net;° denn ich war ja sel-
95     ber ein- (.) einer der viel erduldet hat; einer der viel erduldet hat; also
96     ich war net nur- (1) ich war einer der an- (.) was jeder Soldat macht; sonst
97     braucht man nämlich keine Soldaten mehr; ne, (.) der glaubt (.) sein Vater-
98     land verteidigen- ich habs da, ich finde ihn jetzt bloß nicht, ich habs damals
99     auch geschrieben in einem Brief, ich hab geglaubt mein Vaterland verteidigen
100    zu müssen, ich hab aber den Irrtum bald eingesehen. //mhm// ((Papierrascheln))
101 I:                                                           ⌊(??)
102 K:                                                             ⌊sehen Sie so
103    ischs nicht, //mhm// aber Schuldgefühl, (1) ja Schuld (2) ((Knall, wie von
104    einem Lineal)) was ist Schuld? ich hab auch auf Menschen geschosse, natür-
105    lich sicher, aber (1) wenn man davon redet, muss man= muss man eben immer die
106    Situation betrachte, stellen Sie sich vor (1) da kommt (.) e Haufen Soldaten-
107    ...
```

Die Interviewerin bringt nun die Frage nach eigenen Selbstvorwürfen – auch sie thematisiert die Frage von Schuld, wie es auch die Interviewerin in o.g. Interview i43/2, Passage „Heikel“ tat – ins Spiel und greift unter Bezugnahme auf die Eingangspassage des Interviews (s. Falldarstellung im Materialband) das Wort des „In-Würde-Sterbens“ noch einmal auf. Selbstvorwürfe verneint der Proband energisch und verweist auf eigenes Leid und eigenes Erdulden als Soldat (Z 95). Hier ist er im Erfahrungsraum des Militärischen und beschreibt Situationen im Krieg, in denen er schießen musste, um zu überleben. In dieser Beschreibung spricht er die Interviewerin direkt an („Stellen Sie sich vor“, Z 106) und leitet zu einer berichtenden Erzählung über. Die beiden am Interview Beteiligten sind hier angesichts der Frage von Selbstvorwürfen im *oppositionellen Diskursmodus* sehr aufeinander bezogen. Die Diskursbewegungen bauen aufeinander auf, so dass beide Seiten die eigenen Propositionen ausarbeiten können. Die Interviewerin übernimmt die thematische Steuerung, indem sie immer wieder auf die Thematik der Verarbeitung des Erlebten nach dem Kriege und die Frage der eigenen Mitbeteiligung zurückkommt. Damit konstelliert sie in der Tendenz den *Orientierungsrahmen einer investigativen Befragung*. Der Proband reagiert eher defensiv ausweichend, indem er sich auf seine Identität als Soldat im Kampf „Mann gegen Mann“ zurückzieht. Allerdings zeichnet sich diese Passage durch gegenseitige Hörerorientierung im argumentativen Austausch aus. Auch wenn es zu keinen gemeinsamen Konklusionen kommt, anerkennen sich die Beteiligten als Diskussionspartner. Der gemeinsame *Orientierungsrahmen einer Übereinkunft im Dissens* steht im Vordergrund. Die Verschiedenheit wird nicht aufgelöst, darf aber bestehen bleiben und ausgeleuchtet werden.

Fallexterne, komparative Analyse

Die ausgewählten Interviewpassagen dieses Abschnittes enthalten eine ganze Bandbreite von Interventionsmöglichkeiten auf der Seite der Interviewenden. Außer in der Passage aus Interview i40 reagieren die Probanden in verschiedenen Varianten durchweg defensiv-rechtfertigend auf die Frage der Verarbeitung des wahren Ausmaßes der Gräuel im Nationalsozialismus. Konfrontative Strategien führen in der Regel zu Ausweichbewegungen. Dies wird anhand der aufgeführten Beispiele des Interviews i14, Passage „Meine Schüler waren mein Anliegen“, und in Interview i43/2, Passage „Heikel“, ersichtlich.

Eingebettet in Rückversicherungsaktivitäten und wechselseitige Bezugnahmen entsteht zumindest ein engagiertes, wenn auch auf Seiten der Probanden manchmal defensiv eingefärbtes, Wechselgespräch. Dies zeigt die Passage „Aus dem Holz bin ich nicht" des Interviews i30. Die gegenseitige Anerkennung in der Gleichwertigkeit beider am Interview Beteiligter ermöglicht einen *oppositionellen Diskurs* mit entsprechenden Elaborationen, auch wenn Fragen mit Vorannahmen und Zuspitzungen von der Interviewenden gestellt werden. Dass derart zuspitzendes Nachfragen ohne eine Grundlage gegenseitiger Anerkennung zu keinen Vertiefungen in der Selbsterkundung führt, zeigt die Passage „Meine Schüler waren mein Anliegen" des Interviews i14. Hier ist wiederum der Vergleich der unterschiedlichen Interviewer im Umgang mit dem identischen Probanden in Interview e1, Passage „Wir wollen den erschießen", sehr interessant: Während die Passage des Interviews i14 von Argumentationen geprägt ist und einen *investigativen* Charakter erhält, gelingt demselben Probanden in der Passage des Interviews e1 die Rückkehr in den Modus des Erzählens und es entsteht eine *Übereinkunft im Dissens*. Ähnlich wie in der Passage „Aus dem Holz bin ich nicht" des Interviews i30 nimmt der Proband in Interview e1 seinen Faden wieder auf. In den vorgestellten Passagen aus Interview e1, i30, aber auch i40 lassen sich Zusammenhänge zwischen gegenseitiger Anerkennung, der Anregung zum selbstläufigen Erzählen und den Orientierungsrahmen der *Übereinkunft im Dissens* und der *gemeinsamen Zeiterkundung* deutlich aufzeigen.

Die Passage „Nich mehr mein Deutschland" in Interview i40 nimmt insofern eine Sonderstellung ein, als dass hier eher der Proband der „Herausforderer" ist, der den Interviewer mit seinen provozierend drastischen Begriffen möglicherweise aus der Reserve locken will. Es kommt zu einer gemeinsam erarbeiteten und bestätigten Konklusion. Emotionen beim Probanden werden mithilfe von Paraphrasierungen des Interviewers herausgearbeitet. Bei dieser recht hohen gegenseitigen Bezugnahme entsteht im Rahmen des *Orientierungsrahmens einer gemeinsamen Zeiterkundung* Selbstläufigkeit im Dialog. Man kann sogar den Eindruck gewinnen, dass in diesem Interview weitere Zuspitzungen und Konfrontationen auf Seiten des Interviewers fruchtbar für den Prozess gewesen wären. In der Passage „Schatten" des Interviews i13 sind die Ausführungen und Reflexionen des Erlebten aus der Perspektive der Nachkriegszeit unter den ausgewählten Passagen am Deutlichsten. Dem Interviewer wird hier von der Probandin zuerst die Rolle eines mitfühlenden Entlastungszeugen für die eigene Wandlung zugewiesen, die Narrationen haben über weite Strecken argumentative Funktion und dienen dem Tradierungsmuster der Konversionserzählung (s. Abschnitt 7.2). Erst mit häufigeren, immanenten Nachfragen des Interviewers entsteht der *Orientierungsrahmen einer gemeinsamen Zeiterkundung*. Auch innerhalb des klassischen Settings eines leitfadengestützten Forschungsinterviews führt bei diesen Themen ein aktiverer Part der interviewenden Person zur Vertiefung der Selbstthematisierung.

Die direkte Thematisierung eines möglichen desorientierenden Dilemmas allein löst noch keine Reflexion im Sinne *transformativen Lernens* aus. Dies zeigen die verschiedenen Beispiele in diesem Abschnitt. Erst dann, wenn emotionale Gehalte spürbar werden, kann sich die Lerngeschichte offenbaren. Die hier angeführten Beispiele zeigen verschiedene Verarbeitungen der Wende bei Kriegsende 1945, sei es in Form von Trauer (i40, i43/2), in der Betonung von Kontinuität (i14), in entrüsteter Eingrenzung von Gräueln als Ausnahmeerscheinungen (e1, i30) oder in Form von Selbstvorwurf und Belastetheit (i13). Im Rahmen der Stufen des *transformativen Lernens* ist im Text auf jeden Fall die Stufe der kritischen Prüfung eigener Annahmen (Stufe 3) zu identifizieren. Hier sind immanente, offene Fragen unterstützend. In i40 wird zumindest die Stufe der Wahrnehmung eines desorientierenden Dilemmas (Stufe 1) deutlich. *Biografisches Lernen* im Moment des Erzählens selbst ist aber lediglich in Interview i13, Passage „Schatten" und Interview i40, Passage „Nich mehr mein Deutschland", vorzufinden.

11.1.5 Thematisierung der Interviewsituation selbst

Für die Herausbildung eines Orientierungsrahmens, in dem sich die am Interview Beteiligten gemeinsam bewegen, geben diejenigen Passagen gute Hinweise, die die Interviewsituation selbst zum Gegenstand haben. In manchen Fällen nimmt z.B. der Proband ausdrücklich Bezug auf den allgemeinen, intergenerationellen Diskurs zum Nationalsozialismus. Allein schon kurze Bemerkungen wie, „das kann man sich heute gar nicht mehr vorstellen, wie das damals war", drücken Verständnisbarrieren aus, die eine Funktion im Interview erfüllen. Sie können Resignation, Vorwurf oder Wunsch nach Verständnis ausdrücken. In jeden Fall haben solche Äußerungen Hinweischarakter, denn an der Stelle, an der solche Äußerungen fallen, wird in der aktuellen Interviewsituation ein *konjunktiver Erfahrungsraum* in welcher Weise auch immer berührt.

Erste Anzeichen für die Positionierungsaktivitäten der Beteiligten geben die Eingangspassagen, denn hier werden die Rollen und der Gesprächsrahmen miteinander explizit oder implizit verhandelt. Zum Teil wird die Interviewsituation unterschiedlich gerahmt, erste Tendenzen werden sichtbar. So trägt der Proband des Interviews i40 an das Interview z.B. den *Orientierungsrahmen eines Kamingesprächs* heran:

Interview i40: Eingangspassage
Minute 1

```
P: Wolln se n Glas Wein dazu trinken?
I: Nee danke. kein Alkohol.
P: Warum nicht?
I: Tagsüber kein Alkohol.
P: Hm naja.
I:       └@(.)@
P:           └Ich
I:             └Ich kann das nicht
P:                └hab mich auch reduziert auf auf täglich nur ein Viertele ne,
   //mhm mhm mhm// aber bei so ner Gelegenheit @könnt ich mal@ ne Ausnahme ma-
   chen. hab nämlich früher viel getrunken ne.
I:                                           └Ja?
P: also Wein ne?
I: Ja. aber lassen Se sich nich stören,
P:                             └Ja
I:                                  └ne? ähm, (.) Sie haben vielleicht so= aus
   dem Anschreiben entnehmen können ä=h, uns geht=s in diesem Forschungsprojekt
```

Die Eingangspassage in Interview i40 zeigt auf, dass der Proband das fachlich-distanzierte Setting eines Forschungsinterviews nicht realisiert oder nicht realisieren will. Er weist dem Interview den Charakter eines entspannten Gesprächs bei einem Glas Wein zu und verleiht diesem Gespräch aber einen besonderen Wert. Der Interviewer vermeidet eine Korrektur dieser Rahmung und kommt dabei sogar in einen gewissen Rechtfertigungsdruck bei Ablehnung des Weins. Die Bedeutung des Interviews, die der Proband lediglich andeutet („bei so ner Gelegenheit“, Z 22), wird vom Interviewer nicht weiter erkundet. Der Proband jedenfalls positioniert sich als jovialer Gastgeber, der Interviewer als sich vorsichtig abgrenzender Gast. Damit wird der *Orientierungsrahmen eines Kamingesprächs*, bei dem man über frühere Zeiten entspannt plaudern kann, vom Probanden versuchsweise eröffnet. Diese Situationsdefinition wird vom Interviewer nicht direkt zurückgewiesen, denn er geht nur deshalb nicht auf das Angebot ein, weil er tagsüber keinen Alkohol verträgt (Z 16 u. 20). Indirekt setzt er aber in dem Moment ein Signal für einen anderen Orientierungsrahmen, als er auf ein informierendes Anschreiben zum Interviewprojekt verweist und einen eröffnenden Erzählstimulus setzt. Damit löst er das implizite Aushandeln eines gemeinsamen Orientierungsrahmen aus. Festzuhalten ist, dass der Proband dem Interviewer mit dem *Orientierungsrahmen eines Kamingesprächs* einen Orientierungsrahmen mit hoher emotionaler Verbundenheit anbietet, wie es z.B. ein Gespräch unter Kriegsveteranen oder ein Erzählabend im Verwandtenkreis darstellen könnte. Damit will der Proband möglicherweise eine Distanz zwischen sich und dem Interviewer versuchsweise überbrücken. Mehr als alle anderen herausgearbeiteten Orientierungsrahmen würde der *Orientierungsrahmen eines Kamingepråchs* aber die gebotene Fremdheitshaltung und Abstinenz beim Interviewer (s. Abschnitt 6.2) unterlaufen.

Erst im Gesamtverlauf des Interviews entwickeln sich gemeinsam geltende Orientierungsrahmen, die die Art des Diskurses zwischen Interviewer und Proband bestimmen. Im folgenden Ausschnitt gegen Ende des Interviews i40 entwickelt sich der *Orientierungsrahmen eines Streitdialoges*:

Interview i40: Passage „Nich mehr mein Deutschland“

Minute 123 – 125

P: Was ham s- was ham Sie nu (.) als (.) äh na als ((reibt die Hände aneinander))
Ergebnis mitgenommen;
I: Als Er=gebnis.
P: ⌊Hab ich ja n
I: ⌊ähm,
P: ⌊richtigen Unverbesserlichen jehabt;
I: Unverbesserlich sind Sie. (.) ja;
P: °Ein Altnazi.° @((schallendes Lachen)(2))@

```
62 I: Altnazi, Altnazi? weiss ich net also auf jeden Fall ((geht näher ans Mikro-
63    fon)) unverbesserlicher (.) ä:hm (.) Nationalist auf jeden Fall, ne?
64 P: Patriot.
65 I: Patriot? Patriot; genau das ischs bessere Wort; (.) Patriot? der (.) f=für
66    sein Vaterland durch dick und dünn geht.
67 P:                                               ⌊Ja.
68 I:                                                ⌊ne, (1) wobei ich
69 P:                                                               ⌊Heute nich mehr;
70 I: ja; w=w=w=wobei
71 P:                ⌊(??)
72 I:                   ⌊ich schon den Eindruck hab so (.) Sie trennen das; da gibts
73    das gute Deutschland
74 P:                     ⌊Ja.
75 I:                      ⌊und das andre
76 P:                                  ⌊Ja.
77 I:                                   ⌊des f=f=falsche Deutschland und
78 P:                                        ⌊Da=das das das tu ich auf=f
79 I: (.) ich ich sehs halt aus der Entfernung weil ich einfach nun mal ne spätere
80    Generation bin;
81 P:                ⌊Ja.
82 I:                 ⌊für mich gehörts zusammen; ne, also damals
83 P:                                                           ⌊Ja. ja.
84 I:                                                            ⌊war sch=schwarz
85    und weiß nebennander und für mich gibts aber (.) ein damaliges Deutschland
86    Nazideutschland war (.) sowohl weiss aber auch schwarz. so: un die Gräuel (.)
87    die kann ich (.) nicht abtrennen (.) von vielleicht dem Gemeinschaftsgefühl
88    was ich (.) auch von Ihne von f=viele Schilderunge her hör, und w=was ich (.)
89    spür nachvollziehen kann; ne,
```

Diesem Interviewausschnitt am Ende des Interviews i40 geht eine Sequenz innerhalb derselben Passage unmittelbar voraus, die schon unter dem Gesichtspunkt der Verarbeitung des Nationalsozialismus nach dem Krieg (s. Abschnitt 11.1.4) beleuchtet wurde. Der Proband fragt den Interviewer direkt, welches Ergebnis dieser nun mitgenommen habe (Z 54 f.) und fügt lachend-herausfordernd die Vermutung hinzu, der Interviewer habe hier wohl einen „Unverbesserlichen" (Z 59), einen „Altnazi" (Z 61) vor sich gehabt. Der Interviewer greift den ersten Teil der Selbstcharakterisierung bestätigend auf, reagiert auf „Altnazi" mit vorsichtigen, positiv öffnenden Reformulierungen: „unverbesserlicher Nationalist" (Z 63), und „Patriot, der für sein Vaterland durch dick und dünn geht" (Z 65 f.). Eigentlich macht der Proband dem Interviewer hier ein Diskursangebot, denn er versucht, den Interviewer mit dessen eigener Sicht herauszulocken – dafür spricht sein anhaltendes, schallendes Lachen. Der Interviewer geht darauf zum Teil ein („unverbesserlich sind Sie, ja." Z 60), zeigt aber Vorsicht in seinen sprachlichen Suchbewegungen. Sich selbst positioniert er dabei als Angehöriger einer „späteren Generation“ (Z 79 f.), der mit seinem Blick aus der „Entfernung“ (Z 79) eine eigene Autorität beansprucht. Damit macht der Interviewer auch die intergenerationelle Dimension und den gesellschaftlichen Kontext dieses Interviews relevant. Aus diesem Kontext heraus formuliert der Interviewer vorsichtig-abschwächend („ich hab schon den Eindruck, hab so“, Z 72) seine eigene Einschätzung über das Weltbild des Probanden („Sie trennen das. Da gibt’s das gute Deutschland ... und das andre ... falsche Deutschland“, Z 72 ff.). So geht er auf das Diskursangebot des Probanden ein und deutet die Differenz zu eigenen Ansichten zumindest an („Nazideutschland“, Z 86; „die Gräuel, die kann ich nicht abtrennen“, Z 86 f.).

Diese Passage enthält deutliche Kontakt- und Dialogangebote auf beiden Seiten. Es zeigt sich eine hohe, gegenseitige Verständigungsbereitschaft in der Art, wie jeder dem anderen in der zweifellos großen Differenz die eigenen Ansichten und Erfahrungen nahezubringen sucht. Mehr als im *Orientierungsrahmen einer Übereinkunft im Dissens* validieren die Beteiligten die Aussagen des anderen und sind bestrebt, im *antithetischen Diskursmodus* zu gemeinsamen Konklusionen zu kommen. Beide Beteiligte gehen so in einen *Streitdialog* miteinander, der von Wohlwollen und Ebenbürtigkeit gekennzeichnet ist und hohe gegenseitige Anerkennung ausdrückt. Man hat geradezu den Eindruck, dass es diesem Wechselgespräch gut getan hätte, wenn der Interviewer seine Vorsicht in den Formulierungen abgelegt hätte, um durch Unmittelbarkeit im Fragen und Kommentieren die Selbstreflexion des Probanden noch mehr anzuregen. Meiner Ansicht nach ist diese Interviewstelle ein besonderes Beispiel für die Möglichkeit, Prozesse der Selbstthematisierung im anerkennenden Dialog anzuregen.

Auch in Interview i14 initiiert der Proband einen Orientierungsrahmen. Die wechselseitigen Positionierungsangebote werden auch vom Interviewer in dieser Situation übernommen, so dass der gemeinsame *Orientierungsrahmen einer Belehrung* entsteht:

Interview i14: Eingangspassage
Minute 1

I: Ähm; es is Ihnen ja wahrscheinlich bei dem ersten Gespräch erklärt worden, es geht dadrum, ä:hm (.) dass die jüngere Generation nachvollziehen lernt, (.) was is in de Zeit des Nationalsozialismus

S: └ja
I: └des Dritten Reiches
S: └ja
I: └geschehen?
S: └ja
I: └äh
(.) also ums zu verstehen?
S: Jaja.
I: Weil für uns Jüngere ist es einfach eine rätselhafte Zeit?
S: └jaja
I: └und diese Entwicklung
ist sehr=
S: └mhm mhm
I: └sehr rätselhaft, darum geht's,
S: └jaja;
I: └um nichts anderes; nä?
S: └und das ist so,
Sie sind (?f:?) durch die Öffentlichkeit //mhm//, durch die Zeitung und die
ganze Öffentlichkeit heute die Berichterstattung und //mhm mhm,// Fernsehen
auch, sind Sie vollkommen- also- (.) nicht der Wa:hrhei:t //mhm mhm// gemä:ß
//mhm// unter= unterrichtet //mhm mhm// worden. und= und das ist das ungeheuer
Tragische. //mhm mhm// äh also meine Meinung ist ja, es steht bei der Univer-
sität ja auch nur die Wa:hrhei:t, wie heißt, wissen Sie wie der Spruch-?
I: Die Wahrheit wird euch frei machen;
S: Wird euch frei machen.

Der Intervention des Interviewers gingen Ausführungen des Probanden über dessen Menschenbild voraus. Der Interviewer unterbricht dies (Z 9) und erklärt den Zweck des Forschungsinterviews. In seinem Rückbezug auf das vorangegangene Interview e1 mit einer anderen Interviewerin legt der Interviewer ein Lernziel für die jüngere Generation in diese Interviews hinein: Es gehe darum, nachvollziehen zu lernen, was in der Zeit des Nationalsozialismus geschehen sei (Z 10 ff.). Damit positioniert der Interviewer den Probanden als Fachmann, der die jüngere Generation über die wahren Zusammenhänge aufklären könne. Der Interviewer als Vertreter der jüngeren Generation („für uns Jüngere", Z 20) versetzt sich selbst in die komplementäre Rolle eines zu Belehrenden. Der Proband umreißt sofort den Gegenhorizont der falschen Aufklärer: die Öffentlichkeit, die Presse, das Fernsehen (Z 29 f.). Außerdem fragt er den Interviewer nach einer Inschrift an einem Gebäude der Freiburger Universität (Z 33). In seiner schnellen Antwort („Die Wahrheit wird euch frei machen", Z 35) nimmt der Interviewer intuitiv die Rolle eines Schülers ein, der Wissen reproduziert. Damit ist der gemeinsame *Orientierungsrahmen einer Belehrung* auf der Ebene des kommunikativen wie auch konjunktiven

Sinnes fürs Erste geschaffen. Das Positionierungsgefälle Lehrer-Schüler wird in der Art des Kommunikationsverhaltens inszeniert. In dieser Rahmung wird die intergenerationelle Dimension des Interviews auch ausdrücklich vom Interviewer angesprochen: Es ist der wesentlich ältere Zeitzeuge, der einem Angehörigen einer jüngeren Generation Hilfestellung bei der Erhellung der Umstände des Nationalsozialismus geben soll. Das Interview erhält so eine harmlose Rahmung als Belehrungsgespräch, möglicherweise in der Annahme, auf diese Weise Misstrauen und Vorbehalte auf der Seite der Zeitzeugen beschwichtigen zu können.

Dass dies nur ein „Einstiegsangebot" von Seiten des Interviewers ist, zeigt sich bei der Analyse der weiteren Interviewpassagen (s. Falldarstellung im Materialband, Bezugshinweis s. S. 10). Denn in der Folge entsteht im Interview eher der *Orientierungsrahmen einer investigativen Befragung*. Besonders offensichtlich wird dies am Schluss des Interviews:

Interview i14: Passage „Sie konnten mich nicht"
Minute 121

```
I: Vielen Dank für das Gespräch;
S:                          ⌊bitte
I:                                 ⌊für das ausführliche Gespräch;
S:                                                          ⌊@ja@ @(.)@ jaja also Sie
   konnten mich nicht auf= auf keine- ich bin nicht gar nicht parteigebunden.
   //mhm// ich bin ein-
I:                      ⌊Sie meinen ob ich Sie irgendwie auf was festnageln wollte?
   oder äh (2)
S: Bitte?
I: Haben Sie jetzt gemeint ich wollt Sie mit meinen Fragen auf was festnageln;
S: Ja vielleicht- Sie wollten wissen
I:                                 ⌊Bestimmte Sachen wollte ich schon genauer wissen
S:                                                                    ⌊ja sicher das
   wollt ich- jaja
I: ⌊ja jaja jaja
S:                ⌊nein das ist nicht- was ich jetzt-
I:                                      ⌊Aber hatten Sie das Gefühl äh des- da= da
S: Ich habe- ich-
I:               ⌊dass= dass manchmal so ein bissel wie ein Verhör war?
S: Ja. ich will diese- also ich hätte- ich hatte nicht Angst im Juli- //mhm// in
   dem= im- Ostern //mhm// neununddreißig;
```

Am Ende des Interviews i14 wird die Art des Gesprächs selbst zum Gegenstand, denn der Proband spricht den Orientierungsrahmen an, der für ihn in diesem Interview bestimmend war. Mit der Formulierung „Sie konnten mich nicht ..." (Z 34 f.) macht er deutlich, dass er beim Interviewer eine Absicht vermutete und offenbar unterband. Der Interviewer greift diese Thematisierung auf und führt durch Übersetzungsangebote („Sie meinen, ob ich Sie irgendwie auf was festnageln wollte?" Z 37) und konkretisierende Fragen, auch durch die Definition eigener Frageinteressen („Bestimmte Sachen wollte ich schon genauer wissen." Z 42 f.), zu einer Elaboration dieses Orientierungsrahmens. Der Charakter des „Festnagelns" und „Verhörens" wird von beiden Seiten letztlich bestätigt (Z 41 ff.). Der Proband geht dann anschließend ab Z 50 ff. (s. Falldarstellung im Materialband) wieder auf die inhaltliche Ebene, um zu betonen, dass er kein Teil des nationalsozialistischen Apparates gewesen sei. Er bleibt also in der Tradierungsform einer Rechtfertigungsgeschichte (s. Abschnitt 7.2). Allerdings fällt die Art der gegenseitigen Bezugnahme gegenüber den anderen Passagen dieses Interviews aus dem Rahmen, denn hier herrscht ein *antithetischer Diskursmodus* vor. Immerhin am Schluss des Interviews kommt es zu einer metakommunikativen Verständigung über die Interviewsituation selbst, die das Bestehen des *Orientierungsrahmens einer investigativen Befragung* zwar nicht auflöst, aber bewusst macht. Da das Interview hier schließt, kann die Wirkung dieser Verständigung leider nicht untersucht werden.

Auch in Interview i43/2 wird der *Orientierungsrahmen einer investigativen Befragung* zum Schluss des Interviews vom Probanden noch einmal ausdrücklich angesprochen:

Interview i43/2: Passage „Heikel"
Minute 131 – 133

```
G: (61) Jetzt wirds heikel nich?
I: Hm?
G: Jetzt wird es heikel.
I: (1) Warum, warum wirds heikel? (11) Es ist anonym Sie können das sagen was-
   (3) was
G:        ⌊Das bleibt
I:          ⌊Sie möchten.
G:                         ⌊es ja nicht.
I:                                        ⌊Hm?
G: Das bleibt es ja nich. (3)
I: Und warum bleibt es das nich,
G: Weil es unter meinem Namen veröffentlicht wird.
```

I: ⌊Nein nein. (.) nein, nein; das
wird auf keinen Fall unter Ihrem Namen veröffentlicht.
G: ⌊Na?
I: ⌊das ist äh (.)
grundsätzlich bei uns anonym. (1) grundsätzlich. (.) es werden auch alle
Hinweise die- wo man erschließen könnte um wens (.) sich handelt werden (.)
ausgetauscht oder gelöscht. (2) also das (.) kann ich verstehn wenn Sie mir
das jetzt nich glauben aber (.) so arbeiten wir. es geht uns nicht um (.)
konkrete Personen. (9) ich weiss (?ja?) nicht ob des obs tatsächlich so:
vorgespielt wird das wär einfach nur (.) nur mal so als (.) Quintessenz so was
ist (.) das was Sie denken worauf kommt es an. (1) worauf kommt es an wenn man
rückblickt auf auf diesen Krieg auf diese Jahre aus Ihrer Perspektive.
G: (14) Dass man es wie (.) nach dem ersten Weltkrieg (.) nicht alles verteufelt,
(4) sond=n die Leistung (.) der deutschen Wehrmacht (.) anerkennt, (17)

Dieser Interviewausschnitt schließt sich direkt an einen Ausschnitt aus dem Interview i43/2 an, der unter dem Gesichtspunkt der Verarbeitung des Nationalsozialismus nach dem Kriege beleuchtet wurde (s. Abschnitt 11.1.4). Die Interviewerin führt hypothetisch vor Beginn des obigen Ausschnitts die Möglichkeit an, Interviews jungen Leuten in der Schule vorzuführen und fragt den Probanden, welche Botschaft er hier für die jüngere Generation formulieren würde. Damit thematisiert sie die Frage der Verwendung der Interviews, wie sie ja auch in der schriftlichen Vorinformation jedem potenziellen Interviewpartner übermittelt wurde. Dies führt aber hier zu einer Einschubsequenz, in der noch einmal die Vertraulichkeit der Interviewinhalte zum Thema wird, eingeleitet durch eine längere Bedenkpause von 61 Sekunden (Z 23) und die wiederholte Äußerung „Jetzt wird es heikel“ (Z 23 u. 25). Zuerst bleibt unklar, worauf sich dieser Einwurf bezieht. Die Interviewerin scheint den Hinweis aber als Befürchtung, dass die eigenen Ansichten mit Namen veröffentlicht würden, richtig zu deuten. Nach den Erläuterungen der Interviewerin („grundsätzlich bei uns anonym“, Z 39) kehrt G. trotz seiner Zweifel wieder zur Ausgangsfrage der Interviewerin nach der Botschaft an die jüngere Generation zurück (Z 47). Der Proband verlässt sich offensichtlich darauf, dass er das Gesagte in seiner Wirkung begrenzen kann, dennoch reagiert er im weiteren Verlauf prüfend und zögernd auf konfrontative Fragen. Dies ist schon im Antwortansatz an den häufigen Sprechpausen ab Z 47 ablesbar.

So wird auch in dieser Interviewpassage am Schluss der Orientierungsrahmen des Interviews selbst zum Thema. Mit seinem Kommentar „Jetzt wirds heikel“ dokumentiert der Proband seine Befürchtungen, die sein Verhalten wohl schon in Interview i43/1, und aber auch während des Interviews i43/2 bestimmt haben. Im Kontext eines Forschungsinterviews, das auch zu Zwecken der Lehre und Fortbildung genutzt werden kann, wird die Reserviertheit des Probanden sehr verständlich. Er bestätigt in dieser Sequenz, dass zumindest aus seiner Sicht der *Orientierungsrahmen einer investigativen Befragung* in diesem Interview vorliegt. Damit bestätigt er die dokumentarischen Analysen dieser beiden Interviews. Interessant ist hier, dass bei denjenigen der von mir untersuchten Interviews, bei denen am deutlichsten und im Interviewverlauf am durchgängigsten der *Orientierungsrahmen einer investigativen Befragung* vorliegt – nämlich Interview i14, i43/1 und i43/2 – der Orientierungsrahmen selbst thematisiert wird, und zwar von den Probanden selbst. Gerade bei Orientierungsrahmen, in denen die Anerkennung des Probanden in Frage gestellt sein könnte, ist auf solche Signale von Reserviertheit und Vorbehalt zu achten. Sie zeigen an, mit welchen Situationsdefinitionen sich die Probanden stillschweigend arrangieren. Nur durch eine kommunikative Verständigung gibt es überhaupt eine Möglichkeit, problematische Orientierungsrahmen zu verändern.

Im folgenden Beispiel erfolgt diese kommunikative Verständigung in der Mitte des Interviews. Auch hier tut der Proband durch eine kurze Bemerkung kund, in welchem Orientierungsrahmen er sich in diesem Interview bewegt. Der Interviewer nutzt dies, um Parallelen zu früheren Erfahrungen von Verhören herzustellen. Dadurch kann der *Orientierungsrahmen einer investigativen Befragung* zwar nicht verwandelt, aber doch abgemildert werden:

Interview i41/2: Passage „Verhöre vo Freiburg"
Minute 37

```
L: Habe Se noch mehr wo Sie so (.) ä:h verhöre vo Freiburg so wo Sie, (.)
I: A:ch (.) Verhör, ne. find ich nit
L:                                 └(??)
I:                                      └@.@
L:                                         └@.@ (.) Ich mein so ä:h
I:                                                              └nei, es isch kei Verhör
L:                                                                                   └(?wieder?)
   diskutiere, ja,
I: Jaja jaja, ((kurzes Einatmen)) nei es isch so dass mich des au einfach interessiert
   au ähm //mhm// weil ich mir st- (.) ich staun halt schon ne, wenn ich einerseits
   (.) so ähm le:s was was so in in Freiburg ähm (3) damals war, dass ä:h da war
   scheinbar au e Begeisterung da für de Nationalsozialismus
```

L: ⌊haja, jaja
I: ⌊ne, und
andererseits ich kenn das Freiburg so als ne eher so (.) e Städtle wo ma ä:h
lebt und ä:h wo ma sich lebe lässt he,
L: ⌊jaja, haja
I: ⌊a:ber damals gings ja doch
auch anders her he,
L: ⌊jaja, haja
I: ⌊(.) des krieg ich nit unter einen Hut, deshalb
frag ich immer au; ne,

Im Vorfeld dieses Ausschnitts geht es dem Interviewer aus einem eigenen, lokalhistorischen Interesse heraus um die Frage nach einem bestimmten Internierungslager in Freiburg, das während des Nationalsozialismus in Freiburg bestand. Positioniert sich der Proband bis dahin als Zeitzeuge, der bereitwillig über die Zeit des Nationalsozialismus in Freiburg Auskunft gab, so verschiebt sich hier der gemeinsame Orientierungsrahmen. Offensichtlich fühlt sich der Proband vom Interviewer verhört, er macht dies fragend zum Thema („Habe Se noch mehr, wo Sie so äh verhöre vo Freiburg“, Z 82). Der Interviewer setzt zu einer Begründung seines Aufklärungsinteresses und seiner Fragemotivation an. Er positioniert sich als staunend Fragender, der als Einwohner Freiburgs die Beschaulichkeit dieser Stadt und damit auch die Beschaulichkeit ihrer Bewohner kritisch hinterfragt: „Des krieg ich nit unter einen Hut, deshalb frag ich immer au“ (Z 102 f.). Diese Erläuterungen werden von L. im weiteren Verlauf (s. Fallbeschreibung im Materialband) deutlich validiert. Der Interviewer gibt dem Interview hier ausdrücklich einen intergenerationellen Rahmen: Als Angehöriger der jüngeren Generation möchte er Unklarheiten im Verständnis der Vorgänge im Nationalsozialismus bearbeiten. Damit formuliert er sein eigenes Erkenntnisinteresse, Widersprüche aufzuklären („ich staun halt schon“, Z 91). Seine Unbefangenheit im Fragen will er durch Dialektangleichungen und Anklänge an positive Beschreibungen der Stadt („e Städtle wo ma äh lebt und äh wo ma sich lebe lässt“, Z 96 f.) suggestiv-beschwichtigend unterstreichen. Die Erläuterungen des Interviewers werden vom Probanden zwar bestätigt (Z 94, 98, 101). Allerdings heißt dies noch nicht, dass der Proband dieses Positionierungsangebot auch übernimmt und sich selbst als berufenen Experten in einer unbefangenen Fragerunde sieht. Für das Weiterbestehen einer Vorsicht bei L. spricht, dass er den Begriff „Verhör“ sehr eilig zu einem „Diskutieren“ (Z 89) hin abschwächt. Zumindest atmosphärisch setzt sich das Thema fort. Wenige Minuten später fragt der Interviewer deshalb nach eigenen Erfahrungen des Probanden mit Verhören:

Interview i41/2: Passage „Agente verfolgt“
Minute 41 – 44

```
I: B/00:00:15-7 Weil Sie vorhin gsagt ham Verhöre, sind Sie denn verhört worde
   nach em Krieg? wahrscheinlich, oder,
L: Ja, ja, //ja ja ja.//
I: Hän Sie da so einige-
L:                      ⌊Ich war also in-
I:                                    ⌊über sich ergehe lasse müsse
L:                                                               ⌊Oslo wo der
   Krieg rum war //mhm// ham wir- also ich hab jo- praktisch mir hän für die
   Gestapo gearbeitet net, //mhm mhm// mir hän also Agente verfolgt ...
```

Der Interviewer leitet aus der im Interview spürbaren Vorsicht des Probanden zum Thema selbst erlebter Verhöre über. Dabei äußert er die Vermutung („wahrscheinlich, oder“ Z 2), der Proband habe sich nach dem Krieg Verhören unterziehen müssen, was dieser bestätigt. In seiner Kommentierung übernimmt der Interviewer ausdrücklich die Perspektive von L., wenn er dies als „über sich ergehe[n] lasse[n] müsse[n]“ (Z 6) paraphrasiert. Damit will der Interviewer den von ihm zuvor selbst verstärkten *Orientierungsrahmen einer investigativen Befragung* möglicherweise abschwächen durch eine Form mitfühlender Perspektivenübernahme. Der Proband leitet eine Erzählung mit dem Hinweis ein: „praktisch mir hän für die Gestapo gearbeitet“ (Z 8 f.) Er lässt so einen Zusammenhang durchblicken, den er in einer Verhörsituation sicher vermieden hätte. Hier wirkt die Intervention des Interviewers in Z 6 offensichtlich unterstützend. Allerdings kann dieses etwas überbetont Mitfühlende, das durch Dialektangleichung Gemeinsamkeit betont und beschwichtigend wirken soll, das Weiterwirken des *Orientierungsrahmens einer investigativen Befragung* nicht außer Kraft setzen. In dieser Passage setzt er sich z.B. dadurch weiter fort, dass der Interviewer selbst wieder in einen Duktus von Verhörfragen verfällt. Er kommt auf die Zusammenarbeit mit der Gestapo zurück und fragt nach der Zugehörigkeit des Probanden zur Geheimen Feldpolizei:

```
I: Ja hän Sie eigentlich zur Geheime Feldpolizei dann gehört? (2)
L: Ne, wer?
I: Hän Sie dann zur Geheime Feldpolizei
```

L: ⌊Neenee
I: ⌊ghört?
L: ⌊mir ware also- mir hän en Ausweis ghet
also- eh=e=für=e ere=eh erste Ordnung er konnte also zu Dienstzwecke //ja// jedes jedes Auto beschlagnahme. //jaja ja/ und in=in jedes Schiff einsteige zu Dienstzwecke //mhm// gell, //mhm mhm// einfach zu Dienstzwecke.
I: Wie=wie hieß denn die Abteilung?

Durch geschlossenes Abfragen von Sachverhalten inszeniert der Interviewer eine Verhörsituation, auf die der Proband defensiv-vorsichtig durch eine Bedenkpause, durch Nicht-Verstehen (Z 61) und durch schnell unterbrechendes Verneinen (Z 63) reagiert. In Interview i41/2 ist immer wieder zu sehen, wie sich kritisch-fragendes Aufklärungsinteresse („Hän Sie dann zur Geheime Feldpolizei ... ghört?“, Z 62 ff.) mit der bewussten Übernahme von Perspektiven des Probanden durch den Interviewer („über sich ergehen lassen müssen“, Z 6) abwechseln. Parallel dazu reagiert der Proband mit Vorsicht oder Öffnung. Interviewer wie Proband befinden sich in einem gemeinsamen Muster, das sie pendeln lässt zwischen offenem Austausch und gegenseitiger Reserviertheit. Letztlich herrscht der *Orientierungsrahmen einer investigativen Befragung* vor, wenn auch in abgeschwächter Form. Die Interviewbeteiligten sind auch in der Thematisierung von Problemen in der Verständigung aufeinander bezogen, z.B. wenn es um direkte Parallelen zu früher erlebten Verhörsituationen geht. Phasenweise gelingt es dem Interviewer, den Raum für szenisches Erzählen trotz des Wiederauflebens von Verhörerfahrungen wieder zu öffnen. So wird z.B. in der später folgenden Passage „E gute Funker“ im selben Interview i41/2 (s. Abschnitt 11.1.2) das Thema des Stolzes des Probanden über die eigenen Leistungen im *Orientierungsrahmen einer gemeinsamen Zeiterkundung* herausgearbeitet. Mit einer anerkennenden, empathischen Haltung scheinen sich Verengungen im gemeinsamen Orientierungsrahmen zwar aufzuweichen, dies wird vom Interviewer in Interview i41/2 aber leider nicht konsequent genug umgesetzt. Mit faktenorientierten, prüfendenden Fragen nimmt er immer wieder die Rolle eines Verhörenden ein. Der *Orientierungsrahmen einer investigativen Befragung* oder gar einer Verhörsituation kann immer wieder deutlich abgemildert werden, bleibt aber bestehen. Offensichtlich kann biografische Erfahrung dadurch vertieft werden, dass problematische Orientierungsrahmen thematisiert und mögliche Parallelen zu damaligen Erfahrungen gezogen werden.

Im folgenden Interviewauszug nutzt der Interviewer aktiv eine Störung von außen dazu, die Interviewsituation als Quelle biografischer Erfahrung zum Gegenstand des Gesprächs im *Orientierungsrahmen einer gemeinsamen Zeiterkundung* zu machen:

Interview i26: Passage „Au mal schaffen"
Minute 22 f.

R: ...
hatten ne Wohnung in in der Bf=Beethovenstraße; und eines Morgens guck ich zum
Fenster raus,
I: ⌊In Frankfurt;
R: ⌊in Frankfurt. //ja.// (.) und da seh ((lautere
Motorengeräusche von außen)) ich en Lastwagen und da seh ich auch, da hats
schon den Judenstern. //mhm. mhm,// und da seh ich wie welche also (.) auf den
Lastwage (.) gehen, und da draufstehen (.) mit dem Judenstern. (.) ich guck-
te da raus=s ich hab mich eigentlich- ((veränderte Stimmlage) ach ja,) sag
ich ((veränderte Stimmlage) die fahre jetzt fort mit dem Judenstern,) //mhm.//
und u=und da ging ich wieder weg.=ich ich hab- die //mhm.// die liefen aber-
//mhm;// was ist denn jetzt da drausse los, gucken Sie mal da raus, was (.)
was mache die denn da?
I: (3) Des dürft (.) Müllabfuhr oder sowas sein;
R: °Macht die so n Krach? //ja,ja;// und Gestank,° ja und dann (4) ((Wegfahrge-
räusch eines größeren Fahrzeugs)) //ja.// also da da sah ich die. wie wie sie
da- ruhig, ruhig //mhm;// gingen sie sie; sie hatten wohl jeder n Köfferchen
bei sich; //mhm. mhm,// h=hab mich eigentlich gar nicht interessiert also die
Juden; //ja,// denn es war ja so-
I: ⌊S is vielleicht sowas wie jetzt grad eben gewe-
sen, dass man
R: ⌊Ja? also.
I: ⌊so sagt ((veränderte Stimmlage) hach, was isch da draußen
R: ⌊Ja,
genau.
I: ⌊da fährt n Lastwage mit Leut vorbei.
R: ⌊@genau@.
I: ⌊ach des sind alles Juden,
R: ⌊Die
stiegen-
I: ⌊und dann geht man wieder zur Tagesordnung
R: ⌊Ja.
I: ⌊über wie mir jetzt grad unser
Gespräch
R: ⌊Ja, genau;
I: ⌊auch fortsetze.
R: ⌊Genau;
I: ⌊mhm, ja.
R: Und (3) jetzt wollt ich noch was erzählen von d- (.) von dem (2) ...

In diesem Ausschnitt nutzt der Interviewer die Parallele zwischen einer szenischen Erzählung der Probandin und einer Begebenheit in der Gegenwart des Interviews, um auf den Vorgang der Distanzierung von unliebsamen Außeneinflüssen aufmerksam zu machen. Dabei wechselt die Probandin selbst zwischen erzählter Zeit („da ging ich wieder weg ... die liefen aber ...", Z 51) und Erzählzeit („Was ist denn jetzt da drausse los? Gucken Sie mal da raus", Z 52) und stellt ihre damalige Interessenlosigkeit gegenüber Juden verwundert fest („hab mich eigentlich gar nicht interessiert", Z 58). Der Interviewer greift deutend ein und stellt die Parallelen für diese Art von Aufmerksamkeitsverschiebung (Z 60 ff.) her: Die äußere Begebenheit wurde in der vergangenen wie in der gegenwärtigen Situation als lästige Störung wahrgenommen. Diese Deutung wird von der Probandin ausdrücklich bekräftigt. Schließlich nimmt sie den vom Interviewer unterbrochenen Faden wieder auf („jetzt wollt ich noch was erzählen", Z 79). Ihre Irritation aufgrund der Unterbrechung drückt sich im Weiteren (s. Fallbeschreibung im Materialband) dann aber in Form von Sprechpausen und Suchbewegungen aus, bis sie wieder in ihre Erzählung zurückfindet. Markant an dieser Passage ist, dass beide Beteiligte in gemeinsamen Wechselbewegungen die Frage ausloten, wie es zu dieser inneren Distanz gegenüber Juden kommen konnte. Da die Initiative hier vom Interviewer ausgeht, hat man den Eindruck, dass die Unterbrechung der szenischen Erzählung eher ein Ausdruck biografisches Lernens auf Seiten des Interviewers war. Angesichts des Wahrnehmens und Ausblendens einer Störung im Interview durch den Krach eines Müllwagens konnte er einen Verarbeitungsmechanismus im Nationalsozialismus nachempfinden und verstehen und spiegelt dies der Zeitzeugin zurück. Doch diese bekräftigt die Äußerungen des Interviewers immer wieder, so dass im Grunde beide Beteiligte im *parallelen Diskursmodus* der Frage nachgehen, wie der Einzelne verstörende Wahrnehmungen im Nationalsozialismus ausblenden konnte. Besonders die gleichberechtigte Suchhaltung im Interview verleiht dieser Passage den Charakter einer *gemeinsamen Zeiterkundung*. In der Nutzung von Spontaneinsichten während des Erzählens kommen die Beteiligten unter hoher gegenseitiger Bezugnahme und Anerkennung zu gemeinsam erarbeiteten Konklusionen. Biografisches Lernen ereignet sich im Moment des Erzählens.

Fallexterne, komparative Analyse
Wie aus den bisherigen Interviewausschnitten ersichtlich, scheint es in Interviews über Mitbeteiligung und Faszination im Nationalsozialismus eine Tendenz zur investigativen Befragung oder, in der Steigerung, gar zur Tribunalsituation zu geben. Immer wieder verfallen die Interviewenden darauf, Klärungsfragen zu stellen und die Probanden mit Widersprüchen zu konfrontieren. Es stellt sich die Frage, wie der Interviewer oder die Interviewerin dieser Tendenz begegnen kann. In den in diesem Abschnitt vorgestellten Interviewausschnitten wurde nun die Interviewsituation selbst zum Thema. In dem Beispiel aus Interview i26 wird daraus ein Prozess gemeinsamen Reflektierens und Lernens, beide Beteiligte werden zu Reflexionspartnern. Hilfreich ist hier eine offene, fragende Haltung beim Interviewer und das Eingehen auf bzw. das Herstellen von Parallelen im Hier und Jetzt der Interviewsituation. Bei den Interviews i14, i43/1 und i43/2 als denjenigen Interviews, bei denen am deutlichsten und im Interviewverlauf am durchgängigsten der *Orientierungsrahmen einer investigativen Befragung* vorliegt, wird der Orientierungsrahmen vom Probanden selbst thematisiert. In Interview i43/2 agiert der Proband in allen Passagen vorsichtig und abwägend in seinen Aussagen. Im vorgestellten Abschnitt „Heikel" kommt es daraufhin zu einer kurzen Reflexion auf der Metaebene. Die Interviewerin geht darauf mit Informationen ein, die die Befürchtungen des Probanden hinsichtlich einer Entanonymisierung der Interviewinhalte beschwichtigen sollen. Leider erst zum Schluss des Folgeinterviews i43/2 wird deutlich, dass der Proband die ganze Zeit über stillschweigend mit Aufdeckung und Entlarvung rechnete. Unter diesem Gesichtspunkt sind die langen Schweigepausen in beiden Gesprächen zu bewerten. Dies spricht dafür, bei brisanten Themen und zu erwartenden, kritischen Vorannahmen als interviewende Person auf Signale von Blockaden und Sprechhemmungen zu achten und diese früh anzusprechen. Nicht allein das offene, zugewandte Zuhören schafft den Erzählraum, sondern die notfalls immer wieder zu bekräftigende Sicherheit, auch mit tabuisierten und brisanten Erzählinhalten geschützt zu sein.

In Interview i14 zeigt sich die Reserviertheit des Probanden eher im Versuch, dem Interview den Rahmen einer Belehrung zu geben. Aber auch in diesem Interview spielt sich im weiteren Verlauf der *Orientierungsrahmen einer investigativen Befragung* ein, der zum Schluss in Passage „Sie konnten mich nicht“ dann Gegenstand einer metakommunikativen Verständigung wird. Möglicherweise hätte eine frühere Thematisierung dieser Vorbehalte die Situation ebenfalls entkrampft. Auch Interview i41/2 weist immer wieder Züge einer *investigativen Befragung* auf. Die Pendelbewegung zwischen Befragungssituation und freierem Erzählen wird in den Ausschnitten „Verhöre vo Freiburg“ und „Agente verfolgt“ des Interviews i41/2 am ehesten deutlich. Wenn der Interviewer die Verhörsituation durch seine Art zu fragen auch selbst induziert, so mildert das Ansprechen der Interviewsituation und das Ziehen von Parallelen zu früher Erlebtem die Reserviertheit beim Probanden wieder ab. Es gelingt dem Probanden streckenweise sogar, wieder in einen Erzählfluss zurückzufinden.

Wenn sich problematische Orientierungsrahmen im Interview einstellen, dann ist dies nicht unbedingt als Hinweis auf eine fehlerhafte Interviewführung zu werten. In den in diesem Abschnitt genannten Beispielpassagen wird ja immer wieder auch der für den Diskurs über den Nationalsozialismus so bedeutsame intergenerationelle Kontext angesprochen. Ist die gegenseitige Anerkennung im Interview in Frage gestellt, scheint dies ein zentraler Hinweis auf das Wirken eines problematischen Orientierungsrahmens zu sein. Die Thematisierung der Interviewsituation bietet die Möglichkeit einer Verständigung zwischen den Interviewbeteiligten. Die Beispiele zeigen, dass das entweder keine Wirkung oder eine positive Wirkung auf den weiteren Interviewverlauf hatte. Ansonsten besteht die Gefahr, dass sich die Probanden stillschweigend mit solchen Situationsdefinitionen arrangieren. Nur durch eine kommunikative Verständigung eröffnet sich überhaupt eine Möglichkeit, problematische Orientierungsrahmen, wie z.B. den einer *investigativen Befragung*, zu verändern und zu neuen gemeinsamen Orientierungen finden. Verborgene und möglicherweise blockierende Orientierungen können so angesprochen oder sogar in einen sinnhaften Kontext gestellt werden, wie z.B. die Herstellung von Parallelen zu früheren Verhörerfahrungen. Dass das Ansprechen von Orientierungen nicht automatisch zum Erfolg führt, insbesondere nicht bei zwiespältigen Signalen, zeigt das Beispiel aus der Passage „Sie konnten mich nicht“ in Interview i14: Hier spricht der Interviewer die vom Probanden angedeuteten Befürchtungen, auf Inhalte festgenagelt zu werden, an und bestätigt dies gleichzeitig auch noch in abgeschwächter Form („Bestimmte Sachen wollte ich schon genauer wissen“, Z 42). Der Proband fährt prompt in seiner argumentativen Selbstrechtfertigung fort.

Welch hohes Kommunikationsangebot des Probanden an den Interviewer solche Stellen beinhalten, zeigt die Passage „Nich mehr mein Deutschland“ des Interviews i40. Gerade hier wird deutlich, wie sehr dieser Proband seine *narrative Identität* auf den Zuhörenden hin formuliert, zur Diskussion stellt und im gemeinsamen Prozess entfaltet. Solch ein gemeinsames Geschehen geht in Interview i26 soweit, dass auch der Interviewer aktiver im Prozess der Selbstthematisierung beteiligt ist und eigene Erkenntnisse einbringt. In der eher partnerschaftlichen Positionierung im Verhältnis zueinander entsteht ein *Prozess gemeinsamer Zeiterkundung*, wie es gerade die Passage „Au mal schaffen“ des Interviews i26 zeigt.

Das Ansprechen möglicher konjunktiver Orientierungen fordert die interviewende Person aber auch selbst dazu heraus, die Interviewsituation neu zu definieren und zu gestalten, sei es als gemeinsame Lernsituation (wie in Interview i26) oder als Dialog (wie in Interview i40) über gegenseitige Wahrnehmungen und Rückmeldungen. Das Einbeziehen und Nutzen der Gegenwart der Interviewsituation verstärkt den Begegnungscharakter eines Interviews. Die Gratwanderung besteht darin, bei Beibehaltung einer Alltagskommunikation den Rahmen eines Forschungsinterviews nicht zu verlassen. Darauf verweist ja auch der missglückte Thematisierungsversuch in der Passage „Sie konnten mich nicht“ in Interview i14. Chancen und Gefahren eines eher alltagskommunikativen Rahmens sind auch im Verlauf des Interviews i41/2 aufzuzeigen: Durch die Dialektangleichung des Interviewers wird einerseits der *Orientierungsrahmen einer investigativen Befragung* deutlich abgemildert, andererseits werden damit auch kritische Fragen in beschwichtigender Weise verpackt. Hier braucht es Klarheit beim Interviewer, wie er seine Rolle versteht und in welchen Bandbreiten er die Interviewsituation gestalten will. Jedenfalls wird an den Interviewauszügen dieses Abschnittes deutlich, dass der Interviewer seine Zurückhaltung in bestimmten Fällen sogar verlassen muss, will er gewährleisten, dass der Prozess der Hervorbringung von biografischer Erfahrung in Bewegung kommt und bleibt. Hier stehen dialogische Gestaltungen von Forschungsinterviews nicht im Widerspruch, sondern im Dienste des Forschungszieles (s. Abschnitt 6.4).

11.1.6 Zusammenfassung

Die zu Beginn dieses Kapitels vorgestellten Orientierungsrahmen, die die Kommunikation zwischen erzählender und interviewender Person bestimmen, wurden anhand verschiedener Interviewauszüge illustriert. Die Vielfalt der Möglichkeiten, wie jeweils ein Thema abgehandelt werden kann, konnte aufgezeigt werden. Verschiedene Diskursmodi spielen in die Orientierungsrahmen hinein, sie bestimmen diese aber nicht allein. Im Wechselspiel zwischen Diskursmodus und der Dimension der gegenseitigen Anerkennung konstellieren sich charakteristische Orientierungsrahmen, in denen Mitbeteiligung und Faszination im Nationalsozialismus zum Gegenstand eines inneren Identifikationsprozesses bei den Erzählenden werden kann. Folgende Erkenntnisse lassen sich herausarbeiten:

- Bei Interviews, die aufgrund von Vorbehalten und negativen Vorannahmen in der Offenheit des Prozesses möglicherweise eingeschränkt sind, ist nicht die monologische Erzählform, sondern der Charakter der entstehenden konjunktiven Orientierungsrahmen für Prozesse der Selbstthematisierung ausschlaggebend. Krampfhafte Abstinenz des oder der Interviewenden ist hier dysfunktional.
- Ein Gesprächsthema, in dem sich ein gesellschaftlicher Kampf um Anerkennung niederschlägt, erfährt die besten Voraussetzungen zu Selbsterkundung und biografischem Lernen, wenn die Erzählenden auf der individuellen Ebene Anerkennung erfahren. Dies ist bei der Auseinandersetzung über den Nationalsozialismus mit den Orientierungsrahmen eines *Kamingesprächs*, einer *gemeinsamen Zeiterkundung* und eines *Streitdialoges* am besten gewährleistet. Sie verwirklichen ein hohes Maß an Anerkennung und gegenseitigem Kontakt, gleichzeitig begegnen sich die Interviewbeteiligten in partnerschaftlicher Weise.
- Im *Streitdialog* wird der Textsorte der Argumentation und im *Kamingespräch* dem wechselseitigen Austausch mehr Vorschub geleistet, so dass die innere Welt des Zeitzeugen jeweils nicht im Vordergrund steht. Für

den Rahmen eines narrativen bzw. leitfadengestützten Forschungsinterviews eignet sich folglich der *Orientierungsrahmen einer gemeinsamen Zeiterkundung* am besten, da der Fokus der Aufmerksamkeit hier auf den Erlebnissen und Erfahrungen eines Zeitzeugen bzw. einer Zeitzeugin liegt und der Raum für selbstläufiges Erzählen entsteht. Dies schafft Ansatzpunkte für Prozesse der Selbstvergewisserung. Anerkennung und Partnerschaftlichkeit drückt sich in der Offenheit der Aufmerksamkeit und nicht in der Gleichwertigkeit der Redeanteile aus.

- Gerade bei der Thematisierung von Mitbeteiligung und Mitverantwortung im Nationalsozialismus lassen sich auch problematische Orientierungsrahmen in der Kommunikation identifizieren. Hervorzuheben sind dabei die Orientierungsrahmen der *Belehrung* und der *investigativen Befragung*, in denen ein Positionierungsgefälle zwischen den Interviewbeteiligten die Offenheit im Interviewprozess deutlich einschränkt. Es muss jeweils der Widerstand beim Gegenüber überwunden werden. Geht es im einen Fall um belehrende und argumentative Überzeugung des Interviewers, geht es im anderen Fall um das Aufdecken eines verschwiegenen Tatbestands oder gar um das Entlarven des Zeitzeugen. Im Orientierungsrahmen einer *investigativen Befragung* ist die gegenseitige soziale Anerkennung am geringsten ausgeprägt, ja sogar Misstrauen, Vorwurf und Missachtung im Vorhinein angelegt. Dadurch wird Selbstthematisierung und biografisches Lernen verhindert, denn es entsteht keine Selbstläufigkeit im Erzählen.
- Die Orientierungsrahmen der *Zeitreportage* und der *Übereinkunft im Dissens* tragen sowohl problematische Aspekte als auch Chancen in sich. Auch wenn Erzählungen in der *Zeitreportage* einen argumentativen Zweck mit Blick auf den Zuhörenden erfüllen, werden hier emotional bedeutsame Erfahrungen szenisch erzählt und sind damit der Selbst- und *Zeiterkundung* grundsätzlich zugänglich. Bei der *Übereinkunft im Dissens* besteht möglicherweise ein anerkennender Kontakt zwischen den Beteiligten, jedoch vermeiden sie eine Verständigung darüber, welche Erlebnisse und Erfahrungen vertieft werden sollen. Hier wäre der Übergang zum *Streitdialog* als einer Form, brisante Themen des Nationalsozialismus in argumentativer und anerkennender Weise zu bearbeiten, möglich.

Aufgabe wird es sein, Interviewerhaltungen zu identifizieren, die die Chance zum Übergang von problematischen zu produktiven Orientierungsrahmen eröffnen. Dies soll das Kapitel 12 leisten. Doch zuvor muss darauf eingegangen werden, wie bestimmte Orientierungsrahmen entstehen und durch welche Faktoren sie möglicherweise begünstigt werden.

11.2 Soziogenetische Typenbildung: Tendenzen und Kontraste

Mit der herausgearbeiteten sinngenetischen Basistypik kann zwar aufgezeigt werden, in welch unterschiedlichen Orientierungsrahmen Interviews über Täterschaft, Mitbeteiligung und Faszination im Nationalsozialismus geführt werden können. Es ist aber noch nichts darüber ausgesagt, welche sozialen Bedingungen diese entstehen lassen. Die Handlungsorientierungen, die für beide am Interview Beteiligte leitend sind, müssen erst mit soziogenetischen Hintergründen verknüpft werden.[21] Erst so können Aussagen über *konjunktive Erfahrungsräume* im Sinne Mannheims gemacht werden (s. Kapitel 3).

Mit Blick auf das von etlichen Autoren postulierte Schweigen zwischen den Generationen über den Nationalsozialismus ergibt sich die Frage, welche *konjunktiven Erfahrungsräume* hinter diesen Mustern der Verständigung stehen. Ich hatte in Abschnitt 7.2 anhand der Fachdiskussion zu zeigen versucht, dass die Art, wie die Generationen miteinander über die Erfahrung des Nationalsozialismus sprechen, von einem Vorwurf der Mittäterschaft seitens nachfolgenden Generationen an die Adresse derer geprägt ist, die im Nationalsozialismus Erwachsene waren oder erwachsen wurden. Das untersuchte Interviewprojekt hat dieses spezifische Generationenverhältnis von vorne herein dadurch konstelliert, dass ausschließlich Interviewpersonen eingesetzt wurden, die in der Nachkriegszeit in Deutschland geboren wurden. Interessant wäre es für meine Fragestellung sicher gewesen, hier den soziogenetischen Hintergrund der Interviewerinnen und Interviewer zu variieren. So hätte man Interviewende einsetzen können, die der gleichen Altersgruppe wie die Probandinnen und Probanden angehörten, oder einem anderen soziokulturellen Hintergrund entstammten und damit nicht die für das Nachkriegsdeutschland typische Sozialisation „mit der Muttermilch" aufnahmen, oder Interview-

[21] Bohnsack 2007, S. 231 f.

personen mit einem biografischen Hintergrund von Verfolgung in totalitären Systemen. Damit wäre ein breiteres Spektrum konjunktiver Erfahrungsräume repräsentiert gewesen. So gibt es zu einzelnen Teilaspekten zwar Interviewmaterial, allerdings sind diese Interviews nicht im gleichen Setting und im gleichen Forschungskontext entstanden und somit nicht direkt vergleichbar.[22]

Anhand der vorliegenden Interviews können konjunktive Erfahrungsräume nur in der Tendenz zu soziogenetischen Hintergründen in Beziehung gesetzt werden. Es lässt sich anhand dieses Datenmaterials keine soziogenetische Typologie erstellen, aber immerhin lassen sich Unterscheidungen der Erfahrungsräume hinsichtlich Generationenverhältnis, Geschlechtszugehörigkeit und der Erfahrung von Mitbeteiligung und Bedrohung vornehmen. Es geht darum, minimale oder maximale Kontraste zu identifizieren und damit Aussagen zu treffen, inwieweit sich diese möglichen konjunktiven Erfahrungsräume in einer bestimmten Bandbreite unterschiedlicher Orientierungen niederschlagen. In den folgenden Passagen wird nun das Vorkommen bestimmter Orientierungsrahmen in verschiedenen möglichen Erfahrungsräumen herausgearbeitet, aber speziell der Einfluss der Generationenzugehörigkeit steht im Vordergrund meiner Untersuchung.

11.2.1 Intergenerationeller Erfahrungsraum

Die beiden Interviews e1 und i14 zeichnen sich dadurch aus, dass derselbe Proband im Abstand von mehreren Monaten von zwei verschiedenen Interviewenden unterschiedlichen Geschlechts und unterschiedlichen Alters interviewt wurde. So war die Interviewerin in Interview e1 eine Studentin der Jahrgangsgruppe 1975 ff., während der Interviewer in Interview i14 der Jahrgangsgruppe 1945–1961 angehörte. Zuerst sollen nun in einem Vergleich thematisch ähnlicher Passagen aus Interview e1 und Interview i14 die zugrunde liegenden gemeinsamen Orientierungsrahmen herausgearbeitet werden. Da hier ja gleichzeitig sowohl die Generations- als auch die Geschlechtszugehörigkeit variiert werden, müssen in einem weiteren Schritt die Wirkungen der

[22] Hier sei insbesondere auf die schon beschriebene Forschungsarbeit von Andrew S. Bergerson verwiesen. Bergerson führte als Historiker Interviews mit alten Menschen über die Alltagsgeschichte in Hildesheim während der Zeit des Nationalsozialismus. Dabei ging er sehr transparent mit seiner Identität als amerikanischer Jude um (s. Abschnitt 6.4).

Generationszugehörigkeit von möglichen Wirkungen der Geschlechtszugehörigkeit abgelöst werden. Deshalb werden nun im Abschnitt 11.2.2 weitere Passagen mit ähnlicher Thematik *ohne* Variation der *Generationen*zugehörigkeit aber *mit* Variation der *Geschlechts*zugehörigkeit nebeneinandergestellt. Damit kann in der Tendenz eine Aussage darüber getroffen werden, ob signifikante Unterschiede in den Orientierungsrahmen zwischen Interviewausschnitt e1 und i14 entweder der Zugehörigkeit zu unterschiedlichen Generationen oder der Zugehörigkeit zu unterschiedlichen Geschlechtern geschuldet sind.

Im Interviewausschnitt mit der jüngeren Interviewerin, die aufgrund ihres Alters der Generation der Enkel von Mitbeteiligten im Nationalsozialismus angehörte, entfaltet sich der *Orientierungsrahmen eines Streitdialoges* im Interview e1:

Interview e1: Passage „Die mächtigen Juden"

Minute 75 – 77

```
S: ... sie beschlossen, (.) dieses //ja.// dieses Deutschland wird nicht hochkom-
   men.
I: Mit einem Prozent der Bevölkerung wie soll das gehen,
S: (2) Ja. e=im Weste- im Ost- in der ganzen Welt waren ja die Juden die Mächtigen.
   (.)
I: Aber-
S:   └In allen Ländern
I:               └Ja aber-
S:                    └in England in England, in Amerika und überall überall
I:                                                                   └Ja aber
   das muss man doch
S:      └hatten sie die Macht gehabt.
I:                           └trotz=trotzdem sehen; dass das (.) das ja deutsche
   Mitbürger waren. (1) die Juden.
S:                            └Ja,
I:                              └das waren deutsche Mitbü:rger die
S:                                                        └Ja.
I:                                                          └sich auch
   als Deutsche
S:        └Ja.
I:           └fühlten und das
S:                        └Ja
I:                          └war- und wie kann man jetzt ne religöne-
S:                                                            └Jaja.
I:                                                               └Sie
   sagten ihr Vater
S:             └Jaja.
I:               └sei wegen der Religionsfreiheit
```

```
S:                                                  Jetzt,
I:                                                          ausgewandert,
S:                                                                        Mhm
I:                                                                          und nachher
   hat man
S:     Mhm mhm
I:             die (??) Juden aber
S:                             Mhm mhm
I:                                    als Rasse
S:                                              Mhm. mhm
I:                                                      betrachtet. ich mein das
   passt nicht
S:           Ja.
I:            zusammen und wie passt Christsein zusammen wiederum (.)
S:                                                                     Ja.ja.
I:                                                                          mit
   mit dem was dann diesen Menschen
S:                             Mit-
I:                                 angetan wurde;
S:                                                Mit (??) hören Sie; (.) @ich@
I:                                                                            @Ja@,
S:                                                                              ich
   habe (.) gerettet nur die Sachen die ich am Körper //ja:// hatte. //mhm.// (1)
   nur das.
I: Mhm. und krank wurden Sie.
S: Krank //ja// wurde ich //ja//
```

Bei starkem, emotionalen Engagement der Interviewerin entsteht ein *oppositionell* gefärbter Diskurs zwischen beiden Beteiligten. Häufige Hörersignale, gegenseitige und direkte Antwortreaktionen scheinen Interviewerin wie Proband geradezu zur Diskussion „anzustacheln". Das Gespräch wirkt zwar wie ein Schlagabtausch, jedoch bauen die Diskursbewegungen aufeinander auf. Zur These des Probanden von einem Weltjudentum, das beschlossen habe, „dieses Deutschland wird nicht hochkommen" (Z 27 f.), hebt die Interviewerin ab Z 39 zu einer ausführlichen Erwiderung an. Wurde im ersten Teil dieses Ausschnitts bei häufigem Sprecherwechsel das Rederecht schon reibungslos ohne überlappendes Sprechen ausgehandelt, so überlässt S. im zweiten Teil ab Z 39 der Interviewerin vollständig das Rederecht und begleitet ihre Ausführungen mit Ratifizierungen und Hörersignalen. Selbstläufige Schilderungen werden in begrenztem Maße dann erst im Anschluss an diesen Interviewausschnitt nach Selbstrücknahme der Interviewerin („und krank wurden Sie", Z 79) möglich (s. Falldarstellung im Materialband, Bezugshinweis s. S. 10). Mit diesem recht unvermittelten Eingehen auf die physische Verfassung des Probanden setzt die Interviewerin einen deutlichen Schlusspunkt in dieser Diskussion. Die Ansichten sind konträr und es kommt zu keinen gemeinsamen Konklusionen. In diesen vorwiegend oppositionellen Bezugnahmen zeigt sich aber gleichzeitig ein hohes Maß an gegenseitigen Bezug und Anerkennung als Streitpartner, nicht zuletzt in dem gemeinsamen kurzen Auflachen in Z 74 f. Insofern weist diese Passage Tendenzen in Richtung eines *Streitdialoges* auf.

In einer thematisch ähnlichen Passage des Interviews i14 umreißt der Interviewer auch dort seine abweichende Meinung. Hier aber entsteht der *Orientierungsrahmen einer investigativen Befragung*:

Interview i14: Passage „Verschwörung“
Minute 93 – 95

S: ⌊Mischa Wolf. Mischa Wolf ist ei- der Sohn eines- eines Juden- eines jüdischen Arztes,
I: Also doch die jüdische Verschwörung oder?
S: Bitte?
I: Die jüdische Verschwörung,
S: Ich würd nicht sagen- von Sie sind ja- ich war @(.)@ nach dem Krieg- sagen Sie mal- sagen Se- ((das Mikrophon wird gestreift)) das sind also Tatsachen; //mhm// von mir aus wäre nie ein einzige- überhaupt kein= kein= äh keiner erschossen worden; ich habe im Krieg auch nie auf ein- auf irgendeinen Russen geschossen. //ja// äh (.) aber äh (4)
I: Verschwörung?
S: Bitte?
I: Wollten Sie was auf mein Stichwort mit der Verschwörung sagen? oder äh
S: Ja äh also- ((??)) ach so- ja ich hatte- ja ich wusste dass der= der Hintergrund- die Stütze des Kommunismus (.) ist das Judentum gewesen; //mhm// genauso wie dass das hoch ä kapitalistische //mhm// Russland hat die Sowjets mit allen möglichen Dingen unterstützt im Krieg gegen Deutschland nich? //mhm mhm// Roosevelt war ja auch n Jude. und äh-
I: Und Deutschland war der einzige (.) Ort an dem (.) jemand aufgestand- ein Volk aufgestanden ist gegen (.) das Weltjudentum; oder, also mir fällt des schwer- ich glaub- ich glaub was anders, ne?
S: ⌊Nich ge- nich ge- do= do= nein des is-
I: ⌊aber= aber- ich versuch des nachzuvollziehen;
S: ⌊ge= ge- die Deutschen sind. (.) nicht gegen das (2)
I: ⌊(.) was war dann Deutschland für Sie- dann war das für Sie Zuflucht?
S: ⌊Deutschland? Deutschland. äh meine Überzeugung //ja? ja// is das heut; ich war= ich w- alle= alle jungen Leute //mhm// die im Staatsdienst war- sind äh in der Partei gewesen. //mhm mhm// ich habe nie ein Amt gehabt, //mhm// ich hab nur die ersten drei Jahre im Winterhilfswerk //mhm// gearbeitet, ...

Der Interviewer bekundet in seinem Einwurf „also doch die jüdische Verschwörung, oder?“ (Z 27), dass er in den Ausführungen des Probanden eine Vermutung bestätigt sieht. S. reagiert darauf mit sprachlichen Suchbewegungen und Satzabbrüchen und nimmt einen möglichen Einwand des Interviewers vorweg: Er relativiert seine Ansichten zu Verflechtungen von Juden im Kommunismus zwar nicht („die Stütze des Kommunismus ist das Judentum gewesen“, Z 39), unterstreicht aber, dass dies für ihn Erschießungen nie gerechtfertigt hätte (Z 32 f.). Der Interviewer versucht, den Probanden durch zuspitzende Formulierungen („jüdische Verschwörung?“, Z 27 u. 29; „Deutschland ... ein Volk aufgestanden ist gegen das Weltjudentum“, Z 43 f.) zu Konklusionen zu bewegen. Hier scheint ein für beide Seiten vertrauter Orientierungsrahmen zu bestehen, denn beide Seiten erahnen gegenseitige Intentionen und reagieren vorauseilend auf den anderen. Die Interventionen des Interviewers sind weniger Diskussionsbeiträge, als herausfordernd gestellte Fragen an den Probanden. Es geht hier eher um Aufdeckung eines Denkens. Dabei verläuft der Diskurs aber im *oppositionellen Modus*. Der Interviewer deutet seine Meinung an („ich glaub was anders, ne“, Z 45) und gibt dem Probanden Raum zur Elaboration seiner Propositionen. Es kommt zu keinen Konklusionen, denn S. leitet immer wieder zu einem neuen Thema über. Der Diskurs hat also auch Anklänge an einen *divergenten Modus*. Der Interviewer zeigt eine investigative Tendenz darin, dass er den Diskurs beharrlich zum Thema der „jüdischen Verschwörung“ hinlenkt (Z 27, 35, 37). Trotz gewisser Suchbewegungen und trotz Aufwerfens neuer Themen („nie auf irgendeinen Russen geschossen“, Z 33 f.) lässt sich der Proband auf dieses Thema defensiv ein. Die Unterschiedlichkeit im Denken zwischen Interviewer und Proband wird anhand des Themas der „jüdischen Verschwörung“ ausgeleuchtet. Der Interviewer markiert seine Distanzierung noch einmal dadurch, dass er bekundet: „aber ich versuch, des nachzuvollziehen“ (Z 47). Gleichzeitig will er durch diese Kommentierung sein nachdrückliches Fragen und den Eindruck einer investigativen Befragung abmildern. Bei hoher steuernder Aktivität des Interviewers entsteht dennoch der *Orientierungsrahmen einer investigativen Befragung*.

In beiden Interviewausschnitten setzen die Interviewenden mit exmanentem Nachfragen und dem Aufwerfen propositionaler und oppositioneller Gehalte jeweils deutlich eingreifende Interventionen. Sie trachten beide danach, bei S. klare Aussagen herausschälen wollen. Doch dieser ist auf der Hut und legt sich nicht fest. Der gemeinsame Orientierungsrahmen für die Beteiligten ist in Interview e1 der des *Streitdialoges* und in Interview i14 der Orientierungsrahmen einer *investigativen Befragung*. Im Vergleich zur Passage „Die mächtigen Juden“ des Interviews e1 ist der Proband in der Passage „Verschwörung“ vorsichtiger in der Darstellung seiner politischen Ansichten. Er lässt Fakten sprechen („Mischa Wolf ... der Sohn ... eines jüdischen Arztes“, Z 25 f.) und überlässt dem Zuhörer die Schlussfolgerungen. Der Diskurs gibt dem Probanden mehr Raum für seine Ausführungen, er kann in der Passage „Verschwörung“ seine Propositionen argumentativ erläutern. Konklusionen bleiben allerdings offen. Der Interviewer ist in seinen Interventionen zurückhaltender. Er positioniert sich mit einer eigenen Meinung und nimmt sich dann aber schneller zurück, als in der ähnlichen Passage in e1. Jedoch entsteht gerade in der Passage „Die mächtigen Juden“ des Interviews e1 mit direkten und schnellen Anschlüssen ein Streitdialog zwischen zwei einander ebenbürtigen Partnern. Hier liegt deutlich mehr gegenseitige Anerkennung als in Interview i14 vor. Sie wird darin spürbar, dass sich beide gleichermaßen aus der Reserve locken und sich in eine Auseinandersetzung begeben.

In diesem Vergleich wird sichtbar, dass ein Mehr an gegenseitiger Anerkennung auch mehr Raum für Verschiedenheit von Ansichten und Werten ermöglicht. Interventionen, die jeder Regel der Interview- und Gesprächsführung widersprechen würden, verstören in einem Klima gegenseitiger Anerkennung den Diskurs nur kurz. Der Boden gegenseitiger Anerkennung ist nicht gefährdet. Dies spricht nicht für eine unreflektierte Alltagskommunikation in Interviews, sondern dafür, dass der Diskurs unter diesen Bedingungen mehr Belastungen und „Fehler“[23] in der Interviewführung verträgt, als gedacht. In dem angeführten Beispiel des Interviews e1 wäre eine methodisch zurückhaltendere Interviewführung sicher am Platze gewesen, aber auch die distanzierteren, mehr zu Elaborationen ermunternden Interventionen des Interviewers in Interview i14 bringen keine zusätzlichen Impulse zur Selbstthematisierung des Probanden. In beiden Fällen bleibt es bei Argumentationen und es entstehen keine selbstläufigen Erzählungen. Im Hinblick auf die Suche nach Kontrasten

[23] Zur Frage der Bedeutung von „Fehlern“ und des Umgangs damit sei auf Abschnitt 12.3 verwiesen.

kann man feststellen, dass die Interviewbeteiligten in Interview e1 und i14 bei derselben Thematik in deutlich anderer Weise miteinander sprechen, so dass sich die konjunktiven Orientierungsrahmen deutlich unterscheiden.

An dieser Stelle lässt sich noch nicht aufzeigen, ob für die herausgearbeiteten Unterschiede nun der größere Generationenabstand in Interview e1 verantwortlich ist. Es gilt nun, die Wirkung der Generationenzugehörigkeit von der Wirkung der Geschlechtszugehörigkeit abzuheben, um die Hintergründe der festgestellten Unterschiede besser zuordnen zu können. Dazu bietet sich ein Vergleich signifikanter Passagen mit weiblichen Interviewpersonen in anderen Interviews an, die aber im Unterschied zur studentischen Interviewkraft in e1 (Jahrgangsgruppe 1975 ff.) der Jahrgangsgruppe 1945–1961 angehören.

11.2.2 Erfahrungsraum der Geschlechtszugehörigkeit

Um bei der Unterscheidung der Orientierungsrahmen in Interview e1 und Interview i14 zu Aussagen zu kommen, muss nun untersucht werden, ob sich das Geschlecht der Interviewenden in einer besonderen Weise auf die Interviewdynamik auswirkt. Auch hier geht es wieder um die Wirkung des Ungesagten, um das, was in der thematischen Bearbeitung von Erfahrungen mitschwingt. Für den Vergleich zu den im vorigen Abschnitt beleuchteten Passagen aus Interview e1 und i14 bieten sich nun weitere Passagen aus anderen Interviews an, in denen die Einstellung zu Juden bzw. die Thematik der Verfolgung von Juden kontrovers bearbeitet wird. Hier geht es also wieder um eine ähnliche Thematik. In den folgenden Ausschnitten führen Interviewerinnen die Interviews ebenfalls mit männlichen Probanden. Im Unterschied zur Interviewerin in Interview e1 gehören diese Interviewerinnen allerdings der Jahrgangsgruppe 1945–1961 an, also der Generation der Kinder der Zeitzeugen. Damit wird ein Kontrast sowohl zum männlichen Interviewer in Interview i14, der ebenfalls der Jahrgangsgruppe 1945–1961 angehört, als auch zur wesentlich jüngeren Interviewerin in Interview e1 hergestellt.

Wenn sich herausstellte, dass Interviewerinnen unabhängig von ihrer Generationenzugehörigkeit in ähnlicher Weise mit Probanden über deren Mitbeteiligung im Nationalsozialismus sprechen, dann wäre der Erfahrungsraum der Geschlechtszugehörigkeit offensichtlich im Vordergrund und es könnten keine weiteren Rückschlüsse auf den Erfahrungsraum der Generationenzugehörigkeit gezogen werden. Bei Ähnlichkeit zwischen den nun vorzustellenden Interviewerinnen und dem Interviewer in Interview i14 könnten Maximalkontraste hinsichtlich der Generationenzugehörigkeit ausgemacht werden.

Im folgenden Interviewausschnitt entsteht aus dem *Orientierungsrahmen einer investigativen Befragung* heraus der *Orientierungsrahmen einer Übereinkunft im Dissens*:

Interview i30: Passage „Da können Sie mich noch so scharf angucken"
Minute 82–84

I: Mhm. also ich muss noch mal draufkommen- also Sie haben schon dann so etwas
wie Ehre des Soldaten geschätzt,
K: (4) Ich hab die Ehre des Soldaten- was ist jetzt das wieder für ein Wort- die
Ehre des Soldaten- die Ehre des **Menschen** hab ich geschätzt; ne,
I: Ja weil also es waren ja auch viele zum Beispiel die in Russland waren haben
an massenweisen Judenerschießungen teilgenommen.
K: Da fragt sich wieder-
I: ⌊wussten Sie davon eigentlich?
K: ⌊ne: nein des hab ich vor-
hin schon gesagt, und das müsse= das müsse Leute in äh= äh (.) das müssen- (1)
wie sagt man Einheiten im rückwärtigen Gebiet gewesen sein; und ich war immer
an der Front. und alle meine- (.) ja meine Kameraden- meine Division auch; in
meiner Division gabs- ich war ja immer wieder mal im Lazarett nach jeder Ver-
wundung, ne, aber in meiner Division ist mi:r zumindest ni:chts bekannt von
solchen äh (1) Aktionen.
I: Haben Sie grundsätzlich davon nichts gewusst?
K: Nee da hab ich nichts gewusst. (1) //mhm mhm// nee @(.)@ da können Sie mich
noch so scharf angucken, da hab ich wirklich nichts davon gewusst;

Mit ihrer Frage „Sie haben schon dann so etwas wie Ehre des Soldaten geschätzt?" (Z 20 f.) gibt die Interviewerin ihrer Vermutung eines inneren Widerspruchs Ausdruck: Die vom Probanden betonte soldatische Ehre habe den Handlungen der Wehrmacht, nämlich den „massenweisen Judenerschießungen" in Russland (Z 24 f.), widersprochen. Die Interviewerin befragt K. als Vertreter eines soldatischen Ehrbegriffs zu den Verbrechen von implizit gemeinten deutschen Soldaten in Russland, und sie befragt ihn auch um seine Mitwisserschaft (Z 27). Damit entsteht zuerst der *Orientierungsrahmen einer investigativen Befragung* mit einer Tendenz zum Tribunal: Die Interviewerin als Anklägerin, der Proband als Verteidiger. K. reagiert defensiv und verweist auf „Einheiten im rückwärtigen Gebiet“ (Z 30), von deren Taten er als Soldat an der Front nichts mitbekommen habe. Nach erneutem Nachfragen, ob der Proband wirklich nichts von den Massenerschießungen mitbekommen habe, thematisiert K. in der Verneinung die von ihm wohl so empfundene prüfend-anklagende Position der Interviewerin: „Da können Sie mich noch so scharf angucken, da hab ich wirklich nichts davon gewusst“ (Z 36 f.). Diese Kommentierung drückt bei aller gegenseitigen Reserviertheit der Beteiligten eine gegenseitige Bezugnahme aus. Die Interviewerin positioniert sich zwar konfrontativ-nachfragend und der Proband selbst lässt sich auf die sonst von ihm heftig abgewehrten Kritikpunkte an der Wehrmacht nur defensiv-begründend ein. Aber die kritische Haltung der Interviewerin bleibt neben dem Erfahrungsraum des Probanden, der eine Trennung zwischen seiner Division (Z 33) und den „Einheiten im rückwärtigen Gebiet“ (Z 30) vollzieht, bestehen. Dies wird in einem *oppositionellen Diskursmodus* besprochen. Die am Interview Beteiligten anerkennen sich in ihrer Unterschiedlichkeit, es kommt aber nicht zu gemeinsamen Schlussfolgerungen. Der Proband führt im Folgenden im Modus des selbstläufigen Erzählens dann auch Begebenheiten an, die sein Nicht-Wissen belegen sollen. Hier stabilisiert sich der *Orientierungsrahmen einer Übereinkunft im Dissens*, wie die Fortsetzung dieses Interviewausschnitts belegt (s. Abschnitt 11.1.1).

Mit der Rollenverteilung in Interview i30, der kritisch nachhakenden Interviewerin und dem defensiv argumentierenden Probanden, unterscheidet sich diese Interviewpassage von der Passage „Die mächtigen Juden“ in e1: Während dort eher ein *Streitdialog* „auf Augenhöhe“ vonstatten geht, übernimmt die Interviewerin hier die Rolle der aus einer überlegenen Position Fragenden. Ähnlich wie in der Passage „Verschwörung“ des Interviews i14 bewegen sich die Beteiligten eher im Zwischenreich zwischen *investigativer Befragung* und *Übereinkunft im Dissens*. Auch die folgende Passage bewegt sich im *Orientierungsrahmen einer investigativen Befragung*:

Interview i43/2: Passage „Diese Art von Judenvernichtung“
Minute 119 – 122

G: (33) Die Führung des Dritten Reiches hätte etwas anders machen müssen; das
ist ja ganz klar. (4) diese Art der Judenvernichtung war (.) zweifellos nicht
richtig. (3) und war auch absolut nicht in unserem Sinne; (2)

I: Inwiefern nicht?
G: (49) Weil man damit doch nicht die Schuldigen traf, sondern Unschuldige traf.
I: Wer wären denn die Schuldigen gewesen Ihrer Meinung nach? (3)
G: Die sitzen an ganz anderen Stellen,
I: °Mhm° (.) an welchen zum Beispiel? (3)
G: An den höheren an den Geldquellen in Amerika;
I: °Mhm° (4) also Juden an Geldquellen in Amerika oder,
G: Ja.(3)
I: Und an was sind die schuldig?
G: (11) Nun neunzehnhundertdreiund- dreiunddreißich kurz nach der Machtübernahme
(.) gab Hitler bekannt (4) dass das deutsche Volk nicht mehr von der Wäh-
rung (.) der (.) Kursbanken in Amerika abhängig ist, vom Gold der Amerika-
ner, sondern von der Arbeitskraft des deutschen Volkes; und daraufhin stand am
nächsten Tage so große Überschrift das Judentum erklärt tö- Hitler den Krieg,
//mhm// dreiunddreißich. //mhm// (4) da wussten wir schon wer dahintersteht.
I: Die amerikanischen Juden meinten Sie.
G: Jo //mhm// (3) C/00:05:56-1

Diese Passage aus Interview i43/2 wurde schon in Abschnitt 11.1.3 einer komparativen Analyse unterzogen, deshalb möchte ich allein auf neue Aspekte im geschlechtsspezifischen und intergenerationellen Vergleich eingehen: Auch hier übernimmt die Interviewerin, wie in der Passage „Da können Sie mich noch so scharf angucken" aus Interview i30, die Steuerung des Interviews. Durch kritisches, in diesem Falle aber eher geschlossenes, faktenorientiertes Fragen will sie den Probanden zu weiteren Ausführungen anregen. Lange Pausen zwischen den Diskurszügen, Knappheit in den Fragen und Antworten und das Fehlen von emotionalen Reaktionen, Bezugnahmen und Rückversicherungssignalen zeugen von großer Distanz zwischen Interviewerin und Proband. Innerhalb des *Orientierungsrahmens einer investigativen Befragung* entsteht hier noch mehr als im Interview i30 der Eindruck eines Entnazifizierungsverhörs. Hier ist die Distanz zwischen den Interviewbeteiligten noch größer als in der Passage „Da können Sie mich noch so scharf angucken" in Interview i30.

Die hier beleuchteten Passagen der Interviews i14, i30 und i43/2 wurden allesamt von Angehörigen der Jahrgangsgruppe 1945–1961 geführt. Unabhängig von der Geschlechtszugehörigkeit weisen alle drei Ausschnitte eine deutlich *investigative Orientierung* mit vereinzelten Anklängen an eine *Übereinkunft im Dissens* auf. Allen drei Interviews ist ein mehr oder weniger ausgeprägtes Gefälle in den Positionierungen gemeinsam: Es werden prüfende, kritische Fragen gestellt, ohne dass der Hintergrund der Frage offen gelegt würde. Den Interviewenden geht es um das Aufdecken von Tatbeständen, das Aufzeigen von Widersprüchen und um das Hinterfragen von Haltungen. Mehr oder weniger offensichtlich ist dabei, dass die Interviewenden die Ansichten der Probanden keineswegs teilen. Die Probanden selbst halten sich defensiv-bedeckt. Im Hinblick auf die Geschlechtszugehörigkeit der Interviewenden sind hier bei der vergleichenden Analyse nur minimale Kontraste in den Gemeinsamkeiten vorzufinden.

11.2.3 Zwischenergebnis: Die Wirkfaktoren intergenerationeller Erfahrungsräume

Im Abgleich möglicher Unterschiede zwischen generationsspezifischen und geschlechtsspezifischen Hintergründen ist festzuhalten, dass sowohl im Interview i14 als auch in den Interviews i30 und i43/2 bei ähnlicher Thematik – hier geht es jeweils um Gesichtspunkte des Antisemitismus – ein ähnlicher Orientierungsrahmen entsteht, unabhängig davon, ob die Interviewenden männlich oder weiblich sind. Es fallen hier die Ähnlichkeiten und Gemeinsamkeiten auf. In deutlichem Kontrast zu diesen drei Interviewausschnitten steht das Interview e1. Hier begibt sich die deutlich jüngere Interviewerin mit dem Probanden, der ja in Interview i14 noch einmal befragt wurde, direkt in einen Schlagabtausch, wie er in dieser Form in keinem anderen Interview festzustellen ist.

Insofern lassen sich *konjunktive Erfahrungsräume* in den Interviews identifizieren, die sich deutlich hinsichtlich der Generationszugehörigkeit der Interviewenden unterscheiden: Der Diskurs zwischen einem Zeitzeugen und einem Angehörigen der „Enkelgeneration" weist hier die Merkmale eines *Streitdialoges* bei deutlicher gegenseitiger Anerkennung auf. Es geht um Auseinandersetzung im unmittelbaren Kontakt, während die Diskurse zwischen Zeitzeugen und Angehörigen der Generation der Kinder der am Nationalsozialismus Beteiligten diese Unmittelbarkeit nicht aufweisen. Hier herrscht mehr Distanz zwischen den Beteiligten vor, die sich auf der Seite der Interviewenden in Form kritisch prüfender, investigativer Fragen, aber auch in zuhörender, paraphrasierender Zurückhaltung äußert. Auf Seiten der Probanden macht sich diese Distanz in einem durchweg vorsichtigen, defensivrechtfertigenden Erzähl- und Argumentationsverhalten bemerkbar. Interviews mit Interviewenden aus der Generation der Kinder der am Nationalsozialismus Beteiligten weisen in der Tendenz eher den *Orientierungsrahmen einer Übereinkunft im Dissens* oder den einer *investigativen Befragung* auf.

Im vorgestellten Beispiel ist das Interview e1 – im Gegensatz zu den anderen Interviewenden hat diese jüngere Interviewerin nur eine kurze Schulung in Interviewführung erhalten – eher alltagssprachlich geführt. Unter den Gesichtspunkten von selbstläufigem Erzählen und Herstellung von Identität weist dieses Interview keine signifikant anderen Ergebnisse auf wie das Vergleichsinterview i14 mit einem Interviewer mit psychotherapeutischer Vorqualifikation. In Anbetracht der mehrfach aufgezeigten, speziellen Dynamik von Interviews über den Nationalsozialismus scheint eine eher alltagssprachliche Interviewführung, die von Kontakt und Unbefangenheit geprägt ist, einer strukturierteren Interviewführung zumindest ebenbürtig zu sein. Im Hinblick auf die Frage nach dem Einfluss der Zugehörigkeit zu einer bestimmten Generation ist festzuhalten, dass ein größerer Generationenabstand mehr Kontakt und Unbefangenheit und damit mehr Anerkennung offensichtlich erst möglich macht. Scheinbar löst ein geringerer Generationenabstand die individuell verfügbaren, gesellschaftlichen Erfahrungen mit dem Diskurs über den Nationalsozialismus auf beiden Seiten wieder aus und bestimmt auch die Interviewdynamik – trotz hoher Qualifizierung der Interviewenden. So leben Erfahrungen der Zeitzeugen mit Verhören und Entnazifizierungsverfahren und Erfahrungen der Jüngeren mit konfrontativen, aber unbeantworteten Fragen und Diskussionen in der Zeit der Studentenbewegung erneut in der Interviewsituation auf.

Dies spräche eigentlich dafür, das Abstinenzgebot für die Interviewführung weiter zu differenzieren und von Interviewenden zu fordern, nur in solchen Kontexten zu forschen, in denen sie ohne eigene Befangenheit Interviews führen können. Ich habe versucht zu zeigen, dass Befangenheit in manchen Forschungsfeldern kaum zu vermeiden ist und deshalb andere als die gewohnten Antworten erforderlich macht. Der Vergleich obiger Interviewausschnitte verweist auf eine Chance bei einer Forschung, die sich die eigenen Betroffenheit zunutze macht: das eigene Engagement und das konjunktive Wissen um das zu erforschende Feld. Die Interviewerin in Interview e1 zeigt eine andere, *eine unbefangenere Form von Betroffenheit*, die es zu untersuchen gilt. Die anderen, älteren Interviewenden zeigen in ihren Interviews an anderen Stellen ebenfalls Ansatzpunkte, wie das eigene, innere Engagement für den Prozess der Selbstthematisierung der Probandinnen und Probanden genutzt werden kann.

11.2.4 Erfahrungsraum von Mitbeteiligung und Bedrohung

Die hohe Betroffenheit der Angehörigen der 2. Generation zeigt sich in unterschiedlicher Weise. Wo Mitbeteiligung und Täterschaft zum Thema werden, geht es um Aufdeckenwollen, Abwehr und Unverständnis – dies zeigen die bisher erarbeiteten Orientierungsrahmen in den Interviews sehr deutlich. Wo es allerdings um die Erfahrung von Verfolgung und Bedrohung geht, ist hohe Solidarität und Scham bei den Angehörigen der 2. Generation zu vermuten. Lediglich mit einem Interview aus dem Forschungsprojekt *Geschichte und Erinnerung* ist es möglich, die Wirkung dieser Seite innerer Beteiligung in Interviews zum Nationalsozialismus auszuloten. Hier ist ein Interview hervorzuheben, das den Aspekt der Bedrohung durch den Nationalsozialismus am deutlichsten zum Gegenstand hat. Im Interview i38/2 – leider versagte die Audioaufnahme im vorangegangenen Interview i38/1 – wurde ein ehemaliges Mitglied der Wehrmacht interviewt. Der Proband war einerseits überzeugt von der Wehrmacht und wollte auch die Offizierslaufbahn einschlagen, andererseits war er aufgrund der Nürnberger Rassegesetze als sog. „jüdischer Mischling" gemäß § 5 der Ersten Verordnung zum Reichsbürgergesetz vom 14. November 1935 im Rahmen der Nürnberger Gesetze eingestuft. Damit wurde ihm die Offizierslaufbahn innerhalb der Wehrmacht verwehrt und er hatte stets weitere Drangsalierungen, Einschränkungen oder Bedrohungen zu befürchten. Interessant ist nun, wie sich Proband und Interviewer in Interview i38/2 über die Mitwirkung des Probanden in der Wehrmacht und seine Situation während der Zeit des Nationalsozialismus verständigen. Denn in diesem Interview kommen *beide Facetten von Betroffenheit* auf Seiten des Interviewers zusammen. Somit stellt Interview i38/2 einen wichtigen Vergleichshorizont für die Basistypik der Orientierungsrahmen dar, wie ich sie in Abschnitt 11.1 erstellt habe. Denn hier können möglicherweise Unterschiede in der Art, wie Probanden ihre Mitwirkung im Kriege beschreiben und wie die Interviewenden damit umgehen, aufgezeigt werden – je nachdem, ob ein Erfahrungsraum von Mitbeteiligung oder Bedrohung das Geschehen im Interview bestimmt.

Insbesondere in Abschnitt 11.1.1 wurde die Befragung anderer Zeitzeugen hinsichtlich ihrer Erfahrungen innerhalb der Wehrmacht wiedergegeben. In diesen, aber auch in anderen Passagen (s. Fallbeschreibungen im Materialband, Bezugshinweis s. S. 10) wurden häufig Unterscheidungen getroffen: Im Rahmen des positiven Horizonts von „Kriegshandwerk“ an der Front wurde die dafür zuständige Wehrmacht von einigen Probanden in Schutz genommen. Als negativer Gegenhorizont dienten in der Regel die kämpfende Einheiten der SS hinter der Front. In einer vom Hamburger Institut für Sozialforschung erarbeiteten Ausstellung über die Verbrechen der Wehrmacht[24] wurde aufgezeigt, wie sehr Wehrmacht und SS im Zuge des Russlandfeldzuges Hand in Hand arbeiteten, auch bei Vernichtungsaktionen. Interviewpassagen, die diese Thematik bearbeiten, können die Grundlage für eine vergleichende Analyse im Hinblick auf die Frage darstellen, wie sich der Erfahrungsraum von Mitbeteiligung und Bedrohung auf Seiten der Zeitzeugen auf die gemeinsame Interaktion der Interviewbeteiligten auswirkt. Kontrastierend zu Interview i38/2 seien hier Passagen aus Interview i43/2, i18 und i41/1 vorgestellt.

In den vorgestellten Ausschnitten des Interviews i38/2 – die vollständigen Passagen finden sich in der Falldarstellung im Materialband – entwickelt sich der konjunktive *Orientierungsrahmen einer gemeinsamen Zeiterkundung*:

Interview i38/2: Passage „Wenn dem Göring was passiert“
Minute 34 – 37

```
N: A/00:34:08-1 Jaja so so kam ich dann- also das war äh es war mein großes
   Glück. ich hat also unwahrscheinliches Glück, //mhm;// dass ich da zur Wehrmacht
   kam dann da wo ich gedeckt war, //mhm;// und wenn ich mein dummes Maul nicht
   aufgemacht hätte nachher, //mhm,// dreiunvierzich, //mhm;// äh dann (.) wär
   ich ja auch (.) wieder rübergekommen; und würd nich mehr zurückgekommen sein;
   ich wär nich mehr wieder zurückgekommen.
I: ((schnell einfallend)) Aber wenn ich mich da so reinversetz, ähm; (.) äh ich
   glaub ich wär mir in so ner Situation wie so=n Doppelagent vorgekommen; (.)
   oder? (.) so
N:                 └Nein.
```

[24] Hamburger Institut für Sozialforschung 2002

```
11 I:               |einerseits, (.)
12 N:                                  |Nein. (.) nein;
13 I:                                            |äh
14 N: Nein.=ä:h, dann kommt das was //ja,// ich Ihnen ja schon ge- äh s letzte Mal
15    //mhm;// gesa:cht hatte; äh ich war durchaus national eingestellt.
```

Der Proband bezeichnet es als großes, dann weiter als „unwahrscheinliches“ Glück, zur Wehrmacht gekommen zu sein. „Da, wo ich gedeckt war“ (Z 3) rückt die Wehrmacht in die Funktion eines Schutzes, eines Unterschlupfes für den Probanden. N. gibt sich selbst die Schuld („und wenn ich mein dummes Maul nicht aufgemacht hätte“, Z 3 f.), dass er diese Deckung offensichtlich verlor. In der räumlichen Zuordnung ist die schützende Wehrmacht entfernt („rübergekommen“). Der Interviewer kommentiert diese Situation des Probanden als Doppelagententum. Dabei übernimmt er hypothetisch die Perspektive des Probanden („wenn ich mich da so reinversetz“, Z 7) und relativiert seine Interpretation („ich glaub, ich wär'“, Z 7 f.) durch ein abwägendes „einerseits“ (Z 11). Nach wiederholter Verneinung durch den Probanden führt der Interviewer seine Kommentierung hier nicht weiter aus. N. übernimmt das Rederecht und erzählt über seine Erfahrungen als Jugendlicher in einer kirchlich geprägten Jugendorganisation. Etwas später kommt der Interviewer erneut auf die Ambivalenz in der Situation des Probanden zu sprechen:

```
36 I: Als Sie das erzählt hatten; ähm (.) dass Sie (.) Göring bewacht ham, da ham
37    Sie im Grund ja (.) diejenigen eh
38 N:                               |Geschützt;
39 I:                                   |Regierungsvertreter geschützt,
40 N:                                                            |Jaja natürlich.
41 I:                                                                   |die Ih-
42    ren Vater in den Tod getrieben ham,
43 N:                               |@Ja natürlich;@
```

Noch während der Interviewer seine konfrontative Zuspitzung ausformuliert, schaltet sich N. mit Wortergänzungen und deutlichen Bestätigungen ein und bekräftigend lachend: „Ja, natürlich“ (Z 43). Etwas später begründet der Proband seine Dilemmasituation:

```
56 N: ...
57    aber äh=äh ich @wah@ wollt es einfach aus dem Grund nich, weil ich Angst hat-
58    te, wenn dem Göring was passiert (.) dann muss ja ein Schuldiger dran. äh ir-
59    gend ein Schuldiger muss ja gefunden werden. //ja;// und dieser Schuldige kann
60    ja nur, //mhm;// dann- (.) denn dann würde- sieht man natürlich während die
61    Leute //ja,ja;// die in seiner Umgebung warn wärn natürlich die die //ehm;//
62    äh die Kriegsstrafe wird dann noch schnell nachgeguckt, //ja;// und die die
```

```
63        Wehrmachtpapiere und dann sieht man natürlich sofort dass ich äh äh dass ich
64        der jüdische Mischling ersten Grades bin? da wär ich natürlich drangekommen;
65        das war meine (.)
66   I:                     |Also Sie mussten;
67   N:                     |das war meine (.) meine Rechnung;
68   I:                                                          | Sie mussten, dauernd
69        Unterschlupf suchen. ne,
70   N:                |Jaja, also ich
71   I:                        |Sie tauchten auch
72   N:                                          |Jaja, also ich musste natürlich- äh an
73        der Front hat kein Schwein danach gefragt. //ja; // da war- da warn die froh
74        um jeden Mann den Sie hatten; //ehm,// nicht wahr; also bei uns- ...
```

Der Proband lässt die Frage des Interviewers nach der Verarbeitung dieser widersprüchlichen Situation erneut offen, betont aber, dass er es gar nicht gewollt habe, Göring zu bewachen. Die dahinter stehende Bedrohung elaboriert er nun im Weiteren. Gegenstand seiner Befürchtungen war, als „der jüdische Mischling ersten Grades" (Z 64) entdeckt zu werden. Mit der Konklusion „das war meine Rechnung" (Z 67) übergibt der Proband das Rederecht wieder an den Interviewer. Dieser validiert diese Konklusion durch Paraphrasierung („Unterschlupf suchen", Z 68 f.). Der positive Gegenhorizont zur eben beschriebenen Gefahrensituation ist die Front („hat kein Schwein danach gefragt", Z 73). Der Schutz lag in der Entfernung, bei der Front. Hier verfällt N. in ein kollektives „bei uns" (Z 74) und schließt mit der Konklusion:

```
84   N: ...  |also wenns nach mir gegangen wär; ich hätte sogar die Offizierslaufbahn
85        eingeschlagen, //ja,ja;// A/00:37:20-9
```

Der Interviewer unterbricht in dieser Passage immer wieder die Ausführungen des Probanden und spitzt eigene Deutungen zu. N. geht darauf zuerst nicht ein, nimmt aber im weiteren Verlauf das Thema des Suchens von Schutz und Deckung innerhalb der Wehrmacht auf. Dies ist in dieser Passage Thema seines *biografischen Lernens*. Er musste die innere Ambivalenz zwischen „national[er]" Einstellung (Z 15) und dem Dienst für ein todbringendes und bedrohendes Regime, das den eigenen Vater tötete, aushalten. Der Interviewer führt mehrfach zu dieser Diskrepanzwahrnehmung zurück und der Proband positioniert sich hier als listiger Soldat Schweijk. Eingebettet ist dieser Prozess in einen Diskurs, bei dem die Beteiligten deutlich durch gegenseitige Ergänzungen und *parallelem* Bestätigen aufgeworfener Inhalte aufeinander reagieren. Konklusionen werden im *antithetischen Diskursmodus* gemeinsam erarbeitet. Der Interviewer fragt nicht beharrlich-entlarvend nach, sondern nimmt die Rolle eines Gesprächspartners ein, der mit seinen zugespitzten Fragen Themen aufwirft. Damit entsteht der *Orientierungsrahmen einer gemeinsamen Zeiterkundung*. Die Bewältigungsleistung im Erzählen setzt sich dann in der Passage „Besonders anständig" des Interviews i38/2 fort, die ich im Abschnitt 12 noch genauer beleuchten werde.

Aber auch im Interview i38/2 kommt bei der Frage einer möglichen Mitbeteiligung des Probanden der *Orientierungsrahmen einer investigativen Befragung* zum Tragen:

Interview i38/2: Passage „Dem Herrgott ewig dankbar"

```
N: ... das is mir- (.) //mhm; mhm;// da (.) bin ich=m Herrgott ewig dankbar dass
   (.) //mhm;// ((heiser)) °ich=ahss° dass ich das damals nicht musste; //mhm.
   mhm;// und °das war-° es is immerhin noch was andres ob man äh=äh (.) sich ge-
   gen den Feind wehrt (.) äh //mhm; mhm;// denn entweder der oder ich; nich;
   ((leises Lachen)) //mhm; mhm;// das is dann das is dann //ja; ja;// etwas
   Einfacheres nich wahr, //ja; ja;// aber m=eh //mhm;//
I: Obwohl, ich hab bei Ihnen so verstanden ähm, (.) ja d=n der Krieg hat seine
   eigenen Gesetze;
N: Krieg hat seine eigenen Gesetze.
I: Des des ham Sie so s letschte Mal ähnlich so auch
N:                                                   └Ja,ja.
I:                                                      └formuliert;
I:                                                            └Ja,ja.
I:                                                                 └also auch bei
   der Frage die wir da hatten ähm; wie war des; ähm Partisanen, Partisanen warn
   außerhalb dieser Gesetzlichkeit;
N:                                     └Ja;ja; ja;ja; ja;ja,
I:                                                    └also warn insofern möglicherwei-
   se auch vogelfrei ne? ähm also es gab so bestimmte Regeln, die (.) n alle Sie
   auch als Soldat akzeptiert ham.
N:                                     └Äh
I:                                      └so f=fascht wie Naturgesetze des Krieges.
N: Ja, also wenn äh Partisanen äh gefangen wurden die wurden also erschossen des
   war klar. //ja; ja; ja;// da gabs dann kein //ja;// Grüßgott; //ehm,// nicht
   wahr. //mhm,// äh (.) nein schlimm war was andres äh wenn es so Befehle gab so
   blödsinnige Befehle ä:h wir machen keine Gefangenen; (.) //mhm; ja, ja,//
```

Der Proband bringt einen Aspekt von Normalisierung im Krieg ins Gespräch: Das Sich-Wehren gegen einen Feind erscheint als positiver Vergleichshorizont, den er von der Erschießung eines Kameraden wegen einer Übertretung (s. ausführliche Passage im Materialband) abhebt. Der Interviewer lotet die Bedeutung dieser Unterscheidung für das Denken und Handeln – das *Enaktierungspotenzial* (s. Abschnitt 10.5) – aus, indem er dies unter Rückbezug auf frühere Äußerungen des Probanden als Eigengesetzlichkeit im Kriege (Z 40 f.) rahmt. Nachdem N. deutlich zustimmt (Z 44 u. 46), trifft der Interviewer eine propositionale Feststellung über die Reichweite dieses Rahmens: Partisanen standen außerhalb dieser Gesetzlichkeit (Z 48 f.). Der Proband vollzieht diese thematische und durchaus zuspitzende Initiative des Interviewers nach, denn Partisanen wurden erschossen, „des war klar" (Z 56 f.). N. kehrt zum Horizont der im Kriege geltenden Regeln zurück und grenzt diesen vom Umgang mit Partisanen ab: „Nein, schlimm war was andres." (Z 58) Damit bestätigt er, dass für ihn die Partisanen außerhalb dieser Regeln standen. Innere Konflikte erlebt er nicht speziell im Umgang mit Partisanen, sondern bei einem allgemeinen Schießbefehl gegenüber Gefangenen („wir machen keine Gefangenen", Z 59).

Der Proband bleibt hier in der Rolle des distanzierten Zeitzeugen und macht aus seiner Kritik an „blödsinnigen" Befehlen kein Hehl. Andererseits schließt er sich mit einem kollektiven „wir" dem Kreis derer an, die den Regeln des Krieges unterworfen waren und dementsprechend handelten. Auf den Hinweis, dass N. diese Regeln offensichtlich akzeptiert habe, geht N. nicht ein und wechselt zu einem weiteren Unterthema. Konfrontierende Zuspitzungen führen zu kurzen Bestätigungen, lösen aber keine selbstläufigen Schilderungen oder Reflexionen zu den eigenen Handlungen und Haltungen aus. In einem eher *divergenten Diskursmodus* bearbeiten die beiden Beteiligten unterschiedliche Themen. N. ist bis Zeile 39 damit beschäftigt, dass er einer Befehlsgewalt passiv unterworfen war, in der er dank einer höheren Fügung nicht in größere Gewissensnöte geriet. Der Interviewer versucht, die persönlichen Einstellungen dazu herauszuarbeiten und will die aktive Handlungsmacht des Probanden – die Agency – zum Thema machen („Regeln, die alle, Sie auch, als Soldat akzeptiert ham." Z 52 f.) N. wiederum kehrt ab Z 58 zum passiven Erleben einer äußeren Befehlsgewalt zurück. Der *Orientierungsrahmen einer investigativen Befragung* herrscht vor, wird aber dadurch abgemildert, dass der Interviewer nicht an seinem Thema festhält und offensichtlich eine gewisse Entspanntheit zwischen beiden Personen festzustellen ist. Dafür sprechen die Kontaktsignale der schnellen und deutlichen Bestätigungen des Probanden und die klaren Übergaben des Rederechts. N. antwortet ohne Verzögerung, offensichtlich sieht er wenig Anlass dazu, seine Antworten zu filtern.

In stärkerer Form konstelliert sich der *Orientierungsrahmen einer investigativen Befragung* bei Interview i43/1:

Interview i43/1: Passage „Politisch engagierter Soldat"

Minute 61 – 67

17 I: ... (3) und nachdem ich zugestimmt hatte, wurde ich dann (.) prompt am (.)
18 nächsten Wochenende versetzt (2) zur (2) °Auft=esch- zur Neuaufstellung eines
19 Bat=l=ions der bewaffn=ten eS eS,° //mhm. // (7)
20 I: Gegen **wen** richtete die Bewaffnung? (.) gegen **wen** war das also w-.
21 G: Gegen wen gar nicht. gegen- gegen, sondern für- das war ja schon im im Dritten
22 **Reich** dann. //mhm.// (.) für die Erhaltung des **Staates** nich? //mhm.// (7)
23 I: Und welche Aufgaben waren damals neunzehnhundertvierunddreißig (.) die Aufga-
24 ben der Waffen eS eS. also mit f=für was wurden Sie da angeworben? was ist Ih-
25 nen gesagt worden was die Aufgaben sein sollen? Erhaltung des Staates ist (.)
26 für mich jetzt sehr allge**mein**, (8)
27 G: Das war eine **reine** militärische °Ausbildung (.) damals°. //mhm.mhm.// (2) und
28 =s richtet= sich nicht **gegen** irgend**jemanden** (.) weil ganz allge**mein**, (4) die
29 Sicherung des **Staates**. //mhm.// (17)

Der Proband erzählt von seiner Aufnahme in die Waffen-SS. Mit einer Informationsfrage führt die Interviewerin vom direkten Erfahrungsraum des Probanden weg und signalisiert ein eigenes inhaltliches Interesse, wenn sie danach fragt, gegen wen sich die Bewaffnung gerichtet habe. Der Proband bleibt mit seiner Antwort eher auf der Ebene einer allgemeinpolitische Aussage, was die Interviewerin in ihrem Nachfragen kritisch kommentiert: „Erhaltung des Staates ist für mich jetzt sehr allgemein" (Z 26). Bei G. liegt die Betonung darauf, dass sich die Aufgabe der Waffen-SS „nicht gegen irgendjemand" (Z 28) gerichtet habe. In dieser verneinenden Abgrenzung möchte er möglicherweise eine implizite Vermutung der Interviewerin entkräften, jedenfalls umreißt er den Horizont einer „reine[n] militärische[n]" Ausbildung bei der Waffen-SS mit einem passiven Sicherungsauftrag. Ähnlich wie in der vorangegangenen Passage des Interviews i38 will die Interviewerin im weiteren Verlauf wieder zum eigenen Erleben des Probanden zurückführen:

46 I: **Ja**:, und was- was hat Sie daran **gereizt** an dieser (.) Waffen eS eS?
47 G: (17) Zunächst mal das Sol**datische** über**haupt** ne? //mhm.// (10)
48 I: Also gerade dass es- dass es jetzt endlich ne wirklich militärische Ausbildung
49 war.

G: Ja:
I: Ja mhmm. (4) Sie wollten gern Soldat sein.
G: Ja. (8)
I: Ja und wie ging das von**statten**; wo fand dann die Ausbildung statt und (.) was war das für eine?
G: (6) Wir wurden zunächst mal (.) als (.) einfache Soldaten ausgebildet. //°mhm°.// von (.) Feldwebeln (.) der **Reichs**wehr. //mhm.// die bildeten uns aus. und die waren ja alle zwölf Jahre **gedient**, die verstanden schon ihr Handwerk nich? und bildeten uns hervorragend **aus**. (3) nun hatte ich das Glück dass ich (.) schon (.) **damals** eS eS Führer war aus der allgemeinen eS eS und da wurde ich übernommen. brauchte also nicht noch mal von unten anfangen.
I: Mhmm. (15) die **Reichswehr** wäre keine Alternative gewesen- für Sie zur Reichswehr zu gehen?
G: ⌊Nein nein, gar nich.
I: Warum nich?
G: (4) Die war mir (2) zu: (.) unpolitisch.

Auch bei der Frage nach dem Reiz zum Eintritt in die Waffen-SS betont der Proband den positiven Horizont des Soldatischen. Die Interviewerin unterstützt dies durch Paraphrasieren. Ihre Konklusion „Sie wollten gern Soldat sein“ (Z 51) wird von G. validiert. Nach einer weiteren Schweigepause stellt die Interviewerin mehrere Detaillierungsfragen, die den Ablauf der Ausbildung betreffen. Hier antwortet der Proband ausführlicher und emotionaler. Darauf geht die Interviewerin allerdings mit ihrer Frage nach der Reichswehr als möglicher Alternative zur Waffen-SS nicht ein. Der Proband markiert deutliche Distanz zur Reichswehr. Die Abgrenzung zwischen Reichswehr und Waffen-SS wird von der Interviewerin durch Detaillierungsfragen zwar ausgelöst, allerdings reagiert G. hier nur mit kurzen Propositionen ohne weitere Erläuterungen. Schweigepausen signalisieren, dass der Proband seine Aussagen sehr genau prüfe und das Rede- bzw. Fragerecht wieder an die Interviewerin übergeben wolle. Die Interviewerin stellt schließlich die Frage, was für den Probanden so erhaltenswert und gut in diesem Staat gewesen sei.

I: Und was war (.) damals für Si:e gut an diesem Staat. was war das, was Sie erhalten wollten;
G: (23) In erster Linie natürlich Adolf **Hitler**, ne? (.) als **Führer** des Staates.

Nicht ungewöhnlich bei diesem Probanden erfolgt an dieser Stelle eine sehr lange Schweigepause. G. drückt mit der ausführlichen Bezeichnung Hitlers mit Vornamen und der Bezeichnung als „Führer“ sein politisches Bekenntnis aus und verbindet dies mit dem Ausdruck von Selbstverständlichkeit („natürlich“, Z 77). Er setzt sich geradezu demonstrativ in Kontrast zur kritisch fragenden Haltung der Interviewerin. Die längere Schweigepause vor dieser Äußerung deutet darauf hin, dass G. seiner Nähe zu Hitler bewusst und provokativ Ausdruck verleiht. In dieser Passage hält sich der Proband durch kurze knappe Propositionen, die nicht elaboriert werden, sehr bedeckt. Die von beiden ausgehaltenen Schweigepausen drücken abwartende, prüfende Distanz zwischen den Beteiligten aus. Ausführungen mit etwas mehr Selbstläufigkeit werden von der Interviewerin mit Fragen zur Fakten- und Bedeutungsklärung nicht vertieft, sondern unterbrochen. Der Diskursmodus ist *divergent*, da die Beteiligten ihre Aufmerksamkeit unterschiedlich fokussieren. Es wird eher als im Interview i38/2 Verschiedenheit und Distanz von beiden zueinander betont („diese" Waffen-SS, Z 46, „natürlich" Adolf Hitler, Z 77) und es herrscht mehr prüfende Vorsicht vor – so, als wären die Beteiligten zueinander in „Lauerstellung". Die Passage trägt Züge einer *investigativen Befragung* mit deutlichen Tendenzen hin zu einer Tribunalsituation, wie es der Proband allein schon aufgrund seiner hohen Funktion in der Waffen-SS sicher auch erlebt hat.

Auch die folgende Passage trägt Züge einer *investigativen Befragung*, fokussiert auf die Frage nach Reue und Scham:

Interview i18: Passage „Männergesellschaft"
Minute 138 – 143

```
I: Gibt es Dinge die Sie bereuen heute? (3) °Befehle die Sie gegeben ham;°
G: Ja=h äh=h; (.) wissen Sie es gibt viele Dinge für die man sich schämt. (2)
   bereuen (.) kann man eigentlich doch nur etwas was man (.) in der (.) Kenntnis
   (1) dass man jetzt etwas tut was verboten ist, (.) ehh (.) doch getan hat; (.)
   und was man nicht hätte tun (.) sollen. natürlich gibt es auch viele Dinge an
   denen man sich hätte nicht (.) beteiligen (.) dürfen. aber (.) man hat sich ja
   immer kollektiv (.) beteiligt; (.) un=nun äh (.) das ist nun=ein eigenes
I:                                                                   └(??) Für
   was
G:  └Kapitel
I:     └schämen Sie sich
G: Ja ich schäme dafür was die deutsche Wehrmacht im (.) Osten (.) diesen Menschen
   angetan hat. (.) nicht? ich schäme mich (.) dass äh wir (.) da hinmarschiert
   sind wo wir nichts zu suchen hatten. (.) ich schäme mich dafür dass wir (.) ah
   Leute als Autoritäten angesehen haben und ihnen geglaubt haben; (.) die also
   eigentlich viel gescheiter waren als wir;
```

Sehr viel deutlicher als in der Passage „Dem Herrgott ewig dankbar" des Interviews i38/2 spricht der Interviewer die Frage von Reue beim Probanden an.

Dieser reagiert darauf („wissen Sie“, Z 14), umreißt sein eigenes Verständnis von Reue und bleibt aber unter Verwendung von „man“ auf einer allgemeinen Ebene. Es habe viele Dinge gegeben, „an denen man sich hätte nicht beteiligen dürfen.“ (Z 17 f.). Der Interviewer greift das vom Probanden verwendete Stichwort der Scham (Z 14) auf und fragt konkretisierend nach, wofür sich G. schäme. Wo es um die Frage einer kollektiven Schuld geht, schwenkt G. vom abstrakteren „man“ in ein kollektives „wir“ (ab Z 25). In verklausulierter Form – dem Bekenntnis einer Scham über seine damalige Naivität – formuliert der Proband indirekt eine Proposition: Er habe nichts zu bereuen, da er im Rahmen eines Kollektivs nichts getan habe, was er damals als verboten hätte erkennen können. Mit dem Verweis, das sei ein „eigenes Kapitel“ (Z 19 ff.), lässt der Proband Themen anklingen, gliedert sie aber gleichzeitig aus dem Diskurs dadurch aus, dass er notwendige Detaillierungen (Z 42) andeutet und deren Ausführung aber unterlässt:

41 G: ... (.) aber dazu müsste ich jetzt in
42 Einzelheiten gehen; nicht, also (.) Ihre Frage zielt ja (.) darauf (.) ab (.)
43 wann haben Sie eigentlich (.) nun Erlebnisse gehabt die Sie zum Nachdenken ge-
44 bracht haben. denn natürlich ist das Nachdenken irgendwann passiert; (.) also
45 (.) wenn ich dazu (.) noch eine Vorbemerkung machen darf. (2) diese (1) diese
46 Situation des=s Kriegszustandes in- (.) im Osten. (2) ist glaub ich doch sehr
47 zu trennen (.) von all dem was man (.) von früheren Kriegen wusste (.) und was
48 man auch vom (.) Feldzug in Frankreich wusste; wo es doch einigermaßen zivil-
49 (.) bürgerlich (.) zugegangen ist; man muss sich ja vorstellen (.) dass der
50 normale Soldat im Osten (1) eh zunächst in einer Männergesellschaft gelandet
51 ist. (.) dass es oft (.) zehn fün- zwölf Monate gegeben hat (.) in denen er
52 nie mit einer Frau gesprochen hat. (.) dass (.) diese Männergesellschaft na-
53 türlich (.) in vieler Weise auch (.) dazu neigt (.) also bürgerliche Normen
54 relativ rasch abzulegen. (.) C/00:33:54-5

Hier elaboriert der Proband seine Proposition von der Reue über einen Verbotsirrtum innerhalb des Kollektivs der Wehrmacht weiter: G. beruft sich auf die Besonderheit des „Kriegszustandes im Osten“. Dem positiven Horizont des „zivilbürgerlichen“ Feldzuges in Frankreich steht als negativer Gegenhorizont die Männergesellschaft des normalen Soldaten im Osten gegenüber, die „dazu neigt, also bürgerliche Normen relativ rasch abzulegen“ (Z 53 f.). Dass der Proband dies bewusst an den Interviewer adressiert, zeigt sich sowohl im Ansprechen eines vermuteten Erkenntnisinteresses („Ihre Frage zielt ja darauf ab“, Z 42), als auch in der eher allgemein gehaltenen Aufforderung, „man muss sich ja vorstellen“ (Z 49).

Der Interviewer wird, wenn er sich auch nur kurz einschaltet, zu einer Stimme, mit der sich der Proband in der Erörterung von Reue, Scham und Schuld auseinandersetzt. Er bringt unter Orientierung am Interviewleitfaden deutliche Impulse ein, wenn er in seiner geschlossenen Frage den Antworthorizont einer vermuteten Reue anlegt. Der Proband wiederum geht prompt im Modus der Argumentation darauf ein und antwortet klar strukturiert mit Rückbezügen. An der verklausulierten Proposition von der Reue über etwas, wofür der Proband nach eigenem Bekunden ja doch nichts könne, wird der *divergente Diskursmodus* in dieser Passage deutlich. Der Proband erweitert den thematischen Orientierungsrahmen, gliedert zu differenzierende Themen aus und führt von der Ausgangsfrage nach der Reue über eigene Befehle weg. Innerhalb einer *investigativen Orientierung*, geprägt durch Vorvermutungen auf Seiten des Interviewers, reagiert der Proband defensiv ausweichend. Dabei bringt G. zwei Tradierungsformen (s. Abschnitt 7.2) zur Anwendung: Er *distanziert* sich, auch sprachlich, von seiner damaligen Identität und betont die eigene *Konversion* zu einem neuen Denken.

Bei den bisher genannten Interviewbeispielen, die sich mit Vorstellungen von Normalität im Kriege befassen, fällt auf, dass die Interviewenden in der Regel *investigativ* nachfragend die eigene Agency der Probanden thematisieren und der sich dann anschließende Diskurs im *divergenten* Modus vonstatten geht. Hier macht auch das Interview i38/2 mit der Passage „Dem Herrgott ewig dankbar" keine Ausnahme. Vorstellungen von Normalität im Kriege können aber auch innerhalb des *Orientierungsrahmen einer Zeitreportage* anklingen:

Interview i41/1: Passage „Komischer Anblick"
Minute 35 f.

```
L: ... gell, und dann hän sie da (.) Dings no so ausgehobe (1) also große Gräbe
   gell, //ja// und dann hän sie also acht Tage lang (1) sind da de sch- äh Russe
   erschosse worde.
I: Mhm. als Rache dafür
L:                     ⌊Als Rache, ja,
I:                        ⌊dass die drei Kradmelder-
L: Also es hatte damals geheiße, also ich habs im Kopf noch zehntausend.
I: Zehntausend;
L: Au mit Fraue noch, wo in Uniform ware, gell, //mhm// net ähm, ich hab au Fraue
   gesehe, wo da am eM Ge hänge gell, des isch also (.) //mhm// ä Mann isch noch
   äh: kann man noch also ertrage; ä Frau (1) //mhm, mhm// als als Soldat und
```

```
     hängt da erschosse da an so nem eM Ge: oder so, //ja// des war scho also e: e
     komischer Anblick, gell;
  I: Hän Sie mit eh teilnehme müsse an dene Erschiessunge?
  L: Bitte?
  I: Hän Sie mit teilnehme müsse an dene
  L:                                     ⌊Nei, ich net.
  I:                                      ⌊Erschiessunge? mhm, mhm.
  L: ((spricht schnell) Also ich kann von vorne herein sage ich hab niemanden
     erschosse) //ja, ja// (.) ich hätts machen können auch später (.) //ja// ...
```

Der Proband schildert eine selbst erlebte Massenerschießung, die von deutschen Soldaten an Russen verübt wurde. Der Interviewer unterstützt die selbstläufige Erzählung durch verständnissicherndes Nachfragen. Dabei betont der Proband die Höhe der Opferzahl und die Tatsache, dass Frauen in Uniform (Z 24 ff.) unter den Opfern waren. Für ihn besteht die Besonderheit der Situation darin, dass hier Frauen als Soldatinnen in der Kriegswelt in Erscheinung treten. Krieg erfährt bei L. eine Normalisierung als Männersache („kann man noch also ertrage", Z 26). Das gerade noch Erträgliche, getötete männliche Soldaten zu sehen, wird angesichts von getöteten Soldatinnen für ihn offensichtlich überschritten. In seiner szenischen Erzählung positioniert sich L. als Zeuge des Geschehens, er wendet sich mit Rückversicherungsaktivitäten an den Interviewer („gell"). Dieser wiederum reagiert mit häufigen Hörersignalen. Der Interviewer nimmt in seiner Frage nach der Teilnahme des Probanden an den geschilderten Erschießungen mehrere Relativierungen gleichzeitig vor. So fragt er nicht nach Mitwirkung, sondern nach Teilnahme (Z 29) und schwächt auch dies in der Wiederholung der Frage noch zweifach weiter ab, denn er setzt einen äußeren Zwang zur Teilnahme voraus („teilnehme müsse", Z 29) und betont hier nur die *Mit*-Teilnahme (Z 31). Damit drückt er ein hohes Maß an Vorsicht aus. Das schnelle Sprechtempo in der Antwort des Probanden deutet darauf hin, dass sich der Proband auf die Frage nach eigenen Verbrechen im Nationalsozialismus vorbereitet hat. L. schließt grundsätzlich die Möglichkeit einer Täterschaft für sich nicht aus („ich hätts machen können", Z 35), mit dem Verzicht auf diese Möglichkeit betont er umso mehr die Kraft seiner eigenen Entscheidung. Innerhalb selbstläufiger Erzählsequenzen versichert sich der Proband immer wieder der Aufmerksamkeit des Interviewers („gell?", „net?"). Der Interviewer fragt klärend nach und schwächt Fragen nach eigener Beteiligung ab. So erhält diese Passage den Charakter einer *Zeitreportage*, in der der Erzähler dem Zuhörenden die ungeschminkte Wahrheit drastisch vor Augen führt, und sein Expertentum über seine Zeugenschaft für das Geschehen im Krieg definiert. Der Interviewer ist in der Rolle des distanzierten Zuhörers.

Im Hinblick auf Vorstellungen von Normalität im Krieg, wie sie in den Passagen dieses Abschnitts in unterschiedlichen Varianten behandelt werden, stellt diese Passage gegenüber der Passage „Dem Herrgott ewig dankbar" des Interviews i38/2 die Variante mit dem minimalsten Kontrast im Verhältnis zu den anderen angeführten Interviewausschnitten dar. Hier ist das Aufklärungsinteresse des Interviewers am Geringsten ausgeprägt, insofern wird hier kein Orientierungsrahmen mit investigativem oder verhörendem Charakter konstelliert, wie in den anderen in diesem Abschnitt aufgezeigten Interviewausschnitten.

Fallintern wiederum kann bei Interview i38/2 festgehalten werden, dass sich die Passagen in ihren Orientierungen je nachdem unterscheiden, welche Thematik besprochen wird. So entsteht beim Thema der Bedrohung des Probanden in Kriegszeiten in der Passage „Wenn dem Göring was passiert" mit viel gegenseitigem Kontakt der *Orientierungsrahmen einer gemeinsamen Zeiterkundung*. Bei Fragen einer eigenen Beteiligung z.B. an Partisanenerschießungen schält sich der kritischere *Orientierungsrahmen einer investigativen Befragung* heraus. Festzuhalten ist aber, dass das in diesem Interview vorherrschende hohe Maß an gegenseitiger Bezugnahme und Anerkennung sich dergestalt in der investigativen Orientierung auswirkt, dass sie diesen Orientierungsrahmen deutlich abmildert. Einem Probanden, der auch mit Bedrohung von Verfolgung im Nationalsozialismus konfrontiert war, wird in der Tendenz mehr Anerkennung und Gelassenheit beim Ausleuchten seiner Diskrepanzen zuteil. So kann ein größeres Maß an Anerkennung den forschenden, konfrontierenden Interviewerfragen Raum geben, da nicht automatisch Rechtfertigungsstrategien bei der Erzählperson ausgelöst werden.

Auffallend ist in den aufgeführten Interviewbeispielen, dass Beschreibungen und Argumentationen innerhalb einer eher passiven Agency ausgeführt werden. So wird einigen der in Abschnitt 7.2 benannten kritischen Tradierungsformen – nämlich denen der Rechtfertigung, Distanzierung oder Konversion – Vorschub geleistet.[25] Einzelne Interviewende unternehmen den Versuch, auf die eigene Bewertungs- und Handlungsmacht der Erzählenden zu sprechen zu kommen und so den Prozess von Selbstthematisierung und *biografischem Lernen* anzuregen. Innerhalb des *Orientierungsrahmens einer investigativen Befragung* werden diese Tradierungsformen allerdings nicht unterlaufen, teilweise festigen sie sich sogar, wie z.B. die Passage „Männergesellschaft" des Interviews i18 zeigt. Wenn der Interviewer eine mögliche Handlungsmacht beim Probanden sogar vorauseilend abschwächt, dann beendet dies umso leichter den Prozess der Selbstreflexion. Dies lässt sich an der Passage „Komischer Anblick" des Interviews i41/1 ablesen.

11.2.5 Zusammenfassung

Die Analyse verschiedener konjunktiver Erfahrungsräume, die in die Interviews hineinstrahlen, gibt Hinweise darauf, welche Einflüsse bestimmte Orientierungsrahmen bei Interviews über den Nationalsozialismus begünstigen oder erschweren. Aus den schon angeführten Gründen können nur Tendenzen aufgezeigt werden:

- Die im Projektverbund *Geschichte und Erinnerung* geführten Interviews reinszenieren eine typische Konstellation des Nachkriegsdiskurses über den Nationalsozialismus: die Auseinandersetzung der Generation der Zeitzeugen mit der Generation der direkten Nachkommen. Damit lebt ein intergenerationeller, konjunktiver Erfahrungsraum zwischen den Beteiligten auf, der von spezifischen Formen der Tradierung oder Nicht-Tradierung (s. Abschnitt 7.2) von Erfahrungen im Nationalsozialismus bestimmt ist.
- Der Diskurs mit Angehörigen der „Enkelgeneration" scheint, wie ich an einem Beispiel aufzeigen konnte, aus dem Generationenabstand heraus entspannter und anerkennender zu verlaufen als der Diskurs mit der Generation der direkten Nachkommen. Auch heftige Auseinandersetzungen sind auf dem Boden gegenseitiger Anerkennung möglich und verstellen oder schädigen jedenfalls nicht den Prozess der Selbstvergewisserung beim Probanden.

[25] Die anderen problematischen Tradierungsformen der Opferschaft, Faszination und Überwältigung können sich durchaus im szenischen, ich-aktiven Erzählen realisieren.

- Aus der vorliegenden Interviewstichprobe konnte ich keine signifikanten Hinweise darauf ableiten, dass die Geschlechtszugehörigkeit der Interviewbeteiligten einen Einfluss auf die Orientierungsrahmen und die Wechselwirkung von Anerkennung und biografischem Lernen bei den Probandinnen und Probanden hat.

- Der Erfahrungsraum von Bedrohung wirkt sich tendenziell dahin gehend aus, dass dem Probanden Anerkennung in Form von wohlwollender Solidarität entgegengebracht wird. Dies strahlt auch auf Themen aus, bei denen es ebenfalls um Mitbeteiligung des Probanden im Nationalsozialismus geht. Die Neigung zum nachdrücklichen Befragen ist bei der Interviewperson in solchen Fällen offensichtlich deutlich gemildert, so dass die Selbstthematisierung des Probanden zumindest ermöglicht und unterstützt wird. Auch dies konnte exemplarisch aufgezeigt werden.

Bisher lag der Blick der vergleichenden Analyse auf den verschiedenen konjunktiven Orientierungsrahmen und ihrer Abhängigkeit von sozio-kulturellen Erfahrungsräumen. Dabei habe ich grob unterschieden, in welchen Orientierungsrahmen wechselseitige Anerkennung und in welchen Orientierungsrahmen Prozesse narrativer Identität und biografischen Lernens eine besondere Rolle spielen. Diese Wechselwirkungen werde ich nun differenzierter untersuchen und belegen.

12 Anerkennung und biografisches Lernen

Ging es in der bisherigen Analyse der Interviews im vorangegangenen Kapitel um die Typisierung bestimmter Kommunikationsmuster, die sich anhand unterschiedlicher Passagen in den verschiedenen Interviews aufzeigen lassen, so werde ich nun die Verknüpfung zwischen diesen Mustern bzw. Orientierungsrahmen und den im Theorieteil vorgestellten Konzepten herstellen. Bei Prozessen narrativer Identitätsbildung und biografischen Lernens müssen die einzelnen Interview*verläufe* in den Blick genommen werden. In den Interviews präsentieren die Zeitzeuginnen und Zeitzeugen die Erfahrung des Nationalsozialismus als Teil ihrer *narrativen Identität*. Sie erzählen, wie sie diese Zeit in ihr Selbstbild und in ihre Weltsicht integriert haben. Sie markieren in unterschiedlicher Form diejenigen Wendepunkte in ihrem Leben, die für sie im Prozess der inneren Verarbeitung bedeutsam waren. Nahezu alle Probanden mussten hier Brüche und Irritationen – *desorientierende Dilemmata* innerhalb des Modells des *transformativen Lernens* (s. Abschnitt 4.3) – verarbeiten. Aber erst die Wahrnehmung dieser Brüche und ihre Aneignung als Lernsituation führt zu einem inneren Wandel (s. Abschnitt 4.1).

In den Interviews schlägt sich die eigene Lerngeschichte – das *Lernen-aus-dem-eigenen-Leben* (s. Abschnitt 4.3) – in verschiedenen Themen, die sich durch verschiedenen Passagen ziehen, nieder. Hier müssen diejenigen Aussagen in den Blick genommen werden, in denen sich die Zeitzeuginnen und Zeitzeugen selbst erlebte Irritationen und Wendepunkte im Zusammenhang mit der Erfahrung des Nationalsozialismus lernend aneigneten. Z.T. wird diese Dimension biografischen Lernens direkt durch Fragen des Interviewleitfadens oder aber auch indirekt im Interviewverlauf berührt. Aus diesen Gründen werde ich im Folgenden die signifikanten Selbsterkundungsprozesse für *jede* interviewte Person gesondert vorstellen und mit den im Interviewverlauf entstehenden gemeinsamen Orientierungsrahmen in Beziehung setzen.

Dabei sind gerade diejenigen Interviews besonders interessant, bei denen ein Folgetermin zustande kam.

Die Art des konjunktiven Orientierungsrahmens, der zentrale Aussagen zum eigenen biografischen Lernen entstehen lässt und möglicherweise weiter vertieft, gibt Hinweise auf Zusammenhänge zwischen der Dimension gegenseitiger Anerkennung und dem Prozess der Selbstvergewisserung in den Interviews (s. Abbildung 3, S. 152). Wie ich in Abschnitt 5.1 aufzeigte, wirkt ein intergenerationeller *Kampf um Anerkennung* in die Interviewsituation hinein, denn hier kommen nicht nur Altersstereotypen zum Tragen, sondern zusätzlich noch gegenseitige Vorbehalte aufgrund des problematischen Nachkriegsdiskurses über den Nationalsozialismus. Der gesellschaftliche Kampf um Anerkennung wird auf der der individuellen Ebene der Interviewsituation als *Kollision von Selbstkonzepten* (s. Abschnitt 5.2) geradezu reinszeniert. Er zeigt sich auf allen drei von Honneth postulierten Sphären, der emotionalen, der rechtlichen und der sozialen Sphäre. Die vorgestellten Orientierungsrahmen zeigen, dass die Beteiligten in unterschiedlicher Weise darauf reagieren. Damit sind die Forschenden vor methodische Herausforderungen gestellt, denn es ist entscheidend, wie die Interviewenden diese Situation gestalten, sie möglicherweise im Interview selbst nutzen und wie sie mit Reaktionen von Vorsicht, Scham und Gegenwehr auf Seiten der Erzählenden umgehen. Diese Frage wird in Abschnitt 12.3 vertieft.

12.1 Themen biografischer Verarbeitung

Im Folgenden werde ich die Eckpunkte narrativer Identitätsherstellung und der Darstellung der eigenen Lerngeschichte für *jede* interviewte Person skizzieren. Z.T. nehme ich dabei Bezug auf aussagekräftige Passagen, die schon im vorangegangenen Kapitel vorgestellt wurden, z.T. stelle ich weitere Interviewausschnitte vor. Im Detail kann dies anhand der ausführlichen Falldarstellungen zu jedem Interview nachvollzogen werden (s. Materialband).[1] Kernsätze, die der Proband oder die Probandin für das eigene biografische Lernen formuliert hat,

[1] Zur Zeilennummerierung sei noch einmal auf das auf S. 202 erläuterte Verfahren hingewiesen, zum Bezug des Materialbands s. S. 10.

werden zum konjunktiven Orientierungsrahmen (s. Abschnitt 11.1), in dem diese Botschaften entstanden, in Beziehung gesetzt. Bei zwei Interviews – den Interviews i38/2 und i26 – werde ich exemplarisch und damit ausführlicher aufzeigen, wie nicht nur in der Rückschau, sondern auch in der Gegenwart der Interviewsituation neue Anstöße ausgelöst werden können. Dies wären dann Anzeichen für eine weitere Dimension biografischen Lernens, das *Erinnern-des-eigenen-bisherigen-Lebens* in der Gegenwart des Erzählens oder gar das in die Zukunft gerichtete *Sein-Leben-gestalten* (s. Abschnitt 4.3). In den Interviews lassen sich verschiedene Themen biografischer Verarbeitung identifizieren. Eine entsprechende Gruppierung der Interviews bestimmt nun die Folge der Darstellung.

12.1.1 Zugeständnis von Chancen im Nationalsozialismus

Manche Zeitzeugen betonen zwar ihre ständige Distanz zum System des Nationalsozialismus, offenbaren aber in ihren Rückbesinnungen, welche Chancen sich im Nationalsozialismus für sie eröffneten. Dies wurde schon in Abschnitt 11.1.2 beleuchtet. Diese Thematik durchzieht bei der Probandin, die mit demselben Interviewer in den Interviews i15/1 und i15/2 sprach, den gesamten Verlauf der aufeinander aufbauenden Interviews:

Interview i15/1 und i15/2

Bei aller Vorsicht der Probandin gegenüber dem Interviewer, der beide Interviews i15/1 und i15/2 führte, schält sich z.B. durch aktives Nachfragen und unterstützendes Paraphrasieren im 2. Interview deutlicher heraus, dass die Probandin als Frau neue berufliche Möglichkeiten geboten bekam, die sie allen Widrigkeiten zum Trotz zu nutzen wusste. Sie wurde Redaktionsmitglied in verschiedenen Zeitungen. Zu dieser Identität stellt sich die Probandin sehr ambivalent: Konstelliert sie zu Anfang eher den *Orientierungsrahmen einer Belehrung* und dokumentiert damit ihre Bedeutsamkeit als Zeitzeugin, bekräftigt sie mit vielfältigen, inhaltlichen Abschwächungen ihre Unscheinbarkeit im Nationalsozialismus. Hinter dieser Ambivalenz liegt eine tiefe Irritation, die sich in ständigen sprachlichen Suchbewegungen, Satzabbrüchen, unklarer Zuschreibung von Agency und Rückversicherungsaktivitäten ausdrückt. In der

Passage „Nie reingegangen“ des Interviews i15/1 (s. Materialband) bringt sie dies auf den Punkt:

```
25 I:                    ... also es is=is=is //ehm,// es=is //ehm,// manchmal //mhm,//
26    ganz (.) //ehm,// °durch=nander°-
```

In der fortwährenden Selbstrücknahme reinszeniert sich bei der Probandin ein In-Deckung-Gehen, um Vorwürfen und Festlegungen zu entgehen. Bei hoher gegenseitiger Bezugnahme der am Interview Beteiligten entsteht so immer wieder der *Orientierungsrahmen einer investigativen Befragung*, denn der Interviewer nimmt häufig die Komplementärrolle in diesem Orientierungsrahmen ein und will Sachverhalte aufklären. Immer dann aber, wenn er sich persönlich als Gesprächs- und Diskussionspartner in der Art seines Nachfragens, im Einbringen von Vermutungen und durch Einnahme von Gegenpositionen einbringt, wird dieser Orientierungsrahmen aufgeweicht. So entsteht phasenweise der *Orientierungsrahmen eines Streitdialoges* und im 2. Interview bildet sich gegen Schluss der *Orientierungsrahmen einer gemeinsamen Zeiterkundung* heraus (s. Abschnitt 11.1.2). Das aus einer Vorsicht gespeiste, schon zu Anfang gezeigte Bedürfnis der Probandin, die Interviewsituation z.B. in Form eines *belehrenden Orientierungsrahmens* zu kontrollieren, ist offensichtlich geringer geworden, so dass sich die Zeitzeugin an die Wahrnehmung innerer Ambivalenzen vorsichtig herantasten kann. Dies zeigt die **Passage „Fest drin“** des Interviews i15/2 (s. S. 229):

```
36 A: ((rauhe Stimme) Wenn die Na-) ((räuspert sich)) wenn die Nazis nich gekommen
37    wärn //mhm.// hätt ich noch dagesessen //mhm.// (1) //mhm;// (2)
```

Der Interviewer greift die Bedeutung, die die Probandin ihrer eigenen beruflichen Stellung als Frau auch in der Nachkriegszeit beimisst, auf und führt durch Satzabbrüche, Relativierungen und Suchbewegungen der Probandin hindurch häufig zu diesem Thema zurück. In dieser Fokussierung schält sich ein wichtiger Teil der Identität der Zeitzeugin heraus.

12.1.2 Ausgliederung und Abgrenzung des eigenen Engagements

In Teilbereichen des nationalsozialistischen Systems, z.B. in der Wehrmacht, fanden gerade die männlichen Zeitzeugen ihre Identifikation. Die Verflechtungen wurden in der heftig umstrittenen Ausstellung über die Verbrechen der

Wehrmacht[2] offengelegt. Damit wurde die Ausgliederung des eigenen Engagements – z.B. in der Unterscheidung zwischen der „sauberen“ Wehrmacht an der Front und den Gräueln der SS-Verbände hinter der Front – massiv in Frage gestellt. Dies findet in den Interviews i30, i41/1 und i41/2 seinen Niederschlag:

Interview i30

Die Entrüstung über den kritischen Nachkriegsdiskurs zur Rolle der Wehrmacht im Nationalsozialismus wirkt z.B. in das Interview i30 (s. Abschnitt 11.1.1) hinein und bestimmt die Darstellung des Zeitzeugen. Dabei ist er sehr auf die Interviewerin hin orientiert und adressiert Botschaften an die jüngere Generation quasi durch sie hindurch. Im Interview wiederholt sich beim Probanden immer wieder ein zentrales Motiv: Es geht ihm allgemein um die Ehrenrettung der deutschen Wehrmacht und um das Hinüberretten des früheren positiven Ansehens der Wehrmacht in die heutige Zeit, wie die **Passage „Hybris“** des Interviews i30 zeigt (s. Materialband):

K: ... und dann stelle ich mir vor und das hab ich auch gesagt, und unser= (.)m=m=meine Kinder sind mittlerweile ja groß, aber (.) **Kindern** wird das nachher im Geschichtsunterricht (.) erzählt; (.) und so wars eben nicht, mindestens nicht bei uns, in unserer (.) bei uns sind sicher Vergewaltigungen; um bei dem Problem zu bleiben, ganz ganz selten vorgekommen. (.) und da schreibt- so was steht in ner Doktorarbeit; ich=ich hab das, ich könnte Ihnen das genau äh geben also, (.) (?und deshalb?)
I: ⌊Aber Sie haben das erlebt; es ist vorgekommen.
K: Ich hab=s nicht erlebt; eben nicht; darum ärgert mich das so weil das irgendeiner schreibt in der Doktorarbeit. (.) und das stimmt eben nicht ...

Aber es geht ihm auch um eine persönliche Ehrenrettung als Angehöriger eben dieser Wehrmacht, wie die schon auf Seite 296 besprochene **Passage „Da können Sie mich noch so scharf angucken“** zeigt:

I: Haben Sie grundsätzlich davon nichts gewusst?
K: Nee da hab ich nichts gewusst. (1) //mhm mhm// nee @(.)@ da können Sie mich noch so scharf angucken, da hab ich wirklich nichts davon gewusst;

Der Proband versucht dabei, die Interviewerin für seine Sicht zu gewinnen; diese wiederum hakt nach und wirft zum Teil Fragen mit investigativer Orientierung auf. Die Debatte um die Rolle der Wehrmacht im Zweiten Weltkrieg lebt in diesem Interview mit aller emotionaler Beteiligung wieder

[2] Hamburger Institut für Sozialforschung 2002

auf. Letztlich überwiegt dabei der *Orientierungsrahmen einer Übereinkunft im Dissens*, denn beide Personen stellen ihre Überzeugungen und Sichten nebeneinander. Ihre Gemeinsamkeit besteht darin, dass sie sich in ihrer Unterschiedlichkeit als Diskussionspartner achten. Einig sind sie sich darin, dass sie sich *nicht* einigen können. Dies ist der kleinste, gemeinsamen Nenner, auf den sich beide Personen verständigen. Im Unterschied zum *Streitdialog* bleibt es beim Austausch von Propositionen im *oppositionellen Diskursmodus*. Die Verschiedenheit wird nicht aufgelöst, darf aber bestehen bleiben und ausgeleuchtet werden (s. S. 263 f.). Selbstläufigkeit im Erzählen, soweit sie sich überhaupt einstellt, dient dem Probanden allenfalls zur argumentativen Untermauerung seiner Sicht. Die hohe Emotionalität hinter der Irritation, die der Proband angesichts der aufgedeckten aktiven Mitwirkung der Wehrmacht an der Willkür und Grausamkeit im Nationalsozialismus empfindet, bekommt zu wenig Raum. Dabei sind die beiden Interviewbeteiligten in hohem Maße aufeinander orientiert, dies zeigen die vielen sprachlichen Kontaktsignale in den Interviewpassagen. Dadurch wird eine Tribunalsituation als eines der denkbaren, problematischen Tradierungsmuster (s. Abschnitt 7.2) in dieser Situation zwar erfolgreich vermieden, allerdings wird der Prozess der Selbstexploration im oppositionellen Diskursmodus nicht weiter vertieft.

Interview i41/1 und i41/2

Der Proband in den Interviews i41/1 und i41/2 berichtet über die Kriegszeit z.T. mit erschütternden Details und wird im ersten Interview vom Interviewer eher offen paraphrasierend begleitet. Bildmaterial und Tagebuchaufzeichnungen des Probanden, die dieser dem Interviewer zum Nachlesen überließ, aber auch weiteres dokumentarisches Material über Freiburg im Nationalsozialismus – dem Geburtsort und Lebensmittelpunkt des Probanden – stellen im 2. Interview für den Interviewer dann offensichtlich einen Anlass dar, bestimmte Sachverhalte genauer zu erfragen. In diesen Interviews finden sich zwei Themen biografischen Lernens, die durch die Interviewsituation selbst ausgelöst oder neu belebt werden: Ein versteckter Stolz über die eigenen Leistungen im Krieg und die Erfahrung von Willkür und Demütigung während des Krieges und in der Kriegsgefangenschaft. Das Vorrücken der Wehrmacht im Russlandfeldzug, die eigene Begeisterung für die Arbeit als Funker im Kriege und die Schilderung einiger positiver Erlebnisse wird anfänglich vom Interviewer durch Paraphrasierungen unterstützt, im Interview i14/2 setzt er den provokanten Vergleich des Kriegseinsatzes mit einem Abenteuerurlaub, worauf der Proband erstaunt-zustimmend reagiert (s. S. 226). Das Thema der Willkür und Demütigung verbindet der Proband in der **Passage „Fronarbeit"** des Interviews i41/1 (s. Materialband) sowohl mit seinen Erfahrungen in französischer Kriegsgefangenschaft, als auch mit dem, was er beim Russlandfeldzug erlebte:

```
L:    ⌊Ich hab also praktisch büße müsse //ja,// da ich da ich hab ich war ja nit
   in Frankreich hab in Frankreich au nix kaputt gemacht; //mhm, mhm// ich bin
   aber verkauft worde an d Franzose (.) //mhm// weil die Leut gebraucht habe zum
   äh: Gefangene gebraucht habe zum Wiederaufbau.

L: Da ware keine; da ware nur Deutsche. //ja jaja ja// des war ja anfangs des
   Krieges gell. ja und dann warn wir in Russland die schwarze Erde gemacht gell,
   //jaja ja// ha die ganze Dörfer; wenn d- erst ware wir bei dene, //ja jaja//
   bei dene ä:h Russefraue //ja// (.) die des Letzte mit uns geteilt habe //mhm//
   die letzte Gurke //mhm, mhm// die letzte (1) die letzte Brote wo sie // ja.
   ja. ja// ghät hän und Kartoffle gell //ja// und dann sind sie naus getriebe
   worde //mhm// bei der Kälte vierzig- fuffzig Grad //mhm, mhm// und na zurück
   getriebe worde //mhm// und die wo nit laufe hän könne (2) und stehe bliebe
   sind. Schuss (2) //mhm// weg (1) erschosse worde-
```

Gerade Interview i41/1 weist weite Phasen von Selbstläufigkeit innerhalb des *Orientierungsrahmens einer Zeitreportage* auf, bei denen zum Teil im *parallelen Diskursmodus* Konklusionen gemeinsam zwischen den Beteiligten erarbeitet werden. So kann der Proband im ersten Interview zuerst in schwächerer Form, im zweiten dann wesentlich deutlicher, seinen Stolz auf seine Tätigkeit als Funker in einer Einheit der Wehrmacht formulieren. Dies gipfelt in der **Passage „E gute Funker"** des Interviews i41/2 (s. S. 226 f.) in dem Ausspruch, der Krieg hätte für ihn so noch weitergehen können:

```
L: Ja also am Schluss ääh am Schluss hätt jo also praktisch (.) der Krieg @vo
   meiner Seite aus@ (.) do obe noch weitergehe könne; gell,
```

Dies zuzugestehen ist umso erstaunlicher, als der Interviewer im zweiten Interview deutlich mehr aufdeckende Fragen stellt und damit Assoziationen an Verhörsituationen geradezu herausfordert. Die Thematisierung dieser Assoziationen scheint den zuvor entstandenen *Orientierungsrahmen einer investigativen Befragung* deutlich abzuschwächen. Der Proband erhält so die Gelegenheit, über selbst erfahrene Verhöre zu erzählen, und schlägt hier sogar die Brücke zu seiner Tätigkeit im Kriege. Im Grunde bestand seine Aufgabe als Funker darin, feindliche Agenten aufzuspüren und sie der Gestapo zuzuführen (s. S. 279). In diesem Interview i41/2 wird deutlich, dass die inhaltliche Vorbereitung des Interviewers die Gefahr in sich trägt, dass er mit mehr Aufklärungsinteresse auf brisante Themen zusteuert. Offensichtlich kann es aber für den Interviewverlauf hilfreich sein, Blockaden anzusprechen. Gegenseitige Hörerreaktionen, Rückversicherungsaktivitäten und direktes Eingehen aufeinander zeigen, dass sich die Beteiligten als Gesprächspartner respektieren. Der Interviewer übernimmt immer wieder durch Paraphrasen die Perspektive des Probanden, dadurch entsteht phasenweise der konjunktive *Orientierungsrahmen einer Zeiterkundung*. Dialektangleichungen und abschwächende Formulierungen auf Seiten des Interviewers wirken zum Teil demonstrativ beschwichtigend (s. z. B. die **Passage „Komischer Anblick“**, S. 311) und sollen wohl eine Bloßstellung oder zu direkte Konfrontation vermeiden. Immer dann aber, wenn der Interviewer ein eigenes Aufklärungsinteresse verfolgt, wechselt der konjunktive Orientierungsrahmen in den einer *investigativen Befragung*. Dadurch wird der Prozess der Selbstthematisierung, der vom Interviewer immer wieder aktiv angeregt und unterstützt wird, häufig unterbrochen.

12.1.3 Erwachen aus einer Hypnose

Für manche Interviewpartner – so z.B. in den Interviews i13 und i18 – war der Zusammenbruch des Nationalsozialismus 1945 ein Erwachen wie aus einer Hypnose, aus einem Taumel, in den sie sich hineingezogen sahen. Das damals unkritische Denken, die Indoktrination mit nationalsozialistischem Gedankengut in Hitlerjugend und im Bund Deutscher Mädel, erfuhr nach Kriegsende ein jähes Ende und die Zeitzeugen nahmen eine kritisch-befremdete Distanz zu ihren damaligen Sichtweisen ein:

Interview i13

Auch für die Probandin in Interview i13 war die Zeit des Nationalsozialismus zuerst eine Zeit des Aufbruchs, in der sich ihr neue Chancen eröffneten. Im Unterschied zur Probandin der Interviews i15/1 und i15/2 unterzog sie ihre damaligen Erfahrungen unmittelbar nach Kriegsende einer kritischen Selbstprüfung, die zu tiefgreifenden, inneren Umorientierungen im eigenen Denken und Handeln bis in die Gegenwart führten. Im Sinne einer *Bekehrungs- und Rechtfertigungsgeschichte* (s. Abschnitt 7.2) beschreibt sie, wie sie als naives

Mädchen an zentrale Schaltstellen im Nationalsozialismus geriet. Die Narrationen enthalten Widersprüche, die aber nicht weiter bearbeitet werden (s. S. 236 f.). Hitlers Tod und die damit verbundenen Gefühle von Verlassenheit, sowie die Auflösungserscheinungen zu Kriegsende waren zentrale Wendepunkte für die Probandin, die sie gleichsam als Ernüchterung und Entzauberung beschreibt. Hatte sie sich als Mitarbeiterin eines hohen Funktionärs im Nationalsozialismus sehr mit ihrer Rolle und Aufgabe identifiziert (s. Abschnitt 11.1.4), so distanzierte sie sich nun reflektiert fragend immer mehr vom Nationalsozialismus. Dies scheint für sie eine zentrale Diskrepanzerfahrung im Sinne des *transformativen Lernens* gewesen zu sein und führte in weiteren Stufen innerer Verarbeitung zur Selbstprüfung und zu neuen Perspektiven im eigenen Leben (s. Abschnitt 4.3). Hier zeigen sich eindeutig die Möglichkeiten der Entfaltung der eigenen Lebensgeschichte im geschützten und offenen Rahmen eines biografisch-narrativen Interviews. Die Probandin positioniert sich als hervorgehobene Zeitzeugin, die besonders dicht am Geschehen war, und wendet sich mit selbstläufigen Narrationen an den Interviewer. Wie die ausgewählten Interviewpassagen zeigen, wird die Selbstexploration der Probandin insbesondere dann vertieft, wenn der Interviewer aus seiner Zurückhaltung heraustritt und unter Orientierung am Interviewleitfaden z.B. Fragen nach bestimmten Sachverhalten stellt. So löst seine Frage „Was hat Ihnen da geholfen zu lernen, wie ging dieses Lernen von sich im Laufe der Jahrzehnte?" in der **Passage „Schatten"** (s. S. 253 f.) folgende Reflexionen aus, die sie auch direkt an den Interviewer adressiert:

7 U: ... und da ist mir hab ich gedacht ja um Gottes Willen was hat der Mann mit
8 uns gemacht. ...

35 U: ... **und da-** da hab ich dann eigentlich gedacht, ich ich war **gerne**
36 bei G. und ich hab ihn gern gehabt aber ich bin **froh** und ich möchte auch **nie**
37 **wieder** einen so ein so was erleben; des is also sozusagen das Resumée meine-
38 meines Lebens; (.)

Im weiteren Verlauf der Passage stellt die Probandin dann Zusammenhänge zwischen Selbstvorwürfen und ihrer psychische Erkrankung her. Erst in dieser Phase des Interviews verringern sich die argumentativ-rechtfertigenden Aspekte der Erzählung und es entsteht anerkennender Kontakt zwischen beiden am Interview Beteiligten. Die Zeitzeugin schwingt sich auf den schon vorher vom Interviewer angebotenen *Orientierungsrahmen einer gemeinsa-*

men Zeiterkundung ein. Damit wird deutlich, dass das monologische Erzählen erst in diesem Orientierungsrahmen Züge einer Selbstexploration gewinnt: Der Kontakt mit dem Gegenüber des Interviewers, der sich hier mit Fragen zeigt, vertieft die Auseinandersetzung mit der eigenen Geschichte in Form einer szenischen Erzählung. Der Charakter einer Bekehrungsgeschichte, den das Interview über große Strecken gewinnt, wird hier deutlich abgeschwächt. Wie ich bei der Analyse der Passage „Schatten" auf S. 253 ff. aufgezeigt habe, hätte es hier wie auch an anderen Stellen Ansatzpunkte dafür gegeben, einzelne Widersprüche in der Konstruktion dieser Bekehrungsgeschichte behutsam zum Thema zu machen.

Interview i18

Weitgehend im *Orientierungsrahmen einer Zeitreportage* oder im *Orientierungsrahmen einer Belehrung* präsentiert sich der Proband des Interviews i18 als Experte, der die Vorgänge an der Front aus der Sicht eines aufgeklärten Zeitzeugen detailliert schildern kann. Dabei betont er seine Distanz zum Geschehen. In der **Passage „Das Dorf existierte nicht mehr"** des Interviews i18 (s. S. 217 f.) problematisiert er eine eigene Handlungsbeteiligung an Vernichtungs- oder Tötungshandlungen folglich nicht, aber er formuliert zumindest verbal ein Erschrecken über sein damaliges Denken und distanziert sich von seiner damaligen Identität:[3]

G: ... so: (.) ist also der Krieg; (.) ich f=finde ihn
schrecklich, (.) a:ber (.) e=e und jetzt kommt ein Satz der zeigt nicht wahr
wie weit ich mit meinem Denken war; nämlich gar nicht weit; wo gehobelt wird
fallen Späne.

Aus der Warte eines Beobachters drückt er immer wieder Befremden über die Eigengesetzlichkeit des Krieges und die dort herrschende Männergesellschaft aus. Die Frage des Interviewers in dieser Passage nach dem Empfinden von Scham und Reue löst in der **Passage „Männergesellschaft"** (s. S. 309 f.) eine Selbstprüfung beim Probanden aus. Hat der Zeitzeuge den Interviewer bisher eher als einen interessierten Zuhörer behandelt, dem die damaligen Verhältnisse zu erklären sind, so bekommt dieser für ihn nun größere Bedeutung, denn er wendet sich an den Interviewer nun als Zeugen einer inneren Auseinandersetzung.

[3] Die Frage, wie dieser reflexive Schritt in Zusammenhang mit einer Intervention des Interviewers steht, wird ebenfalls auf Seite 217 f. vertieft.

G: ...denn natürlich ist das Nachdenken irgendwann passiert; (.) also
(.) wenn ich dazu (.) noch eine Vorbemerkung machen darf. (2) diese (1) diese
Situation des=s Kriegszustandes in- (.) im Osten. (2) ist glaub ich doch sehr
zu trennen (.) von all dem was man (.) von früheren Kriegen wusste (.) und was
man auch vom (.) Feldzug in Frankreich wusste; wo es doch einigermaßen zivil-
(.) bürgerlich (.) zugegangen ist; man muss sich ja vorstellen (.) dass der
normale Soldat im Osten (1) eh zunächst in einer Männergesellschaft gelandet
ist. (.) dass es oft (.) zehn fün- zwölf Monate gegeben hat (.) in denen er
nie mit einer Frau gesprochen hat. (.) dass (.) diese Männergesellschaft na-
türlich (.) in vieler Weise auch (.) dazu neigt (.) also bürgerliche Normen
relativ rasch abzulegen. (.)

Letztlich kommt er im *divergenten Diskursmodus* ausweichend zu dem Schluss, dass er nichts zu bereuen habe und begründet dies argumentativ. Die eigene Selbstexploration bleibt hier stehen, denn Erschütterung über die Geschehnisse im Krieg und das Ausmaß der eigenen Handlungsbeteiligung werden auch in den selbstläufigen Erzählsequenzen nur angedeutet und trotz vorsichtiger Thematisierungen durch den Interviewer nicht weiter vertieft. Dennoch gewinnt man insgesamt den Eindruck, dass die detaillierten Schilderungen im *Orientierungsrahmen einer Zeitreportage* Ausdruck eines inneren, nicht abgeschlossenen Verarbeitungsprozesses sind: Es ist gerade die Emotionslosigkeit im Vortrag des Erlebten, die Erschrecken und Abscheu über das Erzählte erzeugt. Möglicherweise ist genau diese Reaktion der Außenstehenden der Widerhall der damaligen, inneren Emotionen des Probanden. Diese Dimension der Selbstvergewisserung konnte allerdings nicht berührt werden.

12.1.4 Verlust von Identifikation

Für die Zeitzeugen der Interviews i40, i43/1 und i43/2 stellte dieses Deutschland, wie es nach dem Kriege entstand, gemessen an den im Nationalsozialismus verinnerlichten Idealen eine Enttäuschung dar. Sie konnten sich mit diesem Nachkriegsdeutschland nicht mehr identifizieren, denn sie hatten sich im Nationalsozialismus für ein anderes Deutschland eingesetzt:

Interview i40

Dieses Thema behandeln die beiden am Interview i40 Beteiligten als nahezu ebenbürtige Diskussionspartner. Der Proband macht sehr starke Kontaktangebote und versucht, den Interviewer auch herauszufordern, so als suche er in ihm einen Widerpart. Der Interviewer wiederum geht auf diese Interventionen nur begrenzt und dosiert ein. In der **Passage „Kilimandscharo“** (s. S. 246 f.) skizziert er durchaus seine abweichende Meinung und dennoch erhält der Proband den Raum, seine Zweifel am Ausmaß der Opfer des Holocaust zu erläutern. Im Verlauf der längeren **Passage „Verbastardierung“** des Interviews i40 entsteht so der *Orientierungsrahmen eines Streitdialoges*, eingebettet in den *Orientierungsrahmen einer gemeinsamen Zeiterkundung* (s. im Speziellen S. 224 f., ausführlicher in der Falldarstellung im Materialband):

```
P: Ähm e=nich nur meinem Führer sondern ähm (.) er verkörperte für uns Deutschland;
   //ja; ja; ehhm;// das das //mhm, mhm;// darf man nich vergessen; //mhm;//
   nich? //mhm; ja;// °und=ich bin° ich bin und war ganz bewusst Deutscher.
   //ja;// nich? //ja; ja. ehm,// und bin auch g- stolz auf mein deutsches
   //ja;// Volk.
```

Die durchgehend hohe, interaktive Verständigung der Beteiligten verleiht der gegenseitigen, wollwollenden Anerkennung als Gesprächspartner deutlichen Ausdruck. So gelingt es, sowohl die Argumentationen des Probanden zu entfalten und gleichzeitig die Unterschiedlichkeit in den Auffassungen zwischen Proband und Interviewer zu markieren. Der Interviewer greift paraphrasierend-zusammenfassend in die Ausführungen des Probanden ein, weist fragend auf Diskrepanzen hin und unterstützt die weitere Thematisierung von Verlust eines für den Probanden bedeutsamen Zusammenhalts. Die rassistischen Einstellungen des Probanden erhalten durch die Umschreibungen des Interviewers eine andere Bedeutung und Sprache und können so neu in die narrative Identität des Probanden integriert werden. Der Stolz des Probanden auf „sein“ damaliges Deutschland und das Bedauern, diese Volksgemeinschaft verloren zu haben, wird geradezu gemeinsam in der **Passage „Nich mehr mein Deutschland“** herausgearbeitet (s. S. 270 f.):

```
I: Mhm; mhm; nachm Krieg isch des nich mehr Ihr Deutschland geworden; ne,
P: Nein.
I: Nee;
P: Nein.
I:       ⌊Das merk ich;
P:                          ⌊nee; (.) eheh. //mhm; ja;// äh nich mehr mein Deutschland
   für=ds ich (.) jederzeit bereit war. (.) //mhm;// mich einzusetzen. //ja. ja-
   ja;// nee.
```

Auch über die fundamentale Unterschiedlichkeit der Beteiligten hinweg kommt ein gemeinsamer Explorationsprozesses *im Dialog* in Gang. Dies kann von den untersuchten Interviews hier sicherlich am Deutlichsten aufgezeigt werden. Anerkennung von Seiten des Interviewers drückt sich darin aus, sich auf die Welt des Probanden aktiv – nämlich fragend und umschreibend – einzulassen. Die vielfältigen Kontaktangebote des Probanden sprechen dafür, dass der Interviewer hier noch viel unmittelbarer, z.B. durch Setzen von deutlichen Oppositionen, hätte auftreten können.

Interview i43/1 und i43/2

Das Thema der Standhaftigkeit und des Elitebewusstseins zieht sich beim Probanden der Interviews i43/1 und i43/2 durch die verschiedenen Passagen in diesen Interviews hindurch (s. Abschnitt 11.1.2). Hier engagiert er sich in der Elaboration von Inhalten und entwirft die narrative Identität eines einsatzbereiten „Kriegshandwerkers", für den die Waffen-SS die bessere, schlagkräftigere und dennoch genauso „saubere" Alternative zur Wehrmacht darstellte. Bei hoher Steuerung durch die Interviewerin erhält der Proband allenfalls im ersten Drittel des Interviews i43/1 Raum zur Ausleuchtung seiner inneren Motive, so z.B. in der **Passage „Da wurde nicht jeder aufgenommen"** des Interviews i43/1 (s. Materialband):

G: Na; das hatte man sehr schnell raus; //mhm.// (11) die eS eS war ungefähr ein Zehntel (.) der Stärke der eS A:. //mhm.// aber (2) man kann sagen (2); die Elite; //mhm.// (2) der eS A:.
I: Die Elite; mhm, (.) wodurch hat die sich ausgezeichnet diese Elite,
G: (18) In der damaligen Auseinandersetzung, mit den (.) Roten, vor allen Dingen durch Standhaftigkeit; nich? //mhm,// (5)
I: Noch einmal die Standhaftigkeit. wie sah das konkret aus die Standhaftigkeit; in Auseinandersetzung mit den Roten,
G: Dass man gegen eine Übermacht, sich durchsetzte; //mhm// auch in kleineren Gruppen, niemals feige war.(4) sondern dann auch die Herausforderung annahm? aber sich dann doch durchsetzte damit; //mhm// (7)

In Anbetracht des gehobenen Ranges, den der Proband in der Waffen-SS einnahm, verfolgt die Interviewerin ein eigenes Aufklärungsinteresse. So sind die Interviewpassagen immer mehr durch lange Schweigepausen geprägt, in denen der Proband seine Antworten auf die sehr sachverhaltsorientierten Fragen der Interviewerin genau abwägt, und sich mit kurzen Bekundungen ohne Selbstläufigkeit dieser Steuerung entzieht. Es stellt sich eine prüfende Reserviertheit bei beiden Beteiligten mit geringen Kontaktangeboten und Rückversicherungsaktivitäten ein. Der vorherrschende *Orientierungsrahmen einer investigativen Befragung* verstärkt sich z.T. in Richtung einer Verhörsituation

– z.B. in der **Passage „Babi Jar"** des Interviews i43/2 (s. S. 213 f.) – oder schwächt sich als *Orientierungsrahmen einer Übereinkunft im Dissens* ab, wie z.B. in der **Passage „Verschworene Gemeinschaft"** des Interviews i43/1 (s. S. 231 f.). Bei geringen Signalen von Kontakt und Anerkennung wird damit der Prozess von Selbstvergewisserung nicht weiter vertieft. Wenn man die in der Eingangspassage zu Interview i43/1 angedeuteten, schlechten Erfahrungen des Probanden mit ähnlichen Interviews in der Vergangenheit (s. Falldarstellung im Materialband) berücksichtigt, dann entsteht der Eindruck, dass der Proband in diesem Interview einmal mehr seine Standhaftigkeit unter Beweis stellt, denn er hält den bohrenden Fragen der Interviewerin über mehrere Stunden stand. Dieses Muster, in dem beide Personen komplementäre Rollen einnehmen, wird nur an wenigen Stellen durchbrochen, so z.B. in der **Passage „Da wurde nicht jeder aufgenommen"** des Interviews i43/1.

12.1.5 Biografische Wurzeln fortbestehender Ressentiments

Der Proband der Interviews e1 und i14 betont im Unterschied zu den anderen Probandinnen und Probanden die Kontinuität im eigenen Lebensentwurf auch nach dem Kriege und sieht die entscheidenden Wendepunkte für die eigenen Haltungen eher *vor* dem Aufkommen des Nationalsozialismus. Für ihn liegt dort ein wesentlicher Bereich für die biografische Verarbeitung des Erlebten. Da der Proband von verschiedenen Interviewenden befragt wurde, sollen die Potenziale biografischen Lernens für jedes der Interviews getrennt dargestellt werden:

Interview e1
Der Proband ist immer wieder mit selbst erlebter Verfolgung im kommunistischen Russland nach dem Ersten Weltkrieg und der Bedeutung Deutschlands als seiner eigentlichen Heimat beschäftigt. Dabei stellt er Parallelen zur Situation der Juden im nationalsozialistischen Deutschland her, so z.B. in der **Passage „Warum gehen Sie nicht raus?"** (s. Falldarstellung im Materialband):

S: ⌊im Sommer, (.) Si:e=eh (.) wisse:n, (.)
warum machen Sies nicht so wie wirs in Russland gemacht haben; wir haben den
großen Besitz und alle Hoffnungen in die Zukunft (.) in Russland aufgegeben,
weil wir wussten wir werden vollkommen enteignet und viele wussten auch- und
(.) wir werde:n=eh eben äh (.) Lohn (.) Arbeiter des Staates und wir werden
unseren Glauben aufgeben müssen unser ganzes (.) Selbst aufgeben müssen; und

wer nicht bereit war der musste entweder dort bleiben und dann ein ganz neben-
äh (?Nebenrollen spielen?) bis zu seinem Tode o:der er musste mitmachen o:der
die dritte (.) Variante die viele Russen äh gewählt haben und dann auch am An-
fang viele Deutsche und so=so auch wir; dass er alles hingibt

Diese Erfahrung prägt seine biografische Verarbeitung der Zeit des Nationalsozialismus und seine antisemitischen Ressentiments. Selbstläufiges Erzählen stellt sich hier ein. In Interview e1 unterbricht die Interviewerin diese immer wieder durchaus im Hinblick auf ihre Person hin argumentativ eingesetzten Narrationen. Mit hoher emotionaler Beteiligung positioniert sie sich als Fürsprecherin für die Belange der jüdischen Opfer im Nationalsozialismus. Im häufig entstehenden *Orientierungsrahmen einer Übereinkunft im Dissens* (s. **Passage „Wir wollen den erschießen“**, S. 260 f.) werden nur selten gemeinsame Konklusionen erarbeitet, die Beteiligten anerkennen sich in ihrer Verschiedenheit und lassen ihren Dissens auf sich beruhen. Ab und zu entsteht aber auch der *Orientierungsrahmen eines Streitdialoges*, so z.B. in der **Passage „Kleine Ofen“** (s. S. 242 f.), in dem sich beide Personen als einander ebenbürtige Streitpartner behandeln und heftig miteinander diskutieren. Die engagierte gegenseitige Bezugnahme und Hörerorientierung spricht über alles Trennende hinweg für ein hohes Maß an gegenseitiger Akzeptanz. Im oppositionellen Diskurs bspw. über die Chancen kultureller Vielfalt in Deutschland verdichtet der Proband im weiteren Verlauf der **Passage „Kleine Ofen“** (s. ausführlich im Materialband) seine Vorbehalte und Befürchtungen:

I: ⌊eine @Vielfalt@
S: ⌊Indem wir di:e eh-
I: ⌊eine Bereicherung;
S: Eh=während wir unsre Eigenart (.) vollkommen verliern. (.) bei uns- //mhm//
wir haben überhaupt mehr keine //mhm.// Nationali=identität mehr. //mhm.// (.)
die Türken werden Türken bleibe:n. (.) di:e- alle andern die äh eh=wer es auch
sein mag auch die Israelis die bleiben hier Israelis. ((klopft auf den Tisch))
die Deutschen (.) geben alles auf. (1)
I: Und das empfinden Sie
S: ⌊das ist
I: ⌊als Verlust?-
S: Nein. meine Ansicht- ich weiß welche Not hatten die Amerikaner (.) äh @(.) @

Ausgehend von solchen Argumentationen wäre es sicher fruchtbar gewesen, auf der Atmosphäre gegenseitiger Anerkennung aufzubauen und weiteren Erzählungen ohne Unterbrechungen Raum zu geben. Hierfür eröffnet der Orientierungsrahmen eines Streitdialoges auch bei ungebrochenen, antisemitischen Ressentiments grundsätzlich einen Ansatzpunkt. Dies lässt sich gerade im Kontrast mit dem Verlauf des Interviews i14 noch besser erfassen. So aber blieb die Selbstexploration in einem Schlagabtausch stecken.

Interview i14

Mit einem anderen Interviewer hat der Proband in Interview i14 zwar mehr Raum zum selbstläufigen Erzählen, allerdings scheinen sich die Beteiligten auch mit mehr Vorsicht und Vorbehalten zu begegnen. Im Vergleich zu Interview e1 ist der Interviewer hier hartnäckiger im Nachfragen, allerdings herrscht dadurch der konjunktive *Orientierungsrahmen einer investigativen Befragung* vor im Gegensatz zu einem in Interview e1 bestehenden, anerkennenden Raum des Zulassens von Verschiedenheit. Zwischen Interviewer und Proband stellt sich ein Positionierungsgefälle ein, denn der Interviewer nimmt durch viele Steuerungsaktivitäten Einfluss auf den Interviewverlauf. Trotz vereinzelter, gegenseitiger Bezugnahmen befinden sich die Beteiligten im *divergenten Diskursmodus*. Sie erreichen einander nicht und reden aneinander vorbei. Dies zeigt sich dann gegen Schluss des Interviews in der **Passage „Sie konnten mich nicht“** (s. S. 274 f.). Hier wird in einer metakommunikativen Verständigung über den Verlauf des Interviews der Charakter des „Festnagelns“ und „Verhörens“ von beiden Beteiligten letztlich bestätigt. So können durch zuspitzendes und beharrliches Nachfragen einzelne Sachverhalte zwar genauer beleuchtet werden, allerdings führt dies nicht zu Selbstreflexionen auf Seiten des Probanden. Aber auch hier klingt wieder der Vergleich des eigenen Vertreibungsschicksals nach dem Ersten Weltkrieg mit dem Schicksal der Juden im Nationalsozialismus an, so z.B. in der **Passage „Dann sind wir in die SA“** (s. Falldarstellung im Materialband):

S: ... meine Einstellung war
die ihr ha:bts doch gewusst was auf euch zukommt; nich soweit- //mhm mhm//
das ist das- //ja// ich habs auch nicht zu Ende //mhm// geredet. //mhm// ich=
ich hab den Mann den ich //mhm// siebenunddreißig da- ich hab ihm gesagt (.)
warum macht ihrs nicht so wie wir es gemacht haben? wir haben- die- den Besitz
//mhm// den die Vorfahren //ja// in zwei Jahrhunderten //mhm// sich nur mit
Schweiss und Ehrlichkeit und Arbeit erworben haben; und wirklich //mhm// es
waren die Stützen //mhm// des russischen Staates. //mhm// das haben wir al-
le her- kein Pfennig Entschädigung //mhm mhm// bekommen. wir sind- wir haben
Russland verlassen ohne Hass ohne alles, warum macht ihrs nicht so? //mhm//

In den Interviews e1 und i14 ähneln sich die Erzählsegmente und weisen zum Teil Wortgleichheit auf. Die eigene Lebensgeschichte hat einen klaren argumentativen Aufbau in der Aneinanderreihung von Erzählungen und in der Bezugnahme auf Erlebnisse anderer. So erzählt der Proband z.B. in der **Passage „Vom Aussehen sieht man's sofort"** des Interviews e1 (ab Z 56 ff., s. Materialband) und in der **Passage „Großvater war Pferdehändler"** des Interviews 14 (ab Z 37 ff., s. Materialband) eine Begegnung im Jahre 1937 mit einem Autofahrer, den der Proband sofort am Aussehen als Juden erkannt habe. Der Proband wird in der Erzählung jeweils als „Bub" angesprochen, obwohl er zum damaligen Zeitpunkt schon 31 Jahre alt war. Eine Geschichte, die Widersprüche aufweist und dennoch nahezu exakt wiederholt wird, hat offensichtlich eine tiefere Bedeutung für den Erzähler und verrät aber gleichzeitig eine innere Bearbeitung. Im Hinblick auf biografisches Lernen im Interviewprozess sind nun diejenigen Reaktionen und Interventionen der Zuhörenden interessant, die Abwandlungen bei einer durch häufiges Erzählen geprägten Geschichte auslösen: Während der Interviewer in Interview i14 an dieser Stelle nur kurz nachfragt, woran der Proband den Autofahrer als Juden erkannte, reagiert die Interviewerin in Interview e1 sofort mit erhöhter Lautstärke feststellend: „Das merken Sie am Aussehen." (Z 74). Damit drückt sie emotionale Reaktionen wie Erstaunen und Zweifel, vielleicht auch Erschrecken und Diskussionsbereitschaft aus. Der Proband hebt darauf hin zu weiteren Elaborationen an. In beiden Interviews gelingt es nur unvollkommen, seinen prägenden Erfahrungen aus der Zeit zwischen den Weltkriegen in Russland Raum zu geben, obwohl der Proband mit häufigen, kurzen Verweisen auf diese Zeit und die o.g. Belegerzählung seine zentrale Botschaft an die Juden immer wieder neu variiert: „Warum gehen Sie nicht raus?" (s.o. in der gleichnamigen Passage). Allerdings weist das Interview e1 durch den Orientierungsrahmen eines *Streitdialoges*, der den Charakter einer eher partnerschaftlich geprägten Anerkennung trägt, mehr als das Interview i14 Vertiefungsmöglichkeiten für die innere Verarbeitung auf.

12.1.6 Biografisches Lernen im Interviewprozess selbst

Biografisches Lernen in der aktuellen Situation des Interviews soll nun anhand zweiter weiterer Interviews – der Interviews i38/2 und i26 – beleuchtet werden.

Für diese Untersuchung ist ja interessant, ob durch eine eher diskursive Ausgestaltung der Interviews zusätzliche Impulse für Selbstreflexion und Lernen zu verzeichnen sind, oder ob dieses Abweichen vom klassischen Setting lediglich ein „Störfeuer" für die Selbstthematisierung der Probandinnen und Probanden darstellt. Unter den möglichen Ausprägungsformen biografischen Lernens (s. Abschnitt 4.3) ist nicht nur das Wiedergeben eines eigenen Lern- und Lebensweges von Bedeutung (*Aus-dem-eigenen-Leben-lernen*), sondern auch die Untersuchung von Selbstthematisierungsprozessen, die *im* Akt des Erzählens angestoßen werden (*Das-eigene-bisherige-Leben-erinnern*) und möglicherweise darüber hinaus wirken (*Sein-Leben-gestalten*).

Interview i38/2

Im Falle des Probanden in Interview i38/2 bot die Identifikation mit den Idealen dieser Wehrmacht gleichzeitig auch eine Zuflucht vor Ausgrenzung und möglicher Bedrohung. Hier war das Ende des Nationalsozialismus Ernüchterung und Aufatmen in Einem (s. Abschnitt 11.2.4). Der Proband in Interview i38/2 kommt kurz vor Ende des Interviews in der **Passage „Besonders anständig"** (s. Falldarstellung im Materialband) auf zentrale Themen seines Lebens zu sprechen, die er in den Kontext seiner Erfahrungen in der Zeit des Nationalsozialismus stellt. Dabei wird deutlich, dass die Frage, wo er hingehöre, durch die Interviews noch einmal stärker aktualisiert wurde:

```
I:                        ... Sie erzählen
N:                                       ⌊((murmelt vor sich hin))
I:                                                    ⌊ja eigentlich auch (.) eine sehr zer-
   rissene Geschichte von sich; ne.
N: Ja, ja, ja, jaja, zerrissen is die Geschichte.
I: Ja.
N: Des=is richtig. //mhm,// und des e- ((atmet tief durch)) grad als ichs letzte
   Mal bei Ihnen war und hinterher dann (.) auch sa:chte ((veränderte Stimmlage)
   °ja:;° (.) wo gehöre ich eigentlich hin;)
I: Ja. ja, ja, ja eben das das
N:                             ⌊Das kam ja
I:                                ⌊ging mir auch noch nach.
N:                                                  ⌊s letzte Mal. (.) //ja, ja,//
   kam das ja so zum Ausdruck, //mhm;// und das is tatsächlich auch nach wie vor
   so; und dann eben das- ((schluckt)) das hab ich Ihnen dann glaub ich auch ge-
   sagt s letzte Mal; dass ich immer das Gefühl hab, (.) und ä=dn=eh (1) dass ich
   bis @(.)@ (?sagen wir?) das klingt jetzt- ich find das richtje Wort nich. aber
   dass ich besonders anständig //mhm.// besonders edel sein muss; //mhm. mhm.
   (.) mhm.// äh des- meine Frau is die is die äh=äh=äh die Nutznießerin davon.
I: @(.)@
N:     ⌊//@ja@;// nicht; also so- haja, ...
```

Der Interviewer qualifiziert die Erzählungen des Probanden als „eine sehr zerrissene Geschichte“ (Z 12 f.). N. bekräftigt dies deutlich und fügt unter Bezugnahme auf das vorangegangene, wegen eines technischen Defekts leider nicht aufgezeichnete Interview die Frage hinzu: „Wo gehöre ich eigentlich hin?“ Der Interviewer zeigt seine innere Beteiligung mit dem Hinweis, dass auch ihm diese Frage noch nachgegangen sei (Z 21). Kurzes und zum Teil gemeinschaftliches Auflachen, aber auch die ironische Distanzierung zum eigenen Lebensthema – die Ehefrau ist die Nutznießerin des inneren Dranges, sich Zugehörigkeit durch Edelmut zu erwerben – offenbaren eine Vertrautheit der Beteiligten in der Interviewsituation. Der Proband erzählt im Weiteren intime Details aus der ersten gescheiterten Ehe der Mutter. Im Kontrast dazu gibt er die Schilderung wider, wie die Mutter ihre Beziehung zum Vater des Probanden erlebte:

```
N:                                                                ... sie hat
    mir dann auch gesacht (.) dass (.) i- (.) mein Vater (.) eben sehr zartfühlend
    //mhm.// gewesen //mhm;// sei. (.) //mhm;// und das=äh (.) das habe sie also
    (.) äh (.) sofort für ihn eingenommen //ja,ja.// dass //ja,ja.// er also mit
I:                                                                         ⌊Eben
N:  Zartgefühl rangegangen is und (.) äh dieses Zartgefühl m=das=äh hab ich glück-
    licherweise geerbt.
I:                    ⌊@(.)@
N:                        ⌊ne, ja. jaja des is also ...
```

Der Proband wiederholt in mehreren Varianten das Wort „zartfühlend“. Diese hervorgehobene positive Eigenschaft des Vaters wird zum positiven Erbe für den Probanden. N. verleiht hier der Bewunderung für den Vater Ausdruck und stellt sich ausdrücklicher als im bisherigen Interviewverlauf in seine Nachkommenschaft. Der Drang oder Zwang, aus einer Suche nach dem eigenen Platz edel sein zu müssen (Z 27), wird zum kostbaren Gut des Zartgefühls, das er vom Vater geerbt habe. Hier findet im Interview eine Bearbeitung statt, die offensichtlich schon durch das erste, nicht aufgezeichnete Interview angestoßen wurde. Bei hoher Selbstläufigkeit schaltet sich der Interviewer eher unterstützend und mitgehend im *parallelen Diskursmodus* ein. Der Proband greift derartige Interventionen auf. Im dialogischen Austausch mit hoher gegenseitiger Anerkennung entsteht der *Orientierungsrahmen einer gemeinsamen Zeiterkundung*. Dabei findet beim Probanden eine innere Auseinandersetzung im Moment des Erzählens selbst statt. Während er im

Interviewverlauf über weite Strecken die enge Verbindung zur Mutter betont, rückt der jüdische Vater, der sich angesichts zunehmender Bedrängnis und Bedrohung durch den Nationalsozialismus das Leben nahm, in der **Passage „Besonders anständig“** deutlicher ins Blickfeld. In der **Passage „Wenn dem Göring was passiert“** (s. S. 302 f.) weist der Interviewer auf die Zwiespältigkeit in der Situation des Probanden hin, denn er musste die eigene Übereinstimmung mit den Zielen der Wehrmacht und die für ihn bestehende Bedrohung durch das System, dem diese Wehrmacht diente, miteinander vereinbaren. Daraus entwickelt sich am Ende die grundsätzliche Frage nach der Zugehörigkeit: „Wo gehöre ich eigentlich hin?“ (Z 18). Und hier stellt sich der Proband deutlich in die Tradition seines jüdischen Vaters und seiner katholischen Mutter. Die Lebensleistung des Probanden besteht darin, die Verbindung der Eltern mit seiner listigen Anpassung im Nationalsozialismus und seinem Überleben hinübergerettet und dabei auch seine Identität als Deutscher gewahrt zu haben.

Wie ich schon im Abschnitt 11.2.4 aufgezeigt habe, sind die Diskrepanzen in Einstellungen und Wertewelt zwischen einem Interviewenden aus der Generation der Nachkommen mit einem Zeitzeugen, der in der Zeit des Nationalsozialismus selbst bedroht war, geringer als mit Zeitzeugen, die das System des Nationalsozialismus mittrugen. Dementsprechend verwundert es nicht, dass sich das Interview i38/2 als Beispiel für einen sehr weitreichenden Prozess der Selbsterkundung eignet, der auch im Moment des Erzählens selbst noch zu neuen Ergebnissen führt. Doch auch in Interview i26 lassen sich Ansätze von Verarbeitung des Erzählten im Erzählprozess selbst identifizieren.

Interview i26

In verschiedenen Passagen äußert die Zeitzeugin in Interview i26 recht offen ihre damaligen Ressentiments gegenüber Juden. Im weiteren Verlauf der **Passage „Au mal schaffen“** (s. S. 281) z.B. drückt sie ihre damals so empfundene Genugtuung über bestimmte Zwangsmaßnahmen gegenüber Juden folgendermaßen aus:

```
R: Jetzt müsse se mal schaffe. //ja,// net? //ja;// so so war- //mhm.// (.)
   eben jetzt müssen die au mal schaffen. ((schmatzt kurz)) also es war (3)
   wir dachten uns da gar nix //mhm.// dabei ich weiß auch nit warum; aber wir?
   wussten //ja;// wirklich nichts. //ja;//
```

So legte sich die Probandin ihre eigenen, verharmlosenden Erklärungen für Abtransporte und Konzentrationslager zurecht. Kurze Pausen, Rückversicherungsaktivitäten und selbstreflexive Formulierungen („ich weiß auch nit, warum“, Z 119) deuten auf eine innere Distanzierung zu diesem „jetzt müssen die au mal schaffen“ (Z 118) hin, das eine Genugtuung darüber ausdrückt, dass Juden nun zum Arbeiten gezwungen wurden. Diesem Interviewausschnitt geht in derselben Passage eine Episode voraus, in der der Interviewer Prozesse der Selbstbeschwichtigung in der damaligen Zeit aktiv zum Thema macht (s. S. 281). Dies scheint eine innere Selbstbefragung bei der Probandin auszulösen, die sie rechtfertigend an den Interviewer adressiert: „Wir wussten wirklich nichts“ (Z 120). In der **Passage „Dummes Zeug“** (s. S. 247 f.) wiederum zeigt sich ein ähnliches Muster des Auslotens und der suchenden Einordnung dieses damaligen Denkens. In derselben Passage setzt sich dies fort:

```
R: Also wirklich ich //mhm.// (.) ich (.) ich ich denk ich ich hör net gut;
   //mhm; mhm,// die die Amerikaner (.) die (.) die- so haben se ja heut noch-
   //mhm.// mir sind ja immer noch die (.) die die bösen Deutschen; //mhm; mhm,
   mhm,// und des des sin wir nicht. //mhm. ja;// (3)
I:                                                 ⌊(??)
R:                                                 ⌊und wir lassen heut- und wir
   müsse uns langsam wehrn dass man uns des nit immer unter den Hut scht=streicht;
   //ehhm; ehm,// also ((Türklingel)) //mhm,// (1) jetzt kommt die Poscht.
I: Aja. mhm,
R: (.) Also (2) ich weiß es //mhm,// beim besten Willen (??)
I:                                                 ⌊So dass man so wie wi:e
   dauernd so e Fleck abwasche muss, ähm ((Geräusch, wie wenn ein Stoff gerieben
   wird)) isch des so: (.) ihr Gfühl,
R:                                 ⌊Ja, ja;
I:                                        ⌊Ja;
R: S=e (.) un ich fühl mich natürlich auch schuldig; gell? //ja, ja,// also ich
   fühl mich- //ehm,// muss schon sage es- (.)
I: In welcher Art fühle Sie sich schuldig,
R: Dass ich so schlafmützig war; //ehe, ehe,// dass ich net net rumgeguckt hab;
   //ja; mhm;// ich hab //mhm.// ich hab net rumgeguckt; //mhm,// ich hab ich
   hab- wir ham aufgebaut und //mhm;// (.) und die Kinder ham mer ghabt und (.)
   //mhm,// (1) ((schmatzt)) (.) also (1) die Juden die die waren net beliebt,
   //mhm; mhm,// die die des hat mer gwusst so, //mhm, mhm,// sie sind eben so
   anders wie wir, //mhm; mhm,// und (.) und des ham mer in der Familie au ghabt
   net? //mhm; mhm,// B/00:10:01-9
```

Die Entrüstung der Probandin über das Bild des bösen Deutschen wird vom Interviewer mithilfe eines bildhaften Vergleichs zurückgespiegelt („wie dauernd so e Fleck abwasche“, Z 75 f.). Dies löst Reflexionen über die eigene Schuld aus: „Dass ich so schlafmützig war“ (Z 82). Die Zeitzeugin pendelt immer wieder in verschiedenen Passagen zwischen den eigenen Ressentiments, Beschwichtigungen und Entrüstungen. Sie unterzieht diese einer Reflexion in der Gegenwart und geht nach einer kurzen Besinnung weiter zum nächsten Thema, wo sie eine ähnliche Bewegung vollführt. Der Interviewer macht diese Bewegung paraphrasierend und Inhalte widerspiegelnd mit, z.T. interveniert er mit zuspitzenden oder gar suggestiven Fragen. Das Interview ist von hoher gemeinsamer Verständigung vorwiegend im *parallelen Diskursmodus* geprägt. Vielfältige Pausen, Rückversicherungssignale und Stockungen im Sprechfluss deuten auf einen inneren, in der Gegenwart des Erzählens ausgelösten Suchprozess hin. Gemeinsam erarbeitete Konklusionen werden durch selbstläufige, szenische Erzählungen illustriert. Beide am Interview Beteiligte erforschen miteinander im *Orientierungsrahmen einer gemeinsamen Zeiterkundung* die Umstände der damaligen Zeit.

12.2 Wirkfaktoren im Prozess der Selbstthematisierung

In der Zusammenschau der verschiedenen Interviews zeigt sich, dass der *Orientierungsrahmen einer gemeinsamen Zeiterkundung* für die Herstellung und Darstellung narrativer Identität und die Entfaltung biografischen Lernens am besten geeignet ist. In diesem Rahmen entstehen Passagen mit der größten Selbstläufigkeit und mit dem größten Selbstbezug, und gleichzeitig ist es derjenige Orientierungsrahmen, der von gegenseitiger Achtung, Anerkennung und Bezugnahme in hohem Maße geprägt ist (s.a. die Tabelle auf S. 209). Mehr als die Orientierungsrahmen des *Kamingesprächs* und des *Streitdialoges*, die ebenfalls von hoher gegenseitiger Wertschätzung zeugen, entsteht hier ein Raum für Selbstexploration.

Prozesse der Selbstthematisierung beim Erzählenden manifestieren sich im Zusammenwirken folgender Anzeichen:

- selbstläufiges Darlegen bis hin zur Reinszenierung von Erlebtem in der Textsorte des Erzählens,
- die Thematisierung von Irritationen und Dilemmata als Ausgangspunkte *transformativen Lernens*,
- subjektive Agency,

- sprachliche Suchbewegungen und reflexive Pausen,
- selbstreflexive Formulierungen,
- Herausarbeiten von Konklusionen,
- sprachlicher und nicht-sprachlicher Ausdruck von Emotionalität und Betroffenheit.

Die interviewende Person unterstützt diesen Prozess situationsangemessen durch weitgehende Zurückhaltung, so dass selbstläufige Narrationen entstehen – dann haben wir es mit einem klassischen narrativen Interview zu tun –, oder durch aktivere Interventionen, wie z.B. Paraphrasieren, immanente und exmanente Fragen, aber auch durch Zuspitzen von Inhalten und Hervorheben von Propositionen – in diesem Falle entstehen eher dialogisch orientierte Interviewformen (s. Abschnitt 6.4). Es zeichnet den *Orientierungsrahmen einer gemeinsamen Zeiterkundung* aus, dass all diese Interventionen im Rahmen einer intersubjektiven Verständigung geschehen und dem inneren Prozess des Probanden oder der Probandin folgen. Anhand der in den vorangegangenen Abschnitten analysierten Passagen wird ersichtlich, dass eine eher dialogische Entfaltung eines inneren Prozesses beim Erzählenden möglich und gestaltbar, ja an manchen Stellen sogar unerlässlich ist. Ansonsten könnte der Prozess der Selbstvergewisserung bei konflikthaften Themen auf einer Ebene verlaufen, die sich an Vorstellungen von sozial erwünschter Bearbeitung orientiert.

In den hier aufgezeigten konjunktiven Orientierungsrahmen des Kamingesprächs, der Zeiterkundung und des Streitdialoges drückt sich *Anerkennung* zwischen den Gesprächspartnern in folgenden Signalen aus:

- in einer partnerschaftlichen Positionierung der Beteiligten zueinander,
- durch gegenseitige, inhaltliche Bezugnahmen und Kontextualisierungshinweise,
- in Hörerreaktionen, metanarrativen Kommentaren und Rückversicherungsaktivitäten,
- im kooperativen Aushandeln des Rederechts,

- in Konklusionen, die entweder deutlich vom Hörer bekräftigt oder gemeinsam im univoken, parallelen oder antithetischen Diskursmodus entwickelt werden.

In begrenztem Maße können die Interviewenden auf die Gestaltung von Orientierungsrahmen Einfluss nehmen. In den hier vorgestellten Interviews veränderten sich konjunktive Orientierungsrahmen und wurden zwischen den Beteiligten neu ausgehandelt. Im Folgenden ist deshalb zu untersuchen, welche Möglichkeiten Interviewende haben, um einen anerkennenden Orientierungsrahmens anzuregen und auszugestalten. Die eigene Haltung, aber auch bestimmte Interventionen können bestimmte Orientierungen auslösen und so den Charakter des Interviews entkrampfen oder einengen.

12.3 Befremden, Anerkennung und Selbsterkundung – Schlussfolgerungen zur Interviewmethodik

Biografische Forschungsinterviews haben die Aufgabe, dem Prozess der Identitätsherstellung im Erzählen Raum zu geben. Aufgabe der Interviewenden ist es, diesen Prozess zu unterstützen. Der Ausgangspunkt biografischen Lernens im Sinne eines *transformativen Lernens* nach Mezirow ist das Wahrnehmen eines Dilemmas, das die inneren Einstellungen und Überzeugungen irritiert und ins Wanken bringt. In der Irritation und in einer Diskrepanzerfahrung entsteht die Herausforderung zur Verarbeitung und zur Reflexion. So kann eine Irritation Ausgangspunkt für das Verarbeiten im Erzählen, für „die Herausbildung eines sinnhaften, biographischen Zugangs zu sich selbst und zur Welt“[4] sein. In lebensgeschichtlichen Erzählungen kann der oder die Erzählende von inneren Wendepunkten in der Vergangenheit berichten, Irritationen über das selbst Erlebte können aber auch im Moment des Erzählens aktuell ausgelöst werden. Möglicherweise werden bisher nur latent existierende Beunruhigungen im Erzählen berührt. In diesem Fall können Fragen des Interviewers zur Artikulation dieser Beunruhigungen und in der Folge zur reflektierenden Verarbeitung verhelfen.[5] Dies kann aber auch Widerstände auslösen. Im leitfadengestützten Interview lenken erzählgenerierende Leitfragen die Darstellungsrichtung auf bestimmte Themenbereiche, es geht allerdings nicht

[4] Combe/Gebhard 2007, S.12
[5] A. a. O., S. 50

darum, bestimmte Erkenntnisse zu erzeugen. Da die Interviewenden aufgrund ihrer eigenen, thematischen Betroffenheit in unterschiedlicher Weise z.T. sehr strukturierend in die Erzählprozesse eingreifen, eröffnet sich die Möglichkeit in dieser Forschungsarbeit, die Wirkung bestimmter Interviewerhaltungen und -interventionen nun im Hinblick darauf zu untersuchen, wie der Prozess der Identitätsarbeit im Erzählen auch in Situationen unterstützt werden kann, in denen sich die Interviewbeteiligten möglicherweise sogar in elementaren Grundhaltungen widersprechen.

Für den Prozess der Selbstthematisierung *förderliche* Bedingungen sind:

- Selbstläufiges, szenisch-episodisches Erzählen wird nicht nur dadurch angeregt, dass sich die interviewende Person weitgehend zurücknimmt. Die Bereitschaft, sich mit Interesse der Welt des oder der Erzählenden zu widmen und eine offene Suchhaltung zu entwickeln, kann sich sowohl im vorbehaltlos-zugewandten Zuhören als auch in der Bereitschaft zum Dialog manifestieren. Mit dieser Art von Offenheit können Interviewende ihre anerkennende Haltung bei der Führung narrarativer und teilnarrativer Interviews ausdrücken.
- Aus dem vorangegangenen Abschnitt wurde die Bedeutung einer Haltung gegenseitiger Anerkennung zwischen den Interviewpersonen deutlich. In jedem Fall braucht es ein Gespür des oder der Interviewenden für die Einflusskräfte, die den konjunktiven Erfahrungsraum in der Interviewsituation bestimmen (s. hierzu den folgenden Abschnitt). Bei der Thematik des Nationalsozialismus wirkt hier ein gesellschaftlicher Kampf um Anerkennung, wie er von Honneth beschrieben wird (s. Kapitel 5) in die individuelle Interviewsituation hinein. Wenn dieser Kampf um Anerkennung in der sozialen Situation eines Interviews auch noch zum Gegenstand der Betrachtung gemacht wird, dann muss ein Boden gegenseitiger Anerkennung in der Interviewsituation geschaffen werden, um Selbsterkundung beim Probanden oder bei der Probandin überhaupt erst zu ermöglichen. Im Idealfall legt die interviewende Person hohe Hörerorientierung und Bereitschaft zu interaktiver Verständigung an den Tag. Sie schwingt empathisch mit, bietet sich durch eigene Reaktionen, Fragen und Paraphrasen als Dialogpartnerin an. Einfühlung in die Welt des Anderen ist für den Akt der Anerkennung des Ande-

ren unerlässlich – dies verbindet ja die *Anerkennungstheorie* nach Honneth mit dem *personzentrierten Konzept* nach Rogers (s. Abschnitt 5.2) – und kann sich in Bestätigungshandeln, aber auch im oppositionellen Einander-Gegenübertreten zeigen. Ist das eine ein Angebot, sich auf die Welt des Gegenübers einzulassen, ist das andere als unmittelbare Antwort auf die Weltsicht des Gegenübers aufzufassen. Aus diesen Gründen bieten innerhalb der inkludierenden Diskursmodi (s. Abschnitt 10.4.1) der *parallele* und *antithetische* Diskursmodus den Rahmen auch für kritische Fragen und zuspitzende Formulierungen. Zuspitzendes Nachfragen ohne die Grundlage gegenseitiger Anerkennung führt zu keiner Vertiefung in der Selbsterkundung, wie z.B. das Interview i14 zeigt. Aber auch im *oppositionellen Diskursmodus*, bei dem es nicht zu gemeinsam bekräftigten Konklusionen kommt, werden widerstreitende Einstellungen, Erfahrungen und Inhalte gemeinsam elaboriert. Darin drückt sich grundsätzlich eine Achtung in der Verschiedenheit aus, wie sie im *Orientierungsrahmen einer Übereinkunft im Dissens* eigentlich schon als Möglichkeit besteht, aber dann nicht vertieft wird.

- Selbstläufiges und selbstvergewisserndes Erzählen wird am besten im *Orientierungsrahmen einer gemeinsamen Zeiterkundung* ermöglicht. Zwar vermittelt der *Orientierungsrahmen eines Kamingesprächs* auf der Ebene emotionaler Verbundenheit erheblich mehr Anerkennung,[6] jedoch fehlt hier eine produktive Rollendistanz zwischen den Interviewbeteiligten, die es der interviewenden Person ermöglicht, dem Erzählenden in unterstützender Funktion eindeutig zugewandt zu sein. Ähnliches gilt für den *Orientierungsrahmen eines Steitdialoges.*[7] Bei der *Übereinkunft im Dissens* wiederum erschöpft sich Anerkennung darin, sich mit der gegenseitigen Unterschiedlichkeit zu begnügen.
- Die interviewende Person muss dem Erzählprozess des Zeitzeugen Raum geben. Dies ist durch eine offene, erzählgenerierende Fragehaltung gewährleistet. Dabei sollte es vermieden werden, dass in die Er-

[6] Diesen versucht der Proband des Interviews i40 in der Eingangspassage des Interviews einzuführen (s. S. 269).

[7] Für die anerkennende Wirkung dieses Orientierungsrahmen ist der Vergleich der Interviews e1 und i14 erhellend: Bei hoher gegenseitiger Anerkennung als Streitpartner ist der Proband in Interview e1 im Orientierungsrahmen eines Streitdialoges mit der Interviewerin näher an den Themen seiner inneren Verarbeitung als im eher investigativen, aber zurückhaltender geführten Interview i14 mit einem anderen Interviewer (s. Abschnitt 11.2.1).

zählaufforderung oder in die Fragen Vorannahmen einfließen, die den Erzählraum einengen könnten, so z.B. die direkte Frage nach Reue oder Scham über eigene Taten. Dies entspricht auch den Prämissen des narrativen Interviews.[8] Allerdings wird gerade bei leitfadengestützten Interviews der Erzählraum durch thematische Steuerungselemente geradezu zwangsläufig eingegrenzt, umso mehr sind die Fragen auf ihre *Offenheit* hin zu überprüfen.

- Nicht allein das offene, zugewandte Zuhören schafft den Erzählraum, sondern die notfalls immer wieder zu bekräftigende Sicherheit, als Proband auch mit tabuisierten und brisanten Erzählinhalten geschützt zu sein. Wenn aber Interpretationen oder Kontextwissen die Kommunikationssituation spürbar einengen – bei diesen Interviews konnten die Probandinnen und Probanden davon ausgehen, dass die Interviewenden dem Nationalsozialismus kritisch gegenüberstanden –, dann können durch Thematisieren der aktuellen Interviewsituation Blockaden aufgeweicht und neue Räume für Narrationen und Bewältigung eröffnet werden (s. hierzu insbesondere Abschnitt 11.1.5). Einer verborgenen Dynamik innerhalb eines Interviews kann durch Offenlegung begegnet werden. Deshalb muss die interviewende Person bei brisanten Themen und zu erwartenden, kritischen Vorannahmen auf Signale von Blockaden und Sprechhemmungen achten und diese früh ansprechen. Dies erfolgte bei den Beispielen der Interviews i14 und i43/2 leider zu spät (s. Abschnitt 11.1.5).

- Problematische Orientierungsrahmen in Interviews sind oft Ausdruck eines tieferen Beziehungsgeschehens und nicht Ausdruck einer fehlerhaften Interviewführung. Dieser Dynamik wurde im Projekt *Geschichte und Erinnerung* mit dem psychoanalytischen *Konzept der Gegenübertragung* Rechnung getragen (s. Abschnitt 8.2). Mit den Konzepten von Mannheim und Honneth begreife ich dieses Geschehen von einer sozialtheoretischen Warte her: Insbesondere bei Themenstellungen von Schuld, Täterschaft und Mitverantwortung im Nationalsozialismus spielt ein gesellschaftlicher Kampf um Anerkennung in die Interviewsituation hinein und bestimmt die konjunktiven, gemeinsamen

[8] Helfferich 2005, S. 90 f.

Erfahrungsräume. Beide am Interview Beteiligte sind Teil des Geschehens. Allerdings besteht die Möglichkeit, Behinderungen im Prozess der Selbstthematisierung zu bereinigen und den Prozess selbst zu vertiefen, wenn problematische Orientierungsrahmen thematisiert werden. Die Passage „Verhöre vo Freiburg" des Interviews i41/2 (s. S. 277) zeigt in diesem Zusammenhang sehr deutlich, dass sich dabei auch offenere Orientierungsrahmen in der Kommunikation einstellen können. So erwächst aus dem *Orientierungsrahmen einer investigativen Befragung* durchaus – wie das Interview i41/2 z.B. zeigt – auch phasenweise der *Orientierungsrahmen einer gemeinsamen Zeiterkundung*. Dies spricht dafür, dass bestimmte Interventionen und Haltungen beider Beteiligter den Charakter des Interviews entkrampfen, aber auch einengen können. Nur durch eine kommunikative Verständigung besteht überhaupt die Möglichkeit, problematische Orientierungsrahmen zu verändern. Das Einbeziehen und Nutzen der Gegenwart der Interviewsituation birgt allgemein Chancen zur Herstellung eines neuen Bezugs zwischen damaliger und gegenwärtiger biografischer Erfahrung, nicht nur bei Kommunikationsblockaden, sondern auch bei äußeren Irritationen. Der Begegnungscharakter eines Interviews und die gegenseitige Anerkennung wird so in der Regel vertieft, wie speziell Interview i26 zeigt (s. S. 281).

- Nachvollziehendes Verstehen der fremden oder gar befremdenden Welt des oder der Erzählenden wird durch *gemeinsames Explorieren* unterstützt, ohne dass die interviewende Person die eigene Distanz zu dieser Welt verleugnet.[9] Bei tabuisierten Themen braucht es hier mitunter aktive Unterstützung seitens der Interviewenden, so z.B. bei der Thematik positiver Erfahrungen in der Zeit des Nationalsozialismus. Anhand der Beispiele in Abschnitt 11.1.2 zeigt sich, dass Selbstläufigkeit im Erzählen dann angeregt wird, wenn der oder die Interviewende erzählte Inhalte kurz paraphrasiert oder emotionale Gehalte wiederspiegelt. Das Herstellen von Gemeinsamkeiten zwischen den beteiligten Personen über Kontextualisierungshinweise – z.B. durch Dialekteinfärbung, Hinweise auf gemeinsame, räumliche Herkunft (s. Abschnitt 10.4.3) – überbrückt und mildert zwar auch kritische Phasen im Interview, kann aber die Distanz

[9] Diese Distanz markiert z.B. der Interviewer in Interview i18 mit einer kurzen Bemerkung, s. S. 217.

zur Welt der Erzählperson auch verschleiern, wenn diese Gemeinsamkeiten suggestiv überbetont werden. Auf diese Gefahren habe ich bei Interview i41/2 hingewiesen (s. S. 277).

Hinderliche Haltungen und Interventionen auf Seiten der Interviewenden sind:

- Durch exmanente, geschlossene, faktenorientierte Fragen ohne Erzählanreize entsteht gerade bei Interviews mit brisanter Themenstellung nur allzu leicht ein entlarvender, aufdeckender, *investigativer Orientierungsrahmen* bis hin zur Verhör- und Tribunalsituation. Die Probandinnen und Probanden sehen sich dann mit verdeckten Fragezielen oder mit einer offensichtlichen Verhörsituation konfrontiert, so dass sie defensiv-ausweichend agieren. Die Steuerungsaktivität liegt in diesen Situationen hauptsächlich bei der Interviewperson.
- Konstellieren die Interviewbeteiligten zu unterschiedliche Orientierungsrahmen im Interviewprozess, stellt sich leicht ein Gefälle in den Positionierungen der Beteiligten ein – sei es, dass sich der Interviewte in einer Verhörsituation wiederfindet, sei es, dass der Interviewer in die Orientierung einer Belehrung gedrängt wird. Es besteht die Gefahr, dass kein gemeinsamer konjunktiver Orientierungsrahmen entsteht. In diesen Fällen versuchen die Beteiligten, mit unterschwelligen Aushandlungsaktivitäten das Positionierungsgefälle zu torpedieren. Diese Aktivitäten binden Energie und Aufmerksamkeit und engen dadurch den Freiraum für die Erzählaktivitäten des Probanden stark ein. So entsteht in Interview i14 in der Eingangspassage der *Orientierungsrahmen einer Belehrung*. Das Interview erhält aber im weiteren Verlauf hauptsächlich durch die Nachfrageaktivitäten des Interviewers den Charakter eines *Streitdialoges* bzw. den einer *investigativen Befragung*, bei der der Proband Vorsicht in seinen Antworten walten lässt. Dies deutet er in der Passage „Sie konnten mich nicht“ (s. S. 274) an. Während hier die Initiative zur Konstellierung eines Orientierungsrahmens vom Probanden ausgeht, bahnt die Interviewerin in Interview i43/1 und i43/2 durch knappe, geschlossene, faktenorientierte Fragen über den Gesamtverlauf den *Orientierungsrahmen einer investigativen Befragung* an. Der Proband neigt im Stile eines *Kamingesprächs* dazu, eigene Leistungen, Beförderungen und Leistungen seiner Einheit mit Stolz zu beschreiben

(s. S. 231). Diese Orientierungsrahmen sind konträr, die Interviewpartner finden vorläufig nur zum *Orientierungsrahmen einer Übereinkunft im Dissens* zusammen, und später setzt sich der der *investigativen Befragung* durch.

- Der Interviewende tritt suggestiv oder zumindest intransparent auf, wenn er Äußerungen des Interviewten, die dem eigenen Wertehorizont widersprechen, paraphrasiert und möglicherweise vertieft. Allgemein kann es sinnvoll sein, im Sinne des aktiven Zuhörens im Rahmen des *personzentrierten Konzeptes* (s. Abschnitt 5.2), bestimmte Einschätzungen des Probanden als innere Sätze des Probanden zu umschreiben und zu verdichten. Allerdings wirken diese Paraphrasierungen dann verdeckend, wenn unklar bleibt, ob sich der Interviewer wirklich so gut in die Welt des Probanden einfühlen kann, oder ob er einzelne Aspekte sogar selbst teilt. Durch eine übermäßige Identifikation des Interviewers mit dem Erfahrungsraum des Probanden wird dem Erzählenden so nur eine vordergründige Anerkennung zuteil. Suggestiv wirken diese Interventionen dann aber, wenn der Interviewer dem Probanden damit Inhalte gleichsam in den Mund legt, die dieser so nicht gesagt oder gemeint hat. Der Proband wird möglicherweise zu drastischeren Einschätzungen verführt, wie ein Beispiel aus Interview i26 zeigt (s. S. 247).

Anhand der Interviews ist ersichtlich, dass in einem konjunktiven Orientierungsrahmen, der von einem hohen Maß an Anerkennung zwischen den am Interview Beteiligten geprägt ist, eine hohe Flexibilität in der diskursiven Gestaltung der Interviews besteht. So ist raumlassendes Zuhören, paraphrasierendes Wiedergeben, aber auch zuspitzendes Nachfragen in einer wohlwollenden Atmosphäre möglich und verdichtet die Selbstexploration. Auch Helfferich zählt das Hinterfragen von Ungereimtheiten, das Einsetzen von Provokationen und Unterstellungen zu den möglichen Interventionsformen im qualitativen Forschungsinterview, wenn es grundsätzlich um die Herstellung von Offenheit gehe.[10] Meiner Meinung nach braucht es eine *Grundstimmung der Anerkennung* zwischen den am Interview Beteiligten. Wenn diese vorhanden ist, können auch scheinbare Fehler in der Interviewsteuerung behoben werden. Dies zeigt z.B. der Verlauf des Interviews i41/2: Trotz häufiger

[10] Helfferich 2005, S. 93 f.

Rückkehr des Interviewers zu Verhörfragen (s. Abschnitt 11.1.5) kann der Proband eingestehen, dass der Krieg für ihn so hätte weitergehen können (s. Abschnitt 11.1.2). Fehler in der Interviewsteuerung können darüber hinaus ein wertvolles „Erkenntnismittel“[11] im Hinblick auf die Dynamik einer Passage sein. So weist der Verlauf der Interviews i43/1 und i43/2 geradezu darauf hin, dass es bei diesem Probanden etwas zu erforschen gibt. Dieser trägt seinen Teil zur Konstellierung einer Verhörsituation bei, indem er nach längeren Bedenkpausen nur sehr kurze propositionale Antworten gibt, denen er dann meistens keine Elaboration oder Konklusion folgen lässt. Die Interviewerin reagiert immer wieder mit faktenorientierten, geschlossenen Fragen. In diesem Zusammenspiel entsteht der *Orientierungsrahmen einer investigativen Befragung* mit Verhörcharakter. Im Grunde reinszeniert sich gerade in diesen beiden Interviews ein Entnazifizierungsverhör, wie es der Proband als Divisionskommandeur der Waffen-SS sicher erlebt hat (s. u.a. Abschnitt 11.1.2).

Interview i13 scheint ein Beispiel dafür zu sein, wie Raum schaffend die Haltung ermunternden, offenen Zuhörens im biografischen Interview ist. Aber nur allzu leicht geben Narrationen allein ein Bild der Vorannahmen und Rechtfertigungsfiguren ab, in denen sich die Probandin zu ihrer Erfahrung im Nationalsozialismus bewegt. Die Passage „Geschmeichelt“ aus Interview i13 zeigt, dass die Probandin im *narrativ-monologischen Modus* einen inneren Diskurs reproduziert: Je nachdem, in welchem „Diskurs“modus diese innere Verarbeitung von Erfahrung geschieht, zeigt sie dann einen Prozess der inneren Bewegung, einzelne Teilaspekte oder das Endergebnis einer inneren Verarbeitung. Um in der Terminologie Meads zu sprechen (s. Abschnitt 2.1), ist die Gefahr groß, dass bei Themen, die durch Vorbehalte belastet sind, die zu Interviewenden nur eine Seite ihrer Identität präsentieren: das *Me* als der Instanz des internalisierten, generalisierten Anderen auf Kosten des schöpferisch-prüfenden *I*. In diesem Fall bietet die Offenheit des narrativen Settings keine neuen Impulse für biografisches Lernen. Es braucht vielmehr anerkennende, unterstützende und anregende Hilfestellungen seitens der interviewenden Person, um auch den im Hintergrund wirkenden Teilaspekten der eigenen Identität zur Sprache zu verhelfen.

[11] Helfferich 2005, S. 141

In diesem Zusammenhang sei auch noch einmal (s. S. 217) auf die Diskussion der Passage „Das Dorf existierte nicht mehr“ des Interviews i18 verwiesen. Eine kleine Intervention des Interviewers, der Verweis auf Zivilisten, löst eine Irritation beim Probanden aus, als er anhebt, die Vernichtung eines russischen Dorfes zu schildern. Dies könnte als Beleg dafür angesehen werden, wie wichtig die Abstinenz der interviewenden Person für die Selbstthematisierung der erzählenden Person ist. Allerdings liegt die Bedeutung dieser konkretisierenden Bemerkung des Interviewers darin, dass er behutsam und angemessen eine Irritation als Ausgangspunkt für eine Selbstexploration auslöst. Damit wird erneut die große Bedeutung von Irritationen (s.o. zu Anfang dieses Abschnitts), wenn sie im richtigen Maß eingesetzt werden, für Selbstvergewisserung und biografisches Lernen unterstrichen. Irritationen können zur Wahrnehmung von Diskrepanzen und Dilemmata und zur Prüfung der eigenen Annahmen führen. Ein einzelnes Interview kann hier nur erste Impulse ermöglichen, bietet den Erzählenden aber immerhin die Möglichkeit, im geschützten Raum von Anonymität und Beziehungsdistanz zu den Interviewenden neue Rollen und Haltungen im Erzählen auszuprobieren. Damit wird die Interviewsituation zu einem Lernfeld, in dem Identitätsdarstellungen variiert werden oder neu entstehen können. Dieser Aspekt verbindet die Interviewsituation mit anderen, professionell gestalteten Situationen psychosozialer Praxis. Deshalb werde ich in Kapitel 13 die Möglichkeit des Transfers der gewonnenen Erkenntnisse auf Soziale Arbeit und Beratung diskutieren.

In den Interviews über Mitbeteiligung während des Nationalsozialismus brachten die Interviewenden ihre eigene Betroffenheit als Angehörige der direkten Nachkommen in die Forschung ein. In Abschnitt 11.2.1 konnte ich aufzeigen, dass im Vergleich zwischen den Interviews e1 und i14 ein größerer Generationenabstand mehr anerkennenden Raum zur Selbstthematisierung für den Probanden schuf. Nach Auswertung der Interviews lässt sich nicht belegen, ob ein größerer Abstand und die damit verbundene größere Unbefangenheit *in jedem Falle* ein Vorteil ist. Der Blick meiner Forschung richtete sich ja gerade auf Möglichkeiten der Interviewführung, wenn Befangenheiten und Voranahmen die Situation bestimmen. Anhand der Interviewanalysen lässt sich nun sehr gut ablesen, welche großen Chancen in der Forschung über den Nationalsozialismus mit Interviewenden aus der Generation der direkten

Nachkommen liegt: Diese können sich die eigenen Betroffenheit zunutze machen, indem sie das eigene Engagement und das konjunktive Wissen um das zu erforschende Feld in ihre Interviewarbeit einbringen. Festzuhalten ist, dass Forschung im Feld eigener Betroffenheit nicht ohne Räume auskommt, in denen sich die Forschenden selbst reflektierend hinterfragen und Distanz zur eigenen Betroffenheit einnehmen können. Dies ist unabdingbare Voraussetzung dafür, dass ein geschützter Raum und damit ein Experimentierfeld für den Zeitzeugen oder die Zeitzeugin entsteht. Dies wurde im Projektverbund *Geschichte und Erinnerung* in vielfältiger Weise gewährleistet (s. Kapitel 8).

12.4 Hinweischarakter von Orientierungsrahmen

Gesellschaftliche Strömungen und Werthaltungen schlagen sich in konjunktiven Erfahrungsräumen nieder. Am Beispiel der Interviews über den Nationalsozialismus konnte gezeigt werden, dass ein gesellschaftlicher Kampf um Anerkennung zu dieser Thematik in die Interviewsituation hineinwirkt und sich in charakteristischen Kommunikationsmustern offenbart. Die Interviewverläufe zeigen darüber hinaus, dass diese Orientierungsrahmen in gewissen Grenzen gestaltbar sind. Stellt sich ein problematischer Orientierungsrahmen ein, dann muss dies nicht – darauf habe ich im vorangegangenen Abschnitt verwiesen – an Fehlern in der Interviewführung liegen. Vielmehr ist ihr Auftreten *als diagnostischer Hinweis* auf Vorbehalte und Erfahrungen von Missachtung und Ablehnung, die wiederum Ausdruck eines Kampfes um Anerkennung sind, zu werten.

Selbstthematisierung im selbstläufigen Erzählen wird am besten im *Orientierungsrahmen einer gemeinsamen Zeiterkundung* ermöglicht. Entsprechend der Anerkennungsthematik, die jedem Orientierungsrahmen in eigener Ausprägung innewohnt (s. Tabelle auf S. 209), steht die interviewende Person vor spezifischen Herausforderungen, wenn sie bei problematischen Orientierungsrahmen Einfluss nehmen will, um dem einer gemeinsamen Zeiterkundung näher zu kommen:

Investigative Befragung: Da die Situation in diesem Orientierungsrahmen von kritischer Prüfung oder gar Vorwurf und Misstrauen geprägt ist, sind weitere Konfrontationen und Zuspitzungen von Seiten der Interviewenden kontraproduktiv. Hier muss Zutrauen in eine bejahende Haltung und Offenheit erst aufgebaut werden, insbesondere durch erzählgenerierende, offene Fragen oder durch die Thematisierung der Situation selbst.

Belehrung: Die erzählende Person drückt durch ihre unterweisende Haltung ihr reflektiertes Expertentum aus. Deshalb geht es darum, sich als Interviewer für die bisher erlebte Lerngeschichte zu interessieren und entsprechende Erlebnisse und Erfahrungen durch Paraphrasieren und Nachfragen zu vertiefen. Zuerst steht hier das biografische Lernen aus der eigenen Vergangenheit und nicht das biografische Lernen in der Gegenwart des Erzählens im Vordergrund. Diese Zugangsmöglichkeit sollte aufgegriffen werden, ohne sich aber in das Lehrer-Schüler-Positionsgefälle einzulassen.

Zeitreportage: Die eigene Zeugenschaft drückt sich hier über ein emotional distanziertes Erzählen von Handlungsabläufen aus. Signale emotionaler Erfahrung sind möglicherweise nur sehr verborgen – z.T. sind sie bis in die Gegenwart hinein noch belastend. Da er offenbar eine Schutzfunktion ausübt, ist diesem Orientierungsrahmen Raum zu geben. In offener, aktiv zuhörender Form können emotionale Gehalte z.B. durch Paraphrasieren hervorgehoben werden.

Übereinkunft im Dissens: Wie ich schon im vorangegangenen Abschnitt ausgeführt habe, enthält dieser Orientierungsrahmen verborgene Möglichkeiten. Die Interviewbeteiligten zollen einander Respekt aus der Ferne und lassen aber die wahrgenommene Unterschiedlichkeit auf sich beruhen. Die Aufgabe des Interviewers besteht darin, entweder durch erzählgenerierende, offene Fragen den Raum für die Erfahrungen des Zeitzeugen zu öffnen, oder durch Kontaktangebote und durch Andeuten eigener Positionen in einen (Streit-)Dialog zu gehen.

Streitdialog: In diesem Orientierungsrahmen, der von einer „Streitpartnerschaft" gekennzeichnet ist, steht der Austausch von Argumenten im Vordergrund. Mögliche gegenseitige Vorannahmen und Vorbehalte werden so transparent gemacht und es entsteht Kontakt und Begegnung zwischen den Interviewbeteiligten. Auf der Grundlage dieser Qualität anerkennender Begegnung muss auf Ansatzpunkte dafür geachtet werden, dass der Zeitzeuge bzw. die Zeitzeugin immer wieder den Raum für das Erzählen biografischer Erfahrungen erhält.

Kamingespräch: Da dieser Orientierungsrahmen emotionale Verbundenheit und Nähe betont, wird eine für den Forschungskontext unverzichtbare und produktive Fremdheit (s. Abschnitt 6.1) zwischen den Interviewbeteiligten verhindert. Deshalb muss man sowohl in der Raumwahl, in der Sitzordnung und in sonstigen Elementen des Interviewsettings, aber auch in der sprachlichen Rahmung von Forschungszweck und Frageinhalten Signale für eine angemessene Distanz zwischen den Interviewbeteiligten setzen.

12.5 Kontrastierung zu den Ergebnissen des Forschungsprojektes *Mit alten Menschen über den Nationalsozialismus sprechen*

Die herausgearbeiteten Orientierungsrahmen gehen über eine Grobunterscheidung nach Interviewstilen, wie sie in der Voruntersuchung im Forschungsprojekt *Mit alten Menschen über den Nationalsozialismus sprechen* an der Katholischen Fachhochschule Freiburg[12] (s. Abschnitt 8.8) getroffen wurde, hinaus. In einzelnen Interviews variieren die Orientierungen zum Teil innerhalb einzelner Passagen, unabhängig davon, ob die Interviewenden sich einem eher klient- bzw. personzentrierten, psychoanalytischen, sozialwissenschaftlichen oder Sachverhalte aufklärenden Ansatz verpflichtet fühlten. Insofern ergibt die Analyse der Interviews mithilfe der dokumentarischen Methode ein erheblich differenzierteres Bild. So kann eine konfrontierende Interviewerfrage im *Orientierungsrahmen einer gemeinsamen Zeiterkundung* den inneren Prozess des Probanden erheblich vertiefen, während eine ähnlich gestellte Frage im *Orientierungsrahmen einer investigativen Befragung* die Tribunalsituation möglicherweise noch verschärft.

[12] inzwischen: Katholische Hochschule Freiburg

Im Forschungsprojekt *Mit alten Menschen über den Nationalsozialismus sprechen* wurden diejenigen Textstellen in den Blick genommen, in denen *Prozesse der Selbstexploration* anhand eines Kataloges von Merkmalen (s. Anhang E) erkennbar waren. Nach der eingehenderen Betrachtung der Interviewpassagen muss man feststellen, dass diese Merkmale nicht trennscharf genug sind. „Nach Worten suchen“ oder „Markanter Wort-/Satzabbruch“ kann für sich genommen allgemein Ausdruck einer inneren Suchbewegung sein, die aber nicht per se auf Selbstexploration hinweisen muss. Diese sprachlichen Merkmale können in Rechtfertigungsgeschichten auch Ausdruck von Anpassungsstrategien sein, wie sie sie z.B. die Probandin in Interview i15/1 und i15/2 immer wieder an den Tag legt (s. Abschnitt 12). Andere Merkmale, die zur übergreifenden Kategorie „Selbstexploration“ im damaligen Forschungsprojekt führten, fußten auf einer Einschätzung beim Kodieren, die aber konzeptionell zu wenig abgesichert war, so z.B. das Merkmal „Entstehen neuer Einsichten“ oder „nachdenkliches Schweigen“. Auch die auf Seite 338 aufgelisteten Erkennungsmerkmale sprechen einzeln genommen noch nicht für Prozesse der Selbstexploration, sie sind lediglich Indikatoren, um entsprechende Passagen einer genaueren Analyse zu unterziehen.

Die *Rekonstruktion der Interviewdynamik* mittels der dokumentarischen Methode, ergänzt um weitere Instrumentarien, erschließt hier in tieferen Analyseschichten das Wirken eines gesellschaftlichen Kampfes um Anerkennung. So wird deutlich, dass der Prozess der Herstellung der eigenen Identität und der Selbstvergewisserung im Prozess des Erzählens erst im Zusammenwirken vieler Einflüsse geschieht und bspw. ablesbar ist an der Textsorte – dies entspräche den Merkmalen „unwillkürliche Erinnerungen“ und „Bilder, Szenen“ in der Voruntersuchung –, am Wechsel zwischen Erzählzeit und erzählter Zeit, an Positionierungsaktivitäten und an der Art der Schließung von Darstellungen. Das Konzept des *transformativen Lernens* nach Mezirow lenkt dabei aber den Blick auf das Erleben von Diskrepanzen, sei es beim Rückblick auf die Stationen der eigenen Geschichte oder in der aktuellen Situation des Interviews.

Erst in der Zusammenschau ergibt sich ein Bild. Dies öffnet auch den Blick auf die Wechselwirkungen zwischen der Interaktion der Beteiligten und dem Prozess der Selbstexploration der Erzählenden. Die *Dimension von Kontakt* wurde in der Voruntersuchung hauptsächlich über linguistische Kategorien wie „direktes Ansprechen“, „Inhalte/Worte aufgreifen“, „Angleichungen“ oder im Merkmal „Gesprächssituation thematisieren“ (s. Anhang E) erfasst. Dieser Zugang zur Dimension Kontakt und Begegnung griff sicher zu kurz, die Kodierung einzelner umgrenzter Textstellen konnte dieses Prozessmerkmal auch nicht angemessen erfassen. Deshalb verwundert es nicht, dass die Voruntersuchung auch keine signifikanten Zusammenhänge zwischen Selbstexploration und Kontakt zwischen den Interviewbeteiligten erbrachte (s. Abschnitt 8.9). Hier bildet die vorliegende Arbeit Wechselwirkungen wesentlich besser ab, denn die Dimension von Kontakt, Begegnung und gegenseitiger Anerkennung wurde nun nicht nur über den sprachlichen Ausdruck, sondern auch im Bereich des Ungesagten, konjunktiv Wirkenden in Form von Orientierungsrahmen erfasst. Der Betrachtungswinkel hat sich bei meiner Untersuchung damit verschoben, denn es geht nun um die Untersuchung des Geschehens *zwischen* den Beteiligten und nicht darum, wie die Person des Interviewers eine bestimmte Situation herstellen kann. So schält sich als fruchtbarster Orientierungsrahmen für die Selbstexploration der Erzählenden der einer *gemeinsamen Zeiterkundung* heraus. Es braucht eine anerkennende Verbindung zwischen den Interviewpartnern, die sich in unterschiedlicher Weise ausdrücken kann, sei es im gemeinschaftlichen Herausarbeiten von Zusammenhängen, wie es z.T. in Interview i26 geschieht, oder im zuhörenden Begleiten einer lebensgeschichtlichen Erzählung, wie es in Interview i13 ablesbar ist (s. Abschnitt 12).

Die Unterscheidung in verschiedene konjunktive Orientierungsrahmen erbringt z.B. auch einen anderen Blick auf den Vergleich der im Generationenverhältnis so interessanten Interviews e1 und i14: Wurden aufgrund der Textkodierungen dem Interview i14 in der Voruntersuchung mehr Anteile an Selbstexploration zugestanden,[13] wird nun deutlich, dass das aktive Zuhören des Interviewers in Interview i14 seine *investigative* Ausrichtung nicht verleugnen kann und deshalb der *Orientierungsrahmen eines Streitdialoges* in Interview e1 hinsichtlich der Ansatzpunkte für Selbstexploration dem Interview i14 zumindest ebenbürtig, wenn nicht sogar leicht überlegen ist (s. Abschnitt 11.2.1).

[13] Steinebach/Sehrig 2002, S. 65 f.

Das Verhältnis zwischen den am Interview Beteiligten und die Ausgestaltung von Anerkennung oder Missachtung werden nun zu einem gemeinsamen Blickwinkel auf alle Interviewformen. Bei Interviewthemen, die mit Urteilen, moralischen Bewertungen und Vorbehalten auf beiden Seiten belegt sind, kann so die Interviewdynamik besser erfasst werden. Orientierungsrahmen, wie sie in den hier beschriebenen Interviews zu Mitbeteiligung und Faszination im Nationalsozialismus entstanden, sind nun im Wesentlichen über die Art der Diskursmodi, über die Positionierung der Beteiligten und über die Art der Erzählinhalte (s. Abschnitt 11.1) beschreibbar. Damit werden sie auch in anderen Interviewprozessen, die Themen mit ähnlicher Brisanz behandeln, erkennbar und können so möglicherweise verallgemeinert werden.

Die Voruntersuchung *Mit alten Menschen über den Nationalsozialismus sprechen* blieb bei einer kausalen Sicht auf die Zusammenhänge stehen: Welche Haltungen und Interventionen auf Seiten der Interviewenden begünstigen den Prozess der Selbstexploration auf Seiten der Erzählenden? Hier wird deutlich, dass erst die gemeinsam wirkende Dynamik über Orientierungsrahmen erfasst werden muss, um dann in einem zweiten Schritt Aussagen darüber treffen zu können, welche Einflussmöglichkeiten der Interviewer auf den Interviewprozess hat. Und gerade bei der Thematik des Nationalsozialismus entfaltet der gesellschaftliche Diskurs eine wuchtige Dynamik, der sich die am Interview Beteiligten nicht entziehen können. Dies engt Handlungsspielräume der Interviewenden deutlich ein, denn auch bei allen Anstrengungen wäre es meiner Ansicht nach nicht möglich gewesen, mit dem Probanden in den Interview i43/1 und i43/2 (s. Abschnitt 12) mit seiner Vorgeschichte als hoher Offizier der Waffen-SS in eine unbefangene, gemeinsame Zeiterkundung einzutreten. Unter diesen Vorzeichen wurde die in der Voruntersuchung postulierte *engagierte Präsenz* um sinnvolle Interventionen erheblich präzisiert und erweitert: Dabei ist nun hervorzuheben, dass der Interviewer das Hier und Jetzt der Interviewsituation im Auge behalten und bei Blockaden ggf. zum Thema machen sollte. In vielfältiger Weise sind anhand einzelner Passagen, aber auch in der Zusammenführung im Abschnitt 12.3 die Grenzen starker Intervieweraktivität aufgezeigt worden. Sie können einerseits rückversichernde Unterstützung bedeuten, andererseits können sie beschwichtigend wirken oder suggestiv Einfluss ausüben.

In Abgrenzung zur Hypothese der Voruntersuchung (s. Abschnitt 8.9) kann nun festgestellt werden, dass nicht allein der Dialog, aber *allein die gegenseitige Anerkennung* der am Forschungsinterview Beteiligten eine notwendige Bedingung für die Selbstexploration der Zeitzeugin oder des Zeitzeugen darstellt. Ohne ein Mindestmaß an gegenseitiger Anerkennung kommt dieser Prozess nicht in Gang. Diese Zusammenhänge konnten mit der Voruntersuchung so nicht erfasst werden, ebensowenig die gesellschaftliche Bedingtheit von Anerkennung, wie sie sich in unterschiedlichen Orientierungsrahmen in der Interviewsituation niederschlägt.

13 Brückenschlag zwischen Forschung und psychosozialer Praxis

Ich habe anhand von Forschungsinterviews die wechselseitige Abhängigkeit von Anerkennung und biografischem Lernen untersucht. Es ging darum, die notwendige Balance zwischen angemessenem Kontakt und freiem Erzählraum auszuleuchten. Im Falle der Interviews zur Mitbeteiligung und Faszination im Nationalsozialismus erhalten diese Interviews eine besondere Brisanz dadurch, dass hier Ansichten, Eindrücke und Erfahrungen erhoben werden, die die interviewende Person in vielen Fällen befremdet oder gar ablehnt. Um dennoch der erzählenden Person in Offenheit gegenübertreten zu können, braucht es für die Interviewenden Verhaltensmöglichkeiten, die ihrer inneren Beteiligung gerecht werden und ihnen gleichzeitig dazu verhelfen, eine produktive Distanz zur Thematik und zu den Erzählenden einzunehmen. Dies habe ich in den vorangegangenen Kapiteln anhand des Datenmaterials im Hinblick auf leitfadengestützte, teilnarrative Forschungsinterviews untersucht. Es gilt nun, die Relevanz meiner Ergebnisse für andere Felder von Forschung und psychosozialer Praxis zu umreißen.

In Beratung, Sozialer Arbeit und rekonstruktiver Forschung müssen sich Forschende wie Beratende ständig der Tatsache bewusst sein, dass sie bei aller Abstinenz immer Wirkungen auslösen: „Bei keinem Interview verlassen wir zum Beispiel die Interviewten so, wie wir ihnen zu Beginn begegnet sind, sondern unsere Fragen lösen immer auch Erinnerungs-, Deutungs- oder auch Reinterpretationsprozesse aus.“[1] Die *ethnografische Unschärferelation* (s. Abschnitt 6.1) gilt hier gleichermaßen. Gerade die rekonstruktive Forschung in der Sozialen Arbeit bewegt sich nach Miethe immer wieder im Grenzbereich zwischen Theorie und Praxis und hat hier auch Kompetenzen entwickelt, so

[1] Miethe 2007, S. 10

dass die so weiterentwickelten Forschungsmethoden sowohl zur Reflexion professioneller Praxis als auch für die Weiterentwicklung von Methoden der Intervention genutzt werden können.[2] Insofern gilt es, die Erkenntnisse dieser Forschungsarbeit für verschiedene Anwendungsfelder Sozialer Arbeit und psychosozialer Beratung nutzbar zu machen.

Rekonstruktive, sozialwissenschaftliche Forschung und psychosoziale Beratungspraxis berühren sich auch darin, dass beide Bereiche auf den Prinzipien von Offenheit und methodischem Fremdverstehen aufbauen.[3] Fritz Schütze nennt diese Art produktiver Distanz eine *ethnografische Haltung*.[4] Gerade in den verschiedenen Feldern der Sozialen Arbeit hält Schütze die Anwendung ethnografischer Verfahren der Sozialforschung für vielversprechend und dringlich, denn Soziale Arbeit befasst sich immer wieder mit fremden Lebensstilen und Lebensäußerungen von Klienten. Die ethnografische Haltung einzunehmen hieße, „die Klienten der Sozialen Arbeit und ihr Verhalten in ihren Fremdheitsmerkmalen anzuerkennen und allmählich im Vollzuge des Fremdverstehens verständlich zu machen, ohne daß einerseits über sie ein Verdikt der Kommunikations- und Verständigungs*un*möglichkeit gesprochen wird und ohne daß sie andererseits im Rahmen einer Mißachtung oder Verniedlichung ihrer strukturellen Fremdheitsmerkmale paternalistisch vereinnahmt werden."[5] Wenn psychosoziale Praxis immer wieder mit befremdenden Sichten oder Gewalttaten zu tun hat, dann steht auch sie vor der Herausforderung, das Postulat des Fremdverstehens unter dem Blickwinkel von Akzeptanz, Kontakt und Begegnung neu zu definieren. Anerkennung vollzieht sich in einer Spannung zwischen dem An-Erkennen des Trennenden und dem An-Erkennen des Verbindenden.

Es geht darum, die eigene Haltung als Helfende und Beratende zu überprüfen. Wie anhand der Interviews deutlich wird, können Signale von Missachtung und Anerkennung in sehr subtiler Weise gesetzt werden. Selbstbeobachtung und methodisches Können müssen nicht nur Interviewende trainieren und vertiefen, sondern auch diejenigen, die in sozialer Hilfe und Beratung

[2] Miethe 2007, S. 11 u. 25
[3] Helfferich/Kruse 2007, S. 175
[4] Schütze 1994, S. 257
[5] A. a. O., S. 257 f., Hervorhebung im Original

tätig sind. Soziale Arbeit in der Psychiatrie, in der Hilfe für Straffällige und in der Jugendarbeit mit gewaltbereiten Jugendlichen sollte bewusst und reflektiert mit konjunktiven Orientierungsrahmen in den Gesprächen umgehen. Gerade in diesen Feldern wirkt ein Kampf um Anerkennung, der von gesellschaftlichen Vorurteilen, Stigmatisierungen und Ausschließungsprozessen begleitet ist. Wenn sich kritische Kommunikationsmuster einstellen, so ist dies als wichtiger diagnostischer Hinweis für das Wirken solcher sozialer Prozesse zu sehen (s. Abschnitt 12.4). Umso wichtiger sind dann förderliche Interventionen, wie ich sie in Abschnitt 12.3 beschrieben habe. Die Tatsache, dass auch die Anerkennung des Trennenden – z.B. im *Orientierungsrahmen eines Streitdialoges* – in Interviews fruchtbar für den weiteren Verlauf sein kann, sollte auch in Beratung und Sozialer Arbeit mehr berücksichtigt werden. Hier ist auch der *personzentrierte Ansatz* mit seinem Verständnis von Respekt und Akzeptanz weiterzuentwickeln. Dies drückt sich eben nicht allein in Bestätigungshandeln aus, gerade auch wohlwollende Konfrontation kann zur Selbstexploration herausfordern.

Soziale Arbeit arbeitet immer im Spannungsfeld von Hilfe und Kontrolle – nach Galuske einem *doppelten Mandat*.[6] Dies strahlt z.B. in Jugendgerichtshilfe, Bewährungshilfe, und aber auch in klassische Felder psychosozialer Beratung, so z.B. der Beratung in der Suchtkrankenhilfe, hinein. Auch wenn Bereiche durch Verschwiegenheitspflichten geschützt werden, hat psychosoziale Beratung hier einen gesellschaftlichen und häufig auch gesetzlich definierten Auftrag. Es müssen Sachverhalte ermittelt und Hilfepläne erstellt werden. Mitunter wird so ein eher *investigativer* Orientierungsrahmen im Hilfegespräch geradezu angelegt. Z.T. wollen die Betroffenen die Hilfen und Unterstützungsleistungen, die ihnen Soziale Arbeit anbietet, gar nicht in Anspruch nehmen. Auch hier treffen Vorbehalte und kritische Vorannahmen aufeinander, auch hier muss die professionelle Fachkraft Zugang zur Welt des Klienten oder der Klientin erst erhalten. Motivation zur Hilfebeziehung muss möglicherweise erst aufgebaut werden. Mit der Herausforderung, ohne Konfrontationen bei den Betroffenen die eigene Wahrnehmung von Diskrepanzen anzuregen, befasst sich das *Konzept der motivierenden Gesprächsführung*.[7]

[6] Galuske 2007, S. 156
[7] Miller/Rollnick 2009

Auch in diesem Konzept bleiben die Helfenden entsprechend der personzentrierten Haltung dicht an der Sicht der Hilfesuchenden. Die Frage einer angemessenen Helferrolle wird in Abschnitt 13.2 noch weiter vertieft.

Letztlich geht es um eine produktive Verbindung zwischen der Alltagswelt Sozialer Arbeit, die sich mit kulturellen Fremdheiten auskennt, einer ethnografischen Haltung, die mit sozialwissenschaftlicher Kompetenz Prozesse analysieren kann und einer aus der Beratungstheorie entwickelten Fähigkeit zur Intervention in Hilfe- und Beratungsprozessen. Exemplarisch möchte ich nun an einigen Einsatzfeldern verdeutlichen, worin die genauen Verbindungslinien zwischen Forschung und psychosozialer Praxis bestehen und welche Erkenntnisse aus meiner Arbeit hier fruchtbar gemacht werden können.

13.1 Gutachterliche Praxis und Gesprächsführung mit Beschuldigten

Die Vernehmung oder Begutachtung von potenziellen Straftätern geschieht noch eindeutiger als in o.g. Beispielfällen mit einem Kontrollauftrag, und dennoch geht es auch hier um die Erforschung einer fremden Welt. Einerseits muss eine Tat aufgeklärt werden, andererseits besteht aber ein großer Teil der gutachtlichen Arbeit darin, die Persönlichkeit des Beschuldigten und seine möglichen Tatmotive zu verstehen. Mit textanalytischen Methoden – u.a. auch der Agencyanalyse – nähert sich Haas z.B. den schriftlichen Äußerungen von Täterinnen und Tätern, seien es Droh- und Schmähbriefe, Bekennerschreiben oder Transkripte von abgehörten Gesprächen.[8] In einem Standardwerk zur Vernehmung vor Gericht wird betont, dass der Vernehmende einer Auskunftsperson Raum zur freien Erzählung einräumen und dem freien Bericht aktiv zuhörend folgen solle.[9] Zumindest in diesen allgemein gehaltenen Empfehlungen gelten die Grundzüge eines leitfadengestützten Interviews, wenn auch mit vielen strukturellen Einschränkungen versehen, offensichtlich auch für die Einvernahme vor Gericht. Erheblich präziser und praxisorientierter entwirft Steffes-enn gesprächsmethodische Prinzipien, wie auf Klienten bei anamnestischen Erhebungen im Rahmen polizeilicher Vernehmungen bei Gewalt- oder Sexualdelikten einzugehen sei. Die Autorin plädiert für ehrlichen Respekt

[8] Haas 2009, S. 128 ff.
[9] Bender/Nack/Treuer 2007, S. 204 f.

gegenüber dem Klienten: „Es geht darum, ihm eine Hilfestellung zu bieten, über scham- und schuldbesetzte Themen zu sprechen, ohne den Status als lebenswerter Mensch zu verlieren."[10] Steffes-enn plädiert für eine fachlich begleitete Selbstexploration des Klienten, die ihm den Expertenstatus für seine innere Welt beimisst. Interessant ist hier der Hinweis, dass detaillierte Nachfragen dann eine positive und erleichternde Wirkung entfalten können, wenn sich der Klient nicht als „einzigartig-abartig" betrachten muss.[11]

Bei solcherart verstandener Gesprächsführung geht es also ebenfalls um die Anerkennung sozialer Zugehörigkeit, um verstehendes Nachvollziehen und darauf aufbauend um Interventionen, die richtig angesetzt in ihrer Direktheit auch entlastend wirken. Es gilt, mit der *Kollision der Selbstkonzepte* (s. Abschnitt 5.2) zwischen Gutachter und Auskunftsperson einerseits transparent umzugehen und andererseits dabei der Auskunftsperson aktive und unterstützende Angebote zu machen. Schutz als zentraler Qualität in Gesprächen, wie ich es in Abschnitt 12.3 betont habe, erstreckt sich in einem solchen Verfahren auf den Schutz vor Beschämung und Bloßstellung. Und dennoch geht es in einem Gutachten auch um kritische Fragen, denn bestimmte Zusammenhänge müssen vom Gutachter auch ermittelt werden. Anerkennung des Trennenden heißt hier Offenlegung des Trennenden. Deshalb muss möglicherweise immer wieder die gegenwärtige Gesprächssituation mit all ihren Einflüssen zum Gegenstand gemacht werden. In gutachterlichen Gesprächen ist eine *investigative Orientierung* geradezu angelegt. Der Klient weiß nicht und kann allenfalls ahnen, welche Folgen Offenheit im Gespräch haben kann. Der Gutachter tritt im Gespräch in einer bestimmten Funktion in Erscheinung, denn er muss Einschätzungen zur Persönlichkeit und zur Tat vornehmen und diese vor Gericht vertreten. Die Analyse der Passage „Verhöre vo Freiburg" in Interview i41/2, Abschnitt 11.1.5, zeigt auf, dass gerade die Thematisierung des Hier und Jetzt im Gespräch die gemeinsamen Kommunikationsmuster, wenn nicht auflösen, so doch entkrampfen kann.

Soziale Arbeit beschäftigt sich immer wieder mit Menschen, die eine Straftat begangen haben. So werden z.B. im Suchtbereich und in der forensischen

[10] Steffes-enn 2010, S. 119
[11] A. a. O., S. 121

Psychiatrie Klienten beraten, die unter Einfluss ihrer psychischen Problematik zu Tätern wurden. Hier geschieht Hilfe und Therapie z.T. sogar im Zwangskontext. So sieht z.B. das stationäre Konzept der Abteilung für Psychiatrie und Psychotherapie der Klinik Viersen vor, jugendlichen Sexualstraftätern im Rahmen ihrer gerichtlichen Weisung zu einer Neuformulierung ihrer individuellen Geschichte zu verhelfen. In den verpflichtenden Gruppenangeboten werden im Kontext dieser Biografiearbeit narrative mit personzentrierten Ansätzen kombiniert, gleichzeitig müssen die Fachkräfte immer wieder den ausgeprägten Tendenzen zu Leugnung und Bagatellisierung zuvorkommen.[12] Auch hier steht die Schaffung eines herausfordernden, aber wohlwollenden Freiraums im Vordergrund, um sich mit der eigenen Lebensgeschichte unter neuen Gesichtspunkten auseinanderzusetzen.

Das im vorigen Abschnitt genannte *doppelte Mandat* in der Sozialen Arbeit engt in der Arbeit mit Tätern und Tatverdächtigen Bewegungsspielräume in der Gesprächsführung ein und führt zu Reserviertheit, Misstrauen und Vorbehalten. In der für den Bereich der sozialen Einzelhilfe so typischen Spannung zwischen Hilfe und Kontrolle plädierte Marianne Hege schon 1974 für ein Offenlegen von Zwängen und Rahmenbedingungen und sah ein emanzipatorisches Potenzial darin, wenn die Hilfesituation „selbst zum Gegenstand der Kommunikation zwischen Sozialpädagogen und Klienten wird."[13] Macht könne nur dadurch relativiert werden, dass sie offengelegt und im Gespräch mit dem Klienten problematisiert werde.[14] Offenes, transparentes Umgehen mit gesellschaftlichen und strukturellen Rahmenbedingungen stellt Vertrauen her. Erst dann kann ein Freiraum für verstehendes Nachvollziehen entstehen.

13.2 Biografiearbeit und Entwicklungsberatung

In Kapitel 4 habe ich die Chancen, die in der persönlichen Auseinandersetzung mit der eigenen Biografie liegen, skizziert. Lebensgeschichtliche Erzählungen sind aber genauso bedeutsam für die transgenerationelle Weitergabe von Erfahrung. Gerade wenn es um die Erfahrung des Nationalsozialismus geht, dann ist das Ausleuchten der verschwiegenen Prozesse und Erfahrungen

[12] Gruber 1999, S. 140 ff.
[13] Hege 1974, S. 75
[14] A. a. O., S. 78

wichtig dafür, dass die Nachkommen ein umfassenderes Verständnis für die Generation entwickeln, die den Nationalsozialismus erlebt hat. Dies ist sowohl auf der innerfamiliären, als auch auf der gesamtgesellschaftlichen Ebene sinnvoll. Insofern müssen individuelle Erzählungen an gesellschaftliches und historisches Wissen angeschlossen werden. „Erkennbar wird dabei, dass die Frage nach dem Verhältnis von Trauma, Erinnerung und transgenerationeller Weitergabe keineswegs nur für die einzelne Person relevant, sondern ebenso bedeutsam für vergangene, gegenwärtige und zukünftige Entwürfe von Gesellschaften, Kulturen und Nationen ist."[15]

Dieser Bedarf an Aufklärung und Auseinandersetzung wird durch verschiedene Ansätze biografischen Arbeitens aufgegriffen, sei es in Erzählcafés, in regelmäßigen Gesprächsgruppen, aber auch in Einzelbegleitungen, bspw. in der Hospizarbeit. Gerade die kommunikativ gestalteten Situationen, in denen sich Menschen ihre lebensgeschichtlichen Erfahrungen mitteilen, fördert nach Heidrun Schulze die Entwicklung von Resilienz im Umgang mit eigenen Krisen.[16] Es geht nicht nur um Lebensbilanzierung in der Vergangenheit, sondern um Lebensbewältigung und -veränderung in der Gegenwart und um Lebensplanung für die Zukunft.[17]

Mit seinem sozialgeschichtlichen Fragen will Sprinkart den Vergleich als Grundlage für die Umdeutung des Erlebten bei den am Gesprächskreis Beteiligten anregen:[18]

- „Wie war es früher (bei Ihnen/bei anderen)?
- Wie hat man es damals beurteilt?
- Wie ist es heute (bei Ihnen/bei anderen)?
- Wie beurteilt man es heute?"[19]

Es fallen auch die Parallelen zu den Forschungsfragen des Projektverbundes *Geschichte und Erinnerung* (s. Abschnitt 8) auf. Damit offenbart sich

[15] Dörr 2010, S. 42
[16] Schulze 2007, S. 218
[17] Klingenberger 2003, S. 141
[18] Sprinkart 1987, S. 24
[19] A. a. O.

einmal mehr eine Wesensverwandtschaft zwischen biografischer Forschung und biografischer *Selbst*erforschung. In der Art, wie mithilfe dieser Fragen handlungsleitende Motive herausgearbeitet und neue Sichtweisen zum früher Erlebten eingenommen werden können, sieht Sprinkart Parallelen zur Gesprächstherapie nach Carl Rogers.[20] Da mit diesen Leitfragen autobiografische Selbsteinsicht und geschichtliches Sehen in der Biografiearbeit verbunden werden können, entwickelte Skiba daraus ein eigenes, geschichtsdidaktisches Modell.[21] Er plädiert dafür, auf einer Grundlage von Angenommensein und Wertschätzung in der Erinnerungsarbeit auch „das Fehlende, das Vergessene oder das Verdrängte in den Wahrnehmungshorizont zu rücken".[22]

Mehr als im Forschungskontext wird in der Biografiearbeit dem Dialog und dem Diskurs eine zentrale Bedeutung beigemessen, da hier gewohnte Bedeutungen in Frage gestellt werden können und die Reflexion neuer Sichten und Möglichkeiten in Gang gebracht wird. Nach Petzold müssen sozialgerontologische und geragogische Maßnahmen „deshalb darauf gerichtet sein, Kommunikation an die Stelle des verstummenden Dialogs, Gemeinsamkeit an die Stelle von Vereinzelung, Miteinander an die Stelle der Einsamkeit zu setzen."[23] Das verstehenden Nachvollziehen des Erlebten durch andere verstärkt die gegenseitige Nachsicht.[24]

Kohn und Caduff heben hervor, dass Moderierende von Erzählcafés in der Lage sein müssten, Gruppengespräche in Gang zu bringen und zu steuern, Querverbindungen zwischen den Beiträgen der verschiedenen Besucher herzustellen, für auftretende Schlüsselwörter sensibel zu sein und zentrale Aspekte des Erzählten zu erkennen und fragend zu vertiefen. Die Autorinnen verweisen auf positive Erfahrungen mit altersdurchmischten Erzählcafés bei entsprechender Themenwahl.[25] Die Chance in der Begegnung der Generationen liegt jedoch nicht allein im individuellen Lernen im Generationengespräch, sondern im „Lernen *für* den Generationendialog"[26] als Ausdruck einer

[20] Sprinkart 1987, S. 25
[21] Skiba 1997, S. 80 ff.
[22] A. a. O., S. 87
[23] Petzold 1985a, S. 79
[24] Petzold 1985b, S. 487
[25] Kohn/Caduff 2010, S. 211 f.
[26] Steinhoff 2008, S.141, Hervorhebung im Original

neuen Kultur des Älterwerdens. Hier werden unterschiedliche Erfahrungen und Werthaltungen reflektiert. Die Vertreter der verschiedenen Generationen begegnen sich entsprechend Petzolds *Exchange-Learning-Konzept* als Experten,[27] Biografiearbeit nach diesem Verständnis ist ein gemeinsames Erarbeiten und Teilen von Biografie. Auch im therapeutischen Kontext verlangt Petzold ein inneres Beteiligtsein des Therapeuten, das auch die Bereitschaft dazu einschließt, die eigene Lebensgeschichte parziell offenzulegen.[28]

Auch in den hier vorgestellten Konzepten von Biografiearbeit wird betont, dass gegenseitige Anerkennung und Begegnung den Prozess prägen sollten. Außerdem wird der oder die Begleitende in einer aktiveren Rolle gesehen: es gilt, mit fragenden, behutsam herausfordernden Interventionen den Prozess der Selbstvergewisserung zu vertiefen. Das Prozesshafte dieser Erinnerungsarbeit steht im Vordergrund – es geht also um selbstgesteuertes biografisches Lernen. Damit sind wesentliche Erkenntnisse aus dem Forschungskontext meiner Arbeit auf Biografiearbeit übertragbar: Auch hier ist der *Orientierungsrahmen einer gemeinsamen Zeiterkundung* anzustreben. Fruchtbare aktive Impulse seitens der Moderierenden könnten sich an den in Abschnitt 12.3 herausgearbeiteten Faktoren orientieren.

In der *Entwicklungsberatung* wird noch gezielter als allgemein in der Biografiearbeit die gegenwartsbezogene und zukunftsgerichtete Dimension biografischen Lernens – die Bewältigung kritischer Lebensereignisse, anstehender Entwicklungsaufgaben, Entwicklungsprobleme und Entwicklungskrisen (s. Abschnitt 2.3) – in einer dyadischen Beratungssituation zum Thema gemacht. Es geht darum, Ziele zu setzen, Zielkonflikte zu lösen, Bewältigungsformen zu überprüfen und Schritte zur Umsetzung der neu gefassten Ziele zu erarbeiten. Innerhalb eines Konzepts von *Empowerment* werden die Subjektkompetenzen des Individuums gestärkt: „Empowerment zielt auf die Befähigung des Einzelnen und auf die Sicherung der individuellen sozialen Ressourcen, die notwendig sind, um den Gestaltungs- und Bewältigungsanforderungen der Altersphase gerecht zu werden und in eigener Regie eine lebenswerte Lebenswelt und einen gelingenden Alltag herzustellen.“[29] Ent-

[27] Petzold 2004, S. 194 ff.
[28] A. a. O., S. 257 f.
[29] Schweppe 1999, S. 267

wicklungsberatung steht so im Dienste dieser Ermutigung, Kräftigung und (Wieder)herstellung von Selbstbestimmung.

Die Aufgabe des oder der Beratenden ist es, diesen Prozess zu unterstützen – bei Selbstabwertungen z.B. mit dem Blick auf Kompetenzen und Erfolge, bei ausgeblendeten Inhalten durch Angebote zur Integration in die eigene Lebensgeschichte. Entwicklungsberatung hat das Ziel, die Selbstwahrnehmung und Selbstkonfrontation des Klienten oder der Klientin zu fördern, einen reflexiven Diskurs zu Zielen und Mitteln anzustoßen, Selbstmotivation aufzubauen, Emotionen zu kontrollieren und die eigene Lebensgeschichte zu rekonstruieren.[30] Sie stellt kein neues eigenes Beratungsfeld dar, sondern bietet innerhalb der verschiedenen Bereiche von Beratung eine integrative Perspektive an und kann dabei sehr zielgerichtet und handlungsorientiert ausgerichtet sein.[31] Aber auch hier besteht das Kernstück der Beratung in der inneren Auseinandersetzung des Ratsuchenden mit der eigenen Lebensgeschichte, im Erkunden und Identifizieren von Lebensthemen und im Herausarbeiten der eigenen Bewältigungskompetenzen als Teil der eigenen Identität.

Mehr als der forschende Interviewer hat der Berater hier eine steuernde und fokussierende Funktion. Das allgemein im biografischen Lernen wirksame Moment der Selbstkonfrontation wird nach Gräser in der Entwicklungsberatung gezielt genutzt, z.B. durch die Anregung, die eigene Lebensgeschichte aus verschiedenen Ich-Positionen des Erzählers erzählen zu lassen. Das erzählende Ich nimmt dabei nacheinander verschiedene Positionen ein. Daraus kann dann sogar ein Dialog der inneren Selbstaspekte oder Rollen entstehen.[32] In diesem Beratungsansatz kommt im Grunde das Konzept des *transformativen Lernens* nach Mezirow zum Zuge: Entwicklungsberatung wird so als Lernfeld aufgefasst, in dem Selbstkonzepte einer Prüfung unterzogen und neue Rollen erkundet werden können. Beratende sind hier in der Funktion von Wegbereitern, die Lern- und Entwicklungswege eröffnen. Die Schritte des transformativen Lernens gäben dann die Orientierung für die Zielgerichtetheit des Prozesses.

[30] Gräser 2007, S. 614 ff.
[31] Die Bandbreite der Einsatzmöglichkeiten ist aufgelistet bei Klingenberger 2003, S. 204
[32] Gräser 2007, S. 616

Ich habe in Abschnitt 12.3 schon auf die Problematik hingewiesen, dass bei stillschweigenden Vorbehalten zwischen den Interviewbeteiligten die Gefahr besteht, dass nur diejenige Seite der Identität narrativ präsentiert wird, die der Vorstellung von sozialer Erwünschtheit entspricht: die Instanz des generalisierten Anderen. Die Anregung, innere Perspektiven im Erzählen zu verändern, könnte eine Hilfestellung dafür darstellen, auch den eher versteckten Selbstaspekten der Identität Raum zu geben. Dies könnte auch für die Interviewführung in Forschungsinterviews oder bei der Ausgestaltung eines Interviewleitfadens ein wichtiger Impuls sein.

13.3 Intergenerationeller Dialog über den Holocaust

Auch wenn nur noch wenige Vertreter der Generation der Zeitzeugen des Nationalsozialismus noch leben, muss die Zeit des Nationalsozialismus in die eigene Familiengeschichte, im Verhältnis der Generationen zueinander und im Verhältnis derer, die Unrecht ausübten oder Unrecht erlitten, integriert werden. Ein erster Schritt biografischen Lernens zwischen den Generationen besteht darin, die *Entnazifierungsgeschichten* (s. Abschnitt 7.2) zumindest zu hören, zu dokumentieren und in einen verstehenden und aufgeklärten Rahmen zu stellen. Dies leistete das Forschungsprojekt *Geschichte und Erinnerung*. Das Wachhalten von Erfahrung angesichts des Holocaust macht Micha Brumlik zum Bestandteil einer *intergenerationellen Ethik*: Die Toten gehören zum „moralischen Universum“ der Nachkommenden und dürfen deshalb nicht durch Vergessen ausgegrenzt werden.[33] Erinnerung über Vergangenes schließt somit auch die Erinnerung an vergangenene, begangene Grausamkeiten ein.[34] „Die Toten sind aber nicht nur die Abgeschiedenen – sie sind auch als die zu betrachten, die sie waren nach Prinzipien der Gerechtigkeit, als Täter, Opfer und Mitläufer.“[35] Damit wird die Auseinandersetzung über den Nationalsozialismus zur stetigen Herausforderung, um das Verbindende und das Trennende gleichermaßen anerkennend und präzise zu benennen und in die familiäre und gesellschaftliche Identität zu integrieren.

[33] Brumlik 1998, S. 148; hier bezieht sich Brumlik auf ein Wort von Walter Benjamin

[34] Jutta Ecarius über Brumliks Vorstellungen zu Gerechtigkeit und Anerkennung zwischen den Generationen, Ecarius 2008, S. 126 f.

[35] Brumlik 1998, S. 148

Der israelische Sozialpsychologe Dan Bar-On gründete im Jahre 1992 Dialoggruppen, in denen Nachkommen von Holocaust-Überlebenden aus den USA und Israel mit Nachkommen von Nazi-Tätern zusammentrafen. Im gegenseitigen Mitteilen der eigenen Geschichten und Erfahrungen entstand gegenseitiges Vertrauen und Respekt,[36] und im Zuhören entstand Verständnis für die Gefühle der jeweils anderen Seite. Bar-On nutzte die Erforschung der Narrationen, um von den individuellen Geschichten auf umfassendere soziale Prozesse zurückzuschließen, und entwickelte dabei seine Arbeit mit Dialoggruppen für unterschiedliche Themen der intergenerationellen und interkulturellen Konfliktbewältigung weiter. Gerade bei Bar-Ons Forschungen wird deutlich, dass Erzählungen ihre fruchtbare Wirkung dann entfalten können, wenn sie *mit* und *für* jemanden formuliert werden. Das Moment der Begegnung tritt hier in den Vordergrund, denn im Austausch über Grenzen und Befremdendes hinweg lösen sich innere Feindbilder und Stereotypen auf. Gemeinsam geteilte Lebensgeschichten bewirken so eine innere Auseinandersetzung bei den Teilnehmenden, ohne dass die eine Seite die andere überzeugen oder gar bekehren müsste.

Den Prozess des Austauschs fruchtbar zu gestalten, dies erfordert ein Wissen um hilfreiche und hinderliche Formen der Kommunikation miteinander. Nicht nur beim Nationalsozialismus, auch bei der anstehenden Aufarbeitung der DDR-Vergangenheit, braucht es Anerkennung und Schutz für Erzählräume, für den daraus entstehenden Dialog der Generationen, für den Dialog von Opfern und Tätern und deren Angehörigen. Gerade in diesen Situationen besteht die Gefahr, dass Tribunalsituationen oder Rechtfertigungsgeschichten entstehen. Die hier vorgestellten Forschungsinterviews zeigen, welches Potenzial an Verständigung in solchen Interviews steckt. Jedoch braucht es in der Moderation solcher Dialogprozesse erhebliches methodisches Fingerspitzengefühl. Die Gefahr besteht darin, dass einzelne in pauschale Argumentationen verfallen. Gerade diejenigen, die mit biografischen Interviews forschen, verfügen über Instrumentarien, um die Aussagekraft, die emotionale Dichte und den Subjektbezug bestimmter Erzählstrategien zu erkennen. Ggf. liegt die Aufgabe der Moderation darin, den Erzählenden aus dem Allgemeinen wieder

[36] Bar-On 2001, S. 234

zum Sprechen über persönliche Erfahrung zurückzulenken. Analytische wie gesprächsmethodische Kompetenz sind hier gleichermaßen gefragt.

13.4 Gedenkstättenpädagogische Arbeit mit rechten Jugendlichen

Bei bei den hier untersuchten Interviews lassen sich direkte thematische Bezüge zur Arbeit mit Jugendlichen herstellen, die mit rechtsextremem Gedankengut sympathisieren. Im Bereich der Gedenkstättenpädagogik gibt es verschiedene Projekte, die unter der Zielsetzung lernender Verarbeitung Jugendliche an eine innere Auseinandersetzung mit dem Nationalsozialismus heranführen. Wenn es um den Prozess der Selbstthematisierung an den Bruchstellen der eigenen Identität geht, dann sind gerade diejenigen Stellen in den Interviews wichtig, die beim Erzählenden Dilemmata und Irritationen in der Lebensgeschichte oder aktuell anzeigen. Dies zeigen die hier analysierten Interviews. Wie ich im Abschnitt 4.1 aufgezeigt habe, führen selbst erlebte Brüche und Irritationen aber erst dann zu *transformativen Lernen*, wenn sich die betreffende Person diese Desorientierungen als Lernherausforderung zu eigen macht. Es geht also zuerst darum – und möglicherweise ist dies schon der wichtigste und einzige Schritt –, die Wahrnehmungsfähigkeit für Diskrepanzen zwischen der eigenen Gedankenwelt und den tatsächlichen Geschehnissen im Nationalsozialismus zu öffnen. Zum Konzept solcher Projekte gehören deshalb häufig Zeitzeugengespräche, reflektierende Gesprächsrunden, Angebote zum kreativen Ausdruck und Anregungen zur selbstgesteuerten, inneren Auseinandersetzung.

Wie bedeutsam allein schon eine Erfahrung von Irritation sein kann, zeigt z.B. die Diskussion um Ansätze der Gedenkstättenpädagogik mit rechtsorientierten Jugendlichen. Auch hier geht es nicht um die Implementierung einer neuen Haltung zu rassistischem und faschistischem Gedankengut, sondern um das Moment der Verstörung bestehender, innerer Orientierungen bei den Jugendlichen. Im Rahmen des gedenkstättenpädagogischen Projektes *Für die Zukunft lernen* kam es zu provozierendem Auftreten einzelner, rechtsgerichteter Jugendlicher auf dem Gelände des ehemaligen Konzentrationslagers Auschwitz-Birkenau.[37] Dieses Verhalten schien die Grenzen der gedenkstät-

[37] Nickolai 2002

tenpädagogischen Arbeit unmissverständlich aufzuzeigen. Allerdings wies der Psychoanalytiker Udo Rauchfleisch auf einen wichtigen Aspekt bei dieser Dynamik hin. Provozierendes Verhalten ist mitunter als Ausdruck eines inneren Schutzmechanismus gegen eine tiefe, emotionale Verstörung[38] zu werten. Signale von Diskrepanzerfahrung und Irritation sind also an sich schon wichtige Indizien dafür, dass ein Prozess narrativer Bewältigung und biografischen Lernens ausgelöst wird. Dieser Prozess kann zur Festigung und Wiederherstellung bisheriger Selbstbeschreibungen und Erfahrungsbewertungen führen, er kann aber in neue Selbstreflexionen münden.

Wenn Irritationen als Potenziale für neue Verarbeitung von Erfahrung genutzt werden sollen, dann gilt es, das Sensorium für die ersten und versteckten Symbolisierungen von Irritationen, sei es in Sprache, Verhalten oder im kreativem Ausdruck, weiterzuentwickeln. Auf der sprachlichen Ebene bieten die hier vorgestellten Analyseinstrumentarien einige Möglichkeiten (s. Abschnitt 10.4.3). Gerade in der Arbeit gedenkstättenpädagogischer Projekte stellt sich sehr zentral die Frage, was und wie über den Holocaust gelernt werden soll. Biografisches Lernen in dem von mir hier entwickelten Verständnis wäre ein prozesshaftes Sich-Vergewissern der eigenen Identität mit offenem Ausgang. Damit wird den diesen Prozess Begleitenden nicht nur in sozialwissenschaftlichen Interviews, sondern auch in der Arbeit mit Jugendlichen eine besondere Rolle zugeschrieben: Sie unterstützen, bieten sich als Dialogpartner an und führen an Erlebnisse von Brüchen und Irritationen heran, aber sie gehen nicht in die Rolle eines Be-Lehrenden. Brumlik vertritt in der o.g. Kontroverse um die Chancen und Grenzen gedenkstättenpädagogischer Arbeit eine andere Auffassung von Lernen, wenn er den Erfolg solcher Projekte an feststellbaren „vertieften, haltbaren Erkenntnissen“ im Bereich des historischen Lernens und an „nennenswerten, strukturellen Änderungen“[39] im Bereich moralischer Haltungen misst. Letztlich wird damit die Frage aufgeworfen, in welchem Orientierungsrahmen hier gelernt werden soll: dem der *gemeinsamen Erkundung* oder dem der *Belehrung*. Schließt man sich der Auffassung eines biografischen, transformativen Lernens an, müssen die Gespräche mit den Jugendlichen unter Beachtung einer Maxime geführt werden, die den Bereich

[38] Rauchfleisch 2002, S. 78 u. 81
[39] Brumlik 2002, S. 106

Sozialer Arbeit mit dem Bereich der rekonstruktiven Forschung verbindet: einer *ethnografischen Haltung*, die Offenheit und Fremdverstehen vereint. Der Umstand, dass solch eine Lernsituation sehr deutlich von einem gesellschaftlichen Kampf um Anerkennung in seinen verschiedenen Sphären bestimmt ist, hilft den Fachkräften zu dem Maß an Distanzierung, das notwendig ist, um eine ethnografische Haltung einnehmen zu können. Erst in der methodisch gestalteten Selbstexploration kann dann ein innerer Prozess bei den Jugendlichen in Gang kommen. Die Gesprächspartner bieten sich als Begleiter und Dialogpartner an, sie bauen Motivation zur Selbstauseinandersetzung auf und können diese innere Auseinandersetzung durch ein Klima von Anerkennung, Interesse und persönlicher Begegnung unterstützen. Die hier vorgestellten Interviews bieten dazu einiges an Anschauungsmaterial.

13.5 Anwendung auf andere Forschungsfelder

Meine Untersuchung stellt gewisse Grundprinzipien der Interviewführung in biografischen Interviews auf den Prüfstand und kommt zu dem Schluss, dass bei Themenstellungen, die durch Vorbehalte auf Seiten der Interviewenden wie der Interviewten geprägt sein könnten, die geforderte Abstinenz der interviewenden Person durch beraterische Interventionsformen aus dem *Konzept der personzentrierten Gesprächsführung* modifiziert werden muss. Dies wurde exemplarisch an Interviews zur Frage von Mitbeteiligung, Mitverantwortung und Faszination im Nationalsozialismus untersucht. Die dabei herausgearbeiteten Orientierungsrahmen beziehen sich auf lebensgeschichtliche Erzählungen. Forschungen über andere biografisch relevante, aber im intergenerationellen oder gesellschaftlichen Diskurs belastete Themen können von der Analyse dieser Orientierungsrahmen ebenfalls profitieren. Zu denken ist hier z.B. an die Erforschung von Mitwirkung am System der früheren DDR.

Aber nicht nur bei zeitgeschichtlich relevanten Themen können Vorbehalte biografische Forschung einschränken. Probleme in der Interviewdynamik bei Forschungsinterviews mit Menschen, die sexuelle Gewalt ausübten, wurden zwar beschrieben,[40] allerdings wurde das Geschehen zwischen den Beteiligten bisher wenig erforscht oder bleibt auf der Ebene allgemeiner Pos-

[40] Baldenius 1996, S. 127 ff.

tulate stehen (s. Abschnitt 7.3). Vermutlich stellen sich auch hier die vorgestellten Orientierungsrahmen in ähnlicher Form ein,[41] denn sie repräsentieren unterschiedliche Muster der Kommunikation über brisante Themen, wie z.B. Schuld, Täterschaft, Verantwortung und Faszination über Tabuisiertes. Festzuhalten bleibt auch für diese Forschungssituationen: Der Orientierungsrahmen einer gemeinsamen Erkundung des Themas ist anzustreben und es braucht die aktive Zusicherung von Erzählräumen, die sich seitens des oder der Forschenden in Zuhören, Transparenz, Hilfestellung bei der Selbstexploration und anerkennender Begegnung manifestiert.

[41] Diejenigen Orientierungsrahmen, die aufgrund meines Forschungsthemas zeitgeschichtlich fokussiert sind, würden in abgewandelter Form auftreten als *gemeinsame Erkundung* oder als *Reportage* über das zu erforschende Thema.

14 Zusammenfassung und Ausblick: Begegnung mit Fremdem und Abgründigem

Wenn man einen Abgrund vor sich hat, braucht es Sicherheiten, um den Abgrund in den Blick nehmen zu können. Gibt es diese nicht, leben die bisher erworbenen Vermeidungsstrategien auf. Es braucht Haltevorrichtungen und ermunternde Unterstützung, um entgegen eigener Befürchtungen die Tiefe auszuloten, und es braucht die Entscheidungsfreiheit zwischen der Annäherung an und der Abwendung von dieser Tiefe. Das Forschungsprojekt *Geschichte und Erinnerung* warf Forschungsfragen über die Dynamik des Nationalsozialismus auf, die die Probandinnen und Probanden in den dann geführten Interviews sich bisher so vielleicht nicht gestellt hatten oder nicht stellen wollten. Aber auch die im Projekt Mitarbeitenden näherten sich dem Abgründigen des Nationalsozialismus an ohne zu wissen, was sie erwarten würde. Wollte man nicht einfach nur die im Nachkriegsdiskurs erworbenen Bearbeitungsstrategien reproduzieren, brauchte es sowohl auf Seiten der Zeitzeuginnen und Zeitzeugen, als auch auf Seiten der Interviewenden den Mut dazu, sich mit neuen Blickwinkeln an den „Abgrund" des Nationalsozialismus heranzuwagen. Die hier vorgestellten Interviews zeigen ein Labor an Möglichkeiten, wie die Beteiligten sich den Forschungsfragen stellten, wo sie welchen Halt suchten, wo der Blick vielleicht doch zu schwindelerregend und ein Zurückweichen vor der Tiefe notwendig war. So verfielen die Interviewten immer wieder in bewährte Rechtfertigungsstrategien und Tradierungsmuster, und die Interviewenden suchten häufig nach Aufdeckung bzw. Entlarvung oder verlegten sich auf ein vorschnell entlastendes Beschwichtigen.

Um sich inneren Abgründen – und auf diese verweist die Erfahrung des Nationalsozialismus – in forschenden Gesprächen zu stellen, braucht es besondere Sicherheiten, die das übliche Setting in biografischen Interviews nicht bietet. Geht es in narrativen und leitfadengestützten Interviews um die Zusicherung einer umfassenden Entscheidungsfreiheit darüber, was der oder die Erzählende zum Thema macht, so braucht es darüber hinaus auch ein Mindestmaß an Vertrauen in die interviewende Person: das Vertrauen darin, bei der eigenen Erkundungsarbeit gesichert zu werden. Bei brisanten Themen ist dies allein mit Abstinenz und Zurückhaltung auf Seiten der Interviewenden nicht getan. Gerade wenn es um den Nationalsozialismus geht, stehen gegenseitige Vorannahmen und Vorbehalte im Raum. Um kleine Schritte über eigene, innere Grenzen zu tun, braucht es eine grundlegende und immer wieder bekräftigte Anerkennung von demjenigen, der diesen Prozess begleitet und unterstützt. Gerade bei der Thematisierung des Nationalsozialismus laufen Interviews Gefahr, den gesellschaftlichen Kampf um Anerkennung auf der Ebene eines individuellen Gesprächs zu reinszenieren. Vertrauen entsteht über Beziehung und Begegnung. Um sich selbst zu öffnen, braucht der Interviewte die Gewissheit, dass der Interviewpartner selbst offen ist.

Bei Gesprächen über Fremdes und Befremdendes halte ich es für unerlässlich, das Geschehen als ein dialogisches Geschehen aufzufassen. „Das ‚Dialogische Prinzip' ist nun nicht so zu verstehen, daß die Berühr*barkeit* der einen Person das Berührt*werden* der anderen bewirken, gleichsam hervorlocken könnte – das wäre wieder die monologische Interpretation von einem Individuum ausgehend –, aber die Berührbarkeit, das Offensein, die Aufnahmebereitschaft ist Voraussetzung und Vorbereitung dafür, daß etwas eintreten könnte, wo beide in Berührung – Buber sagt: in Beziehung – sind."[1] Dies gilt auch im Falle von Forschungsinterviews: Auch wenn hier ein Erkundungsprozess möglicherweise auf ein einziges Interview reduziert ist, sieht sich der Proband mit Blick auf sein Gegenüber umso mehr mit der Frage konfrontiert, wie weit er diesen Prozess vorantreiben solle und wie er ihn begrenzen könne. Hier braucht es Unterstützung seitens des Interviewers. Die methodische Kunst der Interviewführung besteht darin, Vertrauen aufzubauen, zum Prozess der Selbstvergewisserung anzuregen und gleichzeitig vor Retraumatisierungen und anhaltenden Verstörungen aufgrund ausgelöster, aber nicht abgeschlossener innerer Prozesse zu schützen. Die interviewende Person muss einen für den Prozess der Selbstvergewisserung so unerlässlichen Freiraum

[1] Emme 1999, S. 338

schaffen dadurch, dass sie zwar Vertrauen schafft, sich auf eine Begegnung mit dem Interviewpartner einlässt und sich aber *gleichzeitig* als Person auch wieder zurücknimmt. Diese Balance wird im *Konzept einer personzentrierten Gesprächs- oder Interviewführung*[2] meiner Ansicht nach am besten verwirklicht. Dies erfordert fundiertes methodisches Training für die Interviewenden.[3]

Wenn man als Interviewer mit Fragen von Schuld, Mitverantwortung und Täterschaft konfrontiert ist, dann lässt man sich auch selbst auf einen offenen Erkundungsprozess ein. Eigene Vorurteile sind wahrzunehmen und zu hinterfragen. Dabei hilft die verbreitete Formel, zwischen Bejahung der Person und Verurteilung bestimmter Taten dieser Person zu unterscheiden,[4] nur bedingt. Denn je komplexer die Umstände sind, desto schwieriger wird die Einschätzung zur Person und die Bewertung ihrer Taten. Auch hier fordert uns die Auseinandersetzung mit dem Nationalsozialismus wieder zu mehr Genauigkeit und Selbstprüfung heraus. Bejahung für die Zeitzeuginnen und Zeitzeugen drückt sich hier häufig darin aus, dass die Nachfolgenden gleichsam in einer Generalamnestie einwenden, keiner wisse, wie er oder sie sich damals verhalten hätte. Jan Philipp Reemtsma plädiert bei diesem Diskurs sehr energisch dafür, zwar *Nachsicht* für die inneren Dilemmata einer Person walten zu lassen, dies aber nicht als Entpflichtung von moralischen Wertmaßstäben im Sinne einer *Indifferenz* in der Bewertung von Taten zu missbrauchen. „Nachsicht bedeutet, sich die Umstände von Handlungen und Unterlassungen genau anzusehen. Und: Nachsicht ist dabei nicht das Ziel, sondern das Ziel ist das Urteil, das zu wägende nach Kenntnisnahme der Umstände. Nachsicht ist eine Haltung, die das Urteilen nicht ersetzt, sondern begleitet, und eine Tugend eben nur so lange, als sie nicht in Indifferenz umschlägt."[5] Damit unterscheidet und verbindet er zwei wesentliche Dimensionen von Anerkennung, die im gesellschaftlichen Diskurs der Generationen über Mitbeteiligung im Nationalsozialismus miteinander verwoben sind und dennoch getrennte Antworten erfordern: Die Anerkennung auf der Ebene des Rechtsubjektes und die Anerkennung auf der Ebene der sozialen Zugehörigkeit. Diese Erwägungen helfen den Interviewenden bei der Überprüfung ihrer inneren Einstellung.

---

[2] Langer 2000
[3] Rosenthal 2002, S. 226, Maindok 2003, S.172
[4] so z.B. Baldenius 1996, S. 139 f.
[5] Reemtsma 2001, S. 22

Die Auseinandersetzung mit dem Nationalsozialismus steht im Grunde stellvertretend für viele andere gesellschaftlich relevante Themen und Debatten, die in Forschung und psychosoziale Praxis hineinstrahlen. Neue gesellschaftliche Umbrüche, Krisen oder gar Kriege stellen neue Generationen vor ähnliche Herausforderungen, nicht nur in Ruanda, in den Ländern des Balkans oder in anderen Krisenregionen der letzten Zeit. Auch in Deutschland sind seit der Wende ehemalige informelle Mitarbeiter oder Funktionäre mit der schmerzliche Frage nach eigenem Mitläufertum und eigener Mittäterschaft im Unterdrückungssystem der DDR durch nachfolgende Generationen konfrontiert. In einem anderen Bereich von Täterschaft, der sexuellen Gewalt z.B. innerhalb der katholischen Kirche, muss nicht nur mit den Opfern, sondern auch mit denjenigen gearbeitet werden, die diese Taten verübt haben. Hier sind die Fragenden, auch die professionell Fragenden, vor neue große Herausforderungen gestellt.

Im Kapitel 13 habe ich entsprechende Verbindungslinien skizziert. Bei gesellschaftlich relevanten Themen bildet sich der gesellschaftliche Diskurs in der individuellen Forschungs- oder Beratungssituation bei beiden Beteiligten ab. Diesem Phänomen ist Rechnung zu tragen, wie ich durch die Interviewanalysen aufgezeigt habe. Die Arbeit auf der individuellen Ebene kann aber auch wieder zurückstrahlen auf den gesellschaftlichen Diskurs. Biografisches Erinnern dunkler Aspekte in der eigenen Vergangenheit trägt zum „Kompostieren", zum *Frucht*barmachen des *Furcht*baren[6] bei. Anstatt klarer Unterscheidungen in „gut" und „böse" entsteht ein komplexeres, weicheres Weltbild, das Widersprüche und Gegensätze einschließt und miteinander verbindet.[7] Dieses Weltbild läuft allerdings Gefahr, als schwach wahrgenommen zu werden. Im Grunde geht es um die Entwicklung differenzierterer Sichten auf Täterschaft, Schuld und Verantwortung, ohne in vorschnelle Nachsicht oder rigides Schwarz-Weiß-Denken zu verfallen. Dies ist umso wichtiger, wenn – wie gerade beim Nationalsozialismus sichtbar – dunkle Seiten auf der gesellschaftlich-historischen Ebene integriert werden müssen. Hier wird Identitätsbildung zu einer gemeinsamen Aufgabe, die alle Generationen betrifft.

---

[6] Marks 2007b, S. 14 ff.
[7] Bar-On 2001, S. 21

Anhänge

A Musteranschreiben Information zum Projektverbund *Geschichte und Erinnerung*

Forschungsprojekt „Mit alten Menschen über den Nationalsozialismus sprechen“ im Projektverbund „Geschichte und Erinnerung“[8]

Sehr geehrter Herr/sehr geehrte Frau [Name],

wir danken Ihnen für Ihre Bereitschaft, sich für ein Gespräch bzw. eine Zeitzeugenbefragung über den Nationalsozialismus zur Verfügung zu stellen. Die Befragung erfolgt im Rahmen des Forschungsprojektes „Geschichte und Erinnerung“. Das Projekt „Geschichte und Erinnerung“ ist ein gemeinsames Forschungsvorhaben von Pädagogischer Hochschule Freiburg, Katholischer Fachhochschule Freiburg und Evangelischer Fachhochschule Freiburg. Das Forschungsprojekt hat sich zur Aufgabe gesetzt,

- die Motive zu erforschen, die Männer und Frauen damals, in den 30er und 40er Jahren, dazu bewegte, Hitler und die NSDAP zu wählen und zu unterstützten,
- zu untersuchen, wie ein Dialog zwischen den Generationen zum Thema Nationalsozialismus gelingen kann und
- zu untersuchen, wie die Erfahrungen der älteren Generation für den Schulunterricht nutzbar gemacht werden können.

Mitglieder unseres Forschungsteams führen Gespräche mit Seniorinnen und Senioren, die dem Nationalsozialismus damals Positives abgewinnen konnten oder sich in damaligen Organisationen beteiligten. Diese Gespräche werden auf Tonband aufgezeichnet und im Hinblick auf die Forschungsfragestellung wissenschaftlich ausgewertet. Die Forschungsergebnisse sollen in folgende Praxisfelder einfließen:

- in den Schulunterricht zum Thema Nationalsozialismus
- in die Lehrerfortbildung
- und in die Soziale Arbeit, insbesondere in die Altenarbeit/Altenpflege/Geriatrie

[8] Projektmaterial des Projektverbundes *Geschichte und Erinnerung*, unveröffentlicht

Wir legen strengen Wert auf Datenschutz und Verschwiegenheit und nehmen Rücksicht auf Ihre Privatsphäre. Die Gespräche werden deshalb nur in anonymer Form für den Forschungszweck genutzt, seien es Tonbandauszüge oder Abschriften. Innerhalb des Gespräches haben Sie völlige Freiheit über das zu erzählen, was Sie zum Thema bewegt, und Sie können das Gespräch auch jederzeit unter- und auch abbrechen. Ich darf mich nochmals bei Ihnen für Ihre Bereitschaft bedanken und verbleibe bis zu unserem Gespräch am [Datum] um [Zeit] Uhr in [Ort]

Mit freundlichen Grüßen [Unterschrift]

B Einwilligungserklärung der Interviewpersonen

Projekt „Mit alten Menschen über den Nationalsozialismus sprechen“ im Projektverbund „Geschichte und Erinnerung“ [9]

Einverständniserklärung

Ich habe die Kurzbeschreibung zum Forschungsprojekt gelesen.

Der Interviewer/die Interviewerin [Name] hat mich darauf hingewiesen, dass das mit mir geführte Interview im Rahmen der wissenschaftlichen Forschungsarbeit des Forschungsprojektes „Geschichte und Erinnerung“ – Teilprojekt „Mit alten Menschen über den Nationalsozialismus sprechen“ ausgewertet wird und dass Ausschnitte daraus in anonymisierter Form möglicherweise veröffentlicht werden.

Alle Teilnehmerinnen und Teilnehmer des Forschungsprojektes unterliegen der Pflicht zur Verschwiegenheit.

Damit bin ich einverstanden.

Ort, Datum

Unterschrift

[9] Projektmaterial des Projektverbunds *Geschichte und Erinnerung*, unveröffentlicht

C Interviewleitfaden des Forschungsprojektes *Geschichte und Erinnerung*

Den Interviews lag folgender Katalog von Leitfragen zugrunde:[10]

Die Zeit vor dem NS

- Wann sind Sie geboren?
- Wo sind Sie aufgewachsen?
- Was war Ihr Vater von Beruf? Religion? politische Zugehörigkeit?
- Welche Werte und Ideale waren in Ihrem Elternhaus wichtig?
- Wie würden Sie von heute aus beurteilen: Was in Ihrer Kindheit oder Jugend hat dazu beigetragen, dass Sie sich am NS beteiligt haben? Elternhaus? Schule? Werte? Nachbarn?

Die Zeit des NS

- Was waren Ihre ersten Begegnungen mit dem NS?
- In welcher Organisation oder Aufgabe haben Sie sich am NS beteiligt?
- Wann waren Sie dabei an welchen Orten?
- Was haben Sie dort erlebt?
- Was war für Sie das wichtigste Erlebnis dieser Jahre?
- Was hat Sie bewogen, in die NSDAP einzutreten? bzw. zur SA oder SS zu gehen?
- Was war Ihnen dort wichtig? Was hat Ihnen dort gefallen/ Sie begeistert?
- Gab es Situationen, da Sie gezweifelt haben oder Gewissenskonflikte hatten?
  - Erinnern Sie sich an den Tag als Hitler Reichskanzler wurde?
  - Erinnern Sie sich an den Tag als der Krieg begann?
  - Erinnern Sie sich an den Tag, als der Krieg zu Ende ging?

Die Zeit nach 1945

- Wie ist es Ihnen nach Kriegsende ergangen?
- Wie sind Sie mit Ihren Erfahrungen der NS-Zeit in den Jahren danach umgegangen?
- Haben Sie mit anderen darüber gesprochen, was Sie in der NS-Zeit erlebt haben? Mit wem?
- Hatten Sie das Gefühl, über alles sprechen zu können und verstanden zu werden?
- Was hat Ihnen geholfen, Ihre Erfahrungen der NS-Zeit zu verarbeiten? Was hat Sie dabei eher behindert?

[10] Projektmaterial des Forschungsprojektes *Geschichte und Erinnerung*, unveröffentlicht

- Glauben Sie, daß Sie sich schuldig gemacht haben?
- Haben Sie Schuldgefühle wegen Ihrer damaligen Beteiligung?
- Gibt es etwas, was Sie bereuen, damals getan zu haben?
- Verspüren Sie ein Bedürfnis, etwas wieder gut zu machen?
- Hat sich Ihre Sichtweise der NS-Jahre im Laufe der Zeit verändert? Wie? Wodurch kam es zu dieser Veränderung?
- Was empfinden Sie, wenn Sie heute an die NS-Zeit zurückdenken?
- Was würden Sie heute anders machen, wenn Sie in einer ähnlichen Lage wären?
- Welche Lehren haben Sie für sich aus Ihrer NS-Erfahrung gezogen?
- Dieses Tonband (oder Teile davon) werden vielleicht eines Tages in Schulklassen abgespielt. Was möchten Sie den jungen Leuten mit auf ihren Lebensweg geben?
- Gibt es etwas aus der NS-Zeit, was Sie vermissen, was Sie gerne bewahrt hätten (z.B. Werte)? Etwas, worauf Sie stolz sind?

Schluss

- Wie schätzen Sie Ihr Erinnerungsvermögen an die damalige Zeit ein? Haben Sie den Eindruck, dass Ihre Erinnerung z.B. vollständig und deutlich ist? Oder fehlen bestimmte Erlebnisse?
- Ist Ihnen jetzt am Schluss des Gespräches noch etwas wichtig, was Sie sagen möchten?
- Wie ist es Ihnen während des Interviews gegangen?
- Gab es während unseres Gesprächs Bereiche oder Themen, wo Sie das Gefühl hatten, von mir verstanden zu werden oder auch Bereiche, wo Sie sich nicht verstanden fühlten?

D Forschungsprojekt *Mit alten Menschen über den Nationalsozialismus sprechen* – Codings zur Textanalyse

Ausgewählte Textpassagen wurden entlang verschiedener Merkmale kodiert:[11]

Erzähler/in

Emotionalität
- Ausdruck von Emotion
- Begleitreaktionen
- Betonung
- Bilder, Szenen
- distanzschaffende Sprache
- Passivformulierung
- Unklare, allgemeine Begriffe
- Verwendung von „man"
- Gespanntes Schweigen
- Keine Emotion
- Markanter Wort-/Satzabbruch
- Nach Worten suchen
- Nachdenkliches Schweigen
- Selbstdistanzierung
- Unterschwellige Aggression
- Unwillkürliche Erinnerungen
- Verwendung von „ich"
- Verwendung von „wir"
- Wechsel Hochsprache-Dialekt
- Wechsel im Sprechtempo
- Wechsel in der Zeitform
- Interaktion
- Aneinander vorbeireden
- Angleichung
- Bewirtung im Interview
- Dialog in Frage stellen
- Direktes Ansprechen
- Gesprächssituation thematisieren
- Inhalte, Worte aufgreifen
- Monologisieren
- Nicht-Antworten
- Nicht-Verstehen
- Unterbrechen

Verarbeitungs-/Erkenntnisebene
- Abschweifen, ausweichen
- Abwertung
- Bagatellisieren
- Bewertung von Empfindungen
- Diskussion auf der Sachebene
- Entstehen neuer Einsichten
- Rechtfertigung
- Reflexiv, selbstkritisch
- Widerspruch
- Zurückkommen auf ein Thema

Zuhörer/in

Emotionalität
- Ausdruck von Emotion
- Begleitreaktionen
- Bei Emotionen verweilen
- Beschwichtigen, entlasten
- distanzschaffende Sprache
- Fragt zu allgemein
- Passivformulierung
- Verwendung von „man"
- Emotionale Inhalte spiegeln
- Gespanntes Schweigen
- Keine Emotion
- Raumlassendes Zuhören
- Unterschwellige Aggression
- Verwendung von „ich"
- Verwendung von „wir"
- Vorschnelle Bestätigung
- Zu Bildern, Szenen hinführen

Interaktion
- Aneinander vorbeireden
- Angleichung
- Direktes Ansprechen
- Eig. Meinung/Befindlichkeit
- Gesprächssituation thematisieren
- Inhalte, Worte aufgreifen
- Konfrontieren
- Markante Bestätigungsreaktion
- Passivität, Rückzug
- Perspektive übernehmen
- Übertreiben
- Unterbrechen
- Verständnisfrage
- Verurteilung, Vorwurf
- Widerspruch

Verarbeitungs-/Erkenntnisebene
- Ausweichen
- Bewertung von Empfind. thematisieren
- Diskussion auf der Sachebene
- Entstehen neuer Einsichten
- Interpretation
- Präzisierendes Nachfragen
- Strukturgebende Frage
- Verhörfrage
- Zurückkommen auf ein Thema
- Zusammenfassen

[11] Steinebach/Sehrig 2002, S. 61

E Forschungsprojekt *Mit alten Menschen über den Nationalsozialismus sprechen* – Bildung übergreifender Kategorien

Aus den Kodierungen (s. Anhang D) wurden übergreifende Kategorien gebildet:[12]

Erzähler/in

Kontakt zum Zuhörer
- Direktes Ansprechen
- Inhalte, Worte aufgreifen
- Gesprächssituation thematisieren
- Angleichung

Selbstexploration
- Nach Worten suchen
- Markanter Wort-/Satzabbruch
- Verwendung von „ich"
- Unwillkürliche Erinnerungen
- Bilder, Szenen
- Ausdruck von Emotion
- Nachdenkliches Schweigen
- Reflexiv, selbstkritisch
- Entstehen neuer Einsichten

Zuhörer/in

Kontakt zum Erzähler
- Direktes Ansprechen
- Inhalte, Worte aufgreifen
- Gesprächssituation thematisieren
- Verwendung von „ich"

Aktives Zuhören (entsprechend dem personzentrierten Konzept)
- Verständnisfrage
- Perspektive des Gesprächspartners übernehmen
- Raumlassendes Zuhören
- Bei Emotionen verweilen
- Emotionale Inhalte spiegeln
- Zu Bildern, Szenen hinführen
- Präzisierendes Nachfragen
- Bewertung von Empfindungen thematisieren

Intervention, steuernd
- Zurückkommen auf ein Thema
- Zusammenfassen
- Strukturgebende Frage
- Unterbrechen

Intervention, sich einbringend (mit der eigenen Person)
- Ausdruck von Emotion
- Eigene Meinung/Befindlichkeit äußern
- Entstehen neuer Einsichten
- Vorwurf

Intervention, zuspitzend (von Inhalten)
- Interpretieren
- Konfrontieren
- Übertreiben
- Verhörfrage

[12] Steinebach/Sehrig 2002, S. 62

F Transkriptionsregeln

Das hier verwendete Transkriptionssystem wurde im Rahmen der dokumentarischen Methode entwickelt und von Przyborski als *Talk in Qualitative Social Research* (TiQ) systematisiert.[13] Unter Orientierung an den entsprechenden Regeln des *Gesprächsanalytischen Transkriptionssystems 2* (GAT 2)[14] habe ich Abkürzungen als gesprochene Silben transkribiert und aber zu Gunsten der Verständlichkeit die Großschreibung der abkürzenden Buchstaben beibehalten.

(.)	Mikropause (< 1sec)
(1), (2), (3)...	Pausen in Sekundenlänge
=	Verschleifungen, schnelle Anschlüsse, Stottern
-	Wort- oder Satzabbruch
⌊	Überlappung der Redebeiträge
nein	betont
,	schwach steigende Intonation
?	stark steigende Intonation
;	schwach sinkende Intonation
.	stark sinkende Intonation
:	Dehnung
(( ))	außersprachliche Handlungen/Ereignisse/Störungen, sprachbegleitende Handlungen
(?meint?)	unverständliche Äußerung, vermuteter Wortlaut
@(.)@	kurzes Auflachen
@nein@	lachend gesprochen
(??)	Unverständlicher Redebeitrag
[...]	Auslassungen im Transkript
//mhm, ahja//	Hörersignal des Interviewers/der Interviewerin
°nein°	sehr leise (in Relation zur üblichen Lautstärke des Sprechers/der Sprecherin)
nein	laut (in Relation zur üblichen Lautstärke des Sprechers/der Sprecherin)

[13] Przyborski/Wohlrab-Sahr 2010, S. 164 ff.

[14] Selting et al. 2009, S. 353, S. 363.

Abbildungsverzeichnis

Literaturverzeichnis

Alheit, Peter (1996): „Biographizität" als Lernpotential: Konzeptionelle Überlegungen zum biographischen Ansatz in der Erwachsenenbildung. In **Krüger, Heinz-Hermann/Marotzki, Winfried (Hrsg.):** Erziehungswissenschaftliche Biographieforschung. 2. Auflage. Opladen: Leske und Budrich, S. 276–307

Alheit, Peter/Dausien, Bettina (2000): Die biographische Konstruktion der Wirklichkeit. Überlegungen zur Biographizität des Sozialen. In **Hoerning, Erika M. (Hrsg.):** Biographische Sozialisation. Stuttgart: Lucius u. Lucius, S. 257–283

Alheit, Peter/Hoerning, Erika M. (1989): Biographie und Erfahrung: Eine Einleitung. In **Alheit, Peter/Hoerning, Erika M. (Hrsg.):** Biographisches Wissen. Beiträge zu einer Theorie lebensgeschichtlicher Erfahrung. Frankfurt/M., New York: Campus, S. 8–23

Arnim, Gabriele von (1989): Das große Schweigen. München: Heyne

Auer, Peter (1999): Sprachliche Interaktion. Eine Einführung von 22 Klassikern. Tübingen: Max Niemeyer

Baacke, Dieter/Schulze, Theodor (Hrsg.) (1993): Aus Geschichten lernen. Zur Einübung pädagogischen Verstehens. Weinheim, München: Juventa

Baldenius, Ingeborg (1996): Gelogene Liebe. Diskursanalyse des sexuellen Mißbrauchs, Lebenswelten von Tätern und ihre Deutungsmuster für die Tat. Eine sozialpsychologische Studie. Regensburg: S. Roderer

Balen, Richard von (1992): Die therapeutische Beziehung bei C. Rogers. Nur ein Klima, ein Dialog oder beides? In **Behr, Michael/u.a. (Hrsg.):** Jahrbuch 1992 für Personzentrierte Psychologie und Psychotherapie. Band 3, Köln: GwG-Verlag, S. 162–183

Baltes, Paul B. (1996): Über die Zukunft des Alterns: Hoffnung mit Trauerflor. In **Baltes, Margret/Montada, Leo (Hrsg.):** Produktives Leben im Alter. Frankfurt/M., New York: Campus, S. 29–68

Bar-On, Dan (2001): Die „Anderen" in uns. Dialog als Modell der interkulturellen Konfliktbewältigung. Hamburg: edition Körber-Stiftung

Bartmann, Sylke/Kunze, Katharina (2008): Biographisierungsleistungen in Form von Argumentationen als Zugang zur (Re-)Konstruktion von Erfahrung. In **Felden, Heide von (Hrsg.):** Perspektiven erziehungswissenschaftlicher Biographieforschung. Wiesbaden: VS Verlag für Sozialwissenschaften, S. 177.192

Baumgart, Franzjörg (2008): Sozialisation durch symbolische Interaktion. In **Baumgart, Franzjörg (Hrsg.):** Theorien der Sozialisation. Erläuterungen – Texte – Arbeitsaufgaben. 4. Auflage. Bad Heilbrunn: Klinkhardt, 119–125

Bender, Rolf/Nack, Armin/Treuer, Wolf-Dieter (2007): Tatsachenfeststellung vor Gericht. Glaubwürdigkeits- und Beweislehre. Vernehmungslehre. 3. Auflage. München: C. H. Beck

Benz, Wolfgang/Graml, Hermann/Weiß, Hermann (Hrsg.) (1998): Enzyklopädie des Nationalsozialismus. 3. Auflage. München: Deutscher Taschenbuch Verlag

Bergerson, Andrew S. et al. (2011): The Happy Burden of History. From Sovereign Impunity to Responsible Selfhood. Berlin: Walter de Gruyter Inc.

Bergerson, Andrew Stuart (2004): Ordinary Germans in extraordinary times. The Nazi revolution in Hildesheim. Bloomington, Indianapolis: Indiana University Press

Blimlinger, Eva et al. (1996): Lebensgeschichten. Biographiearbeit mit alten Menschen. Hannover: Vincentz

Bohnsack, Ralf (1989): Generation, Milieu und Geschlecht. Opladen: Leske und Budrich

Bohnsack, Ralf (2007): Typenbildung, Generalisierung und komparative Analyse: Grundprinzipien der dokumentarischen Methode. In **Bohnsack, Ralf/Nentwig-Gesemann, Iris/Nohl, Arnd-Michael (Hrsg.):** Die dokumentarische Methode und ihre Forschungspraxis. Grundlagen qualitativer Sozialforschung. 2. Auflage. Wiesbaden: VS Verlag für Sozialwissenschaften, S. 225–253

Bohnsack, Ralf (2008): Rekonstruktive Sozialforschung. 7. Auflage. Opladen, Farmington Hills: Barbara Budrich

Bohnsack, Ralf/Nentwig-Gesemann, Iris/Nohl, Arnd-Michael (2007): Einleitung: Die dokumentarische Methode und ihre Forschungspraxis. In **Bohnsack, Ralf/Nentwig-Gesemann, Iris/Nohl, Arnd-Michael (Hrsg.):** Die dokumentarische Methode und ihre Forschungspraxis. Grundlagen qualitativer Sozialforschung. 2. Auflage. Wiesbaden: VS Verlag für Sozialwissenschaften, S. 9–27

Brandstädter, Jochen (2007): Harnäckige Zielverfolgung und flexible Zielanpassung als Entwicklungsressourcen: Das Modell assimilativer und akkomodativer Prozesse. In **Brandstädter, Jochen/Lindenberger, Ulman (Hrsg.):** Entwicklungspsychologie der Lebensspanne. Ein Lehrbuch. Stuttgart: W. Kohlhammer, S. 413–445

Brinker, Klaus/Sager, Sven F. (2006): Linguistische Gesprächsanalyse. 4. Auflage. Berlin: Erich Schmidt

Brinkmann, Malte (2008): Lernen, Verlernen und Umlernen im Alter. In **Buchen, Sylvia/ Maier, Maja S. (Hrsg.):** Älter werden neu denken. Interdisziplinäre Perspektiven auf den demografischen Wandel. Wiesbaden: VS Verlag für Sozialwissenschaften, S. 113–130

Brumlik, Micha (1998): Zeitgenossenschaft: Eine Ethik für die Generationen. In **Ecarius, Jutta (Hrsg.):** Was will die jüngere mit der älteren Generation? Generationenbeziehungen in der Erziehungswissenschaft. Opladen: Leske und Budrich, S. 139–158

Brumlik, Micha (2002): Gedenkstättenarbeit mit rechten Jugendlichen: sozialpädagogisch überflüssig und bildungstheoretisch sinnlos. In **Nickolai, Werner/Lehmann, Henry (Hrsg.):** Grenzen der Gedenkstättenpädagogik mit rechten Jugendlichen. Freiburg: Lambertus, S. 100–106

Bruner, Jerome (1990): Acts of Meaning. Cambridge, Massachusetts et al.: Harvard University Press

Bruner, Jerome (1997): Sinn, Kultur und Ich-Identität. Heidelberg: Auer

Buchen, Sylvia (1993): Ganzheitliches Lernen in Unterricht und Weiterbildung: ein sozio-psychoanalytisches Verstehenskonzept – dargestellt am Thema Wiedervereinigung und Migration. Weinheim: Deutscher Studien-Verlag

Buchen, Sylvia (2008): Bildung in der dritten Lebensphase zwischen ‚lebenslangem Lernen' und Lernen loszulassen. In **Buchen, Sylvia/Maier, Maja S. (Hrsg.):** Älter werden neu denken. Interdisziplinäre Perspektiven auf den demografischen Wandel. Wiesbaden: VS Verlag für Sozialwissenschaften, S. 95–112

Buchen, Sylvia (2009): Ein Forschungsprozess nach der dokumentarischen Methode zum Thema: PC-/Interneterfahrungen Jugendlicher unterschiedlicher Schulformen. In **Schirmer, Dominik (Hrsg.):** Empirische Methoden der Sozialforschung. Paderborn: Wilhelm Fink, S. 271–301

Bude, Heinz (1992): Bilanz der Nachfolge. Die Bundesrepublik und der Nationalsozialismus. Frankfurt/M.: Suhrkamp Taschenbuch Wissenschaft

Bundesministerium für Familie, Senioren, Frauen und Jugend (Hrsg.) (2010): Sechster Bericht zur Lage der älteren Generation in der Bundesrepublik Deutschland. Altersbilder in der Gesellschaft. Bericht der Sachverständigenkommission an das Bundesministerium für Familie, Senioren, Frauen und Jugend. Berlin: Eigenverlag ⟨URL: www.bmfsfj.de/RedaktionBMFSFJ/Pressestelle/Pdf-Anlagen/sechster-altenbericht, property=pdf,bereich=bmfsfj,sprache=de,rwb=true.pdf⟩ [22.08.2012]

Cammillieri, Chiara Cinzia (1997): Auf dem Weg zu einem narrativen Lernprozess – Neue Möglichkeiten des Mediums Film – Auszüge aus einer qualitativen empirischen Studie. In **Bredella, Lothar/Christ, Herbert/Legutke, Michael K. (Hrsg.):** Thema Fremdverstehen. Arbeiten aus dem Graduiertenkolleg „Didaktik des Fremdverstehens". Tübingen: Gunter Narr, S. 265–275

Combe, Arno/Gebhard, Ulrich (2007): Sinn und Erfahrung. Zum Verständnis fachlicher Lernprozesse in der Schule. Opladen, Farmington Hills: Barbara Budrich

Deppermann, Arnulf (2001): Gespräche analysieren. Opladen: Leske und Budrich

Dörr, Margret (2010): Erinnerung als biografische Wissensressource. In **Haupert, Bernhard/Schilling, Sigrid/Maurer, Susanne (Hrsg.):** Biografiearbeit und Biografieforschung in der Sozialen Arbeit. Beiträge zu einer rekonstruktiven Perspektive sozialer Professionen. Bern, Berlin, Bruxelles, Frankfurt/M.: Peter Lang, S. 35–52

Ecarius, Jutta (2006): Biographieforschung und Lernen. In **Krüger, Heinz-Hermann/Marotzki, Winfried (Hrsg.):** Handbuch erziehungswissenschaftliche Biographieforschung. 2. Auflage. Wiesbaden: VS Verlag für Sozialwissenschaften, S. 91–108

Ecarius, Jutta (2008): Generation, Erziehung und Bildung. Eine Einführung. Stuttgart: W. Kohlhammer

Emme, Martina (1999): „Der Versuch, den Feind zu verstehen". Ein pädagogischer Beitrag zur moralisch-politischen Dimension von Empathie und Dialog. 2. Auflage. Frankfurt/M.: IKO

Engelhardt, Michael von (1997): Generation, Gedächtnis und Erzählen. Zur Bedeutung lebensgeschichtlichen Erzählens im Generationenverhältnis. In **Liebau, Eckart (Hrsg.):** Das Generationenverhältnis. Über das Zusammenleben in Familie und Gesellschaft. Weinheim, München: Juventa, S. 53–76

Erikson, Erik H. (1992): Der vollständige Lebenszyklus. 2. Auflage. Frankfurt/M.: Suhrkamp

Felden, Heide von (2008): Lerntheorie und Biographieforschung: Zur Verbindung von theoretischen Ansätzen des Lernens und Methoden empirischer Rekonstruktion von Lernprozessen über die Lebenszeit. In **Felden, Heide von (Hrsg.):** Perspektiven erziehungswissenschaftlicher Biographieforschung. Wiesbaden: VS Verlag für Sozialwissenschaften, S. 109–128

Filipp, Sigrun-Heide (2007): Adaptive Dynamiken und Bewältigungsprozesse. In **Brandstädter, Jochen/Lindenberger, Ulman (Hrsg.):** Entwicklungspsychologie der Lebensspanne. Ein Lehrbuch. Stuttgart: W. Kohlhammer, S. 337–366

Filipp, Sigrun-Heide/Mayer, Anne-Kathrin (1999): Bilder des Alters. Altersstereotype und die Beziehungen zwischen den Generationen. Stuttgart: W. Kohlhammer

Finkelstein, Norman G. (2001): Die Holocaust-Industrie. Wie das Leiden der Juden ausgebeutet wird. München: Piper

Frank, Niklas (o. J.): Der Vater. Eine Abrechnung. München: C. Bertelsmann

Fuchs-Heinritz, Werner (2005): Biographische Forschung. Eine Einführung in Praxis und Methoden. 3. Auflage. Wiesbaden: VS Verlag für Sozialwissenschaften

Fuhr, Thomas (2009): Lehr-/Lerntheorien. In **Mertens, Gerhard et al. (Hrsg.):** Handbuch der Erziehungswissenschaft. Band 2, Erwachsenenbildung – Weiterbildung, Paderborn: Schöningh, S. 1119–1137

Galuske, Michael (2007): Methoden der Sozialen Arbeit. Eine Einführung. 7. Auflage. Weinheim, München: Juventa

Girtler, Roland: Die 10 Gebote der Feldforschung. ⟨URL: http://www.qualitative-forschung.de/fqs-supplement/members/Girtler/girtler-10Geb-d.html⟩ [7.10.2012]

Gräser, Horst (2007): Entwicklungsberatung. In **Brandstädter, Jochen/Lindenberger, Ulman (Hrsg.):** Entwicklungspsychologie der Lebensspanne. Ein Lehrbuch. Stuttgart: W. Kohlhammer, S. 599–623

Greve, Werner (2007): Selbst und Identität im Lebenslauf. In **Brandstädter, Jochen/Lindenberger, Ulman (Hrsg.):** Entwicklungspsychologie der Lebensspanne. Ein Lehrbuch. Stuttgart: W. Kohlhammer, S. 305–336

Griese, Birgit (2010): Unübersichtlichkeit im Feld der Biographieforschung. In **Griese, Birgit (Hrsg.):** Subjekt–Identität–Person? Reflexionen zur Biographieforschung. Wiesbaden: VS Verlag für Sozialwissenschaften, S. 115–148

Gruber, Thomas (1999): Über die Arbeit mit jugendlichen Sexualstraftätern in einem Zwangskontext. In **Wodtke-Werner, Verena/Mähne, Ursula (Hrsg.):** „Nicht wegschauen!" Vom Umgang mit Sexual(straf)tätern. Schwerpunkt Kindesmissbrauch. Baden-Baden: Nomos, S. 139–149

Haas, Henriette (2009): Verlaufsanalysen von häuslicher Gewalt. In **Bundesministerium für Justiz, Österreich (Hrsg.):** Lebensform Familie. Realität und Rechtsordnung. Wien, Graz: Neuer Wiss. Verl., S. 121–143

Hamburger Institut für Sozialforschung (Hrsg.) (2002): Verbrechen der Wehrmacht. Dimensionen des Vernichtungskrieges 1941–1944. Ausstellungskatalog. 2. Auflage. Hamburg: Hamburger Edition

Havighurst, Robert J. (1953): Human Development and Education. London: Longmans

Hege, Marianne (1974): Engagierter Dialog. Ein Beitrag zur sozialen Einzelhilfe. München, Basel: Ernst Reinhardt

Helfferich, Cornelia (2005): Die Qualität qualitativer Daten. Manual für die Durchführung qualitativer Interviews. 2. Auflage. Wiesbaden: VS Verlag für Sozialwissenschaften

Helfferich, Cornelia/Kruse, Jan (2007): Vom „professionellen Blick“ zum „hermeneutischen Ohr“. Hermeneutisches Fallverstehen als eine sensibilisierende Praxeologie für sozialarbeiterische Beratungskontexte. In **Miethe, Ingrid et al. (Hrsg.):** Rekonstruktion und Intervention. Interdisziplinäre Beiträge zur rekonstruktiven Sozialarbeitsforschung. Opladen, Farmington Hills: Barbara Budrich, S. 175–188

Henne, Helmut/Rehbock, Helmut (1979): Einführung in die Gesprächsanalyse. Berlin, New York: Walter de Gruyter

Heuft, Gereon/Kruse, Andreas/Radebold, Hartmut (2000): Lehrbuch der Gerontopsychosomatik und Alterspsychotherapie. München, Basel: Ernst Reinhardt

Hilberg, Raul (1999): Die Vernichtung der europäischen Juden. Band 1–3, 9. Auflage. Frankfurt/M.: Fischer Taschenbuch

Hölscher, Irmgard et al. (1992): Heimliche Kontinuitäten. In **Heimannsberg, Barbara/ Schmidt, Christoph J. (Hrsg.):** Das kollektive Schweigen. Köln: Edition Humanistische Psychologie, S. 57–70

Holzkamp, Klaus (1995): Lernen. Subjekwissenschaftliche Grundlegung. Frankfurt/M., New York: Campus

Honneth, Axel (1994): Kampf um Anerkennung. Zur moralischen Grammatik sozialer Konflikte. Frankfurt/M.: Suhrkamp Taschenbuch Wissenschaft

Honneth, Axel (2003): Unsichtbarkeit. Stationen einer Theorie der Intersubjektivität. 6. Auflage. Frankfurt/M.: Suhrkamp

Honneth, Axel (2010): Verdinglichung. Eine anerkennungstheoretische Studie. 6. Auflage. Frankfurt/M.: Suhrkamp

Horn, Ina (1991): Empathie trotz Ablehnung. Über einige Schwierigkeiten bei der Annäherung an tabuisierte Erfahrungen. In **Berger, Wilhelm (Hrsg.):** Zukunft der Weiterbildung. München: Profil-Verlag, S. 227–235

Jensen, Olaf (2000): Zur gemeinsamen Verfertigung von Text in der Forschungssituation. Forum Qualitative Sozialforschung / Forum: Qualitative Social Research [Online Journal], 2(1) ⟨URL: http://www.qualitative-research.net/index.php/fqs/rt/printerFriendly/1080/2355⟩ 20.2.2013]

Jüttemann, Gerd/Thomae, Hans (Hrsg.) (1999): Biographische Methoden in den Humanwissenschaften. Weinheim, Basel: Beltz

Kallmeyer, Werner/Schütze, Fritz (1977): Zur Konstitution von Kommunikationsschemata der Sachverhaltsdarstellung. In **Wegner, Dirk (Hrsg.):** Gesprächsanalysen. Hamburg: Helmut Buske, S. 159–274

Kaufmann, Jean-Claude (1999): Das verstehende Interview. Theorie und Praxis. Band 14, édition discours. Konstanz: UVK

Kipp, Johannes/Jüngling, Gerd (2000): Einführung in die praktische Gerontopsychiatrie. 3. Auflage. München, Basel: Ernst Reinhardt

Klingenberger, Hubert (2003): Lebensmutig. Vergangenes erinnern. Gegenwärtiges entdecken. Künftiges entwerfen. München: Don Bosco

Kohn, Johanna/Caduff, Ursula (2010): Erzählcafés leiten: Biografiearbeit mit alten Menschen. In **Haupert, Bernhard/Schilling, Sigrid/Maurer, Susanne (Hrsg.):** Biografiearbeit und Biografieforschung in der Sozialen Arbeit. Beiträge zu einer rekonstruktiven Perspektive sozialer Professionen. Bern, Berlin, Bruxelles, Frankfurt/M.: Peter Lang, S. 192–216

Kruse, Jan (2010): Reader „Einführung in die Qualitative Interviewforschung". Freiburg: Seminarskript der Universität Freiburg

Kuckartz, Udo (1999): winMAX – Professionelle Version. Handbuch zum Textanalysesystem winMAX für WINDOWS 95/98/NT. Opladen: Westdeutscher Verlag

Kuntz, Andreas (1989): „Entnazifizierungs-Geschichten". In **Alheit, Peter/Hoerning, Erika M. (Hrsg.):** Biographisches Wissen. Beiträge zu einer Theorie lebensgeschichtlicher Erfahrung. Frankfurt/M., New York: Campus, S. 99–122

Langer, Inghard (2000): Das Persönliche Gespräch als Weg in der psychologischen Forschung. Köln: GwG-Verlag

Lehr, Ursula (1999): Der Beitrag der biographischen Forschung zur Entwicklungspsychologie. In **Jüttemann, Gerd/Thomae, Hans (Hrsg.):** Biographische Methoden in den Humanwissenschaften. Weinheim, Basel: Beltz, S. 309–331

Leitner, Hartmann (2000): Wie man ein neuer Mensch wird, oder: Die Logik der Bekehrung. In **Hoerning, Erika M. (Hrsg.):** Biographische Sozialisation. Stuttgart: Lucius u. Lucius, S. 61–86

Levi, Primo (2001): Ist das ein Mensch? Ein autobiographischer Bericht. 10. Auflage. München: Deutscher Taschenbuch Verlag

Liebling, Alison (2001): Whose Side are we on? Theory, Practice and Allegiances in Prisons Research. Brit. J. Criminol. Nr. 41, S. 472–484

Liebling, Alison/Stanko, Betsy (2001): Allegiance and Ambivalence. Some Dilemmas in Researching Disorder and Violence. Brit. J. Criminol. Nr. 41, S. 421–430

Loch, Werner (1979): Lebenslauf und Erziehung. Essen: Neue Deutsche Schule

Lucius-Hoene, Gabriele (2002): Narrative Bewältigung von Krankheit und Coping-Forschung. Psychotherapie und Sozialwissenschaft. Zeitschrift für qualitative Forschung, 4(3), S. 166–203

Lucius-Hoene, Gabriele (2008): Erzählen können als Ausdruck der Person. In **Illhardt, Franz Josef (Hrsg.):** Die ausgeblendete Seite der Autonomie. Kritik eines bioethischen Prinzips. Berlin: Lit, S. 205–218

Lucius-Hoene, Gabriele (2010): Narrative Identitätsarbeit im Interview. In **Griese, Birgit (Hrsg.):** Subjekt–Identität–Person? Reflexionen zur Biographieforschung. Wiesbaden: VS Verlag für Sozialwissenschaften, S. 149–170

Lucius-Hoene, Gabriele/Deppermann, Arnulf (2002): Rekonstruktion narrativer Identität. Ein Arbeitsbuch zur Analyse narrativer Interviews. Opladen: Leske und Budrich

Maaßen, Boje (1996): Das Subjekt des Biographischen Lernens. In **Schulz, Wolfgang (Hrsg.):** Lebensgeschichten und Lernwege. Anregungen und Reflexionen zu biographischen Lernprozessen. Hohengehren: Schneider, S. 23–36

Maindok, Herlinde (2003): Professionelle Interviewführung in der Sozialforschung. Interviewtraining: Bedarf, Stand und Perspektiven. 2. Auflage. Herbolzheim: Centaurus

Mannheim, Karl (1964a): Beiträge zur Theorie der Weltanschauungs-Interpretation. In **Mannheim, Karl (Hrsg.):** Wissenssoziologie. Auswahl aus dem Werk. Berlin, Neuwied: Luchterhand, S. 91–154

Mannheim, Karl (1964b): Das Problem der Generationen. In **Mannheim, Karl (Hrsg.):** Wissenssoziologie. Auswahl aus dem Werk. Berlin, Neuwied: Luchterhand, S. 509–565

Mannheim, Karl (1980): Strukturen des Denkens. Frankfurt/M.: Suhrkamp Taschenbuch Wissenschaft

Marks, Stephan (2002): „ ...und sie werden nicht mehr frei ihr ganzes Leben“? In **Sehrig, Jürgen et al. (Hrsg.):** Mit alten Menschen über den Nationalsozialismus sprechen. Band 12, Thum: Larimar, S. 35–37

Marks, Stephan (2007a): Scham – die tabuisierte Emotion. Düsseldorf: Patmos

Marks, Stephan (2007b): Warum folgten sie Hitler? Die Psychologie des Nationalsozialismus. Düsseldorf: Patmos

Marks, Stephan (2010): Die Würde des Menschen. oder: Der blinde Fleck in unserer Gesellschaft. Gütersloh: Gütersloher Verlagshaus

Marks, Stephan/Schwendemann, Wilhelm/Sehrig, Jürgen (2001): Die Befragung der Zeitzeuginnen und Zeitzeugen. Gedenke – Geschichte und Erinnerung: Ein Forschungsverbund von PH, EFH und KFH Freiburg. Hochschulbrief der Evangelischen Fachhochschulen Darmstadt, Freiburg, Ludwigshafen, Reutlingen-Ludwigsburg, Nr. 27, S. 42–45

Marotzki, Winfried (1999): Ethnographische Verfahren in der Erziehungswissenschaftlichen Biographieforschung. In **Jüttemann, Gerd/Thomae, Hans (Hrsg.):** Biographische Methoden in den Humanwissenschaften. Weinheim, Basel: Beltz, S. 44–59

Mead, George H. (1973): Geist, Identität und Gesellschaft aus der Sicht des Sozialbehaviorismus. Frankfurt/M.: Suhrkamp Taschenbuch Wissenschaft

Meuter, Norbert (2007): Identität und Empathie. Über den Zusammenhang von Narrativität und Moralität. In **Joisten, Karen (Hrsg.):** Narrative Ethik. Das Gute und das Böse erzählen. Berlin: Akademie Verlag, S. 45–59

Mezirow, Jack (1997): Transformative Erwachsenenbildung. Hohengehren: Schneider

Miethe, Ingrid (2007): Rekonstruktion und Intervention. Zur Geschichte und Funktion eines schwierigen und innovativen Verhältnisses. In **Miethe, Ingrid et al. (Hrsg.):** Rekonstruktion und Intervention. Interdisziplinäre Beiträge zur rekonstruktiven Sozialarbeitsforschung. Opladen, Farmington Hills: Barbara Budrich, S. 9–33

Miller, Max (1986): Kollektive Lernprozesse. Studien zur Grundlegung einer soziologischen Lerntheorie. Frankfurt/M.: Suhrkamp

Miller, William R./Rollnick, Stephen (2009): Motivierende Gesprächsführung. 3. Auflage. Freiburg: Lambertus

Nickolai, Werner (2002): Für die Zukunft lernen. In **Nickolai, Werner/Lehmann, Henry (Hrsg.):** Grenzen der Gedenkstättenpädagogik mit rechten Jugendlichen. Freiburg: Lambertus, S. 9–16

Nickolai, Werner (2010): Die Täter verstehen. In **Halbhuber-Gassner, Lydia/Nickolai, Werner/Wichmann, Cornelius (Hrsg.):** Achten statt Ächten in Straffälligenhilfe und Kriminalpolitik! Freiburg: Lambertus, S. 211–218

Nohl, Arnd-Michael (2005): Dokumentarische Interpretation narrativer Interviews. Bildungsforschung, Nr. 2 ⟨URL: http://www.bildungsforschung.org/index.php/bildungsforschung/article/viewFile/13/11⟩ [20.02.2013]

Nohl, Arnd-Michael (2009): Interview und dokumentarische Methode. Anleitungen für die Forschungspraxis. 3. Auflage. Wiesbaden: VS Verlag für Sozialwissenschaften

Paul, Hinrich (1999): Brücken der Erinnerung. Pfaffenweiler: Centaurus

Paul, Hinrich (2002): Zwischen Grauen und Faszinosum – Nationalsozialismus im Gespräch zwischen den Generationen. In **Sehrig, Jürgen et al. (Hrsg.):** Mit alten Menschen über den Nationalsozialismus sprechen. Band 12, Thum: Larimar, S. 10–17

Petzold, Hilarion (1985a): Exchange Learning – ein Konzept für die Arbeit mit alten Menschen. In **Petzold, Hilarion (Hrsg.):** Mit alten Menschen arbeiten: Bildungsarbeit, Psychotherapie, Soziotherapie. Band 57, Reihe Leben lernen, München: J. Pfeiffer, S. 194–218

Petzold, Hilarion (1985b): „Sich selbst im Lebensganzen verstehen lernen". Erlebnisaktivierende Methoden in einem integrativen Ansatz zur Vorbereitung auf das Alter. In **Petzold, Hilarion (Hrsg.):** Mit alten Menschen arbeiten: Bildungsarbeit, Psychotherapie, Soziotherapie. Band 57, Reihe Leben lernen, München: Pfeiffer bei Klett-Cotta, S. 93–122

Petzold, Hilarion (2004): Mit alten Menschen arbeiten, Teil 1. Konzepte und Methoden sozialgerontologischer Praxis. Stuttgart: Pfeiffer bei Klett-Cotta

Przyborski, Aglaja (2004): Gesprächsanalyse und dokumentarische Methode. Qualitative Auswertung von Gesprächen, Gruppendiskussionen und anderen Diskursen. Wiesbaden: VS Verlag für Sozialwissenschaften

Przyborski, Aglaja/Wohlrab-Sahr, Monika (2010): Qualitative Sozialforschung. 3. Auflage. München: Oldenbourg

Radebold, Hartmut (2005): Die dunklen Schatten unserer Vergangenheit. Stuttgart: Klett-Cotta

Rauchfleisch, Udo (2002): Psychoanalytische Reflexionen zum Projekt – „Auschwitz – Für die Zukunft lernen". In **Nickolai, Werner/Lehmann, Henry (Hrsg.):** Grenzen der Gedenkstättenpädagogik mit rechten Jugendlichen. Freiburg: Lambertus, S. 77–87

Reemtsma, Jan Philipp (2001): „Wie hätte ich mich verhalten?" Gedanken über eine populäre Frage. In **Reemtsma, Jan Philipp (Hrsg.):** „Wie hätte ich mich verhalten?" und andere nicht nur deutsche Fragen. Reden und Aufsätze. München: C. H. Beck, S. 9–29

Ricken, Norbert (2009): Zeigen und Anerkennen. Anmerkungen zur Form pädagogischen Handelns. In **Berdelmann, Kathrin/Fuhr, Thomas (Hrsg.):** Operative Pädagogik. Grundlegung, Anschlüsse, Diskussion. Paderborn: Schöningh, S. 111–134

Ricœur, Paul (2006): Wege der Anerkennung. Erkennen, Wiedererkennen, Anerkanntsein. Frankfurt/M.: Suhrkamp

Rogers, Carl R. (1991): Eine Theorie der Psychotherapie, der Persönlichkeit und der zwischenmenschlichen Beziehung. 3. Auflage. Köln: GwG-Verlag

Rogers, Carl R. (1997): Therapeut und Klient. Grundlagen der Gesprächspsychotherapie. Frankfurt/M.: Fischer Taschenbuch

Rogers, Carl R. (1998): Ein klientenzentrierter bzw. personzentrierter Ansatz in der Psychotherapie. In **Rogers, Carl R./Schmid, Peter F. (Hrsg.):** Person-zentriert. Grundlagen von Theorie und Praxis. 3. Auflage. Mainz: Matthias-Grünewald, S. 238–256

Rosenberg, Marshall B. (2007): Gewaltfreie Kommunikation. Eine Sprache des Lebens. 9. Auflage. Paderborn: Junfermann

Rosenthal, Gabriele (1995): Erlebte und erzählte Lebensgeschichte. Frankfurt/M.: Campus

Rosenthal, Gabriele (1997): Der Holocaust im Leben von drei Generationen: Familien von Überlebenden der Shoah und von Nazi-Tätern. Giessen: Psychosozial-Verlag

Rosenthal, Gabriele (2002): Zu den Bedingungen heilsamen Erzählens im Forschungs- und Beratungskontext. Psychotherapie und Sozialwissenschaft. Zeitschrift für qualitative Forschung, Themenheft: Die heilende Kraft des Erzählens 4, S. 204 – 227

Rosenthal, Gabriele (2005): Interpretative Sozialforschung. Eine Einfühurng. Weinheim, München: Juventa

Sacks, Harvey; Jefferson, Gail (Hrsg.) (1995): Lectures on Conversation, Volumes 1 & 2. Oxford, Cambridge: Blackwell

Schäfer-Hohmann, Maria (2005): Bildung im 4. Alter – Lebenslagen – Lebensphasen – Lebensgeschichten. In **Vanderheiden, Elisabeth (Hrsg.):** Der Mensch lernt niemals aus – Konzepte und Anregungen für eine Bildungsarbeit im 4. Lebensalter. Mainz: Katholische Erwachsenenbildung Rheinland-Pfalz, S. 180–211

Schäffer, Burkhard (2003): Generationen – Medien – Bildung. Medienpraxiskulturen im Generationenvergleich. Opladen: Leske und Budrich

Schilder, Michael (2007): Lebensgeschichtliche Erfahrungen in der stationären Altenpflege: eine qualitative Untersuchung pflegerischer Interaktionen und ihrer Wahrnehmung durch pflegebedürftige Personen und Pflegende. Bern: Huber

Schirmer, Dominik (2009): Untersuchungsgegenstände, Erhebungsverfahren und Analyseinstrumente. In **Schirmer, Dominik (Hrsg.):** Empirische Methoden der Sozialforschung. Paderborn: Wilhelm Fink, S. 143–270

Schmid, Peter F. (1995): Personale Begegnung. Der personzentrierte Ansatz in Psychotherapie, Beratung, Gruppenarbeit und Seelsorge. Würzburg: Echter

Schmid, Peter F. (1998a): Die Person im Zentrum. Nachwort zur 2. Auflage. In **Rogers, Carl R./Schmid, Peter F. (Hrsg.):** Person-zentriert. Grundlagen von Theorie und Praxis. 3. Auflage. Mainz: Matthias-Grünewald, S. 297–305

Schmid, Peter F. (1998b): Souveränität und Engagement. Zu einem personzentrierten Verständnis von „Person". In **Rogers, Carl R./Schmid, Peter F. (Hrsg.):** Person-zentriert. Grundlagen von Theorie und Praxis. 3. Auflage. Mainz: Matthias-Grünewald, S. 15–184

Schulze, Heidrun (2007): Resilienz: Rückblickend Zukunft entwickeln. In **Miethe, Ingrid et al. (Hrsg.):** Rekonstruktion und Intervention. Interdisziplinäre Beiträge zur rekonstruktiven Sozialarbeitsforschung. Opladen, Farmington Hills: Barbara Budrich, S. 213–226

Schulze, Theodor (1996): Erziehungswissenschaftliche Biographieforschung. Anfänge–Fortschritte–Ausblicke. In **Krüger, Heinz-Hermann/Marotzki, Winfried (Hrsg.):** Erziehungswissenschaftliche Biographieforschung. 2. Auflage. Opladen: VS Verlag für Sozialwissenschaften, S. 10–31

Schulze, Theodor (2006): Biographieforschung in der Erziehungswissenschaft – Gegenstandsbereich und Bedeutung. In **Krüger, Heinz-Hermann/Marotzki, Winfried (Hrsg.):** Handbuch erziehungswissenschaftliche Biographieforschung. 2. Auflage. Wiesbaden: VS Verlag für Sozialwissenschaften, S. 35–57

Schütze, Fritz (1977): Die Technik des narrativen Interviews in Interaktionsfeldstudien – dargestellt an einem Projekt zur Erforschung von kommunalen Machtstrukturen (Arbeitsberichte und Forschungsmaterialien). Bielefeld: Fakultät für Soziologie der Universität Bielefeld

Schütze, Fritz (1984): Kognitive Figuren des autobiographischen Stegreiferzählens. In **Kohli, Martin/Robert, Günther (Hrsg.):** Biographie und soziale Wirklichkeit. Stuttgart: Metzler, S. 78–117

Schütze, Fritz (1994): Ethnographie und sozialwissenschaftliche Methoden der Feldforschung. Eine mögliche methodische Orientierung in der Ausbildung und Praxis der Sozialen Arbeit? In **Groddeck, Norbert/Schumann, Michael (Hrsg.):** Modernisierung Sozialer Arbeit durch Methodenentwicklung und -reflexion. Freiburg: Lambertus, S. 189–297

Schweppe, Cornelia (1999): Biographisierung der Altersphase und soziale Altenarbeit. In **Lenz, Karl/Rudolph, Martin/Sickendiek, Ursel (Hrsg.):** Die alternde Gesellschaft: Problemfelder gesellschaftlichen Umgangs mit Altern und Alter. Weinheim, München: Juventa, S. 261–272

Schweppe, Cornelia (2006): Biographieforschung und Altersforschung. In **Krüger, Heinz-Hermann/Marotzki, Winfried (Hrsg.):** Handbuch erziehungswissenschaftliche Biographieforschung. 2. Auflage. Wiesbaden: VS Verlag für Sozialwissenschaften, S. 341–359

Sehrig, Jürgen (2002): „Mit alten Menschen über den Nationalsozialismus sprechen" – ein Thema für Personzentrierte Beratung und Therapie? Gesprächspsychotherapie und Personzentrierte Beratung, Nr. 1, S. 48–53

Sehrig, Jürgen et al. (Hrsg.) (2002): Mit alten Menschen über den Nationalsozialismus sprechen. Band 12, Thum: Larimar

Selting, Margret et al. (2009): Gesprächsanalytisches Transkriptionssystem 2 (GAT 2). Gesprächsforschung. Online-Zeitschrift zur verbalen Interaktion, Nr. 10, S. 353–402 ⟨URL: www.gespraechsforschung-ozs.de⟩ [1.2.2012]

Skiba, Alexander (1997): Altern: Biographie und Geschichte. Geschichtsdidaktische Perspektiven der Erinnerungsarbeit mit alten Menschen. Regensburg: Roderer

Sommer, Jörg (1987): Dialogische Forschungsmethoden. München, Weinheim: Psychologie Verlags Union

Sprinkart, Klaus (1987): Erzählte Lebensgeschichte. Altenarbeit auf der Suche nach der verlorenen Zeit. In **Konrad, Helmut/Mitterauer, Michael (Hrsg.):** „ ... und i sitz' jetzt allein": Geschichte mit und von alten Menschen. Wien: Böhlau, S. 11–28

Staudinger, Ursula M. (1996): Psychologische Produktivität und Selbstentfaltung im Alter. In **Baltes, Margret/Montada, Leo (Hrsg.):** Produktives Leben im Alter. Frankfurt/M., New York: Campus, S. 344–373

Staudinger, Ursula M./Dörner, Jessica (2007): Weisheit, Einsicht und Persönlichkeit. In **Brandstädter, Jochen/Lindenberger, Ulman (Hrsg.):** Entwicklungspsychologie der Lebensspanne. Ein Lehrbuch. Stuttgart: W. Kohlhammer, S. 656–680

Steffes-enn, Rita (2010): Die Arbeit mit dem deliktorientierten Anamnesebogen. In **Steffes-enn, Rita (Hrsg.):** Täter und Taten als Informationsquellen. Anamnese und Fallarbeit. Frankfurt/M.: Verlag für Polizeiwissenschaft, S. 113–122

Steinebach, Christoph (2000): Entwicklungspsychologie. Stuttgart: Klett-Cotta

Steinebach, Christoph/Sehrig, Jürgen (2002): Tabu zwischen Stolz und Scham. Gespräche mit alten Menschen über den Nationalsozialismus. Abschlussbericht zum BMWF-Projekt 1711800: „Mit alten Menschen über den Nationalsozialismus sprechen". Freiburg: unveröff.

Steinhoff, Bernd (2008): Intergenerationelles Lernen. Zur Entwicklung einer altersintegrativen Lernkultur. In **Buchen, Sylvia/Maier, Maja S. (Hrsg.):** Älter werden neu denken. Interdisziplinäre Perspektiven auf den demografischen Wandel. Wiesbaden: VS Verlag für Sozialwissenschaften, S. 131–144

Straub, Jürgen (1998): Geschichten erzählen, Geschichte bilden. Grundzüge einer narrativen Psychologie historischer Sinnbildung. In **Straub, Jürgen (Hrsg.):** Erzählung, Identität und historisches Bewußtsein. Die psychologische Konstruktion von Zeit und Geschichte. Frankfurt/M.: Suhrkamp, S. 81–169

Straub, Jürgen (1999): Verstehen, Kritik, Anerkennung: das Eigene und das Fremde in der Erkenntnisbildung interpretativer Wissenschaften. Band 4, Essener Kulturwissenschaftliche Vorträge. Göttingen: Wallstein

Straub, Jürgen (2000): Biographische Sozialisation und narrative Kompetenz. Implikationen und Voraussetzungen lebensgeschichtlichen Denkes in der Sicht einer narrativen Psychologie. In **Hoerning, Erika M. (Hrsg.):** Biographische Sozialisation. Stuttgart: Lucius u. Lucius, S. 137–163

Sünkel, Wolfgang (1997): Generation als pädagogischer Begriff. In **Liebau, Eckart (Hrsg.):** Das Generationenverhältnis. Über das Zusammenleben in Familie und Gesellschaft. Weinheim, München: Juventa, S. 195–204

Sutterlüty, Ferdinand (2002): Gewaltkarrieren. Jugendliche im Kreislauf von Gewalt und Missachtung. Frankfurt/M.: Campus

Sutterlüty, Ferdinand/Gnisa, Jens (2008): Was ist eine „Gewaltkarriere"? ⟨URL: http://www.praeventionstag.de/html/GetDokumentation.cms?XID=1102⟩ [02.02.2013]

Thun, Friedemann Schulz von (2011): Miteinander reden 1–3: Störungen und Klärungen. Stile, Werte und Persönlichkeitsentwicklung. Das „Innere Team" und situationsgerechte Kommunikation. Reinbek: Rowohlt, Sonderausgabe

Tiefel, Sandra (2005): Kodierung nach der Grounded Theory lern- und bildungstheoretisch modifiziert: Kodierungsleitlinien für die Analyse biographischen Lernens. Zeitschrift für qualitative Bildungs-, Beratungs- und Sozialforschung, Nr. 1, S. 65–84

Vogt, Annette (1996): Das Leben in die eigene Hand nehmen – Biographisches Lernen als gezielte Arbeit am eigenen Lebenslauf. In **Schulz, Wolfgang (Hrsg.):** Lebensgeschichten und Lernwege. Anregungen und Reflexionen zu biographischen Lernprozessen. Hohengehren: Schneider, S. 37–56

Volksbund Deutsche Kriegsgräberfürsorge e.V. (Hrsg.) (2008): Treibgut des Krieges. Zeugnisse von Flucht und Vertreibung. Kassel: Eigenverlag

Watzlawick, Paul/Beavin, Janet H./Jackson, Don D. (2000): Menschliche Kommunikation. Formen, Störungen, Paradoxien. 10. Auflage. Bern: Hans Huber

Welzer, Harald (2009): Die Deutschen und ihr „Drittes Reich". In **Ebertz, Michael N./ Nickolai, Werner/Walter-Hamann, Renate (Hrsg.):** Opfer, Täter und Institutionen in der nationalsozialistischen Gesellschaft. Blicke aus der Gegenwart. Konstanz: Hartung-Gorre, S. 60–74

Welzer, Harald/Montau, Robert/Plaß, Christine (1997a): „Das sehe ich heute noch vor mir." Ein Projektbericht zum Geschichtsbewusstsein vom Nationalsozialismus. psychosozial, Heft 1/Nr. 67, 76 – 84

Welzer, Harald/Montau, Robert/Plaß, Christine (1997b): „Was wir für böse Menschen sind!" Der Nationalsozialismus im Gespräch zwischen den Generationen. Tübingen: edition diskord

Westernhagen, Dörte von (1988): Die Kinder der Täter. 2. Auflage. München: Kösel

Wimmer, Michael (1998): Fremdheit zwischen den Generationen. Generative Differenz, Generationsdifferenz, Kulturdifferenz. In **Ecarius, Jutta (Hrsg.):** Was will die jüngere mit der älteren Generation? Generationenbeziehungen in der Erziehungswissenschaft. Opladen: Leske und Budrich, S. 81–113

Woelfer, Claudia (2000): Das personzentrierte Interview als qualitative Forschungsmethode. Journal für Psychologie. Theorie-Forschung-Praxis, Heft 1, S. 3–13

Zenk, Susanne/Peters, Meinolf/Wilz, Gabriele (2010): Klinische Psychologie und Psychotherapie des Alters. Stuttgart: W. Kohlhammer

MenschenArbeit. Freiburger Studien

Herausgegeben von Michael N. Ebertz, Werner Nickolai und Helmut Schwalb

1: Jochen Hilpert, **Partizipative Jugendarbeit und Bürgerengagement.** Über die Praxis einer Theorie. ISBN 3-89649-038-9

2: Katrin Huber-Sheik, **Sozialer Brennpunkt**. Sozialstruktur und Sanierung in einem Freiburger Stadtteil. ISBN 3-89649-039-7

3: Norbert Scheiwe (Hrsg.), **Mit jungen Menschen auf dem Weg in die Zukunft**. ISBN 3-89649-040-0

4: Ausländerbeirat der Stadt Freiburg (Hrsg.), **Kinder sind Bürger einer Welt**. Interkulturelle Erziehung in einer Kindertagesstätte. ISBN 3-89649-041-9

5: André Paul Stöbener, **Die Pfegeversicherung**. (vergriffen)

6: Petra Hauser, **Zuflucht gefunden?** Die rechtliche und soziale Situation von unbegleiteten Flüchtlingskindern im deutsch-italienischen Vergleich. ISBN 3-89649-050-8

7: Matthias Linnenschmidt, **Arbeiten mit Menschen als Studien- und Berufswunsch.** Soziale Herkunft und Studienmotivation von BewerberInnen der Katholischen Fachhochschule Freiburg - Hochschule für Sozialwesen, Religionspädagogik und Pflege - Ergebnisse einer Erhebung. ISBN 3-89649-143-1

8: Annette Bukowski, **Benachteiligungen im Jugendstrafvollzug?** Ergebnisse qualitativer Interviews mit türkischen Insassen. ISBN 3-89649-254-3

9: Barbara Denz, **Auf dem Weg zur Gleichberechtigung.** Konzeptionsbildung für kommunale Gleichstellungsstellen, dargestellt am Beispiel der Kommunalen Stelle für Frauenfragen im Landkreis Waldshut. ISBN 3-89649-271-3

10: Michael N. Ebertz / Werner Nickolai unter Mitarb. von Heidrun Huber: **Mächtig - ohnmächtig. Jugendliche im ländlichen Raum.** Eine empirische Exploration. ISBN 3-89649-367-1

11: Christoph Schneider, **Die Verstaatlichung des Leibes.** Das „Gesetz zur Verhütung erbkranken Nachwuchses“ und die Kirche. Eine Dokumentenanalyse. ISBN 3-89649-516-X

12: Patrick Hueter, **Die psychiatrische Versorgung in Theorie und Praxis in Deutschland und Italien im Vergleich - unter besonderer Berücksichtigung der sozialen Arbeit.** ISBN 3-89649-598-4

13: Barbara Schramkowski, **Interkulturelle Mediation. Mediation als eine Methode des konstruktiven Umgangs mit Interkulturellen Konflikten in Städten mit hohem multikulturellen Bevölkerungsanteil. (vergriffen)**

14: Ursula Geißner / Werner Nickolai (Hrsg.), **Inklusion - Exklusion.** Helfende Berufe im Schatten ihrer Geschichte. ISBN 3-89649-782-0

15: Stefan Michel, **Qualitätsmanagement in der stationären Suchtbehandlung als Prozess organisationalen Lernens.** ISBN 3-89649-805-3

16: Karin Racke, **Berufspolitische Interessenorganisationen in der Sozialen Arbeit am Rande der Bedeutungslosigkeit** dargestellt am Deutschen Berufsverband für Soziale Arbeit e. V. (DBSH). ISBN 3-89649-837-1

17: Michael Ganster, **Christlich spirituelle Inhalte in zeitgenössischer Popmusik am Beispiel Xavier Naidoos und ihre Rezeption bei Jugendlichen.** ISBN 3-89649-843-6

18: Simone Müller, **Anleitung im praktischen Studiensemester.** Ein Kernstück im Studium der Sozialen Arbeit. ISBN 3-89649-856-8

19: Manuel Fuchs, **Jugendarbeit und Schule in Kooperation.** Von der Ganztagsbetreuung zur Ganztagsbildung. ISBN 3-86628-013-0

20: Christian Biendl, **Jugendstrafvollzug in freier Form** am Beispiel des "Projekt Chance". ISBN 3-86628-019-X

21: Ralph Mackmull, **Der Mann und die Kirche - Eine Beziehung in der Krise?** Von Gefahren und Chancen kirchlicher Männerarbeit. ISBN 3-86628-100-5

22: Edgar Kösler / Michael N. Ebertz / Erika Heusler (Hrsg.), **Arbeit an den Grenzen.** Zur Professionalisierung von Sozial- und Gesundheitsberufen. **Eine Weg-Gabe für Christoph Steinebach.** ISBN 3-86628-168-4

23: Thorsten Kleiner, **Frühe Bindungserfahrungen und ihre Auswirkung auf die Gestaltung von Peer-Beziehungen in Gruppentherapien -** Analyse einer Kinderpsychodrama-Gruppe. ISBN 3-86628-213-3

24: Michael N. Ebertz, Werner Nickolai, Renate Walter-Hamann (Hrsg.), **Opfer, Täter und Institutionen in der nationalsozialistischen Gesellschaft** — Blicke aus der Gegenwart. ISBN 3-86628-233-8

25: Nils Weiser, **Gymnasium in acht Jahren - Zeitgewinn durch Zeitverlust oder doch nur Frust?** Eine Befragung von Schülern über G8 und die Folgen. ISBN 3-86628-269-9

26: Christine Jung, **Schule und Jugendarbeit in Kooperation.** Spannungen, Chancen und Grenzen. ISBN 3-86628-270-2

27: Felix Neumann, **Sozialstiftungen**. Sozialstiftungen in Nähe und Distanz zum deutschen Sozialstaat. ISBN 3-86628-311-3

28: Anna Lucia Jocham, **Antiziganismus:** Exklusionsrisiken von Sinti und Roma durch Stigmatisierung. ISBN 3-86628-313-X

29: Alexandra Dold, **Polizei und soziale Hilfe als soziale Systeme.** Chancen und Grenzen der Koordination. ISBN 3-86628-335-0

30: Almut Herrenbrück, **Pflegende Söhne** – gängige Rollenmuster oder neue Lebensentwürfe? ISBN 3-86628-336-9

Hartung-Gorre Verlag Konstanz
Mehr Informationen im Internet unter **http://www.hartung-gorre.de**